सविता

सविता

शरतचंद्र चट्टोपाध्याय

प्र
प्रभात
प्रकाशन

प्रकाशक

प्रभात प्रकाशन प्रा. लि.

4/19 आसफ अली रोड, नई दिल्ली–110002

फोन : 011–23289777 • हेल्पलाइन नं. : 7827007777

इ–मेल : prabhatbooks@gmail.com ❖ वेब ठिकाना : www.prabhatbooks.com

संस्करण

2026

पेपरबैक मूल्य

पाँच सौ रुपए

मुद्रक

श्री साई प्रिंटर्स, साहिबाबाद

SAVITA

novel by Sarat Chandra Chattopadhyay

Published by **PRABHAT PRAKASHAN PVT. LTD.**

4/19 Asaf Ali Road, New Delhi-110002

ISBN 978-93-5266-265-4

₹ 500.00 (PB)

एक

तारकनाथ और राखाल केवल तीन महीने के ही साथ-संग से घनिष्ठ मित्र हो गए। जब तीन बज गए और तारक अभी तक नहीं आया, तब राखाल के हृदय में घबराहट और बेचैनी पैदा होने लगी। भवानीपुर में आज स्त्रियों की एक सभा होनेवाली है। वहाँ पर बहुत से शिक्षित परिवारों की लड़कियाँ इकट्ठी होंगी और इस समय राखाल वहाँ के लिए चल देने को बेचैन होता जा रहा था। जाने के सब इंतजाम कर चुका था। सफेद कुरता, धोती और सिल्क का साफा पलंग पर तैयार रखे थे और पास ही ताजा पॉलिश किया हुआ जूता चमचमा रहा था। मेज पर रखी हुई सोने की रिस्टवॉच भी सोने की चेन के साथ चमचमा रही थी।

स्टोव पर चाय का पानी जरूरत से ज्यादा गरम हो चुका था, लेकिन तारक अभी तक आया नहीं था। द्वार पर किसी के आने की आहट सुनने को कान अधीर हो रहे थे। सभा में जाने की बेचैनी और मित्र का अभाव इन दोनों मायाचक्रों के बीच इस समय राखाल का हृदय चक्कर काट रहा था। ताला लगाकर जा भी नहीं सकता था।

कई बार द्वार तक गया, सड़क पर भी चप्पल पहनकर हो आया, फिर लौटा और अकेले ही चाय पीने लगा। सोचा, सिर्फ इस प्याले के खत्म होने तक इंतजार करता हूँ, फिर चल पड़ूँगा। अब और ज्यादा इंतजार भी क्या करूँ? कौन ऐसी राय लेनी है; अगर जरूरत होती तो साहब वक्त से पहले ही आ धमकते। न होगा तो कल उनके डेरे पर ही जाऊँगा। ऐसे विचार, चाय की प्याली होंठों तक पहुँचते-पहुँचते चक्कर काटने लगे।

राखाल अपने को संन्यासी कहता है, क्योंकि वह दुनिया में एकाकी है और वह ठीक तरह से यह अंदाज भी नहीं लगा सकता कि उसका कुटुंब कैसा था और कब किस तरह उसका संबंध उससे टूट गया? वह अपने कुटुंब के बारे में कुछ बताना ठीक नहीं समझता। पटलडाँगा में एक किराए के मकान में वह एक कमरे में रहता है। कमरे में कुछ सील होते हुए भी हवा और प्रकाश आता है। राखाल शौकीन तबीयत का आदमी है, इसलिए उसके कमरे में एक उम्दा पलंग, मेज कुरसी और दो अलमारियाँ हैं। पोशाक उसकी सुंदर ही रहती है। बिजली का पंखा भी उसने अपने कमरे में लगा

रखा है। गरज यह है कि राखाल के पास शौकीनी की चीजों का अभाव नहीं है।

राखाल का काम एक वृद्धा दासी करती है और उसे वह नानी कहकर बुलाता है। वृद्धा उसे स्नेह करती है और बरतन रगड़ने से लगाकर चीज-बस्त लाने तक का काम उसी के जिम्मे है। वेतन के अलावा राखाल उसे अच्छा-खासा इनाम देता है। सवेरे राखाल लड़कों को पढ़ाता है और बाकी समय सभाओं के लिए देता है। उसका स्थान राजनीतिक न होकर साहित्यिक है। राजनीति का अशांत वातावरण उसे पसंद नहीं। वह छोटे दरजे के लड़कों को ही पढ़ाता है। नौकरी पाने के अपने प्रारंभिक प्रयास के असफल हो जाने पर अब उसने उस संबंध में प्रयास करना छोड़ दिया है।

साहित्यिक तो वह है, लेकिन किसी पत्र-पत्रिका में उसका कोई लेख दिखाई नहीं पड़ता। रात-रात भर वह जागकर लिखता है, लेकिन फिर उसका वह क्या करता है, यह भेद कोई नहीं जानता। वह किस दरजे तक पढ़ा है, जब कोई आदमी इस तरह की जानकारी उससे लेना चाहता है तो उसका चेहरा इस तरह का बन जाता है कि मिडिल से लगाकर डॉक्टरेट तक किसी भी डिगरी का अधिकारी उसे समझा जा सकता है। उसकी अलमारियों में काव्य, साहित्य, दर्शन, विज्ञान सभी विषयों की पुस्तकें भरी पड़ी हैं। प्राचीन अथवा वर्तमान, डॉक्टरी हो या विज्ञान- सभी विषयों पर पूर्ण अधिकार के साथ बातें करता है। बड़े-बड़े ग्रंथों और उनके लेखकों के नाम पूर्ण परिचय के साथ उसे कंठस्थ हैं। होमर, स्पेंसर और ड्रूक ऑर्थर के काव्यों की तुलनात्मक समालोचना और भारतीय दर्शनों के सामने उसकी तुच्छता का वर्णन जब वह करता है तो तत्त्वों के स्पष्टीकरण में अपने पूर्ण पांडित्य का प्रदर्शन कर डालता है। बोर-युद्ध का कौन सेनापति था, आदि सब बातें उसके लिए खेल हैं। भारतीय गोलस्टैंडर्ड, रिवर्स कौंसिल और मुद्रा विषयक प्रश्नों पर वह अपनी बहुत गंभीर सम्मति दे सकता है और देता भी है। यही नहीं, न्यूटन के विचार किस दिन आइंस्टीन के विचारों से मेल खाकर एक हो जाएँगे, यह भविष्यवाणी वह बड़े गर्व से करता है। उसकी बातें सुनकर कोई हँस देता है और कोई श्रद्धा से शिष्य हो जाता है। इतना जरूर है कि राखाल के परोपकारी होने में किसी को शक नहीं और यह सभी

साहित्यिक तो वह है, लेकिन किसी पत्र-पत्रिका में उसका कोई लेख दिखाई नहीं पड़ता। रात-रात भर वह जागकर लिखता है, लेकिन फिर उसका वह क्या करता है, यह भेद कोई नहीं जानता। वह किस दरजे तक पढ़ा है, जब कोई आदमी इस तरह की जानकारी उससे लेना चाहता है तो उसका चेहरा इस तरह का बन जाता है कि मिडिल से लगाकर डॉक्टरेट तक किसी भी डिगरी का अधिकारी उसे समझा जा सकता है।

जानते हैं कि वह दूसरों की भरसक मदद करने में कभी पिछड़ता नहीं।

बहुत से घरों के दरवाजे राखाल के लिए चौबीसों घंटे खुले रहते हैं। उसे बेगार करने में मजा आता है। बड़ी उम्रवाली स्त्रियाँ राखाल से विवाह करने के लिए नित्य ही आग्रह करती हैं, लेकिन राखाल इसके जवाब में कान पकड़कर सिर्फ इतना ही कह देता है, ''कुछ और कहिए न? ऐसी सम्मति मत दीजिए। मैं अपनी आज की हालत में बहुत सुखी हूँ।'' राखाल के हितैषी उसकी इस प्रवृत्ति से बहुत दुखी हैं, लेकिन उसके इस पागलपन को छुड़ाने के लिए आज तक किसी हितैषी ने यह नहीं कहा, ''भाई राखाल, हमने एक सुंदर युवती तुम्हारे विवाह के लिए ठीक कर दी है। इस विवाह की सभी व्यवस्था हो चुकी हैं और तुम्हें शादी करनी ही पड़ेगी।'' हितैषियों में इतना अधिकार कहाँ था और कोरी सहानुभूति पर राखाल भला पिघलता भी क्यों? इसी तरह राखल अपनी जीवन-नौका को खे रहा था। राखाल अकेला है और भविष्य भी उसे इसी तरह दिखाई देता है। वह जानता है कि स्त्रियाँ उसकी इस कमी को सहानुभूति के साथ अनुभव करती हैं, इसी तरह वह उनके आग्रह को भी पूरी सहानुभूति के साथ स्वीकार करता है और उनकी बेगारें करने में नहीं पिछड़ता।

तारक गंभीर स्वर में बोला, ''तब तो समझिए सलाह-मशविरा नहीं होगा। कल तड़के मैं बहुत दूर चला जाऊँगा। फिर कभी नहीं, ईश्वर ऐसा न करे, शायद बहुत दिनों तक मुलाकात न हो सके।''

चाय भी खत्म हो गई, लेकिन तारक अभी तक आया नहीं। राखाल कपड़े पहनकर जैसे ही दरवाजे की तरफ बढ़ रहा था, वैसे ही तारक सामने से आता हुआ दिखाई दिया। निकट आने पर राखाल ने कहा, ''क्यों जी इसी को जरूरी सलाह कहते हैं?''

''क्या नहीं जाना है?''

''जी नहीं, मैं तो शाम तक यहीं बैठा रहूँगा।''

''लेकिन अभी शाम दूर है, बैठो न।''

''नहीं मित्र, अब कल सलाह होगी।'' कहकर राखाल ने साफा गरदन में डाल लिया।

तारक गंभीर स्वर में बोला, ''तब तो समझिए सलाह-मशविरा नहीं होगा। कल तड़के मैं बहुत दूर चला जाऊँगा। फिर कभी नहीं, ईश्वर ऐसा न करे, शायद बहुत दिनों तक मुलाकात न हो सके।''

''क्या मतलब?'' राखाल ने विस्मित होकर कुरसी पर बैठते हुए पूछा। मतलब यह कि बर्दवान जिले में एक नए स्कूल की हेडमास्टरी मिल गई है। मुझे वहाँ नौकरी करने के लिए जाना पड़ेगा।

"किसी प्राइमरी स्कूल में?"

"नहीं, हाईस्कूल में।"

"तनख्वाह क्या मिलेगी?"

"नब्बे रुपए महीना और एक छोटा-मोटा घर।"

हो! हो! करके राखाल हँस पड़ा और बोला, "यह सब धोखा जान पड़ता है। वह रकम सौ से भी ज्यादा है। क्या दुनिया के और सब विद्वान् मर गए, जो तुम्हारे पास…"

"अवश्य मर गए होंगे। फिर गँवारू गाँव है, कौन विद्वान जाने को राजी होगा।"

राखाल हँस पड़ा और मुसकराते हुए बोला, "भई, जाने को राजी क्यों नहीं होगा? सौ रुपए मिलने पर तो आदमी यमराज के यहाँ भी जा सकता है, बर्दवान की तो बात ही क्या है?" इतना कहकर घड़ी की ओर देखा। तीन बजकर दस मिनट हो गए थे।

"मित्र, सिर्फ दस मिनट और ठहरो। उन्होंने झूठ लिखा या सच, लेकिन मैं आज रात को गाड़ी से जरूर जाऊँगा।"
"क्यों? क्या मेरी बात पर यकीन नहीं हो रहा है?"
तारक ने इसका कोई उत्तर नहीं दिया, "अगर किसी दिन तुमसे न मिलूँ तो दिल अधीर हो जाता है। कुछ आदत सी बन गई है मेरी।" तारक ने गंभीरता से कहा।

"यह सब पागलपन है मित्र! कल सवेरे विचार करेंगे। देखूँगा कि उन्होंने क्या लिखा है? यह साफ धोखेबाजी है। अच्छा अब तो मैं चलता हूँ।" कहकर वह उठ खड़ा हुआ।

"मित्र, सिर्फ दस मिनट और ठहरो। उन्होंने झूठ लिखा या सच, लेकिन मैं आज रात को गाड़ी से जरूर जाऊँगा।"

"क्यों? क्या मेरी बात पर यकीन नहीं हो रहा है?"

तारक ने इसका कोई उत्तर नहीं दिया, "अगर किसी दिन तुमसे न मिलूँ तो दिल अधीर हो जाता है। कुछ आदत सी बन गई है मेरी।" तारक ने गंभीरता से कहा।

"और शायद मेरी नहीं!" इतना कहकर राखाल चुप हो गया।

"अगर जिंदगी रही तो बड़े दिन की छुट्टियों में मुलाकात होगी।" बात का सिलसिला बदलते हुए तारक ने अपनी अँगूठी मेज के एक कोने पर रखकर धीरे से विनत भाव से सिर झुकाकर कहा, "मुझे बीस रुपए की जरूरत है…।"

"यानी यह अँगूठी गिरवी रख रहे हो।" बीच ही में राखाल बोल उठा और अँगूठी उठाकर खिड़की के बाहर फेंकने ही वाला था कि तभी तारक फुरती से हाथ थामकर बोला, "गिरवी क्यों मित्र! इसको बेचने पर भी क्या कोई दस रुपए दे सकेगा? जाने से पूर्व यह अपना स्मृति-चिन्ह तुम्हारी उँगली में पहनाऊँगा।" इतना कहकर अँगूठी उँगली में पहना दी और फिर कहने लगा, "बस! अब तुम जा सकते हो। मैंने दस

मिनट के लिए कहा था और पंद्रह मिनट ले लिए···।''

राखाल के मस्तिष्क में महफिल के चित्रों के स्थान पर अब दूसरे ही विचार अंकित हो चुके थे। दोनों मित्रों की आकृति बड़े शीशे में साफ दिखाई दे रही थी। राखाल अपने मध्यम कद, गौर वर्ण, गोल कपोल और सरल स्वभाव से बड़ा आदमी मालूम पड़ता है और तारक पतला-दुबला, कद लंबा, श्याम वर्ण आदमी। देखने में बहुत शक्तिशाली है। उसके नेत्रों में एक विशेष प्रकार का आकर्षण है। आदमी विश्वासी है, सुख-दुःख दोनों में विचलित न होने की योग्यता अपने में रखता है। उम्र लगभग अट्ठाईस साल की होगी, राखाल से दो-तीन साल कम।

''तुम्हारा जाना गलत है।'' राखाल ने कड़े स्वर में कहा।

''क्यों?'' तारक गंभीर मुद्रा किए खड़ा था।

''क्यों क्या, हाई स्कूल के दसवें दरजे को पढ़ाना क्या कोई आसान काम है? इतनी योग्यता होनी चाहिए कि उन्हें उत्तीर्ण करा सको। क्या···''

''उन लोगों में योग्यता नहीं, कॉलेज की डिगरियाँ माँगी थीं, तो मैंने पेश कर दीं और कमेटी ने उनके आधार पर मुझे हेडमास्टरी के पद पर नियुक्त कर दिया। लड़कों को पढ़ाने का उत्तरदायित्व मुझ पर और पास कराने का उन पर रहेगा।''

''क्यों क्या, हाई स्कूल के दसवें दरजे को पढ़ाना क्या कोई आसान काम है? इतनी योग्यता होनी चाहिए कि उन्हें उत्तीर्ण करा सको। क्या···''

''उन लोगों में योग्यता नहीं, कॉलेज की डिगरियाँ माँगी थीं, तो मैंने पेश कर दीं और कमेटी ने उनके आधार पर मुझे हेडमास्टरी के पद पर नियुक्त कर दिया। लड़कों को पढ़ाने का उत्तरदायित्व मुझ पर और पास कराने का उन पर रहेगा।''

''जी!'' गंभीरता से राखाल बोला, ''तुम मुझसे बराबर झूठ बोलते रहे कि तुम पढ़ते-लिखते नहीं हो! भला ऐसा तुमने क्यों किया?''

तारक ने हँसकर कहा, ''यह तो मैं अब भी कहता हूँ कि सिर्फ डिगरियाँ ही तो ले ली हैं। पढ़ाई खत्म करते ही नौकरी की खोज में लग गया। पढ़ने के लिए वक्त ही कहाँ मिला? कलकत्ता में आकर तुम्हारी दया से दो वक्त भोजन का सहारा मिल गया।''

''तारक! देखना, अगर फिर कभी तुमने···'' पूरी बात भी खत्म न होने पाई थी कि शीशे में एक तीसरा नारी प्रतिबिंब दृष्टिगोचर हुआ। यह एक अपरिचित स्त्री थी, जिसकी आयु यौवन को लाँघकर आगे बढ़ चुकी थी, लेकिन यह पहचानना उतना सरल नहीं था, जितना कि यह सत्य था। गौर वर्ण, शरीर कुछ दुबला, शरीर पर सुंदर साड़ी, दो-चार गहने, माथे पर सिंदूर बिंदु, नारी और नारी का एक विचित्र आकर्षण

उसमें झलकता था। क्षण भर के लिए दोनों मित्र मौन नवागंतुक के मुख को देखते रहे और फिर अचानक राखाल कुरसी छोड़कर बोला, ''यह क्या? मेरी नई माँ!'' और महिला के पैरों पर सिर रखकर इस तरह लेट गया मानो कितने ही दिनों का भटका हुआ नमस्कार आज अपनी पूर्ण श्रद्धा को उड़ेल देना चाहता है।

''बेटा राजू!'' महिला ने राखाल को ठोड़ी थामकर उठाते हुए कहा और खुद कुरसी पर बैठ गई। राखाल और उसका मित्र दोनों सामने धरती पर बैठ गए।

''तुरंत नहीं पहचान सका माँ!'' राखाल ने कहा।

''न पहचानने की तो उम्मीद ही थी बेटा।''

मैं सोच ही रहा था कि वैसे ही आपका लंबा केशजाल दिखलाई पड़ गया। रंगीन आँचल में से झलकते हुए केश आपके पैरों की एड़ियों को चूम रहे हैं। उन दिनों की याद कितनी स्पष्ट है कि जब वे लोग कहा करते थे—इन बालों में से थोड़े बाल लेकर देवी की मूर्ति को सजाना चाहिए। आप भूली न होंगी माँ वह बात।''

मैं सोच ही रहा था कि वैसे ही आपका लंबा केशजाल दिखलाई पड़ गया। रंगीन आँचल में से झलकते हुए केश आपके पैरों की एड़ियों को चूम रहे हैं। उन दिनों की याद कितनी स्पष्ट है कि जब वे लोग कहा करते थे—इन बालों में से थोड़े बाल लेकर देवी की मूर्ति को सजाना चाहिए। आप भूली न होंगी माँ वह बात।''

माँ हँसने लगीं और बात बदलकर बोलीं, ''यही तुम्हारे मित्र हैं न राजू? क्या नाम है इनका?''

''तारक भट्टाचार्य।'' राखाल बोला, ''लेकिन आप कैसे जान गईं कि यह मेरे मित्र हैं?''

उन्होंने इस प्रश्न को भी दबा रखा, कहा, ''सुनती हूँ, तुम लोगों में खूब प्रेम है।''

''हाँ!'' राखाल ने कहा, ''लेकिन यह आजभर का ही मेहमान है। बर्दवान जिले के किसी गाँव में हेडमास्टर बनकर जा रहा है। मैं इसे समझाता हूँ कि एम.ए. पास करके मास्टरी की क्या फिक्र करते हो, लेकिन इसे विश्वास नहीं हो रहा है कि इतने बड़े कलकत्ता शहर में इसे कोई काम मिल जएगा। कितनी खराब बात है माँ?''

नई माँ ने मुसकराकर कहा, ''तुम्हारी बात पर विश्वास न करना कोई बुरी बात नहीं, लेकिन क्या तारक बाबू आप सचमुच चले ही जाएँगे?''

''लेकिन बात तो बुरी कुछ और ही हुई माँ! राखाल राज का इतना लंबा नाम तो आपने छोटे से राजू में बदल दिया और मेरे नाम के पहले बाबू का पुछल्ला लगा दिया। मेरा नाम भी आपको छोटा करना होगा माँ!'' तारक ने विनीत भाव से कहा।

''ऐसा ही होगा, तारक।'' नई माँ ने मुसकराते हुए कहा।

तारक खुश होकर कुछ कहना ही चाहता था कि उसकी वाणी मौन हो गई। उसी वक्त नई माँ बोलीं, ''कभी उस मकान की तरफ भी जाना होता है राजू?''

''चला तो जाता हूँ माँ, लेकिन दुनियाभर के झंझट चैन नहीं लेने देते। पंद्रह-बीस दिन में कभी···''

''कुछ खबर है, रेणुका की शादी हो रही है।''

''किसने कहा आपसे? मुझे तो कुछ भी खबर नहीं है।''

''हाँ, निश्चय ही हो रही है। सवेरे दस बजे उसके शरीर पर तेल और उबटन मला जा चुका, लेकिन तुम्हें शादी रोकनी होगी।''

''किसलिए माँ?''

''क्योंकि यह हो नहीं सकती, इसलिए कि उसकी ससुराल में पागलपन का रोग है। बाबा, बुआ दोनों पागल हैं। पिताजी अभी-अभी अच्छे हुए हैं, लेकिन कुछ दिन पहले उन्हें भी जंजीर में बाँधकर रखा जा चुका है।''

''कैसी आफत है जी, क्या इन बातों पर गौर नहीं किया गया?'' राखाल बोला।

''लड़का सुंदर, धनी है और अभी पढ़ रहा है और तुम जानते हो रेणुका के पिता को, सभी की बातों में आ जाते हैं, विश्वास कर बैठते हैं। यदि यह रहस्य जान भी जाते तो क्या होता? सबकुछ समझ-बूझकर भी वह इसमें डर नहीं मानते।''

''कैसी आफत है जी, क्या इन बातों पर गौर नहीं किया गया?'' राखाल बोला। ''लड़का सुंदर, धनी है और अभी पढ़ रहा है और तुम जानते हो रेणुका के पिता को, सभी की बातों में आ जाते हैं, विश्वास कर बैठते हैं। यदि यह रहस्य जान भी जाते तो क्या होता? सबकुछ समझ-बूझकर भी वह इसमें डर नहीं मानते।'' ''बात तो यही है।'' राखाल ने कष्टपूर्ण स्वर में कहा।

''बात तो यही है।'' राखाल ने कष्टपूर्ण स्वर में कहा।

चुपचाप बैठे तारक के मन में राखाल के इस ''बात तो यही है'' निरुत्साही स्वर ने विचलन पैदा कर दिया। राखाल को वह बिना फटकारे न रह सका कि आखिर किस प्रकार वह उस विवाह का होना सहन कर सकेगा।

''परंतु भाई, क्या मेरे कहने मात्र से विवाह रुक सकेगा? तुम ऐसा समझते हो!'' राखाल ने कहा, ''फिर अकेले रेणुका के पिता की ही बात नहीं है, घर में दूसरे लोग भी तो हैं।''

''रुकेगा क्यों नहीं? क्या लड़की के घरवाले भी लड़के के घरवालों की तरह पागल हैं? क्या लड़की को आग में झोंकना है?''

"परंतु हल्दी तो चढ़ चुकी।"

"तो क्या हुआ, लड़की के साथ अन्याय नहीं किया जा सकता।" महिला तारक की ओर बड़ी गंभीरता से देख रही थी।

"मैं एक अपरिचित व्यक्ति हूँ। मुझे उस घरवालों की ऐसी कटु आलोचना करने का अधिकार भी नहीं था, परंतु राखाल, मेरा मन कहता है कि तुम्हें अपनी संपूर्ण शक्ति यह विवाह रोकने में लगा देनी चाहिए। मैं कहता हूँ,उसे मत होने दो मित्र!"

महिला ने कहा, "राजू! और कौन है वहाँ? केवल लड़की की सौतेली माँ है, सो उसे इस मामले में बोलने का कोई अधिकार नहीं।"

राखाल चुप था। महिला ने फिर कहा, "अच्छा राजू, तब मुझे बाग बाजार जाना होगा। वहाँ जाकर लड़की के मामा को, जो कि उधर के कर्ता-धर्ता हैं, उन्हें लड़की की माँ की कहानी सुना देनी होगी। हो सकता है कि काम पूरा हो जाए; परंतु अगर न हुआ तो मुझे कुछ और प्रयत्न करना पड़ेगा। मैं रात में ग्यारह बजे के बाद आऊँगी, इस समय जाती हूँ।" इतना कहकर वह जाने लगीं।

राखाल व्याकुल था, वह कहने लगा, "परंतु इसके पश्चात् रेणुका का विवाह नहीं हो सकेगा माँ। भेद खुल जाने पर…"

"न सही बेटा!" दृढ होकर माँ ने कहा।

अधिक बात बढ़ाना राखाल ने उचित न समझा। चरण छूकर पूर्ववत् प्रणाम किया। तारक ने भी उसका अनुसरण किया। दरावजे तक जाकर माँ फिर अचानक घूम पड़ीं और तारक को संबोधित करके बोलीं, "तारक! अधिकार तो नहीं, किंतु राखाल के मित्र होने के नाते मैं अनुरोध करती हूँ कि तुम अभी दो दिन यहीं और ठहरो।"

अधिक बात बढ़ाना राखाल ने उचित न समझा। चरण छूकर पूर्ववत् प्रणाम किया। तारक ने भी उसका अनुसरण किया। दरावजे तक जाकर माँ फिर अचानक घूम पड़ीं और तारक को संबोधित करके बोलीं, "तारक! अधिकार तो नहीं, किंतु राखाल के मित्र होने के नाते मैं अनुरोध करती हूँ कि तुम अभी दो दिन यहीं और ठहरो।"

तारक ने बड़े विस्मय के साथ ये शब्द सुने। अचानक कोई उत्तर न बन पड़ा और वह बिना उत्तर की प्रतीक्षा किए ही बाहर चली गईं। खिड़की से राखाल ने देखा कि वह पैदल ही जा रही थीं। गली के अंतर पर एक दरबान उनकी प्रतीक्षा में खड़ा था, वह उनके पीछे-पीछे चल दिया।

दो

राखाल ने कपड़े उतार दिए। तारक ने पूछा, ''क्या घूमने जाने का विचार है?''

''और तुम! क्या बर्दवान जरूर जाना है आज ही?'' राखाल पूछ बैठा।

''नहीं, मैं देखना चाहता हूँ कि इस विषय में तुम क्या करने का विचार कर रहे हो? यदि तुम अपने मन से कुछ न करोगे तो मुझे तुम्हारे साथ जबरदस्ती करनी पड़ेगी।'' तारक ने उत्तर दिया।

''चाय का बरतन फिर अँगीठी पर चढ़ा देता हूँ।''

''चढ़ा दो।''

''खाने के लिए कुछ मोल ले आऊँ?''

''ले आओ।'' तारक बोला।

''तुम बरतन आग पर रखो, मैं अभी दुकान से होकर आया।'' आधी धोती ओढ़े पैरों में चप्पल डाले वह दुकान की ओर चल दिया। गली के नुक्कड़ पर हलवाई की दुकान है, उधार खाते मिल जाता है, नकद नहीं देना पड़ता।

मेज पर चाय लेकर दोनों मित्र बैठ गए। सूर्य अस्त हो चुका था, इसलिए बिजली का बटन दबा दिया। घरेलू बातें चल पड़ीं। राखाल अतीत की स्मृतियाँ सुनाने लगा, अपनी शैशवावस्था के दिनों की। तारक चुपचाप उन्हें सुनता गया। कभी-कभी बीच में बहस भी छिड़ जाती।

मेज पर चाय लेकर दोनों मित्र बैठ गए। सूर्य अस्त हो चुका था, इसलिए बिजली का बटन दबा दिया। घरेलू बातें चल पड़ीं। राखाल अतीत की स्मृतियाँ सुनाने लगा, अपनी शैशवावस्था के दिनों की। तारक चुपचाप उन्हें सुनता गया। कभी-कभी बीच में बहस भी छिड़ जाती।

''फिर उसके बाद?'' तारक ने कहा।

''उस समय मैं लगभग ग्यारह या बारह वर्ष का था। बाबूजी चार-पाँच दिन पूर्व हैजे के शिकार हुए होंगे। मैं निराश्रय था। सबने मुझे जमींदार की मझली बेटी सविता के पास जाने की अनुमति दी, जो कि दुर्गा-पूजा देखने के लिए पिता के घर आई हुई थीं। जमींदार का बूढ़ा कारिंदा मुझे उनके पास ले गया। वह सूप में रखकर तिल चुन रही थीं। कारिंदा ने कहा, ''मझली बिटिया! यह एक दीन ब्राह्मण है। इसके माँ-बाप दोनों स्वर्गवासी हो चुके हैं। तुम्हारा नाम सुनकर भिक्षा के लिए आया है। तीनों लोक में इसका कोई आधार नहीं है। कौन इसको भार मुक्त करे?''

''मेरी कहानी सुनकर उनके नेत्र भर आए, उन्होंने मेरा नाम पूछा। मैंने कहा, ''मुझे राजू कहते हैं मौसी!'' फिर वह पूछने लगीं, ''क्या तुम्हारा संसार में कोई नहीं है?'' मैंने कहा, ''एक है तो सही मौसी, परंतु मैंने उन्हें नहीं देखा।'' उन्होंने फिर

पूछा, ''तुझे माता-पिता के श्राद्ध के लिए कितने रुपए चाहिए?'' मैंने पंडितों के कथनानुसार पचास रुपए बतला दिए। वह चुपचाप अपना कार्य छोड़कर अंदर गई और बाहर आकर दस रुपए के पाँच नोट मुझे दे दिए। फिर कहने लगीं, ''बेटा, मेरे साथ चलोगे? मेरी ससुराल के गाँव में एक स्कूल है, कॉलेज भी है, तुम्हें किसी प्रकार का भी कष्ट न होगा। चलोगे?'' मैंने अभी उत्तर देने के लिए मुख खोला भी न था कि कारिंदा कह उठा, ''जाएगा क्यों नहीं? जरूर जाएगा बेटी। ऐसा भाग्य और कब जाग सकेगा? माँ दुर्गा तुम्हें सुखी रखें। बेटी, तुमने बड़ा भारी उपकार किया। तुम्हारा भग्य संसार में उदय हो। इस बच्चे से बड़ा असहाय और अनाथ इस गाँव में और कोई नहीं मिलेगा।'' कारिंदे के नेत्रों से आँसुओं की धारा बह चली।''

> ***''मेरी कहानी सुनकर उनके नेत्र भर आए, उन्होंने मेरा नाम पूछा। मैंने कहा, ''मुझे राजू कहते हैं मौसी!'' फिर वह पूछने लगीं, ''क्या तुम्हारा संसार में कोई नहीं है?'' मैंने कहा, ''एक है तो सही मौसी, परंतु मैंने उन्हें नहीं देखा।'' उन्होंने फिर पूछा, ''तुझे माता-पिता के श्राद्ध के लिए कितने रुपए चाहिए?'' मैंने पंडितों के कथनानुसार पचास रुपए बतला दिए।***

जैसे-जैसे कथा आगे बढ़ती थी, तारक के नेत्र सजल होते जाते थे।

राखाल ने फिर कहना शुरू किया, ''पिता का श्राद्ध पूरा किया। त्रयोदशी के दिन अपने गाँव से अंतिम विदा ली और सविता के ससुराल में आ गया। जमींदार का यह दूसरा विवाह था। अत: उन्हें सबने 'नई माँ' के नाम से संबोधित किया। मैंने भी इसी नाम को अपनाया। परिवार धनी था। सास-श्वसुर का अभाव था; परंतु परिजनों की कमी नहीं थी। घर में बहू की कमी थी और उसकी पूर्ति 'नई माँ' ने की। जमींदार के बाल पकने आरंभ हो गए थे। उनकी प्रकृति बच्चों जैसी सरल और सीधी थी। मैंने अपने जीवनकाल में उतना सरल और शांत व्यक्ति नहीं देखा। अपने बालक की तरह उन्होंने मुझे गोद में ले लिया। जमीन थी, जायदाद थी, एक ताल्लुका और कलकत्ता में कुछ व्यवसाय भी चल रहा था, परंतु उनका अधिकांश समय घर में ही व्यतीत होता था। आधा दिन पूजा-पाठ, जप-तप में और आधा घर के दूसरे कामों में।''

''मैं स्कूल में भरती हो गया और पेन, पैंसिल, दवात, कापी सभी आवश्यक चीजें मुझे मिल गईं। कमीज, कोट, जूता सब प्राप्त हुए। घर पर पढ़ाने के लिए एक मास्टर भी रखा गया। जैसे मैं उसी घर का बालक बन गया। मुझे अनाथ, निराश्रय समझकर वहाँ लाया गया था, यह बात मानो सब भूल चुके थे। तारक मित्र! वे सुंदर दिन इस जीवन में अब लौट नहीं सकते। मैं कभी-कभी एकांत में उन दिनों की याद

किया करता हूँ और घंटों विचार-निमग्न-सा बैठा रहता हूँ।" इतना कहकर राखाल कुछ क्षणों के लिए चुप हो गया।

"मेरा दिल धड़क रहा है राखाल। फिर इसके बाद क्या हुआ?"

"इसके बाद यों ही दिन बीतने लगे और मैट्रिक की परीक्षा पास की। मैं इंटर में प्रविष्ट हुआ और इसी समय मानो ब्रह्मांड खंड-खंड होकर चकनाचूर हो गया और मानो कुछ बचा ही नहीं।" कुछ देर चुप रहकर राखाल ने फिर कहना प्रारंभ किया, "मैंने आज तक किसी से कोई बात नहीं कही और कहता भी किस आधार पर? मेरे हृदय में एक तेज धारा बह रही है। आज भी कहना उपयुक्त है या नहीं, यही विचार कर रहा हूँ।" राखाल ने तारक के मुख की ओर ताका। तारक के नेत्रों में उसे कौतूहल के दर्शन हुए। राखाल कह उठा, "तारक, मैंने अपनी असली माँ को भी कभी नहीं देखा। माँ के कहने पर मैं 'नई माँ' की ही याद किया करता हूँ।" राखाल का कंठ भर आया और आँखों से आसुओं की बड़ी-बड़ी बूँदें टपकने लगीं।

"इसके बाद यों ही दिन बीतने लगे और मैट्रिक की परीक्षा पास की। मैं इंटर में प्रविष्ट हुआ और इसी समय मानो ब्रह्मांड खंड-खंड होकर चकनाचूर हो गया और मानो कुछ बचा ही नहीं।" कुछ देर चुप रहकर राखाल ने फिर कहना प्रारंभ किया, "मैंने आज तक किसी से कोई बात नहीं कही और कहता भी किस आधार पर? मेरे हृदय में एक तेज धारा बह रही है। आज भी कहना उपयुक्त है या नहीं, यही विचार कर रहा हूँ।"

कुछ देर बाद आँसू पोंछकर राखाल कहने लगा, "माँ तुमसे दो दिन रुकने के लिए कह गई हैं। तुम रुको या न रुको, यह तुम्हारी इच्छा है; परंतु मैं जो यह बारह-तेरह वर्ष पूर्व की गाथा सुना रहा हूँ, इसे सुनते जाओ।"

तारक चुप रहा।

"उन दिनों कलकत्ता के एक रिश्तेदार, जाने वह कौन थे, प्राय: घर में आया करते थे। कभी दो-चार दिन और कभी-कभी हफ्तों वहाँ ठहरते थे। उनका बावर्ची, तेल की मालिश करनेवाला, दरबान, हुक्का भरनेवाला, नौकर और गाड़ी का चौकीदार इत्यादि का एक जमघट उनके साथ आया करता था। वे बहुत से फल-फूल और मिठाइयाँ भी लाते थे। तीज-त्योहारों पर तो भेज-भेजकर घर भर देते थे। उनका हास-परिहास करने का रिश्ता था। रिश्ते के अलवा उनके धन ने भी इस घर में उनका सम्मान बढ़ा रख था। घर की स्त्रियों में धीरे-धीरे एक संदेह की भावना फैल गई और बात जमींदार के कानों तक जा पहुँची, परंतु उन्होंने उस पर विश्वास नहीं किया, उलटा उन्हें गुस्सा ही आया। अभी-अभी तो तुम जमींदार साहब का स्वभाव मेरे मुख से सुन ही चुके हो।

क्या वह कभी 'नई माँ' पर भी संदेह कर सकते हैं? छिह! छिह! यह तो विचारने योग्य भी बात नहीं। वह तो देवता हैं। उनके मन में किसी के प्रति कभी भी कोई बुरी भावना नहीं रहती।''

''समय गतिशील है, किसी के रोके वह नहीं रुकता। बाहर से बात दबी सी प्रतीत होने लगी, परंतु अंदर ही अंदर विष बढ़ता जा रहा था। घर में और बाहर जिन्हें 'नई माँ' ने आश्रय देकर पाला था, उनमें ये बात बराबर कानाफूसी के रूप में फैलती रही। ''मेरे साथ चलोगे बेटा!'' इस प्रकार संबोधित कर मेरे अतिरिक्त वह और भी अनेक को अपने साथ लाई थीं। यह उनका स्वभाव था। फुफेरी बहन के चले जाने पर भी बुआजी प्रतिशोध की भावना से वहीं डटी रहीं।''

''एक दिन रात्रि में मुझे सूचना मिली कि ''नई माँ'' के विरुद्ध षड्यंत्र कितना उग्र रूप धारण कर चुका है। कुछ कोलाहल औ रुद्ध कंठ की ध्वनि सुनकर मैं अचानक जाग पड़ा। बाहर आकर देखा कि सामनेवाले कमरे का द्वार बंद है और आँगन में लालटेन रखी है। बरामदे में जमींदार साहब चुपचाप खड़े हैं तथा उनके साथ उनके छोटे चचेरे भाई नगीनचंद। उन्होंने द्वार पर धक्का मारकर कहा, ''द्वार खोलिए, हम लोग अंदर आना चाहते हैं। आप लोग तुरंत बाहर चले आइए।''

''एक दिन रात्रि में मुझे सूचना मिली कि ''नई माँ'' के विरुद्ध षड्यंत्र कितना उग्र रूप धारण कर चुका है। कुछ कोलाहल औ रुद्ध कंठ की ध्वनि सुनकर मैं अचानक जाग पड़ा। बाहर आकर देखा कि सामनेवाले कमरे का द्वार बंद है और आँगन में लालटेन रखी है। बरामदे में जमींदार साहब चुपचाप खड़े हैं तथा उनके साथ उनके छोटे चचेरे भाई नगीनचंद। उन्होंने द्वार पर धक्का मारकर कहा, ''द्वार खोलिए, हम लोग अंदर आना चाहते हैं। आप लोग तुरंत बाहर चले आइए।''

''कलकत्ता की आढ़त की दुकान से कुछ रुपया उड़ाकर नगीन बाबू यहीं पर आकर रहने लगे थे। घर की औरतें बरामदे के समीप खड़ी थीं और नौकर भी पास में ही मानो किसी बात की प्रतीक्षा में थे। नींद के आवेश के कारण पहले तो मैं कुछ समझने में असमर्थ रहा, परंतु तुरंत ही समस्त रहस्य मेरी पुतलियों में झूल गया। भीषण कांड की आशंका से सिर में चक्कर आने लगा और आँखों के सामने अँधेरा छा गया, परंतु मैंने अपने को सँभाला और तुरंत ही देखा कि द्वार खुला और रमण बाबू का हाथ पकड़े हुए 'नई माँ' बाहर निकलीं। वे बहुत गंभीरतापूर्वक कहने लगीं—तुममें से कोई भी व्यक्ति इनसे कुछ न कहे। हम लोग अभी इस घर को छोड़कर जा रहे हैं।''

''मानो अचानक वज्रपात हुआ। क्या वास्तव में वह 'नई माँ' थीं? देखकर भी विश्वास नहीं हो रहा था, परंतु उनका अपमान करने की अपेक्षा सब लोग लज्जा के

कारण गड़े जा रहे थे। जब 'नई माँ' सदर दरवाजे से बाहर हो गई तो जमींदार साहब एकाएक रोकर पुकार उठे, ''नई बहू!'' ये तुम्हारी रेणुका रह गई। मैं इसे क्या कहकर चुप किया करूँगा?''

'''नई माँ' ने ठिठकर एक बार पीछे मुड़कर देखा और फिर उसी गंभीरता के साथ आगे बढ़ गई। वही रेणुका जो उस समय तीन वर्ष की थी, आज सोलह वर्ष की है। तेरह वर्ष पश्चात् आज हठात् पुत्री को बचाने के लिए माता का स्नेह उमड़ आया है।''

''ये लंबे तेरह वर्ष माँ-बेटी और तुम्हें जुदा नहीं कर सके?'' बहुत देर बाद तारक ने एक लंबी साँस खींचकर गंभीरता से कहा।

''ऐसा ही तो प्रतीत होता है मित्र! परंतु क्या तुमने पहले कभी भी कोई ऐसी घटना सुनी है?''

''सुनी तो नहीं, लेकिन उपन्यासों में अवश्य पढ़ी है। इस समय मुझे एक अंग्रेजी के उपन्यास की याद आ रही है, साथ ही ऐसा भी प्रतीत होता है कि कहीं इस कहानी का अंत भी इस उपन्यास की तरह न हो।''

''शायद यह कहानी सुनकर तुममें 'नई माँ' के प्रति घृणा उत्पन्न हुई हो तारक।'' राखाल गंभीरता से बात बदलकर बोला।

''घृणा तो स्वाभाविक ही है भाई।'' तारक ने कहा। राखाल अपनी आशा के विपरीत उत्तर पाकर चुप हो गया। उसके मर्म पर एक गहरी चोट लगी। खैर कुछ क्षण रुककर राखाल कहने लगा, ''तदुपरांत गाँव में रहना नहीं हुआ। जमींदार साहब कलकत्ता चले आए और उनकी तीसरी शादी हो गई।''

''और तुम?'' तारक ने अचानक पूछा।

''उनके ही साथ मैं भी कलकत्ता चला आया, परंतु चूँकि बुआजी मुझे घर से निकलवाने पर तुली थीं, इसलिए मैं वहाँ अधिक न रह सका। जमींदार साहब के कान मेरे विरुद्ध भर दिए गए और एक दिन उन्होंने भी अपने शांत स्वभाव के विपरीत कठोरता धारण कर ली। कुछ विक्षुब्ध से होकर कह बैठे, ''उसे यही तो बीमारी थी। उसने क्या एक-दो बलाएँ इकट्ठी की थीं? अकेले इस बेचारे को ही निकाल देने से हमें क्या सुविधा हो सकती है।''

''उनके ही साथ मैं भी कलकत्ता चला आया, परंतु चूँकि बुआजी मुझे घर से निकलवाने पर तुली थीं, इसलिए मैं वहाँ अधिक न रह सका। जमींदार साहब के कान मेरे विरुद्ध भर दिए गए और एक दिन उन्होंने भी अपने शांत स्वभाव के विपरीत कठोरता धारण कर ली। कुछ विक्षुब्ध से होकर कह बैठे, ''उसे यही तो बीमारी थी। उसने क्या एक-दो बलाएँ इकट्ठी की थीं? अकेले इस बेचारे को ही निकाल देने से हमें क्या सुविधा हो सकती है।''

''बुआजी अपने साथ ही यह भी विस्मृत कर चुकीं कि उन्हें यहाँ कौन लाया था और इस घर में उन्हें किसने आश्रय दिया था? अतः पुनः कर्कश स्वर में कहने लगीं, ''तब क्या इसे जीवनभर खिलाने-पिलाने का हमने ठेका ले लिया है। यह जहाँ से आया है, वहीं जाए। जब यह वहाँ जाकर अपने मुँह से उनकी बेटी का यश सुनाएगा तो माँ-बाप को जरा अपने खानदान के नाम का पता चलेगा।''

''जमींदार साहब ने हँसकर कहा, ''यह लड़का है बुआजी। बातें बनाना नहीं जानता। अच्छा होगा तुम इसके लिए कोई और प्रबंध करो।''

''बुआजी के तन-बदन में आग लग गई, लेकिन कहती बेचारी क्या! जैसा चाहो करो, मुझे क्या लेना है, मैं न तीन में, न तेरह में।''

''नई माँ के चले जाने पर घर में बुआजी का जरा प्रभाव बढ़ गया था। इतने बड़े अनाचार को पकड़ना बुआजी की ही बुद्धिमत्ता का परिणाम था। नगीन को भी इस समय किसी कारोबार में जो घाटा आ गया तो बुआजी ने इसका कारण भी गृह-लक्ष्मी के अनाचार को ही बतलाया। ''गृह-लक्ष्मी के चंचल होते ही घर चौपट हो जाता है।''

''नई माँ के चले जाने पर घर में बुआजी का जरा प्रभाव बढ़ गया था। इतने बड़े अनाचार को पकड़ना बुआजी की ही बुद्धिमत्ता का परिणाम था। नगीन को भी इस समय किसी कारोबार में जो घाटा आ गया तो बुआजी ने इसका कारण भी गृह-लक्ष्मी के अनाचार को ही बतलाया। ''गृह-लक्ष्मी के चंचल होते ही घर चौपट हो जाता है।''

''क्या कलकत्ता में तुम उन्हीं के मकान में रहे?'' तारक ने पूछा।

''हाँ! लगभग ग्यारह महीने तक।''

''फिर वहाँ से चले क्यों आए?'' तारक ने पूछा।

''वहाँ रहने में असुविधा होने लगी थी।'' राखाल ने बात को टालते हुए कहा।

''कुछ और अधिक नहीं बतला सकते?''

''उससे कोई लाभ नहीं और लज्जा भी आती है।'' राखाल बोला।

तारक ने और अधिक जानने की इच्छा नहीं की। कुछ विचार कर अंत में पूछ बैठा, ''तुम्हारे ऊपर 'नई माँ' ने जो भार सौंपा है, उस पर तुमने क्या विचार किया? क्या तुम जमींदार साहब के पास जाओगे?''

''यही सोच रहा हूँ। कल…''

''कल? परंतु वह आज ही दुबारा आने के लिए कह गई हैं। उस समय उन्हें क्या उत्तर दोगे?'' तारक कहने लगा और राखाल ने हँसते हुए सिर झुका लिया।

''सिर झुकाने की क्या बात है? क्या इसका अर्थ यह समझूँ कि वह नहीं आएँगी?'' तारक बोला।

''ऐसा ही ज्ञात होता है, क्योंकि इतनी रात को आना जरा कठिन है।''

तारक गंभीर था। वह कहता गया, ''परंतु मुझे विश्वास है कि वह जरूर आएँगी और ठीक ग्यारह बजे ही आएँगी। तुम्हारे पास उस समय उन्हें देने के लिए कोई उत्तर नहीं होगा।''

''यही सोच रहा हूँ। कल'' ''
''कल? परंतु वह आज ही दुबारा आने के लिए कह गई हैं। उस समय उन्हें क्या उत्तर दोगे?'' तारक कहने लगा और राखाल ने हँसते हुए सिर झुका लिया।
''सिर झुकाने की क्या बात है? क्या इसका अर्थ यह समझूँ कि वह नहीं आएँगी?'' तारक बोला।
''ऐसा ही ज्ञात होता है, क्योंकि इतनी रात को आना जरा कठिन है।''

''क्यों?'' राखाल बोला।

''क्यों क्या मित्र! उनकी इतनी बड़ी दुश्चिंता की सूचना पाकर भी तुमने उनकी सहायतार्थ कोई प्रयत्न नहीं किया। उनके सामने तुम किस मुँह से कहोगे कि तुमने वहाँ जाने का प्रयास ही नहीं किया? यह नहीं होगा मित्र! तुम्हें जाना ही पड़ेगा।''

''मेरा जाना बेकार है तारक! क्योंकि उस घर में मेरी कोई सुनने वाला नहीं है। जिस प्रकार पागल वर की ओर एक मामा ही सबकुछ कर्ता-धर्ता बने हैं, उसी प्रकार कन्या की ओर भी मामा ही सूत्रधार हैं। जमींदार साहब के नए साले बड़े आदमी हैं। मैं उस मामा की अपेक्षा इस मामा को अधिक जानता हूँ और इसके बल को भी पहचानता हूँ। बुआजी की समस्त शक्तियाँ और हथकंडे जब मुझे उस घर से निकलवाने में असफल सिद्ध हुए, तब उनके एक संकेत मात्र से मुझे घर से बाहर निकालकर खड़ा कर दिया गया। मैंने भी अपनी गठरी उठा, उस घर से सर्वदा के लिए नमस्कार किया।'' इतना कहकर राखाल खिलखिलाकर हँस पड़ा और पुनः कहने लगा, ''भगवान् सदैव अच्छा ही करता है। अपने इस घर पर बच्चों को पढ़ाकर आराम से खाना पकाता हूँ और विश्राम करता हूँ। समय मिलने पर छोटे-बड़े सभी के कुछ न कुछ काम आ जाता हूँ। प्रतिफल की इच्छा नहीं, भाग्य का लिखा मिल ही जाता है। साधारणतया दिन कट रहे हैं। दो मामाओं की कुश्ती कराना और फिर उनके वेग को रोकना अब मेरे लिए शायद कठिन हो जाएगा।''

यह सुनकर तारक जोर से हँस पड़ा। राखाल के सीधे और सरल होने में आज उसे संदेह हुआ। उसकी आज तक की धारणा झूठी प्रमाणित हो रही थी।

''परंतु जब दोनों तरफ मामा ही मामा हैं, तो कुश्ती क्यों होगी?'' तारक ने पूछा।

"अगर तुम और स्पष्टीकरण चाहते हो तो सुनो। मामाजी ने मुझे उस घर से निकलवा दिया, लेकिन उस घर की ममता मुझसे छूट न सकी। सभी खबरें मेरे पास तक आ जाती हैं। इस शादी का समस्त श्रेय मामाजी को ही है। यदि यह शादी न हुई तो उनको ही इससे चिंता होगी, जमींदार साहब को नहीं। मुझ जैसे व्यक्ति के रोकने से यह शादी नहीं रुकेगी, संभवत: किसी से भी न रुक सके। वही होगा, जो होने जा रहा है। मुँह दिखानी हो चुकी और लड़की को हल्दी चढ़ गई है, अत: यह शादी निश्चय ही होगी।"

"तात्पर्य यह है कि लड़के के मामा को लड़की की माँ कहानी सुनानी होगी। सुनाने पर बात फैल जाएगी और परिणाम यह होगा कि फिर शादी किसी भी भले घर में नहीं हो सकेगी।" तारक ने कहा।

"बात यही है। अंत में इसी तरह की बात खड़ी होने की संभावना है।"

"लेकिन लड़की के पिता जो जीवित हैं।"

"नहीं! पिता मर चुके। आज जो जीवित हैं, जमींदार साहब हैं।" गंभीर होकर राखाल चुप हो गया।

"चलो मित्र, एक बार चलकर तो देख लो कि क्या पिता सचमुच मर चुके हैं अथवा अभी उनमें पितृत्व का कोई अंश बाकी है।" एक क्षण अपलक रहकर तारक ने कहा।

"तुम भी चलोगे?" राखाल ने पूछा।

"हानि क्या है? तुम कहना कि यह लड़के के पड़ोसी हैं। लड़के के विषय में बहुत बातें जानते हैं।"

"तात्पर्य यह है कि लड़के के मामा को लड़की की माँ कहानी सुनानी होगी। सुनाने पर बात फैल जाएगी और परिणाम यह होगा कि फिर शादी किसी भी भले घर में नहीं हो सकेगी।" तारक ने कहा।
"बात यही है। अंत में इसी तरह की बात खड़ी होने की संभावना है।"
"लेकिन लड़की के पिता जो जीवित हैं।"

राखाल हँस पड़ा, "तुम बात तो ठीक कह रहे हो, लेकिन विचार कर लो कि कहीं तुम्हारी उलटी-सीधी बातों में उन्हें झूठ का आभास न मिल जाए, जिससे उनके मन में संदेह उत्पन्न हो और वे यह सोचने लगे कि तुम लड़के से द्वेष होने के कारण इस संबंध को छुड़वाना चाहते हो। तब न कुछ काम ही बनेगा और प्रभाव भी बिल्कुल उलटा ही पड़ेगा।"

"सही कहते हो तुम।" तारक ने राखाल की बुद्धिमत्ता की मन-ही-मन प्रशंसा करते हुए कहा, "प्रश्नोत्तर में मैं कच्चा पड़ सकता हूँ। नई माँ से कुछ और जानकारी कर लेनी आवश्यक थी, लेकिन तुम मुझे अपना मित्र ही बताना।"

"हाँ, यदि परिचय देने की जरूरत हुई तो।"

"मेरी इच्छा है कि मैं इस शादी के रोकने में आपको सहयोग दूँ और कुछ नहीं तो कम-से-कम उन मामाजी के दर्शन तो कर ही लूँगा और अगर भाग्य ने साथ दिया तो जमींदार साहब और उनकी नवविवाहित पत्नी को भी देख सकूँगा।"

"यह कोई असंभव बात नहीं।"

"वह स्त्री देखने में कैसी है?"

"सुंदर है। गठा हुआ शरीर है, बंगाली घर की श्रृंगारप्रिय लड़की जिस तरह की होनी चाहिए, ठीक उसी तरह की है।" राखाल मुसकराता हुआ कह रहा था।

"रंग-ढंग कैसा है?"

"कैसा होता, ठीक उसी तरह है, जिस तरह एक बंगाली लड़की का होना चाहिए। कपड़ों और गहनों से विशेष प्रेम है, संतान के प्रति बहुत ममता और दूसरों का कष्ट देखकर नेत्रों में तुरंत आँसू भर आते हैं। दो-चार आने देने के पश्चात् पात्र को विस्मरण कर देती है, लेकिन स्वभाव के विषय में इतना तो कहा ही जा सकता है कि बुरा नहीं है और उसे अच्छा ही कहा जा सकता है। क्षुद्रता के व्यवहार के साथ-साथ थोड़ा उसे दया भाव और कुछ…"

"कैसा होता, ठीक उसी तरह है, जिस तरह एक बंगाली लड़की का होना चाहिए। कपड़ों और गहनों से विशेष प्रेम है, संतान के प्रति बहुत ममता और दूसरों का कष्ट देखकर नेत्रों में तुरंत आँसू भर आते हैं। दो-चार आने देने के पश्चात् पात्र को विस्मरण कर देती है, लेकिन स्वभाव के विषय में इतना तो कहा ही जा सकता है कि बुरा नहीं है और उसे अच्छा ही कहा जा सकता है। क्षुद्रता के व्यवहार के साथ-साथ थोड़ा उसे दया भाव और कुछ…"

बीच ही में रोककर तारक बोला, "ठहरो भी मित्र। यह सब कुछ तुम जमींदार साहब की स्त्री की टीका-टिप्पणी कर रहे हो या बंगाली स्त्रियों पर अपने मनमाने विचार निकाल रहे हो। आखिर बात क्या है?"

"दोनों ही ठीक हैं, श्रोतागण अपने मनोनुकूल अर्थ लगा सकते हैं।"

यह सुनकर तारक विस्मित हो गया, "स्त्रियों के विषय में तुम्हारा इतना उपेक्षा का भाव है, यह रहस्य अभी तक मैं नहीं जान पाया था। मैं तो समझता था…"

"तुमने बिल्कुल ठीक समझा था मित्र। ठीक है। मैं कुछ उपेक्षा नहीं करता। उनके पुकारने पर तुरंत पहुँचता हूँ और यदि नहीं पुकारती हैं तो कोई विशेष चिंता भी नहीं करता हूँ। स्त्रियों की बेगार करने में भी मुझे आनंद आता है और मैं अपने को धन्य समझता हूँ। उनकी निंदा फिर भला कर ही किस तरह सकता हूँ?"

''अनुग्रह करनेवाली स्त्रियों के विषय में कुछ मुझे भी बतलाओ, जरा सुनूँ तो सही।'' तारक बोला।

''तुमने तो मुझे उलझन में डाल दिया। वाद-विवाद से मुझे डर लगता है। अपनी आज तक की आयु में मैंने बहुत देखा-सुना है। अनेकों से मेरा परिचय भी हुआ, लेकिन स्मरण शक्ति इतनी कम है कि आज कुछ भी याद नहीं आ रहा है। न उनका आकार ही और न उनका स्वभाव ही। जब सामने आती हैं तो स्मरण हो आता है और चले जाने पर अनेक आने वालियों में उनकी भी गणना होकर याद भूल जाती है। एक-दूसरे का अंतर फिर मैं नहीं नाप पाता।''

''हम गाँव के रहने वाले सीधे-साधे आदमी केवल अपने पास-पड़ोसी के दो-चार नाते-रिश्ते की स्त्रियों के अतिरिक्त अन्य किसी से परिचित नहीं होते। इस बड़े नगर में कितने प्रकार की विचित्र चरित्रवाली स्त्रियाँ होंगी, हमें इसका ज्ञान नहीं। स्त्रियों के विषय में मेरा ज्ञान बहुत ही संकुचित…''

राखाल बीच में ही बोल उठा, ''चिंता न करो मित्र! मैं इसका मूल तत्व तुम्हें समझा देता हूँ। जिन स्त्रियों को गँवार कहकर तुम क्षुब्ध हो रहे हो, उन्हें शहर में ले आओ और थोड़ा क्रीम और पाउडर चुपड़ दो। दोचार महीने इसी तरह चलने दो। फिर कुछ उपन्यास तथा नाटक उन्हें पढ़ने के लिए दो। साथ में कुछ सिनेमा के गाने सिखा दो तो कहना ही क्या है। अंग्रेजी का ज्ञान नहीं, ए बी सी डी पढ़ाने की जरूरत नहीं, कुछ अंग्रेजी शब्द और वाक्य तो तुम जबानी याद कर ही सकते हो, यही पर्याप्त है, यही पर्याप्त होगा। इसके बाद…''

तारक कुछ कुढ़कर बोला, ''इसके बाद क्या होना चाहिए, यह मैं जानना नहीं चाहता। अब मैं समझ पाया हूँ कि तुम इस काम में क्यों ढील डाल रहे हो। बेचारी रेणुका की चाहे किसी भी जगह और किसी के साथ शादी हो, तुम्हारा इससे कोई हानि-लाभ नहीं। वास्तव में तुम्हारे हृदय में स्त्रियों के लिए कुछ सहानुभूति नहीं।''

तारक कुछ कुढ़कर बोला, ''इसके बाद क्या होना चाहिए, यह मैं जानना नहीं चाहता। अब मैं समझ पाया हूँ कि तुम इस काम में क्यों ढील डाल रहे हो। बेचारी रेणुका की चाहे किसी भी जगह और किसी के साथ शादी हो, तुम्हारा इससे कोई हानि-लाभ नहीं। वास्तव में तुम्हारे हृदय में स्त्रियों के लिए कुछ सहानुभूति नहीं।''

''सहानुभूति का अर्थ क्या तुम समझा सकते हो तारक?'' कौतुकपूर्ण दृष्टि से तारक की ओर देखते हुए राखाल ने पूछा।

''समझा सकता हूँ। तुम आँखें बंद करके किसी से मिलना कम कर दो, तभी अपनी खोई हुई वस्तु संभवतः तुम कभी पा सको। नई माँ के अनुरोध की अवहेलना

शायद इसलिए कर रहे हो।''

''गलत बात है!'' एक मिनट चुप रहने के बाद गंभीरतापूर्वक राखाल बोला, ''तुम्हारी पहली बात सत्य अवश्य है। स्त्रियों के विषय में अधिक जानकारी प्राप्त करने से लाभ की अपेक्षा हानि की अधिक संभावना है, लेकिन यह जो कुछ मैं कह रहा हूँ, वह एक हजार में से नौ सौ निन्यानवे स्त्रियों के, साधारण स्त्रियों के विषय में कह रहा हूँ। नई माँ का चरित्र इसके सर्वथा विपरीत है। नई माँ की अवहेलना यदि कोई करना चाहे तो भी नहीं कर सकता। तुमने किसके लिए और क्यों बर्दवान जाना स्वगित कर दिया? यह तुम नहीं जानते, मैं जानता हूँ। तुम किसके संकेत पर मुझे मामा से भिड़ाने के लिए तत्पर हो, यह भी स्पष्ट ही है। नई माँ के लिए जो तुमने शब्द कहे हैं ''घृणा तो स्वाभाविक ही है मित्र!'' एक दिन तुम्हें वापस लेने पड़ेंगे।''

तारक के चेहरे पर हास्य की रेखा दौड़ गई। व्यंग्य से बोला, ''जब मेरा विचार परिवर्तित होगा, तब मैं अवश्य अपने शब्दों को वापस ले लूँगा, लेकिन दूसरों से अधिक अपने विचार मैं स्वयं ही अधिक स्पष्ट रूप से जानता हूँ। आशा है कि मेरे इस विचार से तुम अप्रसन्न नहीं होगे! यह वाद-विवाद बेकार ही है। मुझे जानकर प्रसन्नता हुई कि संसार की कोई तो स्त्री तुम्हारी श्रद्धा की पात्र है, लेकिन इतना ऊँचा विचार रखना मेरे लिए कठिन है। साधारण व्यक्ति होकर हम तो एक पर श्रद्धा न रखकर नौ सौ निन्यानवे पर ही श्रद्धा रखेंगे।''

राखाल ने प्रत्युत्तर नहीं दिया। ''चलोगे न?'' तारक ने धीरे से फिर कुछ रुककर पूछा। ''चलो।'' राखाल का जवाब था। ''जाकर क्या करोगे वहाँ?'' ''हमें यही कहना होगा कि हमें एक विश्वस्त सूत्र से ज्ञात हुआ है कि…''

राखाल ने प्रत्युत्तर नहीं दिया।

''चलोगे न?'' तारक ने धीरे से फिर कुछ रुककर पूछा।

''चलो।'' राखाल का जवाब था।

''जाकर क्या करोगे वहाँ?''

''हमें यही कहना होगा कि हमें एक विश्वस्त सूत्र से ज्ञात हुआ है कि…''

''जैसा ठीक समझो।''

राखाल ने द्वार बंद कर दिया और दुर्गा माँ को नमस्कार करके जमींदार साहब के घर का रास्ता लिया।

''आज कुछ काम बनना मुश्किल-सा है।'' तारक ने मुसकराकर कहा, ''लेकिन फिर भी नाम का प्रभाव देखना।''

तीन

दूसरे दिन अपराह्न में दोनों साथी चाय की मेज पर आमने-सामने जा बैठे। राखाल ने चाय की प्याली में एक चम्मच चीनी डालकर चलाया, जिससे कि चाय रंग छोड़ दे।

"नाम का प्रभाव देखा, राखाल!" तारक ने बात को प्रारंभ करते हुए कहा, "राखाल, दुर्गामाता में व्यर्थ ही तुमने अविश्वास किया, इसलिए तो कल का जाना निष्फल रहा। अगर अविश्वास न करते तो जाने का कुछ फल जरूर मिलता।" तारक ने मुसकराकर सिर हिला दिया।

मकान पर जमींदार साहब के अनुपस्थित होने से कोई काम सफल नहीं हुआ। वह कल दावत में गए थे और मामाजी तबीयत खराब होने के कारण संध्या से ही पलंग पर लेट चुके थे। "राखाल, तुम हमें अभी भूले नहीं।" घर के अंदर जाने पर जमींदार साहब की नई पत्नी ने कहा। रेणुका भी चलते समय ओट से बोली, "इतने दिन तक क्या दादा हमें भूल ही गए थे?" राखाल ने कोई उत्तर नहीं दिया और केवल इतना कह दिया, "अपने बाबूजी से कह देना कि मैं कल संध्या को किसी बहुत आवश्यक काम से फिर उनसे मिलने के लिए आऊँगा। भूलना नहीं।"

मकान पर जमींदार साहब के अनुपस्थित होने से कोई काम सफल नहीं हुआ। वह कल दावत में गए थे और मामाजी तबीयत खराब होने के कारण संध्या से ही पलंग पर लेट चुके थे। "राखाल, तुम हमें अभी भूले नहीं।" घर के अंदर जाने पर जमींदार साहब की नई पत्नी ने कहा। रेणुका भी चलते समय ओट से बोली, "इतने दिन तक क्या दादा हमें भूल ही गए थे?" राखाल ने कोई उत्तर नहीं दिया और केवल इतना कह दिया, "अपने बाबूजी से कह देना कि मैं कल संध्या को किसी बहुत आवश्यक काम से फिर उनसे मिलने के लिए आऊँगा। भूलना नहीं।"

"बहुत अच्छा!" रेणुका बोली, "लेकिन आप नौकरों से भी तो कहते जाइए।"

जमींदार साहब के खास नौकर से भी राखाल ने कह दिया। उन्हें अपने घर पर लौटने में देर हो गई थी, इसीलिए ताले में एक परचा लगाकर नई माँ पहले ही लौट चुकी थीं। पर्चे में दूसरे दिन संध्या को पाँच बजे फिर आने की सूचना दी गई थी। उसी पाँच बजे की प्रतीक्षा में दोनों मित्र बैठे थे। तारक ने चाय छानने के लिए कहा, "अभी बीस मिनट हैं, उनके आने से पहले ही मेज की सफाई हो जानी चाहिए।"

''क्यों?'' राखाल बोला, ''मनुष्य चाय भी पीते हैं, क्या यह बात वह नहीं जानतीं?''

''राखाल, बहस की जरूरत नहीं है! मनुष्य कितनी ही बातें करता है, लेकिन फिर भी बहुत सी छिपाकर करता है; जानवरों को इन बातों को छिपाने की जरूरत नहीं पड़ती और फिर सफाई तो अच्छी ही चीज है, देर भी तो कुछ नहीं लगेगी?'' तारक ने एश्ट्रे और सिगरेट की डिब्बी उठाकर पूछा, ''क्या इन्हें भी उन्हें दिखाया जा सकता है?''

''देख लेने दो मित्र! वह अपराधी को पहचानती हैं, तुम्हें डरना नहीं चाहिए।''

तारक व्यंग्य को समझ गया; लेकिन ऊपर से बोला, ''यही आशा है, लेकिन फिर भी समझने में भूल कर सकती हैं, इसमें आश्चर्य की कौन सी बात है, लेकिन मैं नहीं चाहता कि वह उस व्यक्ति को गलत समझें, जिसका पालन-पोषण उन्होंने अपने हाथों से किया है।''

राखाल नाराज नहीं हुआ, मुसकराता हुआ चाय छानने में लगा रहा। तारक चाय पी रहा था। जब रहा न गया तो कहने लगा, ''भाई, इस प्रकार चुप रहने से काम नहीं चलेगा!''

''राखाल, बहस की जरूरत नहीं है! मनुष्य कितनी ही बातें करता है, लेकिन फिर भी बहुत सी छिपाकर करता है; जानवरों को इन बातों को छिपाने की जरूरत नहीं पड़ती और फिर सफाई तो अच्छी ही चीज है, देर भी तो कुछ नहीं लगेगी?'' तारक ने एश्ट्रे और सिगरेट की डिब्बी उठाकर पूछा, ''क्या इन्हें भी उन्हें दिखाया जा सकता है?''

''क्या करूँ तारक? नौ सौ निन्यानवे का धक्का उनके आने से पहिले सँभाल रहा हूँ।'' हँसकर राखाल बोला। इस व्यंग्य ने तारक के दिल पर चोट की, परंतु वह चुपचाप पीता रहा। चाय समाप्त हो जाने के बाद मेज साफ कर दी गई। इसी समय घड़ी ने ठीक पाँच बजाए और सूर्य ने भी आगे बढ़ना प्रारंभ कर दिया, लेकिन नई माँ का अब भी कहीं पर पता नहीं था। दोनों भेद जानने के लिए अधीर हो रहे थे। सारा घर मानो इस समय खाली प्रतीत हो रहा था। ऐसे समय तारक ने धीरे से कहा, ''तुम्हारी नई माँ कोई साधारण स्त्री नहीं हैं, यह बात सत्य ही प्रतीत होती है राखाल।''

राखाल मौन था।

''इस प्रकार की नारी की कथा मैंने पुस्तकों में पढ़ी हैं। जो स्त्रियाँ देखी हैं वह साधारणतः सती सद्विचार वाली हैं, लेकिन यह तो ऐसा मालूम होता है जैसे...'' अभी पूरी बात खत्म भी नहीं हो पाई थी कि द्वार से आवाज आई, ''राजू, चली आऊँ, बेटा?''

दोनों ही अचानक खड़े हो गए। राखाल शीघ्रता से द्वार की तरफ गया और प्रणाम

करके बड़े आदर भाव से नई माँ को अंदर ले आया। तारक ने भी राखल की ही भाँति आदरपूर्वक नमस्कार किया।

जब सब यथास्थान पर बैठ गए तो राखाल बोला, ''कल का वहाँ जाना तो बेकार ही रहा माँ; क्योंकि जमींदार साहब वहाँ नहीं थे। मामाजी की तबीयत खराब थी और इधर आपको परेशान होकर लौट जाना पड़ा, लेकिन इसका दोषी तारक है, क्योंकि इसी ने दुर्गा माता को नाराज किया था।'' राखाल ने संपूर्ण घटना खोलकर नई माँ को सुनाई।

''ऐसी बातों पर तुम विश्वास करते हो तारक?'' नई माँ ने हँसकर पूछा।

''हो सकता है कि आज विश्वास न हो, लेकिन यह दशा तो विश्वास करने के कारण हुई है।''

''कोई भला क्यों नहीं मिलता?'' घर की स्वामिनी ने आश्चर्यान्वित होकर कहा, ''राखाल, तुम हमें अभी भूले नहीं'' लौटते समय रेणुका ने भी ठीक उसी प्रकार में शब्द कहे, लेकिन सामने आकर नहीं, छिपकर। कल संध्या को जमींदार साहब से मिलने के लिए कह आया हूँ एक आवश्यक काम के लिए और मुझे विश्वास है कि रेणुका इस समाचार को जमींदार साहब के पास अवश्य भेज देगी।'' राखाल ने गंभीरतापूर्वक कहा।

''वहाँ कोई मिला नहीं?'' नई माँ ने हँसकर पूछा।

''कोई भला क्यों नहीं मिलता?'' घर की स्वामिनी ने आश्चर्यान्वित होकर कहा, ''राखाल, तुम हमें अभी भूले नहीं'' लौटते समय रेणुका ने भी ठीक उसी प्रकार में शब्द कहे, लेकिन सामने आकर नहीं, छिपकर। कल संध्या को जमींदार साहब से मिलने के लिए कह आया हूँ एक आवश्यक काम के लिए और मुझे विश्वास है कि रेणुका इस समाचार को जमींदार साहब के पास अवश्य भेज देगी।'' राखाल ने गंभीरतापूर्वक कहा।

''इसलिए तुम्हें आज फिर जाना है।''

''कुछ समयोपरांत जाएँगे, अभी आपकी प्रतीक्षा थी।''

''सब लोग अच्छी तरह हैं न?''

''हाँ।''

नई माँ मौन थी।

''भला रेणुका अब देखने में कैसी लगती है?'' कुछ ठहरकर नई माँ ने पूछा। राखाल पहले शांत था। फिर कृत्रिम रोष के साथ बोला, ''माँ, तुम्हारी यह बात तो बिल्कुल व्यर्थ सी है। क्या आप अनुमान से नहीं बता सकतीं कि नई माँ की बेटी देखने में कैसी लगती है? उस पर पिता का प्रभाव है, यही बात है न माँ।'' पुत्री के विषय में बातें करते हुए माँ का हृदय द्रवित हो उठा। पलभर चुप रहकर बोलीं, ''राजू, तुम्हारे जाने का वक्त हो गया होगा?''

"अभी कुछ देर है माँ।"

कुछ प्रारंभिक बातों के पश्चात् तारक मौन हो गया। वह नई माँ और राजू की बातें सुन रहा था। जिस रेणुका का विवाह संबंध ये लोग समाप्त करना चाहते थे, तारक उस रेणुका के विषय में अवश्य कुछ जानना चाहता था, लेकिन जानने की कोई विशेष उत्कंठा उसमें हो, ऐसा प्रतीत नहीं होता था। हाल ही में राखाल द्वारा दिए गए उसके साधारण रूप परिचय ने तारक को एक चकाचौंध कर देने वाले प्रकाश में लाकर खड़ा कर दिया। वह उसी के विचार के निमग्न था और तब उसने कुछ विस्मित सा होकर नई माँ की ओर देखा। नई माँ की उम्र इस समय लगभग पैंतीस-छत्तीस वर्ष की होगी। रूप का निखार पूर्ण उभार पर नहीं था। सामने के दो ऊँचे दाँत स्पष्ट दिखाई देते हैं। रंग स्वर्ण और चंपा की समता करता है। अंग-प्रत्यंग की गठन मक्खन के पुतले से भी कोमलतम थी। आँखें बड़ी नहीं हैं, नाक तोते जैसी नहीं है, लेकिन इकहरे शरीर पर सौंदर्य खूब फबता है। इस नारी शरीर का प्रत्येक अंग मर्यादा के साथ पूर्ण रूप से विकसित था। इन सबसे भी अधिक आकर्षक उनका मधुर स्वर था, जो अनायास ही श्रोता को वश में कर लेता था।

"तुम्हारा हृदय क्या कहता है राजू? क्या इस विवाह को रोक सकोगे!"

"यह बात निश्चित रूप से तो नहीं कही जा सकती माँ!"

"उनके नेत्र और कान नहीं रहे माँ!" राखाल बोला, "इस समय मामाजी की आँखें उनकी आँखें हैं और घर वाली के कान उनके कान और मेरे विचार से यह संबंध उन्होंने ही ठीक किया है।"

"आखिर जमींदार साहब क्या करते हैं।"

"जो कुछ हमेशा किया है, वही, हरगोविंद की पूजा और यह रोग तो आजकल और भी बढ़ गया है। पूजा की कोठरी में ही दिन समाप्त हो जाता है, दुकान पर तो जाने की चिंता ही नहीं।"

"क्या जमींदार साहब कुछ सुनेंगे भी नहीं? विचारेंगे भी नहीं।"

"उनके नेत्र और कान नहीं रहे माँ!" राखाल बोला, "इस समय मामाजी की आँखें उनकी आँखें हैं और घर वाली के कान उनके कान और मेरे विचार से यह संबंध उन्होंने ही ठीक किया है।"

"आखिर जमींदार साहब क्या करते हैं।"

"जो कुछ हमेशा किया है, वही, हरगोविंद की पूजा और यह रोग तो आजकल और भी बढ़ गया है। पूजा की कोठरी में ही दिन समाप्त हो जाता है, दुकान पर तो जाने की चिंता ही नहीं।"

"घर और कारोबार को कौन देखता है?"

''कारोबार मामाजी के हाथ में है। घर का प्रबंध उनकी माताजी यानी जमींदार साहब की सास करती हैं, लेकिन मुझसे क्या पूछती हैं, आप तो सभी कुछ जानती हैं, आज हम वहाँ जाएँगे, लेकिन परिणाम तो आपको विदित ही है।''

सुनकर नई माँ ने एक गहरी साँस ली और हृदय थामकर चुप हो गईं। अचानक द्वार के बाहर एक शब्द सुनाई दिया। किसी बच्चे से कोई पूछ रहा था कि राजू बाबू का क्या यही घर है? फिर बच्चे ने जवाब दिया, ''यहाँ तो राखाल राज रहते हैं।''

''हाँ भाई! मैं उन्हीं का घर पूछ रहा हूँ।'' इतना कहते हुए एक सज्जन ने द्वार खोला और झाँककर बोले, ''क्या राजू बेटा है? है तो?'' राखाल पर दृष्टि पड़ते ही सज्जन मुसकराकर अंदर आ गए। स्नेहसिक्त वाणी से बोल उठे, ''सोच रहा था कि तुम्हारा मकान मिलेगा या नहीं¨।''अचानक उनकी दृष्टि अलमारी के पास मौन खड़ी महिला पर गई। कुछ चकित से होकर वे पीछे हटे और द्वार के पास आकर हठात् कह उठे, ''नई बहू!'' और फिर राखाल पर दृष्टि डाली।

क्षणभर के लिए एक विचित्र दृश्य नेत्रों में झूल गया। राखाल का मुख-मण्डल इस समय सफेद था। वह किंकर्तव्य-विमूढ़ पाषाणवत् खड़ा था। एक अज्ञात भय की आशंका ने उसे घेर लिया था। नवागन्तुक ने क्रम से तीनों व्यक्तियों पर दृष्टि डाली और फिर उसी शांत स्वर से कहने लगे, ''क्या कुछ षड्यंत्र कर रहे थे? शराबियों के अड्डे पर पुलिस का सिपाही आने से जैसी दशा होती है, उसी तरह घबराने की क्या बात है नई बहू?''

> *तारक, राखाल और नई माँ तीनों के मुँह पर इन शब्दों को सुनकर मुसकान की रेखा दौड़ गई। तारक समझ गया कि यही जमींदार साहब हैं। इस समय उनका मन आनंद और विस्मय से पूर्ण था। जमींदार साहब ने नई बहू से बैठने के लिए आग्रह किया। नई बहू के बैठने के बाद उन्होंने कहना प्रारंभ किया, ''परसों रेणुका का विवाह है। लड़का स्वस्थ और सुंदर है, अभी पढ़ रहा है; परिवार जाना-पहचाना है। धन, जायदाद किसी भी वस्तु का अभाव नहीं है।*

''जी हाँ, मैं नई बहू हूँ।'' नई माँ ने कुछ सामने को आते हुए कहा।

''फिर बैठो न, अच्छी तो हो।'' कहते हुए पड़ी कुरसी पर बैठ गए, ''नई बहू। तनिक हमारी ओर तो देखो, यह सोचता होगा कि मेरा तुम्हें पहचानना ही घोर संग्राम का निमंत्रण है। लगता होगा कि अब यहाँ पर वस्तु-टूट-फूट से नहीं बचेगी।''

तारक, राखाल और नई माँ तीनों के मुँह पर इन शब्दों को सुनकर मुसकान की रेखा दौड़ गई। तारक समझ गया कि यही जमींदार साहब हैं। इस समय उनका मन आनंद और विस्मय से पूर्ण था। जमींदार साहब ने नई बहू से बैठने के लिए आग्रह

किया। नई बहू के बैठने के बाद उन्होंने कहना प्रारंभ किया, ''परसों रेणुका का विवाह है। लड़का स्वस्थ और सुंदर है, अभी पढ़ रहा है; परिवार जाना-पहचाना है। धन, जायदाद किसी भी वस्तु का अभाव नहीं है। कलकत्ता में उनके चार मकान हैं, पास के पास, जब चाहे बेटी और दामाद से मिल सकते हैं। यह गोविंदजी की ही कृपा है नई बहू कि इतना सुंदर वर मिल गया, अन्यथा मुझमें इतनी सामर्थ्य कहाँ थी कि…'' कहकर उन्होंने भगवान् की स्मृति में दोनों हाथ जोड़े। पुत्री के सुख की कल्पना से जमींदार साहब का हृदय आनंद-विभोर हो रहा था। सब शांत बैठे हुए थे। जमींदार साहब के सुख-स्वप्न के मायाजाल को तोड़ने की शक्ति तीनों में से किसी में भी नहीं थी। वह फिर कहने लगे, ''अपने राखाल को लेने के लिए हमें खुद ही आना होगा, केवल निमंत्रण से ही काम नहीं चलेगा। राजू के अतिरिक्त हमारे कर्ता-धर्ता का भार सँभालना किसके बस का है। कल संध्या को लौटने पर रेणुका से पता लगा कि तुम वहाँ किसी आवश्यक काम से गए थे। सूचना पाते ही मैंने दृढ संकल्प कर लिया कि तुम्हारी ही गली में आकर पुरानी गलतियों को समाप्त कर दिया जाए। इसलिए दोपहर को ही घर से निकल पड़ा और गोविंद की कृपा से एक ही नहीं, सब काम सिद्ध हो गए। पता नहीं आज किस भाग्यशाली का मुख देखकर निकला था?''

''हाँ-हाँ, वे ही सामने आए थे।'' कहकर जमींदार साहब हँस पड़े। नई माँ ने चुपके से राखाल के मुख पर दृष्टि डाली और फिर दूसरी तरफ फेर ली। जमींदार साहब ने कहा, ''राजू! यह तुम्हारी बात कुछ जँची नहीं। नाते से तुम्हारी नई माँ के भी वे भाई होते हैं। बहन के लिए भाई की बुराई सहन करना कठिन काम है। शायद मन-ही-मन तुम्हारी नई माँ अप्रसन्न हो रही हैं।'' राखाल खिलखिलाकर हँस पड़ा और साथ ही जमींदार साहब भी।

राखाल अधिक मौन न रह सका। निरीह व्यक्ति की तरह बोल उठा, ''जिस समय आपने घर छोड़ा, क्या आपको याद है, उस समय मामाजी वहीं थे।''

''क्यों क्या बात है?'' जमींदार साहब ने पूछा।

''बात सिर्फ यही है कि वह भाग्य के सिकंदर हैं। घर से चलते समय अगर उनके मुख पर दृष्टि पड़ जाए तो संभव है कि…''

''हाँ-हाँ, वे ही सामने आए थे।'' कहकर जमींदार साहब हँस पड़े। नई माँ ने चुपके से राखाल के मुख पर दृष्टि डाली और फिर दूसरी तरफ फेर ली। जमींदार साहब ने कहा, ''राजू! यह तुम्हारी बात कुछ जँची नहीं। नाते से तुम्हारी नई माँ के भी वे भाई होते हैं। बहन के लिए भाई की बुराई सहन करना कठिन काम है। शायद

मन-ही-मन तुम्हारी नई माँ अप्रसन्न हो रही हैं।'' राखाल खिलखिलाकर हँस पड़ा और साथ ही जमींदार साहब भी।

''मैंने ठीक ही तो कहा, नाराज होने की बात ही है।'' वह बोले।

तारक अब एकांत वातावरण में अपने को न सँभाल सका और आखिर कह ही उठा, ''कदाचित् घर से निकलते समय आपने दुर्गा माता का स्मरण नहीं किया होगा।''

जमींदार साहब इन शब्दों के रहस्य को न जान पाए, बोले, ''भाई, अपने नित्य-कर्म अनुसार मैंने तो गोविंद का स्मरण किया था और अब भी उन्हीं का स्मरण कर रहा हूँ।''

''इसीलिए आपको अपने कार्य में सफलता मिली। अगर दुर्गा माँ का नाम लेकर कहीं चले होते तो निश्चय ही कार्य सिद्ध होना कठिन था।''

जमींदार साहब अब भी कुछ न समझ पाए। तब राखाल ने तारक का परिचय देते हुए पिछले दिन की समस्त घटना उसके सामने रखी। कल वे दुर्गा माँ का स्मरण करके गए थे, इसलिए भेंट न हो सकी। कदाचित् इसका मूल कारण दुर्गा माँ का प्रभाव ही था। तारक के जीवन में इस नाम ने पहले भी कभी इसी प्रकार का प्रभाव दिखाया था और इसीलिए वह इस नाम से कुछ चिढ़ने लगा था।

जमींदार साहब अब भी कुछ न समझ पाए। तब राखाल ने तारक का परिचय देते हुए पिछले दिन की समस्त घटना उसके सामने रखी। कल वे दुर्गा माँ का स्मरण करके गए थे, इसलिए भेंट न हो सकी। कदाचित् इसका मूल कारण दुर्गा माँ का प्रभाव ही था। तारक के जीवन में इस नाम ने पहले भी कभी इसी प्रकार का प्रभाव दिखाया था और इसीलिए वह इस नाम से कुछ चिढ़ने लगा था।

पूरी कहानी सुनकर जमींदार साहब हँसे और फिर गंभीर होकर कहने लग, ''हो सकता है, बेटा! ऐसा अवश्य हो सकता है, इसमें संदेह नहीं। ''नाम और द्रव्य'' की महिमा संसार में अनेक व्यक्ति जानते हैं। मैंने जीवन में इसकी परीक्षा की है। 'भुनी मटर' के नाम से मुझ पर विपत्ति आ जाती है।''

राखाल उत्कंठित स्वर में बोला, ''यह किस तरह बाबूजी?''

''इसके लिए पूरी कहानी सुनानी होगी। शैशवावस्था में मेरा नाम 'बिलाई' पुकारा जाता था और भुनी मटर मुझे बहुत प्रिय थी। मुझे उसका फल मिला। मेरी रिश्ते की दादी मुझसे कहा करती थी, ''बेटा! भुनी मटर अगर खाओगे, ताला तोड़ लुगाई भागे, पता कहीं नहीं पाओगे'' अब क्या तुम नहीं देख रहो कि दादी का कथन कितना सत्य निकला? बचपन की भुनी मटर ने बुढ़ापे में मेरी क्या दुर्दशा नहीं की? क्या मेरा सर्वनाश

नहीं हो गया? धन के दोष और गुणों का यह जीता-जागता उदाहरण है। इसी प्रकार नाम का भी प्रभाव होता है।''

तारक और राखाल के मुख लज्जा से नीचे झुक गए, लेकिन नई माँ ने दबी जबान से गंभीर स्वर में कहा, ''बच्चो के सम्मुख क्या तुम्हें इस तरह कहना चाहिए?''

''क्यों, बच्चों को होशियार करना मेरा फर्ज है। कहीं ये भी भुनी मटर न खाने लगें।''

''तब फिर आप इन्हें होशियार कर दीजिए, मैं जाती हूँ।''

''सदा हठ और क्रोध करने का ही तो बस तुममें दोष है नई बहू! सत्य बात मुझे कभी भी नहीं कहने देना चाहतीं। मैं समझता था कि असल दोषी को जानकर तुम्हें प्रसन्नता होगी, लेकिन यहाँ विपरीत देख रहा हूँ।''

नई माँ ने दोनों हाथ जोड़ दिए और राजू से बोलीं, ''बेटा! कल तुम जिस काम के लिए गए थे, उसे इनसे कहो।''

राखाल बगलें झाँक रहा था, लेकिन नई माँ के सामने अंत में कहना ही पड़ा, ''बाबूजी, रेणुका का विवाह जहाँ आपने ठीक किया है, वहाँ नहीं होगा।''

ये शब्द सुनते ही जमींदार साहब के मुख की मुसकान एकदम विलीन हो गई और वह सावधानी से बोले, ''क्यों? क्या बात है बेटा?''

राखाल बगलें झाँक रहा था, लेकिन नई माँ के सामने अंत में कहना ही पड़ा, ''बाबूजी, रेणुका का विवाह जहाँ आपने ठीक किया है, वहाँ नहीं होगा।'' ये शब्द सुनते ही जमींदार साहब के मुख की मुसकान एकदम विलीन हो गई और वह सावधानी से बोले, ''क्यों? क्या बात है बेटा?'' और राखाल ने स्पष्ट रूप से कारण खोलकर समझा दिया। ''तुम्हें इसकी सूचना किसने दी?''

और राखाल ने स्पष्ट रूप से कारण खोलकर समझा दिया।

''तुम्हें इसकी सूचना किसने दी?''

''नई माँ ने।''

''और इनको किसने सूचना दी?''

''यह आप इन्हीं से पूछ सकते हैं।'' कहकर वह चुप हो गया।

''क्या यह बात सच है नई बहू?'' वह कुछ देर मौन रहकर बोले।

''हाँ, सच है।'' कहकर नई बहू ने सिर हिलाकर संकेत किया।

''परंतु अब क्या किया जाए? लड़की दिखाई जा चुकी। हल्दी चढ़ गई और परसों तो विवाह है। एक दिन में दूसरा वर कहाँ मिलेगा?''

''यह वर आपने नहीं खोजा, जिसने खोजा है, उसको दूसरा वर खोजने की आज्ञा दीजिए।'' नई माँ गंभीरतापूर्वक बोलीं।

''वे लोग सुनेंगे, इसमें संदेह है और फिर मैंने आज्ञा देना नहीं सीखा, इसी कारण सब मनमानी करते हैं। वह सब तो अपने भी नहीं हैं, पराए हैं, तुम अपनी हो, लेकिन क्या कभी तुमने भी मेरे किसी कहने पर ध्यान दिया?'' जमींदार साहब गंभीरतापूर्वक कह रहे थे। गत जीवन की इस दु:खभरी कहानी में छिपी हुई शिकायत थी, जिसे इन व्यक्तियों के अलावा अनुभव करने की शक्ति और किसमें थी? नई माँ ने मौन होकर शर्म से मुख नीचे कर लिया। जमींदार साब मन-ही-मन विचारों के जाल में उलझे हुए कुछ देर चुप बैठे रहे और फिर 'असंभव' शब्द उनके मुख से निकल पड़ा।

मृदु स्वर में राजू ने पूछा, ''असंभव क्यों?''

''क्योंकि कुछ हो नहीं सकेगा, अत: असंभव नहीं हो और क्या है? नई बहू नहीं जानतीं और जानकर करेंगी भी क्या! लेकिन तुमसे तो कुछ छिपा नहीं है।'' उनके शब्दों में निराशा का स्वर मिला हुआ था।

शांत वातावरण को नई माँ ने बहुत गंभीर वचनों से तोड़ते हुए कहा, ''नई बहू नहीं जानती तो न सही, आप तो जानते हैं। रेणुका की माँ मर चुकी, लेकिन पिता जीवित हैं। पिता के नए साले साहब रेणुका को पागल के हाथ में सौंपना चाहते हैं। क्या नई पत्नी और नए साले के सामने पितृत्व शिथिल हो चुका है और उसे रोका भी नहीं जा सकता?'' नई माँ के मुख पर आवेश, घृणा और उग्रता की भावनाएँ साकार हो रही थीं।

शांत वातावरण को नई माँ ने बहुत गंभीर वचनों से तोड़ते हुए कहा, ''नई बहू नहीं जानती तो न सही, आप तो जानते हैं। रेणुका की माँ मर चुकी, लेकिन पिता जीवित हैं। पिता के नए साले साहब रेणुका को पागल के हाथ में सौंपना चाहते हैं। क्या नई पत्नी और नए साले के सामने पितृत्व शिथिल हो चुका है और उसे रोका भी नहीं जा सकता?'' नई माँ के मुख पर आवेश, घृणा और उग्रता की भावनाएँ साकार हो रही थीं।

जमींदार साहब को तुरंत नई बहू के स्वाभिमान का स्मरण हो आया। यह वही नई बहू है, जो मनमानी करने के लिए जीवन की समस्त सुख-सुविधाओं को ठुकरा सकती है। राखाल को पहचानने में देर न लगी कि यह उसकी वही नई माँ है, जो उसे आश्रय देकर अपनी ससुराल में लाई थीं। जहाँ अब भी कुछ क्षण पहले हास्य प्रस्फुटित हो रहा था, वहीं वेदना और लज्जा का साम्राज्य छा गया। राखाल खड़ा हो गया और नई माँ के मना करने पर भी यह कहता हुआ कि ''माँ आपने पान नहीं खाया है, अभी लेकर आता हूँ'', तारक को साथ लेकर घर से बाहर चला गया।

एकांत के शांत वातावरण में दो प्राणी एक-दूसरे के सम्मुख कुछ संकुचित भाव से बैठे थे। सूर्यलोक के प्रकाश को दो बादलों के समान रोकनेवाले दो व्यक्तियों के चले जाने से वहाँ स्वतंत्र प्रकाश फैला और कुहरा समाप्त हआ। स्त्री और पुरुष के निकटतम संबंध में भी इसी तरह लज्जा और गांभीर्य का भाव पाया जा सकता है, यह आज इन दो मूर्तियों ने स्पष्ट कर दिया। जमींदार साहब समझ गए कि उनकी परिहासात्मक बातें समय के अनुकूल नहीं थीं। अपनी 'भुनी मटर' वाली बात उन दो व्यक्तियों के सम्मुख कहने पर उन्हें मन-ही-मन पश्चाताप हुआ। अपनी रसिकता का प्रदर्शन इस मौन और लज्जा से परिप्लावित नारी के सम्मुख करना उन्हें मन-ही-मन खलने लगा और उन्होंने अपने मन को इसके लिए कई बार धिक्कारा।

राखाल पान लाने का बहाना करके यह एकांत समय इन कई वर्षों से भटकी हुई आत्माओं को दिया था, परंतु अभी तक दोनों चुप थे। उनके लौट आने पर समय का ठीक उपयोग नहीं हो सकेगा शायद इसीलिए नई बहू ने कहना शुरू किया, "क्या आप मुझे क्षमा कर देंगे"

"तुम्हारी समझ से क्या तुम क्षमा की जा सकती हो? बोलो न बहू!"

"तुम कर सकते हो। शायद संसार में और न कर सके।"

"मैं होती तो अवश्य कर ही देती, क्योंकि इस धरती पर कोई ऐसी स्त्री नहीं, जिसे अपने स्वामी का अपराध क्षमा न करना पड़ा हो, लेकिन यहाँ यह तुलना तुमसे नहीं की जा रही है। भाग्यवश मुझे ऐसा स्वामी मिला, जिसके विषय में न पाप की भावना की जा सकती है और न कलंक की। इस बात का जवाब मैं तुम्हें नहीं दे सकूँगी।"

"लेकिन मेरी क्षमा का तुम क्या करोगी?"

उनके नेत्र सजल हो गए। कुछ देर मौन रहकर बोले, "अगर मेरी जगह पर तुम होतीं तो क्या क्षमा कर देतीं?"

"मैं होती तो अवश्य कर ही देती, क्योंकि इस धरती पर कोई ऐसी स्त्री नहीं, जिसे अपने स्वामी का अपराध क्षमा न करना पड़ा हो, लेकिन यहाँ यह तुलना तुमसे नहीं की जा रही है। भाग्यवश मुझे ऐसा स्वामी मिला, जिसके विषय में न पाप की भावना की जा सकती है और न कलंक की। इस बात का जवाब मैं तुम्हें नहीं दे सकूँगी।"

"लेकिन मेरी क्षमा का तुम क्या करोगी?"

"जब तक यह शरीर इन प्राणों को सँभाले हुए है, तब तक उस क्षमा को भी सुरक्षित रखेगा, लेकिन आपने मुझे भुला दिया है?" अचानक वह कह उठीं।

"इस बारे में तुम्हारा हृदय क्या कहता है? बोलो!" कुछ देर के लिए दोनों चुप रहे। नई बहू से उत्तर न पाकर खुद जमींदार साहब बोले, "क्षमा की याचना मत

करो नई बहू! क्योंकि क्षमा करने पर मेरे अभिमान को ठेस लगेगी। यह मैं नहीं कर पाऊँगा। हाँ, इतना विश्वास रखो कि मैंने तुम्हें कभी अभिशाप भी नहीं दिया और न दे ही सकूँगा। तुम विश्वास कर सकती हो? बोलो नई बहू!''

''अवश्य करती हूँ।'' नई बहू नतमस्तक हो गई।

''अगर यह बात है तो मेरा कष्ट इससे कुछ कम जरूर होगा। उस दिन सब मुझे अंधा-मूर्ख बतला रहे थे, कहते दिखलाने पर भी यह देख नहीं सकता, प्रमाणों पर विश्वास नहीं करता, ऐसे व्यक्ति की इसी तरह दुर्दशा होनी चाहिए। लेकिन नहीं! क्या इस दुर्दशा से अपने को अंधा मान लेता? क्या मैंने कोई अपराध किया? मुझे भाई ने, बंधु-बांधव और सभी आत्मीय जनों ने धोखा देकर ठगा, नौकर-चाकर, दासी, मित्र और परिचित सभी ने हड़पना चाहा। उस सर्वनाश के समय में मैंने तुम्हें शादी करके घर को फिर धन-धान्य से भर दिया, मैंने उस पर अविश्वास किया, इसलिए अंधा कहलाया और जिन्होंने षड्यंत्र करके बाहर के आदमियों को मिलाकर तुम्हें नीचा दिखलाया और घर से निकाल दिया, वे बन गए आँखेंवाले। मेरी वर्तमान दुर्गति का मूल कारण उनकी शिकायतों और बेहूदगियों को ध्यानपूर्वक न सुनना है। मेरे कष्टपूर्ण जीवन की यही कहानी है नई बहू।''

न जाने कब से नई बहू एकटक उनके मुख पर दृष्टि जमाए यह सब सुन रही थीं कि सहसा बात रुकने पर उन्होंने अचानक मुख नीचा कर लिया। वह चुप थीं। उन्होंने फिर कहना शुरू किया, ''तुम केवल पत्नी मात्र ही नहीं थीं; संपूर्ण परिवार की पालन करने वाली गृहलक्ष्मी थीं। तुम्हारा स्थान मेरे सब मित्रों और आत्मीयों में प्रथम था—मेरे ऊपर तुमसे अधिक श्रद्धा-भक्ति रखने वाला, कभी कोई पैदा नहीं हुआ। तुम मेरी मंगल-कामनाओं की संरक्षिका थीं, लेकिन मैं एक बात का उत्तर आज तक नहीं पा सका नई बहू। आज भाग्यवश तुम्हारे दर्शन हो सके; तुम चाहो तो जवाब दे सकोगी। कहो तो। आखिर तुम्हें उस दिन क्या हो गया था। इतना अपनत्व होने पर भी क्या वास्तव में तुम मुझे प्यार नहीं कर पाई थीं। तुम्हें बिना समझे-बूझे कभी कोई काम करते मैंने नहीं देखा। तुम्हारा जवाब शायद आज भी मेरे व्यथित हृदय को कुछ शीतल कर सके। बोलो नई बहू।''

''इस बारे में तुम्हारा हृदय क्या कहता है? बोलो!'' कुछ देर के लिए दोनों चुप रहे। नई बहू से उत्तर न पाकर खुद जमींदार साहब बोले, ''क्षमा की याचना मत करो नई बहू! क्योंकि क्षमा करने पर मेरे अभिमान को ठेस लगेगी। यह मैं नहीं कर पाऊँगा। हाँ, इतना विश्वास रखो कि मैंने तुम्हें कभी अभिशाप भी नहीं दिया और न दे ही सकूँगा। तुम विश्वास कर सकती हो? बोलो नई बहू!''

नीचा ही सिर किए हुए नई बहू ने सिर्फ इतना ही कहा, ''आज नहीं।''

''फिर जवाब दोगी? अगर फिर भेंट न हुई तो क्या पत्र द्वारा भेजोगी?''

''नहीं; मुँह से भी नहीं कह सकूँगी और न पत्र द्वारा ही।'' कहकर नई बहू फिर चुप हो गई।

''तब क्या यह भेद सर्वदा मेरे हृदय की जलन ही बना रहेगा!''

''जब मैं जान जाऊँगी, तब तुम भी जान जाओगे।''

''लेकिन यह तो पहेली बन गई।''

''बन जाने दीजिए। आज आपने मुझे आशीर्वाद दिया, इसका मतलब है कि एक दिन मैं आपको अवश्य बतला सकूँगी।'' इसी समय द्वार के पास से राखाल का शब्द आया, ''हमें बहुत देर हो गई।'' और इन शब्दों के साथ ही वह अंदर घुस आया। पान का डिब्बा नई माँ के सामने रखते हुए बोला, ''बड़ी ही सावधानी से लाया हूँ माँ। किसी ने छुआ नहीं है, निस्संकोच होकर खाइए।'' नई माँ ने जमींदार साहब के सामने रखने का इशारा किया। जमींदार ने सिर के संकेत से मना किया। वह समझाकर बोले, ''मैंने तेरह वर्ष से पान खाना छोड़ दिया है।''

पान यों ही मेज पर रखे रहे। तारक पीछे आकर चुपचाप खड़ा हो गया। वह अपने घर को जाना चाहते हुए भी नहीं जा पा रहा था। शायद यह बात राखाल को खटकी भी हो, लेकिन शब्दों में कोई प्रदर्शन नहीं हुआ। फिर जमींदार साहब बोले, ''क्या उसने अपनी सोने की जंजीर भट्टाचार्य की लड़की को शादी में देने का वचन दिया था? शादी तो हो गई और संकोचवश अभी तक उसने जिक्र भी नहीं किया था, लेकिन इस बार जब दुर्गापूजा पर आई तो उसने उसकी माँग की, क्या वह जंजीर उसे दे दी जाए?''

पान यों ही मेज पर रखे रहे। तारक पीछे आकर चुपचाप खड़ा हो गया। वह अपने घर को जाना चाहते हुए भी नहीं जा पा रहा था। शायद यह बात राखाल को खटकी भी हो, लेकिन शब्दों में कोई प्रदर्शन नहीं हुआ। फिर जमींदार साहब बोले, ''क्या उसने अपनी सोने की जंजीर भट्टाचार्य की लड़की को शादी में देने का वचन दिया था? शादी तो हो गई और संकोचवश अभी तक उसने जिक्र भी नहीं किया था, लेकिन इस बार जब दुर्गापूजा पर आई तो उसने उसकी माँग की, क्या वह जंजीर उसे दे दी जाए?''

''हाँ, यह वचन मैंने अवश्य दिया था।''

''दूसरी बात यह है कि तुम्हारा जो रुपया व्यापार में लगा था, वह अब असल और सूद मिलाकर पचास हजार होता है। क्या वह निकालकर तुम्हारे पास भिजवा दूँ?''

''निकालिए मत। उसे और बढ़ने दीजिए।''

''गत वर्ष व्यापार हानि रही नई बहू। इसलिए डरता हूँ कि कहीं रुपया घाटे में न चला जाए।'' वह बोले।

''आपका विचार तो ठीक ही है। वहाँ से आप स्मरण को अलग करके मृणाल को भेज दीजिए। रुपया नहीं डूबेगा।'' कुछ विचार कर नई बहू बोलीं।

ब्रजबाबू (जमींदार साहब) के नेत्र सजल हो रहे थे। धीरे-धीरे कहने लगे, ''मैं बूढ़ा हो गया। अब गाड़ी खींचे नहीं खिंचती। कभी सोचता हूँ कि सब कुछ छोड़कर भगवान् का भजन करूँ।'' बीच में नई बहू बोल पड़ीं, ''यह अभी नहीं होगा।'' ब्रजबाबू चुप थे और बहुत देर इसी प्रकार बैठे रहे। फिर अचानक कह उठे, ''गाँव की जायदाद में से कितना भाग तुम ठीक समझती हो कि भैया के पुत्रों को दे दिया जाए?''

''सब भूमि उन्हें दे दीजिए, उनके पास और है ही क्या?''

''सब!''

''क्यों इसमें बुरा ही क्या है?''

''यही होगा। तुम भूली नहीं होगी कि भैया की बड़ी लड़की को कुछ देने का वचन एक बार दिया था। वह मर चुकी। उसकी एक लड़की है, जिसकी दशा बहुत दयनीय है। उसके लिए क्या बोलती हो?''

''सोनपुर की आमदनी एक हजार से ज्यादा ही है, उसी में से सौ रुपया महीना उसके लिए निश्चित कर दीजिए। ठीक है न?''

''ठीक, ऐसे ही होगा।''

नई बहू ने चुप होकर सिर नीचा कर लिया मानो इस कथन का वह कुछ अर्थ समझ ही नहीं पाईं। उनकी आँखें भर आईं और उनमें से टपटप आँसू गिरने लगे। ब्रजबाबू को अपनी भूल महसूस हुई और वह बात बदलकर बोले, ''चलो रहने दो नई बहू, तुम्हारी रेणुका उन जेवरों को पहना करेगी।'' घड़ी में देखा तो संध्या का समय हो गया। ''अच्छा तो अब मैं चलूँ।'' वह कह उठे।

कुछ समय ऐसे ही बीता।

''हाँ! एक बात और है नई बहू, तुम्हारे आभूषण जो बक्स में बंद पड़े हैं, बनने के बाद एक दिन भी नहीं पहने गए; क्या उन्हें तुम्हारे पास भिजवा दूँ?''

नई बहू ने चुप होकर सिर नीचा कर लिया मानो इस कथन का वह कुछ अर्थ समझ ही नहीं पाईं। उनकी आँखें भर आईं और उनमें से टपटप आँसू गिरने लगे। ब्रजबाबू को अपनी भूल महसूस हुई और वह बात बदलकर बोले, ''चलो रहने दो नई बहू, तुम्हारी रेणुका उन जेवरों को पहना करेगी।'' घड़ी में देखा तो संध्या का समय हो गया। ''अच्छा तो अब मैं चलूँ।'' वह कह उठे।

राखाल जानता था कि चाहे जो कुछ भी क्यों न हो, बाबूजी अपनी संध्या, भजन और गोविंद-पूजा का समय नहीं टाल सकते। नई बहू को इस बात का पता था कि उनके निराश्रित जीवन में यह पूजा-पाठ ही एकमात्र आश्रय रह गया था। नई बहू ने नेत्र पोंछकर कहा, ''तो फिर रेणुका की शादी का प्रश्न यों ही रह गया?''

''तुम जो नहीं चाहतीं, वह नहीं होगा नई बहू।''

नई बहू को संतोष हुआ। ''बेटी की रक्षा हुई।''

''लेकिन शादी कहीं न कहीं करनी होगी। खाता-पीता और नेक लड़का होना चाहिए। बेटा राजू! अनेक परिवारों में तुम्हारा मेल है, तुम अवश्य कोई कुलीन लड़का ढूंढ़ सकोगे!'' यह सुनकर भी राखाल मौन ही बैठा रहा। नई बहू कहने लगीं, ''आखिर इतनी जल्दी की क्या जरूरत है?''

''लोकाचार तो निभाना ही होगा नई बहू। शीघ्र ही कहीं न कहीं शादी करनी पड़ेगी। देरी होने पर अमंगल का डर है।'' उन्होंने कहा।

''अगर योग्य वर न मिला तो?''

''उसे खोजना होगा।''

''लेकिन न मिलने पर क्या पागल के बदले बंदर के हाथों लड़की को सौंपा जाएगा?''

''यह तो लड़की का भाग्य है कि हाथ-पैर बाँधकर, जैसे आप कह रहे थे, लड़की को किसी दरिया में फेंक दीजिए।''

''लोकाचार तो निभाना ही होगा नई बहू। शीघ्र ही कहीं न कहीं शादी करनी पड़ेगी। देरी होने पर अमंगल का डर है।'' उन्होंने कहा।

''अगर योग्य वर न मिला तो?''

''उसे खोजना होगा।''

''लेकिन न मिलने पर क्या पागल के बदले बंदर के हाथों लड़की को सौंपा जाएगा?''

''यह तो लड़की का भाग्य है कि हाथ-पैर बाँधकर, जैसे आप कह रहे थे, लड़की को किसी दरिया में फेंक दीजिए।''

व्यर्थ के वाद-विवाद को रोकने के लिए राखाल बीच में ही बोल उठा, ''मेरे विचार से मामाजी इस विषय में अपनी बखेड़ेबाजी फैलाएँगे। आपका क्या विचार है बाबूजी?''

''उसके स्वभाव से तुम परिचित ही हो राजू। सहज में मानना उसके लिए कठिन है।'' मुख पर हल्की सी हँसी लेकर ब्रजबाबू बोले। राखाल इस बात को जानता था, इसलिए चुप रहा, लेकिन नई बहू कुछ क्रोधित होकर कह उठीं, ''रेणुका आपकी है, जहाँ आप चाहेंगे, विवाह करेंगे, इसमें हेमंत बाबू टाँग अड़ाने वाले कौन होते हैं और अगर टाँग अड़ाएँगे तो आपको चिंता करने की क्या बात है?''

ब्रजबाबू की दबी जबान से निर्बल और निरुत्साहपूर्ण उत्तर था। नई बहू बोलीं,

''आपको कोई लड़का नहीं, सिर्फ दो लड़कियाँ हैं। कलकत्ता जैसे शहर में उनके लिए वरों की कोई कमी नहीं, यह बात दूसरी है कि कुछ दिन रुकना पड़ जाए। हल्दी चढ़ गई, दिखावा हो चुका, सिर्फ इसी कारणवश पागल और नालायक लड़कों के हाथों में लड़कियों को नहीं दिया जा सकता। हेमंत बाबू को कोई अधिकार नहीं कि वह इसमें रुकावट डालें।''

उदासीनता से मलिन और शिथिल स्वर में पति ने ''हाँ'' भर कहा।

अब राखाल ने बात स्पष्ट की, ''माँ! जो बातें आपने कहीं, वे न्याय की कसौटी पर ठीक उतरती हैं, लेकिन आप मामाजी के स्वभाव से अनभिज्ञ हैं। कलकत्ताभर खोजने पर उन्हें रेणुका के लिए पगला दामाद मिल गया है, इनके कहने से मामाजी रिश्ता समाप्त करनेवाले नहीं हैं।''

''फिर क्या करेंगे? जरा मैं भी तो सुनूँ।'' बीच ही में आवेग के साथ नई माँ ने कहा।

राखाल चुप हो रहा।

''लजा क्यों रहे हो राजू। मैं आज्ञा देता हूँ, बता डालो।'' ब्रजबाबू बोले।

राखाल ने कहना प्रारंभ किया, ''वह विचित्र आदमी है, माँ। मौका पड़ने पर मार-पीट भी कर सकता है।''

नई बहू का मुँह तमतमा उठा। बोलीं, ''किसको? क्या बाबूजी को?''

''जी हाँ, बाबूजी को भी वह एक बार धक्का देकर गिरा चुके हैं। लगभग पंद्रह-सोलह दिन तक बाबूजी पलंग पर पड़े रहे।'' नईं माँ के नेत्र ज्वाला की तरह लपटें निकाल रहे थे। वह बड़े वेग से कहने लगीं, ''और इतना करने के बाद भी वह कृतघ्न उसी घर में खाता-पीता और रहता है।''

''सिर्फ अपने आप ही नहीं, अपनी माँ को, बाबूजी की सास को भी लेते आए हैं। उनके और कुटुंबी सब मर चुके हैं, नहीं तो शायद वे भी आकर इसी घर में जम गए होते। अब उन्हें इस घर से हटाना कठिन है माँ। उनकी जड़ें गहरी जम चुकी हैं। मुझे अपने आश्रय का हाथ देकर आप उस घर में लाई थीं और अपना समझकर पाला था, लेकिन उनकी कुटिल दृष्टि का आघात मैं सहन न कर सका, भागना ही पड़ा

ब्रजबाबू की दबी जबान से निर्बल और निरुत्साहपूर्ण उत्तर था। नई बहू बोलीं, ''आपको कोई लड़का नहीं, सिर्फ दो लड़कियाँ हैं। कलकत्ता जैसे शहर में उनके लिए वरों की कोई कमी नहीं, यह बात दूसरी है कि कुछ दिन रुकना पड़ जाए। हल्दी चढ़ गई, दिखावा हो चुका, सिर्फ इसी कारणवश पागल और नालायक लड़कों के हाथों में लड़कियों को नहीं दिया जा सकता। हेमंत बाबू को कोई अधिकार नहीं कि वह इसमें रुकावट डालें।''

आखिर। रेणुका के विवाह के विषय में बाबूजी क्या कुछ कर सकेंगे, यह इस समय जान लेना असंभव नहीं तो कठिन समस्या अवश्य है।''

नई बहू आश्चर्य और क्रोध से लाल पड़ गईं। उनकी आँखों से ज्वाला की चिनगारियाँ निकल रही थीं। राखाल ने फिर बाबूजी की ओर इशारा करके कहा, ''आजकल मामाजी घर के स्वामी हैं और उनकी माता मालकिन। उनकी क्रोधाग्नि में अकेले बाबूजी को डालते मेरा हृदय काँप रहा है और इधर पागल वर से रेणुका की रक्षा का प्रश्न है। पति और पुत्री दोनों ही आपत्ति के गहरे समुद्र में गोते लगा रहे हैं, माँ! कहीं पर किनारा नहीं दिखलाई देता। इस विपत्ति को देखकर दिल चाहता है कि सिर को जोर से पृथ्वी पर पटक दूँ।''

नई बहू आश्चर्य और क्रोध से लाल पड़ गईं। उनकी आँखों से ज्वाला की चिनगारियाँ निकल रही थीं। राखाल ने फिर बाबूजी की ओर इशारा करके कहा, ''आजकल मामाजी घर के स्वामी हैं और उनकी माता मालकिन। उनकी क्रोधाग्नि में अकेले बाबूजी को डालते मेरा हृदय काँप रहा है और इधर पागल वर से रेणुका की रक्षा का प्रश्न है। पति और पुत्री दोनों ही आपत्ति के गहरे समुद्र में गोते लगा रहे हैं, माँ! कहीं पर किनारा नहीं दिखलाई देता। इस विपत्ति को देखकर दिल चाहता है कि सिर को जोर से पृथ्वी पर पटक दूँ।''

नई माँ निरुत्तर होकर सामने पड़ी मेज पर सिर रखकर चुप हो गईं।

वातावरण शांत था और न जाने कितनी देर तक रहता कि द्वार पर आवाज हुई और एकबारगी नौकर ने आकर बहू की तरफ मुख करके कहा, ''माँ!'' वह घबराया हुआ था।

नई माँ ने सचेत होकर कहा, ''तू है!''

''मैं ड्राइवर को संग लेकर आया हूँ, शीघ्रता कीजिए! बाबूजी बहुत अप्रसन्न हो रहे हैं।'' बात साधारण थी, लेकिन इतने अशिष्ट ढंग से कही गई थी कि ब्रजबाबू ने लजाकर मुँह एक तरफ फेर लिया।

''माँ, शीघ्रता कीजिए अन्यथा अनर्थ हो जाएगा।'' देर करना नौकर को सहन नहीं हो रहा था। उसका उतावलापन व्यर्थ की शंकाओं को भी जन्म दे रहा था। इस बात को भला वह बेचारा क्या जाने? ''जल्दी चलने के लिए मैं गाड़ी लाया हूँ।'' उसने फिर कहा।

''क्यों क्या बात है?''

नौकर को उत्तर देने में संकोच हुआ, क्योंकि स्पष्ट बात बतलाने के लिए उसे मना कर दिया गया था। वह असमंजस में बगलें झाँक रहा था।

''बाबू ने मुझे किसलिए बुलाया है?'' माँ ने पूछा।

"मार्ग में सबकुछ बतला दूँगा माँ! आप जल्दी कीजिए।"

नई बहू ने अधिक विवाद करना पसंद नहीं किया और बोलीं, "लीजिए, अब मुझे चलना ही होगा। मैं जा रही हूँ।"

"जा रही हो?" धीमे से निराशा के स्वर में वह बोले।

"हाँ! आपने मुझे बुलवाया नहीं था, इसलिए रोकने का अधिकार भी आपको नहीं है। मुझे जाना ही होगा। एक विचार कर कहिए, नई बहू को, जिसे न कभी कुछ आपने बतलाया ही है और न जिसको कभी कुछ कहा ही है, क्या उसके अंतर को पहचाना जा सकता है? बोलिए, बड़े बाबू!"

जमींदार साहब शांत मुद्रा में सिर्फ नई बहू के शब्दों को सुन एकटक होकर उनका मुख देखने लगे।

नई बहू फिर कहने लगीं, "मेरी क्षमा की भिक्षा आपने अस्वीकार कर दी। क्षमा लेकर मैं क्या करती, यह मैं जानती हूँ, लेकिन आपका इस तरह उपेक्षा करना कहाँ तक ठीक था! मैंने जीवनभर आपसे किसी बात की याचना नहीं की, मैंने उसमें लज्जा का अनुभव किया और साथ ही अभिमान का भी, और कोई चाहे मुझसे कुछ भी कहे, लेकिन आपके लिए इस तरह कहना ठीक नहीं।"

नई बहू फिर कहने लगीं, "मेरी क्षमा की भिक्षा आपने अस्वीकार कर दी। क्षमा लेकर मैं क्या करती, यह मैं जानती हूँ, लेकिन आपका इस तरह उपेक्षा करना कहाँ तक ठीक था! मैंने जीवनभर आपसे किसी बात की याचना नहीं की, मैंने उसमें लज्जा का अनुभव किया और साथ ही अभिमान का भी, और कोई चाहे मुझसे कुछ भी कहे, लेकिन आपके लिए इस तरह कहना ठीक नहीं।"

बड़े बाबू के हृदय में उथल-पुथल मच गई थी। एक पुरानी घटना की स्मृति उनके नेत्रों में चित्रित हो उठी—रेणुका के जन्म के बाद नई बहू अस्वस्थ थीं और किसी बहुत जरूरी काम से उन्हें ढाका जाना था, "मुझे सोता हुआ छोड़कर चले मत जाइएगा", ये शब्द उसी मधुर कंठ के थे, जिनका उल्लंघन नहीं हो सका, हो नहीं सकता था। बड़ी भारी हानि होने पर भी वहाँ नहीं गए और मित्रों में "स्त्रीदास" की उपाधि ग्रहण की, लेकिन आज...

इन सभी बातों को समझने में नौकर असमर्थ था, अत: नई बहू को देर करते देख घबराहट में कहा उठा, "आपका एक किराएदार अफीम खाकर मर रहा है, माँ! इसीलिए दौड़कर बुलाने आया हूँ।"

"अफीम कौन खा गया रे?" नई माँ ने घबराकर पूछा।

नीचेवाले बाबू की स्त्री।"

"और नीचेवाले बाबू हैं कहाँ?"

"वह तो सात-आठ दिन से गुम हैं। सुना है कि उनकी नौकरी छूट गई थी, इसीलिए घर छोड़कर कहीं भाग गए।"

"और तुम्हारे बाबू क्या कर रहे हैं? क्या उसे अस्पताल भिजवा दिया?"

"अभी कहाँ माँ! वह तो पुलिस के भय से दुकान चले गए। आपके किराएदार हैं, आपको ही उसका कुछ प्रबंध करना होगा। बहू के बचने की आशा नहीं दिखाई पड़ती।"

"माँ, मैं आपके साथ चलूँ! जरूरत पड़ सकती है।" राखाल ने खड़े होकर कहा।

"हाँ, चलो बेटा!"

नई माँ ने जाते समय पति के चरण छुए और चरण-धूलि मस्तक पर लगाई। सब घर से बाहर हो गए और राखाल ने ताला लगा दिया।

चार

राखाल नई माँ के कहने से नहीं; अपनी इच्छा से ही उनके साथ जा रहा है। तेरह वर्ष पहले रमण बाबू उसे अच्छी तरह पहचानते थे। इस लंबी तेरह वर्ष की अवधि के पश्चात् दोनों में न जाने कितने परिवर्तन हो चुके, लेकिन शायद वह पहचान सकें। गाड़ी में बैठा हुआ राखाल विचार कर रहा था, शायद रमण बाबू दुकान न गए हों, शायद जाकर लौट भी आए हों, हो सकता है घर से अनुपस्थित होने के कारण नई माँ को बुरा-भला कहें, अगर ऐसा हुआ तो उसे कितना कष्ट और ग्लानि होगी! इन विचारों से उसका मन अचानक चंचल हो उठा। उसने स्पष्टत: अनुभव किया; अचानक तेरह वर्ष के बाद रमण बाहू उसे नई माँ के साथ इस तरह देखकर अत्यधिक संदेह करेंगे। रेणुका के विवाह की बात हो सकती है नई माँ ने उनसे बिल्कुल छिपा रखी हो। इस विषय में अगर बात चली तो कठिनाई होगी। राखाल उस मूर्ख नौकर के पास बैठा था, जिसने अपने स्वामी के भय से नई माँ को अशिष्टता से घर चलने के लिए आज्ञा दी थी। उसका जवाब कितने कष्ट- भरे शब्दों में नई माँ दे पाई थीं। अगर घर पहुँचकर खुद स्वामी ने नई माँ को फटकारा तो उसकी क्या दशा होगी? इन विचारों ने उसे इतना व्याकुल बना दिया कि वह कहा उठा, "माँ, गाड़ी को थमवाकर मुझे उतार दीजिए।"

"क्यों, क्या कोई और आवश्यक काम याद आ गया?" आश्चर्य से माँ ने पूछा।

"नहीं, काम तो कोई जरूरी नहीं है, लेकिन सोच रहा हूँ कि मुझे आज नहीं जाना चाहिए।"

"लेकिन लड़की की रक्षा आज ही हो सकेगी और किसी दिन नहीं!"

राखाल चुप हो गया। लज्जा और संकोच की दुविधा में वह तिलमिला रहा था।

आखिर धीरे से कह ही उठा, ''रमण बाबू मन में क्या विचार करेंगे माँ?''

नई माँ के मुख पर मुसकराहट फैल गई, ''यह कारण था तुम्हारे उतरने का, लेकिन क्या किसी के सोचने मात्र से आशंकित होकर लड़की की हत्या हो जाने दोगे? तुम्हारी बुद्धि इतने बड़े होने पर भी इतनी ही है और फिर तुम सुन ही चुके हो कि वह दुकान पर चले गए हैं, शायद भयवश दो-चार दिन उस घर की तरफ आने का साहस भी न करें।''

यह सुनकर भी राखाल चिंतामुक्त नहीं हुआ, लेकिन नई माँ के सम्मुख कुछ बोलना भी उसके लिए कठिन था।

इसी समय गाड़ी मकान के सामने जाकर थम गई।

राखाल का विचार ठीक ही निकला। एक प्रौढ़ व्यक्ति, जो अभी ऊपर खंभे के सहारे खड़े थे, नीचे गाड़ी के पास लंबी डगें रखते हुए आए और खिझलाहट में बोले, ''चली आईं? नीचेवाले की स्त्री की कथा तो सुन ही ली होगी तुमने··· !'' तभी उन्होंने राखाल की तरफ देखा और एकदम खामोश हो गए।

नई माँ देखकर बोलीं, ''यही राजू है, आप पहचान नहीं सके?''

राखाल का विचार ठीक ही निकला। एक प्रौढ़ व्यक्ति, जो अभी ऊपर खंभे के सहारे खड़े थे, नीचे गाड़ी के पास लंबी डगें रखते हुए आए और खिझलाहट में बोले, ''चली आईं? नीचेवाले की स्त्री की कथा तो सुन ही ली होगी तुमने··· !'' तभी उन्होंने राखाल की तरफ देखा और एकदम खामोश हो गए।
नई माँ देखकर बोलीं, ''यही राजू है, आप पहचान नहीं सके?''

वह एक क्षण ठहरे और फिर जोर से चिल्लकर बोले, ''अरे राजू! हमारा राखाल! भाई सचमुच ही नहीं पहचान पाया था।'' राखाल ने पूर्व की भाँति सिर झुकाकर नमस्ते की और रमण बाबू ने जल्दी से उसे अंक में भर लिया और बोले, ''अच्छे तो हो राजू! इतने दिनों के बीच एक बार भी देखने के लिए नहीं आए? लेकिन देखो तो इस स्त्री ने क्या आफत की है? अब यहाँ पुलिस आएगी और व्यर्थ के लिए परेशान करेगी। कितनी ही बार नई बहू को मना कर चुका हूँ कि इन व्यर्थ की आफतों को बिना जाने-पहचाने मत ठहरा लिया करो। इन्होंने अगर एक बार भी मेरा कहना माना···''

''इसे अस्पताल में भेजने का प्रबंध कीजिए।'' राखाल बीच में ही शीघ्रता से बोला।

''अस्पताल? नहीं-नहीं, इसने आत्महत्या की है। हम लोग बेकार के चक्कर में आ जाएँगे।''

''इसकी जान बचाने का प्रयत्न तो करना ही चाहिए, नहीं तो यह मर ही जाएगी।''

"ठीक है!" रमण बाबू बोले, "लेकिन बिना विचारे कुछ कर बैठना ही तो ठीक नहीं है। इस विषय में विचारना आवश्यक है, पुलिस का मामला है।"

"तो चलिए, पहले किसी वकील से परामर्श ले लिया जाए।" नई बहू ने कहा।

"यह परिहास का समय नहीं है नई बहू, अगर तुम मेरा कहना मानतीं तो यह आफत ही न आती।" कुछ चिढ़कर रमण बाबू ने कहा। इन व्यर्थ की बातों में कोई तत्व नहीं था, यह राखाल समझ चुका था। रमण की बात से मुसकुराने के अतिरिक्त नई बहू ने कोई उत्तर नहीं दिया। राखाल से बोलीं, "बेटा! चलो, देखें कि क्या करना चाहिए?" इसके बाद रमण बाबू की ओर मुख करके कहा, "आप ऊपर चले जाइए। मैं जो ठीक होगा, वह करूँगी। आप भयभीत न हों और न घर के दूसरे आदमियों को ही घबराहट में डालें।"

नीचे के खंड में चार किराएदार थे, जिनमें प्रत्येक के पास दो-दो कमरे थे। बरामदे में लकड़ी के पार्टीशन लगाकर रसोईघर बना दिए गए थे। नल और पाखाना वगैरह सबका एक था। सब किराएदार खोमचा बेचनेवाले थे। किराए के लिए झगड़ा करना और प्रतिमाह किराएदारों को बदलना इस घर में नहीं पाया जाता था। सभी किराएदार पुराने हैं। सिर्फ यही एक नया आदमी था, जिसकी स्त्री ने अफीम खाई थी। उसे यहाँ आए लगभग दो वर्ष हुए थे। उसके अभी कोई बच्चा भी नहीं हुआ था। इस घर के अन्य बच्चों को शायद वह इसीलिए नहलाया-धुलाया करती थी और वक्त मिलने पर उनके कपड़े भी सीं डालती थी। जब घर की अन्य स्त्रियाँ काम-धंधों में फँसी रहती थीं तो वे प्राय: इसी को सहायता के लिए बुलाया करती थीं, क्योंकि वह खाली थी और उसके पास कोई काम नहीं था। घर के अन्य सभी किराएदार उसके शांत स्वभाव और मधुर भाषण के कारण उससे स्नेह करने लगे थे, लेकिन उसका पति पिछले पाँच-छह माह से बेकार था और छह-सात दिन से लापता है, इसका पता किराएदारों को आज लगा, परंतु फिर भी अफीम खाने की बात पर किसी को विश्वास नहीं हो रहा था। जब राखाल के साथ नई बहू वहाँ गई तो वहाँ कोई नहीं था, अन्य किराएदार पुलिस के डर से अपनी-अपनी कोठरियों में छिपे बैठे थे। कमरे

नीचे के खंड में चार किराएदार थे, जिनमें प्रत्येक के पास दो-दो कमरे थे। बरामदे में लकड़ी के पार्टीशन लगाकर रसोईघर बना दिए गए थे। नल और पाखाना वगैरह सबका एक था। सब किराएदार खोमचा बेचनेवाले थे। किराए के लिए झगड़ा करना और प्रतिमाह किराएदारों को बदलना इस घर में नहीं पाया जाता था। सभी किराएदार पुराने हैं। सिर्फ यही एक नया आदमी था, जिसकी स्त्री ने अफीम खाई थी। उसे यहाँ आए लगभग दो वर्ष हुए थे।

में दरिद्रता छाई हुई थी। एक फटे से बिस्तर पर वह मृतप्राय स्त्री पड़ी थी। उसे अब भी कुछ होश था। अन्य पुरुष को घर में आते देख उसने मुँह ढँकने का प्रयत्न किया। नई माँ ने उसके पास बैठकर करुण स्वर में कहा, ''यह तुमने क्या किया बेटी? मुझे कुछ भी नहीं बतलाया।'' आँचल से उसके आँसू पोंछे और फिर कहा, ''सच कहो बेटी, कितनी अफीम खाई तुमने और किस समय खाई?''

नई माँ का आधार पाकर अब वहाँ पास-पड़ोस की अन्य स्त्रियाँ भी एकत्रित हो गई थीं। एक स्त्री ने कहा, ''इसके पास अधिक पैसे नहीं थे, अफीम अधिक नहीं खाई, परंतु खाई कब है। जब मुझे पता लगा, उस समय भी यह बोल रही थी।''

राखाल ने नाड़ी देखी और फिर नेत्र खोलकर देखा। वह बोला, ''शंका की कोई बात नहीं है नई माँ। किराए की गाड़ी लाकर इन्हें अस्पताल लिए जाता हूँ।'' नई माँ ने सिर हिलाकर जाने के लिए मना किया, परंतु राखाल ने समझाया, ''इस तरह मरने से कोई लाभ नहीं। आत्महत्या सबसे बड़ा पाप है।'' एक स्त्री ने घर पर ही डॉक्टर बुलाने की सलाह दी, लेकिन राखाल बोला, ''घर पर एक नहीं, दस डॉक्टर बुलाए जा सकते हैं, लेकिन ऐसी कोई चिंता की बात नहीं है। अस्पताल जाना ही होगा। वहाँ जाने से जान भी बच जाएगी और पुलिस का डर भी नहीं रहेगा।''

राखाल ने नाड़ी देखी और फिर नेत्र खोलकर देखा। वह बोला, ''शंका की कोई बात नहीं है नई माँ। किराए की गाड़ी लाकर इन्हें अस्पताल लिए जाता हूँ।'' नई माँ ने सिर हिलाकर जाने के लिए मना किया, परंतु राखाल ने समझाया, ''इस तरह मरने से कोई लाभ नहीं। आत्महत्या सबसे बड़ा पाप है।'' एक स्त्री ने घर पर ही डॉक्टर बुलाने की सलाह दी, लेकिन राखाल बोला, ''घर पर एक नहीं, दस डॉक्टर बुलाए जा सकते हैं, लेकिन ऐसी कोई चिंता की बात नहीं है। अस्पताल जाना ही होगा। वहाँ जाने से जान भी बच जाएगी और पुलिस का डर भी नहीं रहेगा।''

''अच्छा तो यही ठीक है राजू।'' नई माँ सहमत होकर बोलीं, ''हमारी गाड़ी तैयार है। उसी में ले जाओ।'' नई माँ ने एक दासी साथ कर दी और कुछ रुपए राखाल के हाथ में दे दिए। इस समय संध्या बीत चुकी थी। अँधेरी रात्रि में एक अपरिचित और अचेत स्त्री को गाड़ी में लिए राखाल अस्पताल की ओर जा रहा था। मार्ग में सड़क की रोशनी जब उस स्त्री के ऊपर पड़ती तो उसका मुख स्पष्ट दिखलाई देने लगता था। राखाल को ध्यान आया जैसे इस प्रकार की स्त्री उसने अपने जीवन में कभी नहीं देखी। अनेक प्रकार की स्त्रियाँ उसके संपर्क में आई हैं, विभिन्न आयु, परिस्थिति और अंगवाली;

इकहरे, दोहरे और तिहरे और चौहरे बदन वाली; सींक और ताड़ के समान; स्वर्ण, गौर और श्याम वर्ण की; गोरी और लंबे केशवाली; शिक्षित और अर्धशिक्षित, मतलब यह कि हर प्रकार की स्त्रियों के नित्य संपर्क में आने के कारण राखाल का स्त्री-विषयक ज्ञान आवश्यकता की सीमा का उल्लंघन कर चुका था। इतनी थोड़ी आयु में उसमें लड़कियों के देखने की उत्कंठा शेष नहीं थी। स्त्री जाति से घृणा नहीं करता, लेकिन कुछ अवहेलना की दृष्टि से अवश्य देखने लगा है। कल नई माँ को देखकर उसकी इस भावना को ठेस लगी। तेरह वर्ष पूर्व की बातें विस्मृत हो चुकी थीं। उसके बाद पिछले दिन जब नई माँ ने अचानक उसके घर में पदार्पण किया तो उनको देखकर वह मन-ही-मन कह उठा, नारी का वास्तविक रूप कौन पहचान सकता है? संसार में अधिकतर व्यक्ति इस रहस्य से अनभिज्ञ हैं। पिछले दिन की उसी भावना को राखाल ने गाड़ी में पड़ी हुई इस नारी को मार्ग के कभी-कभी आनेवाले प्रकाश में देखकर एक बार फिर दोहराया।

उसकी उम्र उन्नीस-बीस के लगभग थी, शरीर पर सजावट का नाम नहीं। गरीब पिता की संतान है, भूख-प्यास से पीले पड़े मुख पर मौत मँडरा रही है। राखाल ने अनुभव किया कि यह स्त्री मौत के मुँह में है। अपनी समस्त शक्तियों को एकत्र करके जहाँ तक भी संभव होगा, वह इसके प्राण बचाने का प्रयास करेगा, राखाल की इस दृढ प्रतिज्ञा पर एक गहरी निराशा छाई हुई थी। चिंता और कष्ट के कारण उसके नेत्रों में पानी भर आया और उसने देखा कि स्त्री का सिर दासी के कंधों पर प्राणहीन सा होकर लटक रहा है।

उसकी उम्र उन्नीस-बीस के लगभग थी, शरीर पर सजावट का नाम नहीं। गरीब पिता की संतान है, भूख-प्यास से पीले पड़े मुख पर मौत मँडरा रही है। राखाल ने अनुभव किया कि यह स्त्री मौत के मुँह में है। अपनी समस्त शक्तियों को एकत्र करके जहाँ तक भी संभव होगा, वह इसके प्राण बचाने का प्रयास करेगा, राखाल की इस दृढ प्रतिज्ञा पर एक गहरी निराशा छाई हुई थी। चिंता और कष्ट के कारण उसके नेत्रों में पानी भर आया और उसने देखा कि स्त्री का सिर दासी के कंधों पर प्राणहीन सा होकर लटक रहा है। राखाल के हाथों ने विद्युत् गति से आगे बढ़कर उसे सँभाल लिया। इस समय उस अपरिचित स्त्री को देख अच्छे-अच्छे घराने की अनेक लड़कियों की स्मृति हो आई। विचारने लगा; रूप के प्यासे मानव की भूख कितनी अतृप्त होती है? अपनी दरिद्रता को ऊपरी आडंबर और ठाट-बाट बनाकर छिपाया जाता है। रुपया बेकार नष्ट होता है। एक-दूसरे की आलोचना और द्वेष मात्र ही उसका जीवन-लक्ष्य बन जाता है।

इसके विपरीत इस वस्त्र और आभूषण-विहीन नारी का स्थान है। समस्त माधुर्य और श्रीविहीन! लेकिन क्या वे ऊँचे समाज की कही जानेवाले स्त्रियाँ अपने अभिमान में इसे कलंकित कर सकेंगी? विचारधारा बह रही थी।

कौन जाने यह किन कर्ज-भार से दबे माँ-बाप की कन्या है और जाने किस अभागे कायर पुरुष के हाथों में उन्होंने इसे सौंप दिया? कौन कह सकता है कि कितने दिन की भूख-प्यास की पीड़ा से व्याकुल होकर इस मौन नारी ने जीवन का मोह छोड़ दिया? इसने अपने स्वाभिमान को ठेस नहीं लगने दी। जो संसार उसे कुछ नहीं दे सकता, उसके सामने हाथ फैलाकर भिक्षा माँगना उसने ठीक नहीं समझा। जो कुछ किया, वह था पति की सेवा और उसकी आज्ञापालन, वह भी मौन रहकर। मौन शक्ति धीरे-धीरे उससे किनारा कर गई। उसने संसार के सामने नहीं, उस विधाता के ही सामने अपनी शिकायतों का पिटारा खोलना ठीक समझा, जिसने अपनी रूपराशि से इस अभागे फूल को एक दिन बनाकर इस दुनिया में भेजा था।

अचानक राखाल ने अपनी गाड़ी को अस्पताल के मैदान में खड़े पाया। उसकी कल्पनाओं का जाल टूट गया। वह स्ट्रेचर लेने ही जा रहा था कि वह स्त्री धीमे स्वर में कह उठी, ''मुझे लिटाकर ले चलने की जरूरत नहीं है, मैं तो यों ही चली चलूँगी।'' और वह दासी का सहारा लेकर डगमगाती हुई चल दी। अस्पताल में किस तरह उस स्त्री के प्राण बचे और किस तरह पुलिस के हथकंडों से राखाल ने उसे कुछ दे-लेकर निकाला, इसका खुलासा यहाँ पर देना बेकार है। चार-पाँच दिन बाद राखाल आकर बोला, ''भाग्य का लिखा मनुष्य को भुगतना ही होता है, उसे आपने भुगत लिया, अब घर चलिए।''

अचानक राखाल ने अपनी गाड़ी को अस्पताल के मैदान में खड़े पाया। उसकी कल्पनाओं का जाल टूट गया। वह स्ट्रेचर लेने ही जा रहा था कि वह स्त्री धीमे स्वर में कह उठी, ''मुझे लिटाकर ले चलने की जरूरत नहीं है, मैं तो यों ही चली चलूँगी।'' और वह दासी का सहारा लेकर डगमगाती हुई चल दी। अस्पताल में किस तरह उस स्त्री के प्राण बचे और किस तरह पुलिस के हथकंडों से राखाल ने उसे कुछ दे-लेकर निकाला, इसका खुलासा यहाँ पर देना बेकार है।

उसने राखाल के शब्द सुने, बार-बार उसके मुख की ओर देखा; शब्दविहीन, मौन, शांत। राखाल ने फिर कहना शुरू किया, ''यहाँ की प्रणाली को अपनाकर मुझे आपको किसी-न-किसी नाम से पुकारना ही होगा। कहिए, मैं किस नाम का आश्रय ले सकता हूँ?''

इसके जवाब में उसने केवल इतना भर कहा, ''मेरा नाम सरला है, परंतु मेरे लिए आपका 'आप' शब्द प्रयोग करना ठीक नहीं, क्योंकि मैं आपसे छोटी हूँ। इससे मुझे लज्जा लगती है।''

राखाल हँस पड़ा, ''शरमाना तो चाहिए ही, क्योंकि मैं बहुत बड़ा हूँ। अच्छा, अब मैं यही कहता हूँ सरला, अब तुम्हें चलना चाहिए।''

''मैं आपको किस तरह संबोधित करूँ? नाम लेना ठीक नहीं समझती।''

''मेरा घर का नाम राखालराज था, जिसे प्यार में नई माँ ने राजू में बदल दिया। इसके साथ बाबू जोड़कर तुम काम चला सकती हो।'' राखाल ने कहा।

''इसमें तो कोई फर्क नहीं हुआ। बड़े लोग जिस नाम से पुकारते हैं, वह असली नाम है। हमारे गाँव में ब्राह्मण 'देवता' कहे जाते हैं, सो मेरा विचार है कि मैं आपको 'देवता' कहूँ।''

''ऊँह! यह बेकार ही है। मुझमें तो ब्राह्मणत्व बिल्कुल भी नहीं है''

''न सही, ब्राह्मण न होकर भी आप देवता अवश्य हैं। फिर हमें ब्राह्मणों का भला-बुरा परखने का अधिकार नहीं, ब्राह्मण आखिर ब्राह्मण है।''

इसके जवाब में उसने केवल इतना भर कहा, ''मेरा नाम सरला है, परंतु मेरे लिए आपका 'आप' शब्द प्रयोग करना ठीक नहीं, क्योंकि मैं आपसे छोटी हूँ। इससे मुझे लज्जा लगती है।'' राखाल हँस पड़ा, ''शरमाना तो चाहिए ही, क्योंकि मैं बहुत बड़ा हूँ। अच्छा, अब मैं यही कहता हूँ सरला, अब तुम्हें चलना चाहिए।''

सरला के मुख से निकले बुद्धिमानी के शब्द राखाल को आश्चर्य-जाल में फँसा रहे थे। एक दिन ब्राह्मण कन्या होने के नाते शिक्षा और सभ्यता से उसका कोई संपर्क ही नहीं समझ बैठा था। उसका पिछला विचार असंगत सिद्ध हुआ। फिर गाँवों के हरिजन ही ब्राह्मण को देवता कहकर पुकारते हैं, ब्राह्मण कन्याएँ नहीं। यह संबोधन इस समय जाने कैसा लग रहा था। वह विचारने लगा कि कहीं इस 'देवता' शब्द का कोई गुप्त अर्थ इस स्त्री के दिल में न हो। वह कहना लगा, ''अच्छा, जो चाहो, कहकर पुकारो, लेकिन इस समय घर चलो। अस्पताल में अधिक रुकना ठीक नहीं।''

सरला ने काफी देर में सिर उठाया और धीमे और गंभीर स्वर में कहा, ''मकान का किराया चार महीने का चढ़ चुका है, कहाँ से चुकता होगा?''

राखाल सुनकर हँस पड़ा, ''तुम इसकी फिक्र न करो।''

''फिक्र न करूँ?''

''पास में नहीं था, इसीलिए तुम्हारे पति देने में असमर्थ रहे। इसी परेशानी के

कारण शायद वे कहीं चले गए हैं। वह शीघ्र लौट आएँगे। हो सकता है आ ही गए हों और घर पहुँचने पर मिल जाएँ।''

''नहीं, वह नहीं आए होंगे।'' दृढ स्वर में सरला ने कहा।

''अगर अभी न आए होंगे तो आ जाएँगे दो-चार दिन में।''

''नहीं, वह आएँगे नहीं।''

''तब क्या तुम्हें इस तरह अकेली छोड़कर सदैव के लिए छिप जाएँगे? असंभव है, सरला। वह जरूर लौटेंगे।''

''नहीं।'' सरला अपने विचार पर दृढ़ थी।

''यह तुम किस आधार पर कह रही हो, सरला?''

''मेरा दिल कहता है, मैं जानती हूँ।'' सरला के शब्द एक ऐसे गांभीर्य के साथ बाहर निकल रहे थे कि उसके सामने प्रश्न करना राखाल के लिए मुश्किल हो गया। कुछ देर चुप रहकर वह बोला, ''ऐसी परिस्थिति में तुम अपनी ससुराल या मायके जा सकती हो। तुम्हारे जाने का सब इंतजाम मैं कर दूँगा।''

सरला ने मूर्तिवत् हो सब सुना और चुप हो गई।

''तुम कहाँ जाना पसंद करोगी; ससुराल?'' कुछ ठहरकर राखाल बोला।

सरला ने सिर हिलाकर मना किया।

''तब क्या मायके जाना चाहती हो?''

''पास में नहीं था, इसीलिए तुम्हारे पति देने में असमर्थ रहे। इसी परेशानी के कारण शायद वे कहीं चले गए हैं। वह शीघ्र लौट आएँगे। हो सकता है आ ही गए हों और घर पहुँचने पर मिल जाएँ।''
''नहीं, वह नहीं आए होंगे।'' दृढ स्वर में सरला ने कहा।
''अगर अभी न आए होंगे तो आ जाएँगे दो-चार दिन में।''
''नहीं, वह आएँगे नहीं।''

सरला ने उसके लिए भी मना कर दिया।

राखाल व्याकुल हो उठा।

''बड़ी कठिन समस्या है, न ससुराल जाना है और न मायके। अस्पताल को भी तो सदैव के लिए घर नहीं बनाया जा सकता। कहीं तो जाना ही होगा।''

बात अभी पूर्ण भी न हो पाई थी कि सरला का आँचल आँसुओं से भीग गया था।

''यह क्या, सरला? तुम रो रही हो। क्या मैंने कोई अनुचित बात कह दी।'' राखाल ने धीमे से कहा।

सरला ने जल्दी से आँखें पोंछ लीं। हृदय में भरी हुई वेदना को किसी तरह दबाकर कहा, ''मैं समझ नहीं पाती, किसी ने मुझे मरने भी तो न दिया।''

यह बात सुनकर राखाल का मन व्यथित हो उठा। उसे लगा मानो शब्द उसी

को संकेत करके कहे गए हैं। अपने स्वर को संयतकर उसने फिर कहा, ''मरनेवाला सिर्फ एक बार रोका जा सकता है, बार-बार नहीं। जिसे मरना ही हो और जो मरना ही चाहता हो, उसे भला कौन रोक सकता है? इसके लिए तुम्हारा सारा जीवन पड़ा है। इस समय उचित यही है कि घर चलो। किराए की गाड़ी है, जो तुम्हें घर तक पहुँचा देगी, मुझे और भी काम करने हैं।''

व्यंग्य की कटुता का अनुभव शायद सरला नहीं कर पाई और बोली, ''मैं किराया नहीं दे पाऊँगी, देवता!''

''अगर न दे पाओगी तो मत देना, बस!''

''क्या माँजी से आप कह देंगे?''

''नहीं। बचपन में माँ-बाप के मर जाने पर तुम्हारी तरह निराधार मैं इनके पास भिक्षा माँगने गया था। भिक्षा में जो कुछ भी मैंने माँग की, सबकुछ मिला। इसके बाद मुझे अपने संग ससुराल ले गईं और अन्न, वस्त्र और विद्या का दान देकर मुझे इतना बड़ा किया। क्या आज उसके पास तुम्हारी सिफारिश करने पहुँचूँ? मैं ऐसा कभी नहीं करूँगा, सरला! वह जो कुछ ठीक समझेंगी, खुद करेंगी। किसी को तुम्हारे लिए कुछ कहने की जरूरत नहीं है।''

''नहीं। बचपन में माँ-बाप के मर जाने पर तुम्हारी तरह निराधार मैं इनके पास भिक्षा माँगने गया था। भिक्षा में जो कुछ भी मैंने माँग की, सबकुछ मिला। इसके बाद मुझे अपने संग ससुराल ले गईं और अन्न, वस्त्र और विद्या का दान देकर मुझे इतना बड़ा किया। क्या आज उसके पास तुम्हारी सिफारिश करने पहुँचूँ? मैं ऐसा कभी नहीं करूँगा, सरला! वह जो कुछ ठीक समझेंगी, खुद करेंगी। किसी को तुम्हारे लिए कुछ कहने की जरूरत नहीं है।''

''लेकिन मैंने तो आपको इस मकान में पहले कभी नहीं देखा।'' कुछ ठहरकर सरला ने कहा।

''तुम कितने दिन से इस मकान में किराएदार हो?''

''करीब दो वर्ष हो गए होंगे।''

''सचमुच ही इस बीच में मुझे आने का मौका नहीं मिला।''

''मैंने सुना है कि कलकत्ता में स्त्रियाँ भी नौकरी करती हैं, क्या मुझे भी कहीं पर काम मिल सकता है?'' कुछ देर बाद उसने राखाल से सवाल किया।

''जरूर मिल सकता है, लेकिन उम्र कम होने के कारण शंका अधिक है। तुम्हारे घर का किराया कितना है?''

''पहले छह रुपया महीना था और अब सिर्फ तीन रुपया महीना है।''

''इतना कम कैसे हुआ?''

''पता नहीं, शायद उनकी हालत पर दया करके माँजी ने ऐसा किया था।''

''अच्छा, सरला!'' तुम फिक्र न करो। किराए के अलावा और तुम्हारा क्या खर्च है?''

''ज्यादा-से-ज्यादा तीन-चार रुपए महीना।''

''शायद तुम एक बार खाने की बात सोच रही हो।'' राखाल हँस दिया, ''लेकिन इतने में तो एक बार के भोजन का इंतजाम भी नहीं हो सकता। अच्छा, यह कहो कि क्या तुम बँगला भाषा लिख-पढ़ सकती हो?''

''हाँ, बहुत अच्छी तरह। काफी सुंदर है।''

''तब तो कोई भय की बात नहीं रही। मैं तुम्हारे लिए लिखाई के काम का प्रबंध कर दूँगा। सिर्फ नकलभर करने से दस-पंद्रह रुपए माहवार सफलता से कमा सकोगी?''

सरला ने सिर हिलाकर स्वीकृति दे दी और उसके मुख मंडल पर आनंद की आभा छा गई। मानो अँधेरे घर में प्रकाश फैल गया और सरला में इतना महान् परिवर्तन देखकर राखाल भी चकित रह गया।

''तब तो कोई भय की बात नहीं रही। मैं तुम्हारे लिए लिखाई के काम का प्रबंध कर दूँगा। सिर्फ नकलभर करने से दस-पंद्रह रुपए माहवार सफलता से कमा सकोगी?''
सरला ने सिर हिलाकर स्वीकृति दे दी और उसके मुख मंडल पर आनंद की आभा छा गई। मानो अँधेरे घर में प्रकाश फैल गया और सरला में इतना महान् परिवर्तन देखकर राखाल भी चकित रह गया।

''अच्छा, अब घर चलना चाहिए न!''

''हाँ!'' शांत और गंभीर उत्तर था।

सरला को साथ लेकर राखाल घर आया। जाकर देखा कि नई माँ घर पर नहीं हैं, कहीं गई हुई हैं। दासी से पता चला कि कार गैरेज में ही खड़ी है। वह या तो पैदल ही कहीं गई हैं अथवा किराए की गाड़ी में।

''संग में कौन गया है?''

''कोई नहीं, द्वारपाल भी बाहर बैठा है।'' दासी ने जवाब दिया।

''और रमण बाबू?''

''हमारे मालिक! वह रोज थोड़े ही आते हैं और अगर आते भी हैं तो रात में नौ या दस बजे।''

''क्या मतलब? रोज नहीं आते तो फिर रहते कहाँ हैं?''

''क्यों? क्या उनका घर-द्वार नहीं है?'' मुँह छिपाकर दासी ने मुसकराते हुए कहा।

राखाल ने आगे पूछना ठीक नहीं समझा। वह समझ गया कि नौकरों-चाकरों

को भी रहस्य मालूम है। नीचे उतरकर देखा कि सरला के चारों ओर पास-पड़ोस के स्त्री-बच्चे एकत्रित थे। बच्चों ने कोलाहल मचाया हुआ था। राखाल को आता देख सब स्त्रियाँ हट गईं और उस बुढ़िया ने, जिसके पास घर की चाभी थी, ताला खोल दिया।

''तुम्हारे पति का कोई समाचार मिला?'' राखाल ने पूछा।

''नहीं।''

''बड़ी अजीब बात है।'' राखाल बोला।

''क्यों?''

''क्या इससे बड़ी भी कोई और बात हो सकती है?''

''मैं चिराग जला लूँ, तब तक आप बैठिए या फिर माताजी से मिल आइए।'' सरला ने पहली बात को बदलकर कहा।

''लेकिन माँ तो घर पर नहीं हैं।''

''नहीं होंगी, शायद कहीं बाजार चली गई हों। कभी-कभी दक्षिणेश्वर या कालीघाट चली जाती हैं, लेकिन इस समय तक तो लौट ही आती हैं। मैं जरा चिराग जला लूँ, फिर आपको हाथ-मुँह धोने को पानी दूँ। मेरी कुटिया में भी आपकी चरण-रज पड़ जाए।''

''वह तो पहले ही पड़ चुकी सरला, आज से पहले।'' कहकर राखाल हँस पड़ा।

''जानती हूँ, लेकिन उस समय तो मैं अचेतावस्था में थी। अब अपनी आँखों के सामने मैं उस चरण-रज को अपने घर में देखना चाहती हूँ।''

राखाल खोया हुआ बैठा रह गया। चुप रहने का कोई खास कारण नहीं था। उसने सरला को मौत से बचाया और जीवन-अवलंबन का मार्ग दिखलाया। ग्रामीण होते हुए भी इस स्त्री में कृतज्ञता की कमी नहीं थी। उसके ऐसे व्यवहार ने राखाल के मन में एक विचित्र आश्चर्य पैदा कर दिया। वह कह उठा, ''तुम चिराग जलाओ, सरला! मुझे कुछ जरूरी काम से जाना है। मैं कल या परसों किसी समय फिर आऊँगा।''

राखाल खोया हुआ बैठा रह गया। चुप रहने का कोई खास कारण नहीं था। उसने सरला को मौत से बचाया और जीवन-अवलंबन का मार्ग दिखलाया। ग्रामीण होते हुए भी इस स्त्री में कृतज्ञता की कमी नहीं थी। उसके ऐसे व्यवहार ने राखाल के मन में एक विचित्र आश्चर्य पैदा कर दिया। वह कह उठा, ''तुम चिराग जलाओ, सरला! मुझे कुछ जरूरी काम से जाना है। मैं कल या परसों किसी समय फिर आऊँगा।''

चिराग जल गया था। राखाल कुछ देर के लिए अंदर जाकर चौकी पर बैठा और जेब से कुछ रुपए निकालकर देते हुए बोला, ''लो, यह तुम्हारे काम का पेशगी रुपया है।''

''लेकिन क्या मैं आपका काम कर सकूँगी? प्रथम प्रयास है। अगर ठीक न हो

सका, तब? लेकिन मैं लिख जरूर लूँगी। आप मेरी लिखावट देखिएगा? अगर आप देखना चाहें तो मैं कलम-दवात ले आऊँ।'' यह कहकर सरला ने उठना चाहा, लेकिन राखाल उसे रोकता हुआ बोला, ''अभी नहीं, मैं जानता हूँ कि तुम्हारा लिखना सुंदर होगा और मेरा काम हो जाएगा।''

यह सुनकर सरला ने मुसकराकर पूछा, ''आपके घर पर और कितने आदमी हैं?''

''यहाँ पर तो मैं अकेला ही रह रहा हूँ, किराए का मकान है।''

''सबको साथ क्यों नहीं रखते?''

''शहर में लाकर सबको रखना आसान नहीं है सरला!'' कुछ घबराए से स्वर में राखाल ने उत्तर दिया। यह प्रश्न जब-जब उसके सम्मुख आया तो उसका गला रुक गया।

शहर में रहना कठिन है, यह सरला भी जानती है। इस समय उसके मन में भी एक दूर के गाँव की स्मृति जाग्रत् हो उठी। उसने सहसा प्रश्न किया, ''यहाँ पर आपका काम कौन करता होगा?''

''एक नौकरानी है।'' राखाल ने जवाब दिया।

''भोजन क्या रसोइया बनाता है?''

''क्या एक आदमी के लिए अलग रसोइया रहेगा? तब तो काम हो चुका! अपना खाना मैं 'कुकर' पर खुद ही बना लेता हूँ। कुकर पर खाना खुद ही बन जाता है, सिर्फ खाने की वस्तुएँ उसमें भर देनी होती हैं।'' राखाल मुसकराते हुए बोला।

''नौकरानी इसके अलावा और क्या करती है?''
''सभी जरूरी काम कर देती है। उसे मैं नानी कहता हूँ, उसकी उपस्थिति में मुझे घर की फिक्र नहीं रहती। अच्छा, तुम्हें अब क्या खाना है, घर में तो कुछ सामान नहीं दिखाई देता, मैं दुकान से लाकर दे देता हूँ।''
''इसकी कुछ जरूरत नहीं, मेरा आज पड़ोस में निमंत्रण है, किंतु आपको तो जाकर बनाना होगा।''

''कुकर को मैं जानती हूँ। खाने के बाद नौकरानी सब अपने आप माँज डालती होगी?''

''हाँ, वही रोज का काम है।''

''नौकरानी इसके अलावा और क्या करती है?''

''सभी जरूरी काम कर देती है। उसे मैं नानी कहता हूँ, उसकी उपस्थिति में मुझे घर की फिक्र नहीं रहती। अच्छा, तुम्हें अब क्या खाना है, घर में तो कुछ सामान नहीं दिखाई देता, मैं दुकान से लाकर दे देता हूँ।''

''इसकी कुछ जरूरत नहीं, मेरा आज पड़ोस में निमंत्रण है, किंतु आपको तो जाकर बनाना होगा।''

''बनाना क्यों होगा, जो बनानेवाले हैं, उन्होंने बना दिया होगा।''

''मान लीजिए, अगर वह आज बीमार हो गई, तब क्या होगा?''

''वह अस्वस्थ नहीं हो सकती, क्योंकि उसकी पुरानी हड्डियाँ बहुत मजबूत हैं, तुम लोगों की तरह कमजोर नहीं।''

''मान लीजिए, अगर वह अचानक बीमार हो जाए, तब क्या होगा?''

राखाल सुनकर हँस पड़ा और मुसकराते हुए बोला, ''चिंता की फिर भी कोई बात नहीं है। घर के समीप ही एक हलवाई है, वह मुझे बड़ा प्यार करता है और कष्ट में कभी नहीं देख सकता।''

''यही ठीक है कि आपको सभी प्यार करते हैं, लेकिन क्या यह असत्य है कि आपको चाय बहुत प्रिय है?''

''तुमने यह कैसे जाना?''

''अस्पताल में एक दिन आपने स्वयं ही तो कहा था। आपने बहुत देर से कुछ नहीं खाया, मैं चाय बना लाती हैं, जरा ठहरिए।''

''लेकिन जब चाय का इंतजाम तुम्हारे यहाँ नहीं है तो कहाँ से लाओगी?'' राखाल ने पूछा।

''ले आती हूँ।'' कहकर ज्यों ही सरला जल्दी से चली तो राखाल रोकता हुआ बोला, ''यह चाय का वक्त नहीं है, सरला! इस वक्त की चाय मुझे नुकसान करती है।''

''ले आती हूँ।'' कहकर ज्यों ही सरला जल्दी से चली तो राखाल रोकता हुआ बोला, ''यह चाय का वक्त नहीं है, सरला! इस वक्त की चाय मुझे नुकसान करती है।'' ''तब और कुछ खाने के लिए मँगवाए देती हूँ, कितनी देर से आप यों ही घूम रहे हैं, भूख तो जरूर लगी होगी।'' ''लेकिन लाने के लिए तुम्हारे पास कौन है?'' ''हीरा मेरी आज्ञा मानता है, उसे बुला लेती हूँ।''

''तब और कुछ खाने के लिए मँगवाए देती हूँ, कितनी देर से आप यों ही घूम रहे हैं, भूख तो जरूर लगी होगी।''

''लेकिन लाने के लिए तुम्हारे पास कौन है?''

''हीरा मेरी आज्ञा मानता है, उसे बुला लेती हूँ।''

ज्यों ही वह उसे बुलाने चली, राखाल ने पहले की ही भाँति मना किया। सरला रुक गई, लेकिन उसके मुख का रंग बदल गया, ऐसा राखाल ने अनुभव किया। सरला की इस मुखाकृति को देखकर राखाल के सम्मुख सहसा सभी परिचित नारियों के मुख आ गए। उन सभी के साथ वह जीवन में अनेक बार उठा-बैठा और घनिष्ठ संपर्क में आया था, परंतु यह वर्तमान भाव प्रदर्शन''मानो उसे विस्मरण हो चुका था। अपनी माता की स्मृति की एक क्षीण रेखा उसके हृदय-पटल पर अंकित हो गई। माता की मौत

के समय वह छोटा बालक था। फूस की झोंपड़ी में बाँस के टट्टर का एक रसोईघर बना था। उसमें चौड़ी किनारी की धोती पहने जो खाना बनाती थी, वह उसकी माँ थी। उसका कुछ धुँधला-सा चित्र इस समय उसकी आँखों के सामने था। मन कुछ उद्विग्न और चंचल हो गया। बोला, "सरला! मुझे इस समय बहुत ही जरूरी काम से जाना है, बुरा मत मानना। अच्छा, मैं अबकी बार जब आऊँगा, तब तुमसे माँगकर चाय पिऊँगा और नाश्ता भी…।"

"लिखने का काम मुझे कब मिलेगा?" सरला ने नमस्कार करते हुए कहा।

"मैं स्वयं आकर किसी दिन दे जाऊँगा।"

"लिखने का काम मुझे कब मिलेगा?" सरला ने नमस्कार करते हुए कहा।
"मैं स्वयं आकर किसी दिन दे जाऊँगा।"
"अच्छा।"
"तुम्हें और कुछ तो नहीं कहना है?" राखाल ने पूछा।
"मेरी त्रुटियों पर क्रोध न करना देवता! आपको नाराज होने पर तो मेरा और कहीं कोई ठिकाना नहीं है।" जरा रुककर सरला ने कहा।

"अच्छा।"

"तुम्हें और कुछ तो नहीं कहना है?" राखाल ने पूछा।

"मेरी त्रुटियों पर क्रोध न करना देवता! आपको नाराज होने पर तो मेरा और कहीं कोई ठिकाना नहीं है।" जरा रुककर सरला ने कहा।

"सरला की इस प्रार्थना और कातरता भरे स्वर ने राखाल के मन को और भी अधिक द्रवित कर दिया। वह बोला, "तुम पर कभी क्रोध नहीं करूँगा सरला, लेकिन तुम सीखने का प्रयत्न अवश्य करती रहना।"

इसके उत्तर में सरला सिर हिलाकर मौन हो गई।

आज ट्राम में भीड़ होने के कारण वह पैदल ही घर की तरफ चल पड़ा। राखाल गरीब है। किसी विश्वविद्यालय की डिग्री उसके पास नहीं और अभिमान करने के लिए कोई उसका बड़ा नातेदार भी नहीं है। इस नगर के संभ्रांत परिवारों में उसने जो भी संबंध बनाया है, वह सब उसकी अपनी विशेष योग्यता का प्रमाण है, लेकिन इन घरों में वह सदा ही सहृदयता का अभाव पाता रहा है। अपने हृदय के पास खींच लेनेवाला आकर्षण उनमें नहीं पाया जाता। इसका प्रधान कारण यही है कि राखाल सिर्फ राखाल है और न उसके रिश्तेदार ही कुछ इतने धनी हैं कि वह उनके ऊपर गर्व कर सके और न वह स्वयं ही…लड़कों को पढ़ाता है और होटल इत्यादि में खाना खाता है, परंतु घर-बार न होते हुए भी उसके पते पर अनेक विवाह उत्सवों के निमंत्रण आते हैं और अगर वह वहाँ नहीं पहुँचता तो लोगों को उसकी अनुपस्थिति बुरी लगती है। अपने इस छोटे से जीवन में उसने न जाने कितनी

शादियाँ कराई हैं। जिन घरों से इसका परिचय है, यही सुनता हूँ; राखाल बहुत ही भला मानस है, बड़ा परोपकारी है।

मार्ग में चलते हुए न जाने क्यों रह-रहकर पूर्व परिचित लड़कियों की बातें उसे स्परण हो रही थीं। सबके हाव-भाव, फैशन, बातचीत, शिक्षा; सभी प्रकार की बातें याद आती जा रही थीं। विरह, मिलन और प्यार अथवा स्नेह की बातें उसे याद आ रही थीं।

लेकिन राखल, वह तो बेचारा बहुत ही सज्जन व्यक्ति है, बालकों को शिक्षा देता है और होटल वगैरह में खाना खा लेता है, लेकिन सरला ने अभी क्या कहा था, ''त्रुटियों पर क्रोध मत करना, देवता! आपके नाराज होने पर मेरा कहीं पर कोई ठिकाना नहीं है।'' शायद ऐसा ही हो। कुछ सोचा और उसके बाद वह खिलखिलाकर हँस पड़ा।

लेकिन राखल, वह तो बेचारा बहुत ही सज्जन व्यक्ति है, बालकों को शिक्षा देता है और होटल वगैरह में खाना खा लेता है, लेकिन सरला ने अभी क्या कहा था, ''त्रुटियों पर क्रोध मत करना, देवता! आपके नाराज होने पर मेरा कहीं पर कोई ठिकाना नहीं है।'' शायद ऐसा ही हो। कुछ सोचा और उसके बाद वह खिलखिलाकर हँस पड़ा।

''राखाल बहुत ही भला आदमी है, बड़ा परोपकारी है।'' पास से जाते हुए एक व्यक्ति ने उसकी तरफ देखा। राखाल का हँसना रुक गया। वह लज्जित सा होकर जल्दी पासवाली गली में घुस गया।

पाँच

जब राखाल घर पहुँचा तो उसे दो पत्र मिले। दोनों शादी के विषय में थे। दोनों शादी के विषय में थे एक में जमींदार साहब ने रेणुका के विवाह के स्थगित होने की सूचना दी थी और नई बहू तक यह समाचार पहुँचाने का आदेश किया था और बातों के बाद अंत में लिखा था कि झंझटों से छुट्टी पाकर अगले शनिवार को खुद उसके घर आकर वे विस्तारपूर्वक सब बातें सुनाएँगे। दूसरा पत्र उनके पास से आया था, जिनके बच्चों को वह पढ़ाता था। दिल्ली में अचानक ही भतीजे की शादी ठीक हो गई थी और इतनी दूर जाना उनके लिए असंभव था, क्योंकि यहाँ उनके कारोबार को सँभालने वाले वह अकेले ही हैं। इसलिए समधी का सब काम दिल्ली जाकर राखाल को करना है। इसी रविवार को वहाँ जाना होगा, इसलिए राखाल को चाहिए, बहुत जल्दी उनसे जाकर मिले। इतने दिन तक उन बच्चों की पढ़ाई की जो हानि होगी, चिट्ठी में इसके विषय में कुछ नहीं लिखा था। कुछ भी हो, दोनों ही पत्रों की सूचनाएँ साधारण

रूप से शुभ थीं। रेणुका के विवाह की सूचना ने उसका मन जाने कैसा बना दिया। विवाह स्थगित होने का अर्थ स्पष्ट नहीं था, लेकिन फिर भी पागल वर से जान बची, यही संतोष था। दिल्ली जाने की सूचना शुभ ही थी। दिल्ली की अनेक यादगारें देखने को मिलेंगी, पुस्तकों में पढ़ी अन्य व्यक्तियों से सुनी हुई चीजें अब देखने में आएँगी।

अगले दिन प्रात:काल वह पत्र लेकर नई माँ के पास गया, लेकिन उन्हें ये सूचना पहले से ही प्राप्त हो चुकी थी और वे विस्तृत विवरण जानने के लिए उत्सुक थीं। निस्संदेह किस प्रकार वे बड़े काम करने में सफल हो पाए, यह नई माँ के लिए आश्चर्य की बात थी।

''रेणुका ने जरूर पिता का साथ दिया होगा माँ।'' राखाल ने कहा।

''उसका स्वभाव तो मैं नहीं जानती, लेकिन ये संभव हो सकता है बेटा।'' वह धीरे से बोलीं।

''लेकिन मैं उसके स्वभाव को जानता हूँ। मेरा अनुमान सत्य ही होगा माँ। रेणुका के अलावा और किसी में इतनी शक्ति नहीं थी, जो मामाजी को रोक पाता।'' राखाल ने दृढतापूर्वक कहा।

''कुछ भी राजू। शनिवार को मैं भी तुम्हारे घर आकर सब वृत्तांत सुनूँगी और साथ ही एक बार फिर तुम्हारे बाबूजी की चरण-धूलि माथे पर चढ़ा लूँगी।''

वहाँ से छुट्टी पाकर नीचे आ राखाल ने जरा सरला के कमरे की ओर झाँका। उसने देखा कि वह कागज-कलम लिए एकाग्र मन से कुछ लिख रही है। राखाल को देखकर वह सहमी नहीं और आदरपूर्वक उसे तख्त पर बिठलाकर बोली, ''देखिए, मेरा लिखना इस तरह का है, क्या आपका काम इससे चल जाएगा?''

सरला का लिखना इतना साफ और सुंदर था कि राखाल ने कभी कल्पना भी नहीं की थी। उसने प्रसन्न होकर प्रशंसा करते हुए कहा, ''यह तो मेरी लिपि से भी सुंदर है सरला! फिर काम कैसे नहीं चलेगा? प्रयत्न करके कुछ लिखना-पढ़ना सीख लोगी तो खाने-पीने की चिंता दूर हो जाएगी और साथ में चार-पाँच को और भी खिला सकोगी।''

राखाल के इन शब्दों ने सरला के मुख पर प्रसन्नता की आभा पैदा कर दी। कुछ देर चुप रहकर राखाल ने एक दस रुपए का नोट निकालकर उसे देते हुए कहा, ''यह

''कुछ भी राजू। शनिवार को मैं भी तुम्हारे घर आकर सब वृत्तांत सुनूँगी और साथ ही एक बार फिर तुम्हारे बाबूजी की चरण-धूलि माथे पर चढ़ा लूँगी।''
वहाँ से छुट्टी पाकर नीचे आ राखाल ने जरा सरला के कमरे की ओर झाँका। उसने देखा कि वह कागज-कलम लिए एकाग्र मन से कुछ लिख रही है। राखाल को देखकर वह सहमी नहीं और आदरपूर्वक उसे तख्त पर बिठलाकर बोली, ''देखिए, मेरा लिखना इस तरह का है, क्या आपका काम इससे चल जाएगा?''

तुम्हारे खर्च के लिए हैं। मैं दस-बारह दिन के लिए दिल्ली जाऊँगा, वहाँ से लौटने पर तुम्हें काम दूँगा।''

''लेकिन...देवता। मुझे तो इस समय रुपए नहीं चाहिए, क्योंकि अभी तो पहले के ही नहीं चुकाए।''

''उन्हें रहने दो, यह ले लो। दोनों तुम्हारे हिसाब में लगा लिए जाएँगे। अगर मेरे लौटने के पहले किसी प्रकार की जरूरत हुई तो किससे माँगोगी ? मेरी फिक्र मत करना, जल्दी ही लौटूँगा और तुम्हारे लिए काम की कमी नहीं रहेगी।''

सरला के यहाँ से राखाल जिनके बच्चों को पढ़ाता था, उनके घर गया। यहाँ मालिक और मालकिन के वाद-विवाद के उपरांत यह निश्चय किया कि रविवार की रात को सबको साथ लेकर उसे दिल्ली के लिए प्रस्थान करना होगा। गृहिणी ने राखाल को अपने साथ किसी साथी को ले जाने की अनुमति दे दी और समस्त व्यय का भार अपने ऊपर ले लिया। लड़केवाले की सब जिम्मेदारी राखाल के सिर पर डालकर, वहाँ देने के लिए रुपया-पैसा, जेवर वगैरह भी सब उसी के हाथ में दे दिया।

कई दिन से विचित्र सा वातावरण होने के कारण वह अपने घर की साज-सज्जा की तरफ ध्यान नहीं दे सका। जाने से पूर्व उसने सब ठीक कर लेना उपयुक्त समझा। परदेश के लिए मजबूत सूटकेस लाना होगा। वह समधी बनकर जा रहा था। अतः अलमारी के कपड़ों को टोटल करने की सोची और अगर कुछ कमी हो तो सिलवाने के लिए भी सोचा।

इस समय राखाल को तारक की याद आई। वह बुद्धिमान है, उसे साथ लेना अधिक युक्तिसंगत होगा, खर्च तो कुछ लगेगा नहीं। कठिनाई यह है कि बकवादी है। दिल्ली में अगर कुछ उचित-अनुचित का झगड़ा खड़ा कर दिया तो कठिनाई हो जाएगी। राखाल ने स्वप्न में भी यह विचार नहीं किया था कि तारक इसी बीच में अध्यापकी करने बर्दवान भी जा सकता है। वह कम-से-कम एक पत्र जरूर छोड़ता जाएगा, ऐसा राखाल को विश्वास था। रविवार तक तीन दिन के अंदर वह जरूर भेंट करने आएगा और नहीं तो कल समय निकालकर उसके पास जाना ही ठीक होगा।

कई दिन से विचित्र सा वातावरण होने के कारण वह अपने घर की साज-सज्जा की तरफ ध्यान नहीं दे सका। जाने से पूर्व उसने सब ठीक कर लेना उपयुक्त समझा। परदेश के लिए मजबूत सूटकेस लाना होगा। वह समधी बनकर जा रहा था। अतः अलमारी के कपड़ों को टोटल करने की सोची और अगर कुछ कमी हो तो सिलवाने के लिए भी सोचा। तारक के अलावा अगर हम महेश बाबू को साथ ले लें तो अच्छा

होगा। अगर दफ्तर के बड़े बाबू से उसे दस दिन की छुट्टी दिलवा दी जाए तो वह जीवन भर कृतज्ञ रहेगा।

शनिवार की शाम को जो कुछ भी आयोजन करना है, वह सिर्फ नई माँ और जमींदार साहब के लिए है, उस दिन और कुछ नहीं हो सकेगा। बाहर जाने के लिए डाकखाने से कुछ रुपए निकालने हैं, क्योंकि खाली हाथ जाना ठीक नहीं। इन सब विचारों में निमग्न होते हुए भी राखाल के कान तारक की प्रतीक्षा में दरवाजे पर लगे थे, लेकिन वह आया नहीं। शुक्रवार आ गया, लेकिन तारक नहीं आया। डाकखाने से रुपया निकालते समय उसे ध्यान आया कि कुछ अधिक ही निकाल लिए जाएँ, क्योंकि अगर तारक के पास दिल्ली चलने के लिए उपयुक्त कपड़े नहीं हुए तो मोल लेने के लिए रुपया चाहिए। दान, उपहार और कर्ज; तीनों से उसे घृणा है तथापि राखाल की जबरदस्ती उसे सर्वदा मान्य होती है। उसने सोचा–अधिक समय नष्ट करना ठीक नहीं। वह तारक के यहाँ जाकर देखेगा कि कहीं वह नाराज तो नहीं है। डाकखाने से रुपया निकालने में कुछ देर लगी। जब वह किराए की गाड़ी करके तारक के यहाँ रवाना होने ही वाला था कि चिट्ठीरसा ने उसके हाथों में एक चिट्ठी दी। पता तारक के हाथों का लिखा हुआ था। वह बर्दवान के किसी गाँव से आई थी और जाने से पहले भेंट न होने पर उसमें खेद प्रकट किया गया था। नई माँ और जमींदार साहब के लिए नमस्कार था और साथ ही लिखा था कि बिना पूछे चले आने के कारण वह जल्दी ही छुट्टी लेकर राखाल से क्षमा माँगने आएगा। रेणुका की शादी रुक जाने का समाचार भी उसे मिल गया था, यह पत्र में लिखा था।

जब वह किराए की गाड़ी करके तारक के यहाँ रवाना होने ही वाला था कि चिट्ठीरसा ने उसके हाथों में एक चिट्ठी दी। पता तारक के हाथों का लिखा हुआ था। वह बर्दवान के किसी गाँव से आई थी और जाने से पहले भेंट न होने पर उसमें खेद प्रकट किया गया था। नई माँ और जमींदार साहब के लिए नमस्कार था और साथ ही लिखा था कि बिना पूछे चले आने के कारण वह जल्दी ही छुट्टी लेकर राखाल से क्षमा माँगने आएगा। रेणुका की शादी रुक जाने का समाचार भी उसे मिल गया था, यह पत्र में लिखा था।

राखाल ने चिट्ठी जेब में डाली और खेद से कहा, "चलो, टैक्सी का किराया तो बचा।"

अगले दिन वह नए सूटकेस में कपड़े रख रहा था कि नई माँ आ पहुँची। "तुम कल रात में ही जो जा रहे हो न बेटा?"

"हाँ माँ, कल ही जाना है।"

''शायद आठ-दस दिन में लौटोगे?''

''अब बजा क्या होगा राजू?'' वह बोलीं।

''पाँच बज चुके माँ। बाबूजी के आने में कुछ देर हो गई। मुझे डर था कि कहीं तुम आने में देर न कर दो।''

''बेटा। वह आ जाएँ तो जान में जान आए।''

''अब पागल से विवाह नहीं होगा, अतः चिंता की कोई बात नहीं।'' अगर वह नहीं भी आए तो क्या हर्ज है।

''ऐसा मत कहो बेटा। सिर्फ रेणुका के विवाहभर की बात नहीं है। तुम्हारे बाबूजी बहुत शांत और सीधे-सादे मनुष्य हैं, अकेले में न जाने कितनी वेदनाओं और आघातों को उन्हें सहन करना होगा। इन विचारों से मेरा हृदय फट जा रहा है।'' नई माँ के नेत्र इन शब्दों का उच्चारण करते-करते सजल हो आए। इस समय राखाल के नेत्रों में मामाजी का गोलमटोल चेहरा घूम रहा था। वह चुप था और यह जानता था कि शादी असानी से नहीं रोकी गई होगी। नई माँ ने फिर कहा, ''शादी रुक गई, इतना ही तो उन्होंने लिखा है। अभी तो यह भी पता नहीं कि यह सदा के लिए रुकी है या केवल कुछ ही समय के लिए।''

''सदा के लिए ही रुकी है माँ। आप चिंता न करें, अब पागल के गले में रेणुका को नहीं बाँधा जा सकता।''

अगले दिन वह नए सूटकेस में कपड़े रख रहा था कि नई माँ आ पहुँची। ''तुम कल रात में ही जो जा रहे हो न बेटा?'' ''हाँ माँ, कल ही जाना है।'' *''शायद आठ-दस दिन में लौटोगे?'' ''अब बजा क्या होगा राजू?'' वह बोलीं। ''पाँच बज चुके माँ। बाबूजी के आने में कुछ देर हो गई। मुझे डर था कि कहीं तुम आने में देर न कर दो।''*

''भगवान् ऐसा ही करें।'' कुछ देर बाद बोलीं, ''लेकिन उनकी बातों में बल कम होता है राजू। रात-दिन अनेक तरह के डर, अनिष्ट की कल्पनाएँ और संशय मस्तिष्क को बुरी तरह से घेरे हैं, मन की व्यथा किसे जाकर सुनाऊँ राजू।''

''लेकिन क्या आप उन्हें बिल्कुल ही कमजोर व्यक्ति मान चुकी हैं?''

कुछ अस्फुट मुस्कान नई माँ के मुखमंडल पर फैल गई। ''इसमें संदेह के लिए स्थान कहाँ है राजू। कमजोर तो वह पहले से ही हैं।''

''लेकिन क्या अभी यह संभव है कि कमजोर व्यक्ति इतनी गहरी चोट को बिना सी किए सहन कर ले? उन्होंने जीवन में जो-जो कष्ट उठाए हैं, आप नहीं जानती, मैं जानता हूँ। वह आ गए।'' राखाल ने खुली खिड़की से बाबूजी को आते देखा।

उसने तुरंत उठकर दरवाजा खोला और उनके आने पर एक ओर खड़ा हो गया। नई माँ ने सम्मुख आकर प्रणाम किया और चरण-रज माथे पर लगाई। सामने पड़ी कुरसी खींचकर ब्रजबाबू ने बैठते हुए कहा, ''आशा है, तुमने सुन लिया होगा कि मैंने रेणुका की शादी नहीं की।''

''जी हाँ, लेकिन मतभेद के कारण बड़ी गड़बड़ी हुई।''

''वह होना तो निश्चित ही था।''

''शांति मुझे प्रिय है नई बहू। मैं किसी के विरोध में कभी नहीं जाना चाहता, लेकिन लड़की तुम्हारी है और तुम ही कुछ कह नहीं सकतीं सिर्फ इसीलिए संपूर्ण भार मुझे सँभालना पड़ा। जानती हो, उस दिन मैं बार-बार क्या सोच रहा था? मेरे मन में आ रहा था कि अगर तुम घर में होती तो सब भार तुमको सौंपकर रातभर किसी बाग में पड़ा रहता।''

''आपका नम्र स्वभाव है। मैं निरंतर इसी फिक्र में थी कि आप कैसे रोक सकेंगे?''

''शांति मुझे प्रिय है नई बहू। मैं किसी के विरोध में कभी नहीं जाना चाहता, लेकिन लड़की तुम्हारी है और तुम ही कुछ कह नहीं सकतीं सिर्फ इसीलिए संपूर्ण भार मुझे सँभालना पड़ा। जानती हो, उस दिन मैं बार-बार क्या सोच रहा था? मेरे मन में आ रहा था कि अगर तुम घर में होती तो सब भार तुमको सौंपकर रातभर किसी बाग में पड़ा रहता।''

सविता[1] मौन थी। उस दिन आदि से अंत तक की गाथा वह पूछे, यह साहस उसमें नहीं था। राखाल भी चुप था और बाबूजी इससे अधिक स्पष्ट स्वयं नहीं कर सकते थे। कुछ ठहरकर राखाल बोला, ''आज आप बड़े ही थके से जान पड़ रहे हैं बाबूजी।''

''यह अकारण नहीं है राजू। इधर छह-सात दिन से व्यापार के बही खातों के चक्कर में पड़ा रहा।''

''कुशल तो है ना बाबूजी?'' राखाल ने डरकर पूछा।

''कुशल बिल्कुल नहीं है राजू। सविता का रुपया मैंने सालभर पहले ही व्यापार से निकालकर बैंक में डाल दिया था। अब देखता हूँ मैंने यह ठीक ही किया था और मेरा शक भी ठीक था। अब तो सिर्फ उसी पूँजी का भरोसा रह गया है और इसे तुम्हें लेना ही होगा।'' सविता की ओर उन्मुख होकर ब्रजबाबू ने कहा।

सविता ने ऊपर की तरफ ताका, वह चुप थी। कुछ देर के बाद बोलीं, ''क्या उनके भी डूबने का डर है?''

---

1. हम जिसे नई माँ अथवा नई बहू अब तक लिखते आए हैं उसका नाम वास्तव में सविता है और प्रसंगवश तीनों नामों का प्रयोग होगा।

''भयमुक्त तो इसे नहीं कह सकते सविता। तुम जो कहो, किया जाए।''

''अब मैं कह ही क्या सकती हूँ भला? आपका रुपया अगर आपके काम में आ जाए तो मैं क्या कहूँ?''

ब्रजबाबू यह बात सुनकर चौंक पड़े। कुछ देर चुप रहकर बोले, ''तुम्हारा कहना ठीक ही है, यह मेरा दुस्साहस है। तुम्हारा रुपया तुम्हारे पास भेज दूँगा। कल यहाँ आओगी न?''

''अगर आप कहेंगे तो जरूर आऊँगी।''

''तुम्हारे आभूषणों को क्या करूँ?''

''मेरी समझ में कुछ नहीं आ रहा है, यह सब आप क्रोध में तो नहीं कह रहे हैं?''

ब्रजबाबू व्यथा से मौन थे। कुछ ठहरकर बोले, ''क्या तुम्हारा ऐसा ही अनुमान है? जिसकी चीज है, उसे उसी को लौटाकर क्या मैं कभी क्रोधित हो सकता हूँ?'' सविता ने सिर नीचा कर लिया। वह फिर बोल उठे, ''मैं यह अप्रसन्ता से नहीं प्रसन्नता से लौटा रहा हूँ। तुम्हारी चीजें तुम्हारे ही पास रहनी चाहिए। मुझमें यह भार सहन करने की अब शक्ति नहीं रह गई।''

संध्या हो गई थी। ब्रजबाबू चलने के लिए खड़े हो गए। ''मैं अब चलता हूँ। कल फिर इसी समय आऊँगा। मेरा कहा टालना मत।''

ब्रजबाबू व्यथा से मौन थे। कुछ ठहरकर बोले, ''क्या तुम्हारा ऐसा ही अनुमान है? जिसकी चीज है, उसे उसी को लौटाकर क्या मैं कभी क्रोधित हो सकता हूँ?'' सविता ने सिर नीचा कर लिया। वह फिर बोल उठे, ''मैं यह अप्रसन्ता से नहीं प्रसन्नता से लौटा रहा हूँ। तुम्हारी चीजें तुम्हारे ही पास रहनी चाहिए। मुझमें यह भार सहन करने की अब शक्ति नहीं रह गई।''

राखाल ने नमस्कार करके कहा, ''बाबूजी! मैं कल एक मित्र की शादी कराने दिल्ली जा रहा हूँ, लौटने में लगभग आठ-दस दिन लग जाएँगे।''

''अच्छा है, लेकिन क्या हमेशा औरों की ही विवाह-शादियाँ कराते फिरोगे या कभी अपनी भी करोगे?''

''मुझे अपनी लड़की सौंपनेवाला मूर्ख इस संसार में नहीं है बाबूजी।'' कहकर राखाल हँस पड़ा।

''नहीं, ऐसे मूर्खों की कमी नहीं है, राजू। ऐसे ही एक मूर्ख ने मुझे भी अपनी लड़की सौंप दी। मेरी अपेक्षा तुम्हें लड़की सौंपना ज्यादा मूर्खता नहीं कही जा सकती। अगर मेरे कथन पर विश्वास न हो तो अपनी माँ से पूछ देखो, वे इसे अस्वीकार नहीं करेंगी। अच्छा अब चलता हूँ। कल भेंट करूँगा।''

सविता ने आगे बढ़कर चरण छुए और उन्होंने अस्पष्ट शब्दों में आशीर्वाद दिया।

इसके बाद वह घर से बाहर चले गए।

दूसरे दिन उसी समय ब्रजबाबू वहाँ आ गए। साथ में एक सील लगा हुआ लोहे का बक्सा था। सविता इनसे भी पहले उपस्थित थी। वे बक्स को सविता के सामने मेज पर रखकर बोले, ''अभी तक वह बैंक में जमा था, इसमें तुम्हारे आभूषण हैं, देख लेना और यह बावन हजार का चैक है। आज मैं हलका हो गया, सविता, मेरे सिर का बोझ आज उत्तर गया।''

''लेकिन आप तो कहते थे कि ये सब आभूषण रेणुका को दे देंगे?''

''इन पर मेरा कोई अधिकार नहीं है सविता! शुभ घड़ी आने पर तुम खुद ही अपने हाथों उसे पहना देना।''

''तब ठीक है। अच्छा, मैं अब जाता हूँ।''
''अब फिर कब भेंट होगी?'' प्रणाम करके सविता ने पूछा।
''जब सूचना भेजोगी, चला आऊँगा। कोई विशेष काम है क्या?''
''नहीं, काम तो कोई विशेष नहीं है।''

राखाल बार-बार घड़ी देख रहा था। उसकी तरफ देखकर वह बोले, ''क्या तुम्हें देर हो रही है राजू?''

''हाँ बाबूजी। उनके घर जाना है और फिर वहाँ से सबको इकट्ठा करके स्टेशन ले जाना होगा।''

''अच्छा तो मैं अब जाता हूँ। दिल्ली से लौटकर मुझसे जरूर मिल लेना।''

ब्रजबाबू चलने को खड़े हो गए, लेकिन जरा सोचकर ठहरे और कहा, ''तुम्हारी नई माँ का आज अकेले जाना ठीक नहीं है। अगर कोई पहुँचा देता तो···।'' बीच ही में काटते हुए राखाल ने बतलाया कि वह अकेली नहीं हैं, उनका दरबान मोटर लिए गली के नुक्कड़ पर खड़ा है।

''तब ठीक है। अच्छा, मैं अब जाता हूँ।''

''अब फिर कब भेंट होगी?'' प्रणाम करके सविता ने पूछा।

''जब सूचना भेजोगी, चला आऊँगा। कोई विशेष काम है क्या?''

''नहीं, काम तो कोई विशेष नहीं है।''

''सिर्फ मुँह ही देखना चाहती हो।'' कहते हुए मुसकरा दिए। सविता इसका क्या उत्तर देती। उसने चुप होकर सिर नीचा कर लिया। ब्रजबाबू फिर कहने लगे, ''सोचना बेकार है, अब मेरी तरफ से तुम निश्चिंत रहो। किसी तरह की चिंता न करो। भाग्य की रेखा मिट नहीं सकती, भवितव्यता होकर रहती है। मैं तुम्हें आशीर्वाद देता हूँ; तुम सुख और शांति का जीवन व्यतीत करो। मुझ पर विश्वास करो सविता, मैं जो कुछ कह रहा हूँ, वह नितांत सत्य है, मेरे हृदय की पुकार है।'' सविता पहले की ही भाँति चुप बनी रही। राखाल को विलंब सहन नहीं हो रहा था। उसे जल्दी ही गाड़ी लाकर उसमें

अपना सामान रख देना चाहिए। इसी अभिप्राय से वह बाहर चला गया। सविता की आँखों से आँसुओं की धारा बह रही थी। ब्रजबाबू निकट आकर बोले, ''क्या रेणुका को देखने की इच्छा है?''

''नहीं, मैं ऐसी प्रार्थना नहीं करूँगी।''

''फिर रोने का क्या कारण? स्पष्ट कहो, क्या कहना चाहती हो?''

''जो चाहती हूँ, वह दे सकोगे?'' इन शब्दों का उत्तर वह तुरंत नहीं दे सके। उन्होंने सविता के मुख की ओर देखा। सविता बोली, ''मुझे कब तक जीवित रहना होगा और क्या लेकर जी सकूँगी?''

ब्रजबाबू के पास इस प्रश्न का उत्तर नहीं था। पता नहीं क्या सोचते रह गए? तब तक राखाल की आवाज उन्हें सुनाई दी। सविता ने जल्दी से आँखें पोंछ लीं। राखाल अंदर आकर बोला, ''माँ, ड्राइवर पूछ रहा है कि चलने में कितनी देर है? अगर आप चल रही हैं तो आपका बक्स मोटर में रख आऊँ?''

''जब मैं यहाँ से चली जाऊँगी, तब राजू की जान-में-जान आएगी। उसके लिए मैं एक बाधा हूँ। क्यों राखाल!''

ब्रजबाबू के पास इस प्रश्न का उत्तर नहीं था। पता नहीं क्या सोचते रह गए? तब तक राखाल की आवाज उन्हें सुनाई दी। सविता ने जल्दी से आँखें पोंछ लीं। राखाल अंदर आकर बोला, ''माँ, ड्राइवर पूछ रहा है कि चलने में कितनी देर है? अगर आप चल रही हैं तो आपका बक्स मोटर में रख आऊँ?''

''जब मैं यहाँ से चली जाऊँगी, तब राजू की जान-में-जान आएगी। उसके लिए मैं एक बाधा हूँ। क्यों राखाल!''

दोनों हाथ जोड़कर राखाल बोला, ''आप सदा इसी तरह की बातें करती हैं। ऐसी की तैसी में जाए दिल्ली का जाना। बचपन की तरह आज यहाँ माँ की गोद में बैठूँगा। अब यहौ से नहीं जा सकोगी माँ! लड़केवाले चाहे कितने ही परेशान हों, मुझे फिक्र नहीं।'' सुनकर सविता के मुख पर लज्जा का आवरण छा गया। राखाल ने एकदम सबकुछ कह डाला, लेकिन बाद में अपनी भूल अनुभव की, लेकिन ब्रजबाबू इस पर ध्यान न देकर बोले, ''समय काफी हो गया। राजू यह बक्स तुम्हारी गाड़ी में रख आएगा, मैं तब तक यहीं रुका हूँ।'' उन्होंने बक्स उठाकर राजू को पकड़ा दिया। सविता राखाल के पीछे-पीछे चल दीं और प्रश्न बिना उत्तर के ही रह गया।

छह

राखाल विवाह समाप्त कराके दस दिन बाद दिल्ली से सकुशल लौट आया। गृहस्वामी और गृहिणी दोनों ही राखाल की कार्यकुशलता से प्रसन्न हुए। दिल्ली में राखाल की योग्यता का प्रभाव चारों तरफ फैल गया था। कन्या पक्ष के जितने भी संबंधी वहाँ थे, सब उसकी योग्यता और सज्जनता से प्रभावित हुए। कुछ तो इतने अधिक प्रभावित हुए कि उन्होंने अपनी कन्याओं की शादी के प्रस्ताव भी राखाल के सामने रख दिए और उसे कई लड़कियाँ भी दिखलाईं। मध्यम श्रेणी के साधारण घरानों की ये लड़कियाँ पश्चिम के वातावरण में पली, सुंदर और गौर वर्णवाली थीं न जाने किन-किन असुविधाओं के कारण अभी तक इनकी शादी नहीं हो पाई थी। राखाल ने यही उत्तर दिया था कि वह कलकत्ता जाकर अपने बाबूजी और नई माँ से सम्मति लेकर उन लोगों को पत्र लिखेगा। रमेश राखाल के काम को चार चाँद लगानेवाले थे। बिना पैसा खर्च किए जब उन्होंने दिल्ली, हस्तिनापुर, कुतुबमीनार, लाल किला इत्यादि की सैर कर ली, तब कुछ तो प्रतिदान देना ही चाहिए था। अपनी वाक्पटुता से उसने राखाल के महान् व्यक्तित्व का गहरा प्रभाव दिल्ली निवासियों के हृदय पर अंकित कर दिया। अगर कोई प्रश्न करता, ''राखाल बाबू ने अभी तक शादी क्यों नहीं की?''

रमेश राखाल के काम को चार चाँद लगानेवाले थे। बिना पैसा खर्च किए जब उन्होंने दिल्ली, हस्तिनापुर, कुतुबमीनार, लाल किला इत्यादि की सैर कर ली, तब कुछ तो प्रतिदान देना ही चाहिए था। अपनी वाक्पटुता से उसने राखाल के महान् व्यक्तित्व का गहरा प्रभाव दिल्ली निवासियों के हृदय पर अंकित कर दिया। अगर कोई प्रश्न करता, ''राखाल बाबू ने अभी तक शादी क्यों नहीं की?''

''इनकी इच्छा। हम जैसे साधारण व्यक्तियों से उनकी क्या तुलना?'' वह गंभीरता से जवाब देते। तब कन्याओं के पिता संकोच से पूछते, ''राखाल बाबू क्या करते हैं?'' वह तुरंत मुसकराकर जवाब देता, ''काम करने की उन्हें कोई खास जरूरत ही नहीं है।'' और वे सब इस वाक्य का मतलब अपने-अपने दृष्टिकोण से लगाते थे।

राखाल कलकत्ता के बड़े-बड़े आदमियों की बातें बड़ी निर्भीकता से करता थ। अनेक घरों की लड़कियों के नाम उसे याद थे। नवीन बैरिस्टर और आई.सी.एस. आदि को वह आधे नाम से संबोधित करता था। उन नामों को सुनकर साधारण नौकरी पेशेवाले बंगाली आश्चर्यचकित रह जाते थे।

राखाल शादी का विरोध ऊपर से न करके हृदय से करता है। उसे ब्याह से डर लगता है। वह अपनी आर्थिक अवस्था को जानता है। साथ ही वह जानता है कि उस जैसे व्यक्ति के लिए जिसके कलकत्ता में अनेक परिचित मित्र और बंधु हों, गृहस्थी चलाना साधारण काम नहीं। जिस वातावरण में आज वह स्वच्छंदतापूर्वक ससम्मान रहता है, वहीं पर उसे दूसरों की दृष्टि में हीन होकर जीवन व्यतीत करना होगा। फिर भी कभी-कभी उसे एकाकीपन खटकने लगता है। वसंत के सुहावने समय में जब वह बाँसुरी की मनोहर तान किसी शादी के अवसर पर सुनता था तो उसका हृदय व्याकुल हो उठता थ। शादियों के निमंत्रण उसके हृदय में गुदगुदी पैदा कर देते थे। समाचार-पत्र में जब वह किसी स्त्री की आत्महत्या का समाचार पढ़ता था तो उस स्त्री का मुरझाया हुआ मुख उसके नेत्रों में साकार हो जाता था। उसका मन कहने लगता; संसार में कन्याओं की कितनी अधिकता और वरों का कितना अभाव है ? इन साधारण व्यक्तियों के बीच सिर्फ वही एक ऐसा व्यक्ति है, जिस पर संसार की दृष्टि नहीं जाती। शायद उसे वरमाला पहनानेवाली नारी ने संसार में जन्म ही नहीं लिया, लेकिन यह सब क्षणिक होता है। मोह-जाल टूटते ही वह अपनी वास्तविक स्थिति को समझ लेता है, हँसता है और आनंद का अनुभव करता है। बच्चों को शिक्षा देता और साहित्यिक गोष्ठियों में भाग लेता है। निमंत्रण मिलने पर विवाहोत्सवों को अपनी उपस्थिति से सुशोभित करने में भी नहीं चूकता। कितने ही नवदंपतियों के हाथों में फूलों के गुच्छे देकर उसने अपनी शुभकामनाएँ प्रदान की हैं। समय व्यतीत होता जा रहा है। दिल्ली यात्रा ने आज प्रथम बार राखाल के मन में एक परिवर्तन कर दिया। इस यात्रा से उसे ज्ञात हुआ कि दुनिया केवल कलकत्ता में ही समाप्त नहीं है, बाहर भी है और वहाँ भी सभ्य बंगाली रहते हैं और ऐसे माता-पिताओं की भी कमी नहीं है, जो सहर्ष उसे अपनी कन्या दे सकते हैं। कलकत्ता की संपर्क में आनेवाली लड़कियों की अपेक्षा दिल्ली की भी लड़की को पत्नी बनाने में उसे लज्जा आ सकती, लेकिन यात्रा के इस नवीन ज्ञान से उसने अपने अंदर पर्याप्त बल और भरोसे का अनुभव किया है।

दिल्ली यात्रा ने आज प्रथम बार राखाल के मन में एक परिवर्तन कर दिया। इस यात्रा से उसे ज्ञात हुआ कि दुनिया केवल कलकत्ता में ही समाप्त नहीं है, बाहर भी है और वहाँ भी सभ्य बंगाली रहते हैं और ऐसे माता-पिताओं की भी कमी नहीं है, जो सहर्ष उसे अपनी कन्या दे सकते हैं। कलकत्ता की संपर्क में आनेवाली लड़कियों की अपेक्षा दिल्ली की भी लड़की को पत्नी बनाने में उसे लज्जा आ सकती, लेकिन यात्रा के इस नवीन ज्ञान से उसने अपने अंदर पर्याप्त बल और भरोसे का अनुभव किया है।

उसके इस विचार ने कि वह कभी संसार की कोई जिम्मेदारी अपने ऊपर नहीं ले सकेगा, राखाल को दुर्बल बना दिया। आत्मविश्वास को खोकर वह कमजोरी महसूस करने लगा था। वह सोचता था कि स्त्री, बच्चे, इन सबसे कितनी दिक्कतें हैं? मकान, भोजन, कपड़े, पढ़ाई, लिखाई, बीमारी और जाने क्या-क्या झंझट गृहस्थी के हैं। वह कैसे इन सब जरूरतों को पूरा कर सकेगा? सरला ने सर्वप्रथम इस भावना को ठेस पहुँचाई। जिस दिन असीम समुद्र के बीच आश्चर्यहीन सरला ने उसका सहारा लिया, उस दिन उसने अपना हाथ बढ़ाकर उसका समस्त भार अपने ऊपर ले लिया था। उसकी बात पर सरला ने विश्वास किया, घर लौट आई और मरना नहीं चाहा। इस यात्रा ने उस विचार को पूर्णतः समाप्त सा ही कर दिया। उसने मन में निश्चय कर लिया है कि न वह किसी तरह असमर्थ ही है और न दुर्बल ही। संसार के सब व्यक्तियों की भाँति वह भी अपने में सब कुछ करने की सामर्थ्य रखता है। इस नवीन विचारधारा से प्रफुल्लित होकर वह सरला से मिलने गया। वहाँ ताला लगा हुआ था। सामने एक बच्चा खेल रहा था। उससे पता चला कि सरला ऊपर मालकिन के यहाँ गई है, रात को वहाँ दावत है। ऊपर पहुँचकर राखाल ने देखा कि एक उत्सव हो रहा था। बड़े ठाट-बाट से भोजन की तैयारियाँ हो रहीं थीं। रमण बाबू अकारण ही कुछ परेशान से लगते थे और सविता देवी धोती लपेटे अपने कमरे में दावत की सामग्रियों की व्यवस्था कर रही थीं।

रमण बाबू अकारण ही कुछ परेशान से लगते थे और सविता देवी धोती लपेटे अपने कमरे में दावत की सामग्रियों की व्यवस्था कर रही थीं। राखाल को देखते ही रमण बाबू कह उठे, ''लो! राजू आ गया नई बहू।'' सविता वहाँ आ गई। रमण बाबू आनंद की साँस लेकर बोले, ''लो भाई, सँभालो राजू, मेरी तो जान बची।''

राखाल को देखते ही रमण बाबू कह उठे, ''लो! राजू आ गया नई बहू।'' सविता वहाँ आ गई। रमण बाबू आनंद की साँस लेकर बोले, ''लो भाई, सँभालो राजू, मेरी तो जान बची।''

''ठीक ही हुआ।'' सविता बोली, ''आप कमरे में जाकर सो जाइए, हम सब कर लेंगे।''

सरला मुँह छिपाकर मुसकराई और राखाल से पूछा, ''आप कब आए?''

''कल।'' राखाल ने उत्तर दिया।

''तब आपने कल ही दर्शन क्यों नहीं दिए?''

''इतना समय नहीं मिला, लौटने पर भी न जाने कितना काम इकट्ठा हो जाता है।''

सविता मुसकराकर बोली, ''सरला को राजू ने बचाया है, इसलिए राजू पर उसका

इतना अधिकार है।'' सरला ने हँसकर मिठाई की डलिया उठाई और चल दी। राखाल ने रमण बाबू को नमस्कार किया तथा सविता के पैर छुए और पूछा, ''माँ! क्या मैं भी इस समारोह का कारण जान सकता हूँ?''

''यों ही है बेटा?'' सविता ने मुसकराते हुए कहा।

''यों ही! भला कौन विश्वास कर सकता है इस बात पर?'' कहकर रमण बाबू राखाल की तरफ मुख करके बोले, ''आपने आधे मूल्य पर एक बड़ी जायदाद मोल ली है। यह उसी की दावत हो रही है। हमारे सिंगापुर वाले हिस्सेदार यहाँ आए हैं; मि० शैलेन्द्र। क्या कभी सुना है नाम? आज संध्या को उनसे तुम्हारा यहीं पर परिचय होगा। करोड़पति हैं और भी कई व्यक्तियों से परिचय होगा। गाने-बजाने की महफिल होगी। हमारे सभी मित्र आएँगे। मालती का मनोमुग्धकर संगीत होगा, वह कलकत्ता की सबसे अच्छी गानेवाली हैं। उसका संगीत तुम्हें मंत्रमुग्ध कर देगा।''

सरला मुँह छिपाकर मुसकराई और राखाल से पूछा, ''आप कब आए?''
''कल।'' राखाल ने उत्तर दिया।
''तब आपने कल ही दर्शन क्यों नहीं दिए?''
''इतना समय नहीं मिला, लौटने पर भी न जाने कितना काम इकट्ठा हो जाता है।''

सविता ने रमण बाबू को चुप करने की कोशिश की, लेकिन वह बोले, ''कहने क्यों नहीं देती? इसमें छिपाने की क्या बात है?'' फिर राखाल की तरफ मुख करके बोले, ''भाई राजू! तुम्हारी नई माँ भाग्य की सिकंदर हैं। जब गाँव में रहती थीं तो जाने किस अनाड़ी को बहुत-सा रुपया उधार दे आई थीं। उसके चुकता होने की कोई भी आशा नहीं थी कि अचानक सब वसूल हो गया। भय के कारण वह खुद यहाँ आकर गिन गया। रुपया पूरा होने में दस हजार की कमी हुई तो मेरी खुशामद की गई, ''बाबूजी इतनी कृपा आप करिए।'' मैंने कहा, ''सरकार के लिए मैं क्या नहीं कर सकता—तन, मन, धन सबकुछ सरकार का ही तो है।'''' इतना कहकर वह व्यंग्य से इस बुरी तरह हँसे कि राखाल ने लज्जा से मुँह दूसरी तरफ कर लिया।

रमण बाबू हँसते हुए एक तरफ चले गए। सविता तभी राखाल से बोली, ''विलंब हो गया! नहाकर कुछ थोड़ा-सा नाशता कर लो राजू। संध्या को तुम्हें बहुत दौड़-धूप करनी है। कितने काम करने को फैले पड़े हैं।''

''मैं काम से डरना नहीं जानता माँ! लेकिन मैं एक बार घर जरूर जाऊँगा।''

''कल सुबह चले जाना।''

''नहीं माँ।'' नम्रता से राखाल बोला।

''तब फिर किस समय तक लौट आओगे?''

"आऊँगा तो जरूर ही, लेकिन किस समय, यह नहीं बता सकता।"

"क्या तारक आजकल बाहर गया हुआ है?"

"हेडमास्टरी करने के लिए वह बर्दवान चला गया है, लेकिन अगर वह यहाँ होता, तब भी शायद न आता।"

सविता राखाल की भाव-भगिमाओं को पहचान रही थी। उसे प्रसन्न करने के लिए बोलीं, "उस पर क्रोध करने की जरूरत नहीं है राजू! वह उसका स्वभाव है।" माँ की टीका से राखाल प्रसन्न होने की अपेक्षा चिढ़कर बोला, "मैं क्रोध नहीं कर रहा हूँ माँ! मूर्ख पर क्रोध ही किया जाए?" इतना कहकर उत्तर की प्रतीक्षा किए बिना वह चल दिया। सीढ़ी से उतरते हुए मन में विचारा; यह रुपया अदा कर जाने वाला व्यक्ति कौन था? शायद रमण बाबू यह नहीं जानते, लेकिन फिर भी राखाल उस उदार और धर्मात्मा व्यक्ति के प्रति इस तरह व्यंग्यात्मक और अपशब्द कहने वाले व्यक्ति को मन से क्षमा नहीं कर सकता था। विचित्र बात तो यह थी कि सविता ने यह सब सुनकर एक शब्द भी मुख से नहीं कहा यानी उनके लिए कोई विशेष बात ही नहीं थी। यह भी सच था कि यह व्यंग्य सविता को ही संबोधित करके किया था। इसी सत्य ने उसकी मन की वेदना को बहुत कुछ हलका कर दिया और वह क्रोधित नहीं हुआ। अंत में बोला, "ठीक ही तो है। वह इसी योग्य है। मेरा इस तरह जलना और क्रोध करना बेकार ही है।"

सविता राखाल की भाव-भगिमाओं को पहचान रही थी। उसे प्रसन्न करने के लिए बोलीं, "उस पर क्रोध करने की जरूरत नहीं है राजू! वह उसका स्वभाव है।" माँ की टीका से राखाल प्रसन्न होने की अपेक्षा चिढ़कर बोला, "मैं क्रोध नहीं कर रहा हूँ माँ! मूर्ख पर क्रोध ही किया जाए?" इतना कहकर उत्तर की प्रतीक्षा किए बिना वह चल दिया। सीढ़ी से उतरते हुए मन में विचारा; यह रुपया अदा कर जाने वाला व्यक्ति कौन था?

बड़े बाजार में वह ट्राम से उतरा और सामनेवाली गली से मुड़कर ब्रजबाबू के मकान के सामने जा पहुँचा। द्वार पर ताला बंद था और लिखा था— मकान किराए के लिए खाली है। राखाल की आँखों तले अँधेरा छा गया। उसे लगा मानो वह भूल से किसी और मकान के सामने चला आया है। कुछ देर पागल की भाँति इधर-उधर देखा और फिर आगे बढ़कर नुक्कड़वाले दुकानदार के पास पहुँचा। पुराना दुकानदार था। गली के सभी घरों में उसके यहाँ से सौदा जाता था। पूछा, "क्यों! ब्रजबाबू के मकान पर यह कैसा नोटिस लगा हुआ है?"

"आप क्या इनके संबंध में कुछ भी नहीं जानते राजू बाबू?" दुकानदार ने पूछा।

"नहीं लालाजी, मुझे तो कुछ भी पता नहीं। बाहर गया हुआ था, आज ही वापस आया हूँ।"

"उन्होंने अपना अधिभार समाप्त करने के लिए यह मकान बेच डाला!"

"मकान बेच दिया! फिर वह लोग रहते कहाँ है?"

"बहू रानी तो बिटिया को लेकर अपने भाई के घर चली गई और ब्रजबाबू रेणुका के साथ किराए के मकान में रहने लगे।"

"क्या आप वह किराएवाला मकान जानते हैं लालाजी?"

"अरे! जानता क्यों नहीं?" कहकर उसने हाथों के इशारे से बतलाया, "सीधे उधर जाकर उस गली से मुड़ जाना, पंद्रह नंबर का घर है।"

घर खोजकर राखाल ने द्वार खटखटाया। दासी ने आकर द्वार खोला, राखाल को देखा तो नेत्रों में आँसू भर आए। राखाल ने पूछा, "ब्रजबाबू कहाँ है?"

"ऊपर खाना बना रहे हैं।" दासी ने उत्तर दिया।

"क्यों, क्या महराज नहीं है?"

"जी हाँ।"

"कोई नौकर भी नहीं रहा?"

"सिर्फ एक माधव है, सो वह भी दवा लेने गया है।"

"दवा किसके लिए?"

"रेणुका को चार दिन से ज्वर आ गया है।"

घर खोजकर राखाल ने द्वार खटखटाया। दासी ने आकर द्वार खोला, राखाल को देखा तो नेत्रों में आँसू भर आए। राखाल ने पूछा, "ब्रजबाबू कहाँ है?" "ऊपर खाना बना रहे हैं।" दासी ने उत्तर दिया। "क्यों, क्या महराज नहीं है?" "जी हाँ।" "कोई नौकर भी नहीं रहा?"

आँगन में काफी सील थी। घर का समान बेतरतीब बिखरा पड़ा था। सीढ़ी बिल्कुल ही टूटी हालत में थी। बरामदे के एक कोने में लोहे की अंगीठी के पास ब्रजबाबू बैठे पसीने में नहा रहे थे। खाना बन चुका था। आग पर साबूदाना रखा था। ग्रजबाबू के हाथ कई जगह से जल गए थे। भात के जलने की गंध घरभर में फैली हुई थी। तरकारी भी कुछ कम पकी रह गई थी। राखाल को देखते ही झिझक दूर करने के लिए ब्रजबाबू उठ खड़े हुए। दासी की तरफ संकेत करके बोले, "देख रहे हो राखाल इसकी करतूत। अँगीठी में इतने कोयले भर दिए हैं कि आग बाहर निकली पड़ रही है। मैं क्या अंदाज कर सकता हूँ इसका? भात जाने कैसा हो गया, शायद जल गया।"

"जल जाने दीजिए! बारह बज रहे हैं। मैं दूसरे चावल चढ़ाए देता हूँ। आप पूजा-पाठ कीजिए···और रेणुका कहाँ है?" कहता हुआ वह पास के कमरे में चला गया।

वहाँ रेणुका बुखार में बेहोश पड़ी थी। राजू को देखकर उसके नेत्रों से पानी बह चला। राखाल ने किसी तरह अपने को सँभालते हुए कहा, ''रोने की क्या बात है पगली! बुखार तो सबको आ जाता है। दो दिन में उतर जाएगा। फिर मैं तो अभी जीवित हूँ। क्यों फिक्र करती हो? उठो, मुँह-हाथ धोकर कपड़े बदल डालो।''

रेणुका ने सिर उठाया। राखाल ने दासी को पुकारकर साबुदाना लाने को कहा। वहाँ दासी आ गई तो राखाल ने कहा, ''भात जल गया है, उससे काम नहीं चलेगा। तुम अपने लिए, मेरे लिए, माधव और बाबूजी, चार आदमियों के लिए चावल साफ करके धो लो। मैं नहाकर आता हूँ। कुछ शाक-भाजी है?''

''हाँ।'' दासी ने कहा।

रेणुका ने सिर उठाया। राखाल ने दासी को पुकारकर साबुदाना लाने को कहा। वहाँ दासी आ गई तो राखाल ने कहा, ''भात जल गया है, उससे काम नहीं चलेगा। तुम अपने लिए, मेरे लिए, माधव और बाबूजी, चार आदमियों के लिए चावल साफ करके धो लो। मैं नहाकर आता हूँ। कुछ शाक-भाजी है?'' ''हाँ।'' दासी ने कहा।

तब उसे भी जल्दी से कतरकर तैयार कर दो। वह भी बन जाएगी। राखाल ने तार पर पड़ी हुई गीली धोती उतारी और नल की तरफ यह कहता हुआ जल्दी से लपका, ''बाबूजी पूजा के लिए जल्दी कीजिए और रेणुका जब तक मैं नहाकर आऊँ, तुम साबुदाना खा लेना। माधव अगर आ जाए तो…।''

इस निराशा से भरे सन्नाटेवाले घर में एकदम प्रसन्नता और उल्लास का वातावरण छा गया, चहल-पहल दिखाई देने लगी। राखाल ने गुसलखाने में जाकर एकदम द्वार बंद कर लिया और अधगीले फर्श पर बैठ गया। उसका सिर उसके हाथों में था और आँखों में से आँसुओं की धारा बह रही थी। आज वह ठीक उसी तरह रो रहा था जिस तरह बचपन में हैजे से अपने पिता की मौत के बाद रोया था। हृदय के उमड़ते भार को हलका करने के लिए वह खूब जी भरकर रोया और कुछ देर तक रोता ही रहा। फिर कुछ विचार कर एकदम शांत हो गया और नहाने के बाद धोती बदलकर बाहर चला आया। जब वह बाहर आया तो तबीयत बिल्कुल साफ थी, हृदय हलका और मुख पर स्वाभाविक मुसकराहट थी।

राखाल खाना अच्छा बना लेता था। अपने लिए उसे प्रतिदिन बनाना पड़ता था। देखते ही देखते खाना बनकर तैयार हो गया। साथ ही भगवान् की पूजा, भोग और आरती ने भी अधिक समय नहीं लिया। सबको खाना खिलाने और खाने में तीन बज चुके थे।

उसी बीच रेणुका भी उठकर बैठ गई थी। जब कहे बिना नहीं रहा गया तो वह

बोली, ''राजू दादा! तुमने तो हमको भी हरा दिया। स्त्रियाँ भी इतनी जल्दी भोजन नहीं बना सकतीं। किसी बड़ी भाग्यशाली का विवाह होगा तुमसे, लेकिन दादा! क्या तुम सच में विवाह करोगे ही नहीं?''

''विवाह कैसे हो सकता है रेणुका? इतने बड़े सौभाग्यवाली मिले, तभी तो।'' राखाल हँसकर बोला।

''नहीं, यह नहीं होगा दादा। मैं पिताजी से कहकर तुम्हारा विवाह जरूर कराऊँगी।''

''अच्छा, करा देना; लेकिन पहले इस खटिया से तो संबंध छोड़ दो। डॉक्टर साहब ने क्या कहा? बुखार न उतरने का क्या कारण बताया है?''

दासी बीच में ही बोल उठी, ''आज डॉक्टर साहब नहीं आए। पहले ही दिन आए थे। वही दवा दी जा रही है।''

राखाल सुनकर चुप हो गया। राखाल को शंकाकुल देखकर रेणुका ने कहा, ''रोज-रोज दवा का बदलना भी तो ठीक नहीं है दादा। डॉक्टर को रोज बुलाकर फीस देने से क्या बीमारी चली जाएगी? आप लोग देखिएगा; मैं इसी दवा से स्वस्थ हो जाऊँगी।''

राखाल ने मुँह से कुछ नहीं कहा, लेकिन समझने में देर न लगी कि स्वाभिमानिनी पुत्री कठिन परिस्थिति में भी अपने पिता के दस-पाँच रुपए अपने लिए बेकार खर्च कराना नहीं चाहती। फिर राखाल जाने के लिए खड़ा हो गया।

''नहीं, यह नहीं होगा दादा। मैं पिताजी से कहकर तुम्हारा विवाह जरूर कराऊँगी।'' ''अच्छा, करा देना; लेकिन पहले इस खटिया से तो संबंध छोड़ दो। डॉक्टर साहब ने क्या कहा? बुखार न उतरने का क्या कारण बताया है?'' दासी बीच में ही बोल उठी, ''आज डॉक्टर साहब नहीं आए। पहले ही दिन आए थे। वही दवा दी जा रही है।''

''तुम जा रहे हो राजू दादा?'' रेणुका ने प्रश्न किया।

''हाँ, रेणुका अब मुझे जाना है। कल सुबह फिर आऊँगा।''

''भूलोगे तो नहीं?''

''बिल्कुल नहीं और हाँ, जब तक मैं न आऊँ, बाबूजी को रसोई में मत जाने देना।''

रेणुका कुछ मुँह सा बनाकर बोली, ''दादा! कल अगर मुझे ज्वर नहीं आया तो मैं खाना बनाऊँगी।''

''बिल्कुल नहीं।'' दासी की तरफ मुँह करते हुए राखाल बोला, ''तुम ध्यान रखना कि मेरे आने तक कोई रसोईघर में न घुस सके।'' इतना कहकर राखाल घर से बाहर हो गया।

डॉक्टर साहब का घर उसी गली में था। ऊपर घर था और नीचे दुकान। मार्ग में

राखाल ने मिलकर पूछा, ''क्यों डॉक्टर साहब, रेणुका को कैसा ज्वर है कि उतरता ही नहीं?''

''ज्वर साधारण है, लेकिन आज तक नहीं उतरा, इसलिए दो-तीन दिन बाद ही निश्चय होगा कि किस तरह का ज्वर है।'' वह इस घर के पुराने डॉक्टर हैं। तत्पश्चात् और बातें छिड़ीं। अचानक ब्रजबाबू पर पड़ने वाली विपत्ति पर डॉक्टर ने दुःख प्रकट किया। उन्हें आश्चर्य हुआ। फिर बोले, ''जब तुम आ ही गए हो राखाल, अब कोई फिक्र की बात नहीं। मैं कल रेणुका को देखने आऊँगा।''

''अवश्य ही जाइएगा डॉक्टर साहब, हमारे पास आपको बुला ले जाने वाला कोई आदमी नहीं है।''

''ज्वर साधारण है, लेकिन आज तक नहीं उतरा, इसलिए दो-तीन दिन बाद ही निश्चय होगा कि किस तरह का ज्वर है।'' वह इस घर के पुराने डॉक्टर हैं। तत्पश्चात् और बातें छिड़ीं। अचानक ब्रजबाबू पर पड़ने वाली विपत्ति पर डॉक्टर ने दुःख प्रकट किया। उन्हें आश्चर्य हुआ। फिर बोले, ''जब तुम आ ही गए हो राखाल, अब कोई फिक्र की बात नहीं। मैं कल रेणुका को देखने आऊँगा।''

''बुलाने की जरूरत नहीं है राखाल, मैं खुद ही जाऊँगा।''

वहाँ से लौटकर राखाल अपने घर जाकर सो रहा। मन टूट गया है। ब्रजबाबू की दुर्दशा कितनी बड़ी है और सर्वनाश का परिणाम कैसा गंभीर है, तरह-तरह के कामों में रहने से इस बात पर अब तक कभी सोच-विचार करने का अवकाश उसे नहीं मिला है। निर्जन कमरे में इस बार उसकी दोनों आँखों से अविरल अश्रुधारा बहने लगी। इसका अंत कहाँ है और इस दुःख के दिन में वह क्या कर सकता है, इसका बहुत सोचने पर निश्चय न कर सका। किस तरह इतनी जल्दी ऐसी घटना हो गई, यह कल्पनातीत था। उस पर रेणुका बीमार पड़ी है। मुहल्ले में टाइफायड ज्वर फैल रहा है, यह खबर वह जानता था, डॉक्टर के कथन से भी ऐसे ही एक संदेह का इंगित उसने लक्ष्य किया है। सलाह देनेवाला कोई आदमी नहीं, सुश्रूषा करनेवाला कोई नहीं है, चिकित्सा करने के लिए रुपया-पैसा भी शायद पास नहीं है। इस निरीह निर्विरोधी मनुष्य के बारे में शुरू से आखिर तक सोचकर उसके मन में संसार में धर्म-विषयक बुद्धि, भगवद्भक्ति, साधुता, सभी पर मानो घृणा उत्पन्न हो गई। वह सोच रहा था—दिल्ली से लौटने पर तरह-तरह की फिजूल-खर्ची से मेरा अपना हाथ भी खाली है, डाकखाने में जो कुछ मामूली बचा हुआ है, उस पर तो एक दिन भी निर्भर नहीं रहा जा सकता। फिर भी यह रेणुका मेरे ही साथ रहकर सयानी हुई थी, किंतु यह बात छोड़ो। उसी की चिकित्सा

के लिए उसी के पास जाकर मैं किस तरह हाथ फैलाऊँगा। यदि उसके पास भी रुपया न रहे? वह जानता है, जिसके यहाँ हूँ, वे लोग अत्यंत कृपण हैं, इष्टमित्र अनेक हैं, सच है, लेकिन उनके पास आवेदन करना बेकार है।

एकाएक याद पड़ गई नई माँ (सविता) की, लेकिन दीपशिखा जलते हुए बुझने लगी, वहाँ दो घड़ी खड़े होने की कल्पना ने भी उसे कुण्ठित कर दिया। कारण पूछने पर वह कहेगा ही क्या और कैसे? यह रास्ता नहीं है, लेकिन दूसरा रास्ता भी उसकी दृष्टि में नहीं पड़ा। लेकिन कह देने से तो काम चलेगा नहीं, रास्ता तो उसे मिलना चाहिए। दासी ने आकर खाने के लिए कहा तो उसने मना करके कहा, "दूसरी जगह से निमंत्रण आया है।"

दासी के चले जाने पर उसने भी द्वार पर ताला बंद कर दिया। राखाल शौकीन आदमी है। वेशभूषा की साधारण गंदगी भी उससे सही नहीं जाती, लेकिन आज वह बात उसे याद नहीं पड़ी, जिस हालत में था, उसी हालत में बाहर चला गया।

जिस समय वह नई माँ के घर पहुँचा, उस समय संध्या हो चुकी थी। सामने कुछ मोटरें खड़ी थीं, वृहत् अट्टालिका बहुसंख्य विद्युत् दीपों के प्रकाश से समुज्ज्वल हो रही थी। गृह-स्वामिनी बहुत व्यस्त थीं, कहीं भाग्यवान आमंत्रित व्यक्तियों के आदर-सत्कार में कोई त्रुटि न हो। राखाल को देखकर क्षणभर ठिठककर खड़ी हो जाने के बाद उन्होंने पूछा, "उतनी देर के बाद शायद हम लोगों की याद आई बेटा?"

जिस समय वह नई माँ के घर पहुँचा, उस समय संध्या हो चुकी थी। सामने कुछ मोटरें खड़ी थीं, वृहत् अट्टालिका बहुसंख्य विद्युत् दीपों के प्रकाश से समुज्ज्वल हो रही थी। गृह-स्वामिनी बहुत व्यस्त थीं, कहीं भाग्यवान आमंत्रित व्यक्तियों के आदर-सत्कार में कोई त्रुटि न हो। राखाल को देखकर क्षणभर ठिठककर खड़ी हो जाने के बाद उन्होंने पूछा, "उतनी देर के बाद शायद हम लोगों की याद आई बेटा?"

इधर कई दिनों में उसने नई माँ को जिस हालत में देखा था, वह मानो वह नहीं है। अभिनव और बहुमूल्य वेशभूषा की सजावट ने उनकी हालत को मानो दस साल पीछे ठेल दिया है। राखाल किस तरह हतबुद्धि-सा खड़ा रह गया, एकाएक कोई उत्तर न दे सका। उन्होंने उसी समय फिर कहा, "आज थोड़ा-सा काम कर देने के लिए कहा था, इसीलिए शायद बिल्कुल ही रात्रि करके आए राजू?"

राखाल ने नम्रता के साथ कहा, "काम पूरा करने में देर हो गई माँ। इसके अलावा मेरे न आ सकने से कुछ नुकसान तो नहीं हुआ?"

"नहीं, नुकसान तो नहीं हुआ है, यह सच है, लेकिन उस समय कहकर जाने से

ही ठीक होता।'' सविता के कंठ-स्वर में इस बार कुछ विरक्ति का स्वर मिला हुआ था।

राखाल बोला, ''उस वक्त मैं खुद भी नहीं जानता था नई माँ। उसके बाद फिर समय नहीं मिला।''

किसी के पुकारने पर सविता चली गई। पाँच मिनट के बाद वापस आने पर उन्होंने देखा कि राखाल पहले की तरह खड़ा हुआ है। उन्होंने कहा, ''खड़े क्यों हो राजू, कमरे में चलकर बैठो।''

राखाल किसी दशा में भी संकोच मिटा नहीं सकता, लेकिन नहीं कहने के बिना काम चलने वाला ही नहीं था। अंत में धीरे-धीरे बोला, ''एक जरूरी काम से आया हूँ नई माँ, मुझे आज कुछ रुपए देने होंगे।''

सविता अचरज में पड़कर देखने लगीं। कहने में शायद उनको भी हिचक-सी मालूम हुई, लेकिन उन्होंने कहा, ''रुपया? रुपया तो नहीं है राजू! जो कुछ था, वह सब खरीदने में खर्च हो गया। उसी समय तो तुम सुन गए थे।''

''कुछ भी नहीं है माँ?''

''नहीं, कुछ भी नहीं है। गृहस्थी का खर्च चलने के बाद अगर मामूली कुछ बचा भी रहे तो उसे ढूँढ़कर देखना पड़ेगा। इसके लिए समय तो नहीं है।''

सरला तरह-तरह के कामों में लगी थी। बात सुनकर उसने निकट आकर कहा, ''मेरे पास दस रुपए है, ला दूँ?''

राखाल ने उसके मुख की तरफ कुछ देर ताककर कहा, ''तुम दोगी? अच्छा लाओ।''

राखाल बोला, ''उस वक्त मैं खुद भी नहीं जानता था नई माँ। उसके बाद फिर समय नहीं मिला।''
किसी के पुकारने पर सविता चली गई। पाँच मिनट के बाद वापस आने पर उन्होंने देखा कि राखाल पहले की तरह खड़ा हुआ है। उन्होंने कहा, ''खड़े क्यों हो राजू, कमरे में चलकर बैठो।''

सरला ने कहा, ''मिनू की नानी के पास रुपया है, कोई चीज गिरवी रखने से उधार दे देती है।''

''उनके पास तुम मुझे ले जा सकती हो सरला?''

''ले क्यों न जा सकूँगी, वह बूढ़ी हैं, लेकिन मेरे पास तो कोई चीज नहीं है।''

''तो भी जाकर देखें?''

''चलिए।''

उन दोनों के जाते समय सविता ने कहा, ''इसी कारण बिना खाए नीचे से ही चले मत जाना राजू।''

राखाल लौटकर बोला, ''आज बहुत ही असमय खाना हुआ है नई माँ। भूख

जरा भी नहीं है। आज मुझे माफी देनी होगी।'' यह कहकर वह सरला के पीछे-पीछे नीचे उतर आया। सविता ने फिर उससे अनुरोध नहीं किया।

राखाल चला गया है, सरला अपने घर में एक-दो शेष काम पूरा करके फिर ऊपर जाने की तैयारी कर रही है, सविता ने आकर प्रवेश किया। उसके बिछौने पर बैठकर बोली, ''एक पान दे दो बिटिया।''

यह सौभाग्य कभी सरला को प्राप्त नहीं हुआ था। वह उपकृत हो गई। फौरन हाथ धोकर पान लगाने लगी कि उसी समय उन्होंने कहा, ''राजू बिना खाए गुस्सा होकर चला गया?''

सरला ने मुँह ऊपर उठाकर कहा, ''नहीं माँ, गुस्सा होकर तो नहीं गए।''

''गुस्सा होकर तो गया ही है। वह सवेरे से ही कुछ गुस्सा था, उस पर उसे रुपया न दे सकी, शायद तुमने दस रुपए उसको दिए हैं?''

''नहीं माँ, मुझसे उन्होंने नहीं लिए, मीनू की नानी से एक सौ रुपए लाकर दिए हैं।''

''ऐसे ही? खाली हाथ क्या उसने दे दिया?''

सरला ने कहा, ''नहीं, ऐसे ही तो नहीं। उन्होंने अपने हाथ की सोने की घड़ी खोलकर मुझे देकर कहा, ''इसकी कीमत है तीन सौ रुपए, वह जो दें, ले आओ।'' उनके पास चाय के बगीचे के कुछ कागज हैं, उन्हें ही बेचकर इस महीने में अदा कर देने को कह गए हैं।''

राखाल चला गया है, सरला अपने घर में एक-दो शेष काम पूरा करके फिर ऊपर जाने की तैयारी कर रही है, सविता ने आकर प्रवेश किया। उसके बिछौने पर बैठकर बोली, ''एक पान दे दो बिटिया।'' यह सौभाग्य कभी सरला को प्राप्त नहीं हुआ था। वह उपकृत हो गई। फौरन हाथ धोकर पान लगाने लगी कि उसी समय उन्होंने कहा, ''राजू बिना खाए गुस्सा होकर चला गया?''

सविता ने पूछा, ''एकाएक इसको रुपए की आवश्यकता क्यों पड़ गई?''

सरला ने कहा, ''कोई एक लड़की बहुत बीमार है, उसी की दवाई के लिए।''

''कौन लड़की है कि उसके लिए रातोरात घड़ी गिरवी रखने की आवश्यकता पड़ गई?''

''इसकी जानकारी तो मुझे नहीं है माँ, लेकिन जान पड़ता है कि वह बहुत सख्त बीमार है। रुपए के अभाव में पीछे कहीं वह मर न जाए, उनको भय है। सुनती हूँ कि लड़की के बाप ने बचपन में ही उनका लालन-पालन करके बड़ा किया है।''

सविता ने अचरज में पड़कर कहा, ''बचपन में लालन-पालन किया था, बताया है? वह उनकी मनगढ़ंत कथा है। राजू को किसने पाला-पोसा है, यह मैं जानती हूँ।

उनकी लड़की की चिकित्सा में किसी दूसरे को घड़ी रखने की आवश्यकता नहीं पड़ती।''

सरला ने उनके मुँह की तरफ देखकर कहा, ''मनगढ़ंत कहानी तो नहीं मालूम होती माँ।'' यह कहते समय उसके नेत्रों में आँसू भर आया। उसने फिर कहा, ''उनके पास भी धन बहुत था, लेकिन एकाएक व्यवसाय नष्ट हो जाने पर कर्ज के कारण घर-द्वार तक बेच देने पड़े, फिर भी दिल्ली जाते वक्त भी ऐसी हालत देखकर नहीं गए थे। आज जाकर उन्होंने देखा कि बीमार पड़ी हुई लड़की की देखभाल करनेवाला कोई नहीं है। बूढ़ा बाप आप ही खाना पकाने बैठा है, लेकिन जानता कुछ भी नहीं है, हाथ जल गया है, भात जल गया है, तरकारी जल जाने से महक निकल रही है, राखाल बाबू को दुबारा फिर पकाना पड़ा। तभी सबका खाना हुआ। इसलिए वहाँ आने में उनको देर लगी। मुझसे कहा था कि इस संकट में उन लोगों की मदद करो। मैंने सहमत होकर कहा है कि आप जो आज्ञा देंगे, वहीं मैं करूँगी।''

सरला ने पान दिया। वह उनके हाथ में ही पड़ा रह गया। उन्होंने पूछा, ''क्या राजू ने कहा है कि एकाएक रोजगार नष्ट हो जाने से कर्ज के कारण उनका घर तक बिक गया है, दिल्ली जाने के पहले भी ऐसी दशा देखकर नहीं गया था।''

''हाँ, ऐसा ही तो उन्होंने कहा है।''

''नामुमकिन है।''

सरला ने पान दिया। वह उनके हाथ में ही पड़ा रह गया। उन्होंने पूछा, ''क्या राजू ने कहा है कि एकाएक रोजगार नष्ट हो जाने से कर्ज के कारण उनका घर तक बिक गया है, दिल्ली जाने के पहले भी ऐसी दशा देखकर नहीं गया था।''

''हाँ, ऐसा ही तो उन्होंने कहा है।''

''नामुमकिन है।''

सरला मौन रही। सविता ने फिर पूछा, ''राजू ने कहा है कि लड़की की माँ नहीं है, शायद मर गई है?''

सरला ने कहा, ''माँ जब नहीं है, तब तो वह जरूर ही मर गई है। दूसरी बात क्या हो सकती है माँ?''

सविता उठ गई। पाँच-छह मिनट के बाद सरला चिराग बुझाकर कमरा बंद कर रही थी, तभी वह लौट आई। बदन पर पहलेवाला कपड़ा नहीं था, शरीर में वे सब जेवर नहीं थे, मुँह घबराहट में म्लान था। उन्होंने कहा, ''मेरे साथ तुमको एक बार चलना होगा।''

''कहाँ माँ?''

"राजू के घर पर।"

"इतनी रात को? मैं निश्चित रूप से कह रही हूँ माँ, उन्होंने थोड़ा सा दुःख अनुभव तो किया है, लेकिन गुस्सा होकर नहीं गए हैं, इसके अलावा यहाँ घर पर भी तो काम है, कितने लोग आए हैं, सभी मुझे ढूँढ़ने लगेंगे माँ।"

"कोई जान न पाएगा, सरला, हम लोग जाएँगी और लौट आएँगी।"

सरला ने संदिग्ध स्वर में कहा,"यह तो अच्छा नहीं होगा माँ! हो सकता है कोई गड़बड़ी होने लगेगी, बल्कि कल दोपहर खाना-पीना हो चुकने पर कोई जान भी न पाएगा।"

कुछ देर सविता उसके मुँह की तरफ देखकर बोली, "आज रात बीतेगी, कल प्रात:काल का समय बीत जाएगा, उसके बाद दोपहर को खाना-पीना हो चुकने पर हम लोग जाएँगी, तब तक तो मैं पागल हो जाऊँगी।"

सरला इस उत्कंठा का कारण समझ नहीं सकी, लेकिन उसने फिर कोई आपत्ति भी नहीं की, मौन ही रही।

जिस द्वार से किराएदार का आना-जाना होता रहता है, दोनों वहाँ जा पहुँचीं और दो मिनट के बाद राह में चलनेवाली एक खाली टैक्सी करके उस पर सवार हो गईं। दृष्टि जा पहुँची ठीक ऊपर ही, प्रकाश से जगमगाता हुआ कमरा उस समय संगीत, हास्य और आनंद के कलरव से मुखरित हो उठा था। एक रूमाल में बँधा बंडल सरला के हाथ में देकर सविता ने कहा, "आँचल में लो बेटी, शायद राजू मेरे हाथ से नहीं लेगा, उसको दे देना।"

जिस द्वार से किराएदार का आना-जाना होता रहता है, दोनों वहाँ जा पहुँचीं और दो मिनट के बाद राह में चलनेवाली एक खाली टैक्सी करके उस पर सवार हो गईं। दृष्टि जा पहुँची ठीक ऊपर ही, प्रकाश से जगमगाता हुआ कमरा उस समय संगीत, हास्य और आनंद के कलरव से मुखरित हो उठा था। एक रूमाल में बँधा बंडल सरला के हाथ में देकर सविता ने कहा, "आँचल में लो बेटी, शायद राजू मेरे हाथ से नहीं लेगा, उसको दे देना।"

दस मिनट पश्चात् वे दोनों पैदल चलकर राखाल के घर के सामने पहुँच गईं। वहाँ जाकर उन्होंने देखा कि बाहर से द्वार बंद है, अंदर कोई नहीं है। दोनों चुपचाप आकर गाड़ी पर बैठ गईं और लगभग पाँच-छह मिनट और बीतने पर बहू बाजार के बहुत बड़े मकान के सामने उनकी गाड़ी खड़ी हो गई। उतरना नहीं पड़ा, दिखाई पड़ा कि उस मकान के भी दरवाजे पर ताला लटका है। रास्ते का प्रकाश ऊपर ही बंद खिड़की पर जा पड़ा है। वहाँ बड़े-बड़े लाल अक्षरों में नोटिस लगा हुआ है—मकान किराए के लिए खाली है।

महान् विपत्ति में अपने आपको पलभर में सँभाल लेने की सविता में असाधारण शक्ति है। उनके मुँह से एक लंबी साँस तक भी नहीं निकली। घर लौट चलने का आदेश देकर गाड़ी के कोने में माथा रखकर वह पाषाण-मूर्ति की तरह मौन रहीं।

असल में बात क्या हुई है, इसका अनुमान करना सरला के लिए मुश्किल था, लेकिन वह इतना तो समझ ही गई थी कि राखाल असत्य कहकर नहीं आया है और सचमुच ही कोई भयंकर घटना घट गई है।

लौटते वक्त रास्ते में उसने सविता के शिथिल हाथ को अपने हाथ में खींचकर पूछा, ''यह किसका घर है माँ! यही घर बेच दिया है?''

''हाँ।''

''इन्हीं की लड़की की बीमारी की बात उन्होंने कही थी?''

जब गली के नुक्कड़ से गाड़ी घूम रही थी कि उसी वक्त दुकान के तेज प्रकाश की रेखा आकर क्षणभर के लिए सविता के चेहरे पर आ पड़ी। सरला ने देखा मानो उसमें प्राण नहीं हैं। हाथ का तला अत्यंत शीतल मालूम हुआ। उसने भयभीत होकर एक बार झकझोरकर पुकारा, ''माँ!''

जवाब न पाकर सरला ने फिर धीरे-धीरे कहा, ''वे लोग कहाँ हैं, इसका पता लगाना तो आवश्यक है?''

''कहाँ, किसके यहाँ पता लगाऊँ, सरला?''

''राखाल बाबू मुझे कल ले जाने के लिए जरूर ही आएँगे।''

''अगर वह न आए, मेरे घर पर अगर वह फिर पैर न रखना चाहें?''

सरला मौन होकर सोचने लगी, राखाल ने रुपया माँगा, वह दे न सकीं, सिर्फ इतनी ही बात को लेकर नई माँ की इतनी अधिक उत्कंठा है! आत्मग्लानि से उसके मन में अत्यंत घबराहट सी होने लगी। उसको संदेह हुआ, वास्तव में यह बात इतनी ही नहीं है। भीतर कोई गूढ़ रहस्य है। सविता रमण बाबू की स्त्री नहीं है, इस बात की जानकारी न रहने का ऊपरी दिखावा रखने पर भी घर के सभी लोग मन-ही-मन जानते थे। वे लोग ऐसा बाहरी दिखावा रखते थे, डर से नहीं, श्रद्धा से। सभी जानते थे कि वह किसी बड़े घर की बहू-बेटी हैं, आचरण में बड़ी हैं, दया, दान और सौजन्य में भी बड़ी हैं, इसलिए उनका यह दुर्भाग्य किसी के लिए आनंद की वस्तु नहीं रही। परिताप और गंभीर लज्जा की बात थी। बहुत दिनों से एक ही संग रहते-रहते सभी उनको इतना ज्यादा प्यार करने लगे थे।

जब गली के नुक्कड़ से गाड़ी घूम रही थी कि उसी वक्त दुकान के तेज प्रकाश की रेखा आकर क्षणभर के लिए सविता के चेहरे पर आ पड़ी। सरला ने देखा मानो

उसमें प्राण नहीं हैं। हाथ का तला अत्यंत शीतल मालूम हुआ। उसने भयभीत होकर एक बार झकझोरकर पुकारा, ''माँ!''

''क्यों बेटी!''

काफी देर तक फिर कोई बात मुँह से नहीं निकली। अँधेरे में ही सरला को मालूम हुआ था कि उनकी आँखों से आँसू बह रहे हैं। उसने साहस करके हाथ बढ़ाकर देखा, ठीक ऐसी ही बात है। यत्नपूर्वक आँचल से आँसू पोंछकर उसने कहा, ''माँ, मैं आपकी बेटी हूँ। मेरा अपना कहलाने योग्य इस दुनिया में कोई नहीं है। मुझे आप जो आदेश देंगी, मैं वही करूँगी।''

वे बातें मामूली ही थीं। सविता ने जवाब में कभी कुछ भी नहीं कहा, सिर्फ हाथ बढ़ाकर उन्होंने उसे अपनी गोद में खींच लिया। आँसू की भाप के रुँधे हुए आवेग से उनका समस्त शरीर कई बार काँप उठा। उसके बाद आँसू की बड़ी-बड़ी बूँदें सरला के माथे पर एक-एक करके झरने लगीं।

जिस समय दोनों घर वापस पहुँचीं, उस समय भी मालतीमाला का गाना हो रहा था, उन लोगों की अल्प समय की अनुपस्थिति का किसी ने विचार नहीं किया। सविता नीचे स्नान करके ऊपर जा रही थीं कि दासी ने अचरज के साथ पूछा, ''माँ, अभी नहाकर आ रही हो? शायद सिर में चक्कर आ रहा था?''

जिस समय दोनों घर वापस पहुँचीं, उस समय भी मालतीमाला का गाना हो रहा था, उन लोगों की अल्प समय की अनुपस्थिति का किसी ने विचार नहीं किया। सविता नीचे स्नान करके ऊपर जा रही थीं कि दासी ने अचरज के साथ पूछा, ''माँ, अभी नहाकर आ रही हो? शायद सिर में चक्कर आ रहा था?''

''हाँ।''

''इस वक्त धोती बदलकर जरा लेट रहो माँ, सारा दिन परिश्रम करना पड़ता है।''

सरला ने कहा, ''इस तरफ मैं हूँ माँ, कोई फिक्र मत करना। आवश्यकता पड़ने पर आपको बुला लूँगी।''

उस रात्रि को किसी तरह खाना-पीना समाप्त हुआ। एक-एक करके सब लोगों ने विदाई ले ली। खाट के सिरहाने बैठकर सरला धीरे-धीरे सविता के सिर पर और माथे पर हाथ फेर रही थी। क्रोध से कदम बढ़ाते हुए रमण बाबू ने प्रवेश करके कठोर स्वर में कहा, ''अच्छा खिलवाड़ तुमने कर दिया। घर में कोई काम होने लगता है तो तुमको भी कोई बहाना करने की सूझ आ जाती है। यह तुम्हारी आदत है। सब चले गए, अब नहा लो। छल-कपट छोड़कर अब जरा उठ बैठो, एक अच्छी साड़ी कम-

से-कम पहन लो, विमल बाबू भेंट करने के लिए आ रहे हैं।"

ऐसी उक्ति कोई अकल्पित नहीं थी, नई भी नहीं थी। वस्तुतः सविता ऐसी ही किसी बात की आशंका कर रही थीं। थके कंठ से उन्होंने कहा, "यह किस मतलब से भेंट करेंगे?"

"मतलब क्या? क्यों, क्या वे भिखारी हैं कि खाना नहीं मिलता? घर पर निमंत्रण है, तिस पर घर की मालकिन का कहीं पता नहीं! ठीक बात तो है।"

सविता ने कहा, "निमंत्रण होते ही घर की मालकिन से मुलाकात करने का रिवाज है?"

रमण बाबू ने व्यंग्य करके कहा, "रिवाज है क्या? रिवाज नहीं, वह मैं जानता हूँ। स्त्री रहने से कोई वार्त्तालाप या जान-पहचान करना नहीं चाहता, लेकिन वह सब जानते हैं।"

सरला के सामने सविता शरम के मारे सहम गई। सरला ने स्वयं भी वहाँ से भाग जाने की चेष्टा की, लेकिन उठ नहीं सकी। इधर उत्तेजना बढ़कर पीछे वाक्‌वितंडा तक न पहुँच जाए, यह भय सविता को सबसे अधिक था। इसलिए उन्होंने नम्र भाव से ही कहा, "उनसे कह दो कि आज मुलाकात नहीं हो सकती।"

लेकिन फल हुआ उलटा। इस कोमल कंठ की अस्वीकृति से रमण बाबू पागल से हो गए। चिल्ला उठे, "भेंट जरूर होगी। वह करोड़पति आदमी हैं, यह क्या तुम जानती हो? साल में मेरे कितने रुपए का माल खरीदता है, इसकी खबर रखती हो? मैं कहता हूँ…"

ऐसी उक्ति कोई अकल्पित नहीं थी, नई भी नहीं थी। वस्तुतः सविता ऐसी ही किसी बात की आशंका कर रही थीं। थके कंठ से उन्होंने कहा, "यह किस मतलब से भेंट करेंगे?"

"मतलब क्या? क्यों, क्या वे भिखारी हैं कि खाना नहीं मिलता? घर पर निमंत्रण है, तिस पर घर की मालकिन का कहीं पता नहीं! ठीक बात तो है।"

इतने में दरवाजे के बाहर जूते की आवाज सुनाई पड़ी और नौकर ने सामने आकर हाथ से संकेत कर दिया।

सविता माथे के कपड़े को ललाट तक खींचकर उठ बैठीं। विमल ने कमरे में प्रवेश कर नमस्कार करके स्वयं ही एक कुरसी खींचकर कहा, "सुनने में आया है कि आप अचानक बहुत बीमार पड़ गई हैं, लेकिन कल ही शायद मुझे कानपुर जाना पड़ेगा, शायद फिर लौट न सकूँगा, उधर से ही बंबई होते हुए सीधे अपने कार्यस्थल के लिए रवाना हो जाना पड़ेगा। सोचा कि थोड़ी देर के लिए एक बार भेंट कर लूँ।

आपके आतिथ्य से आज मुझे बड़ा आनंद मिला है।''

सविता ने धीरे-धीरे कहा, ''यह तो मेरा सौभाग्य है।''

उस व्यक्ति की उम्र चालीस वर्ष की रही होगी। बालों का पकना शुरू हो गया है, लेकिन यत्नपूर्वक सावधान रहने के कारण शरीर स्वस्थ और सौंदर्य से परिपूर्ण है। उन्होंने कहा, ''मुझे खबर मिली कि रमण बाबू आजकल प्राय: बीमार हो जाया करते हैं और आपकी तबीयत ठीक नहीं रहती, यह तो मैं अपनी आँखों से ही देख रहा हूँ। आपका जो पुराना फोटो है, उसके साथ मेल ढूँढ़ना मुश्किल हो रहा है, ऐसा ही कुछ दिखाई देता है।''

उस व्यक्ति की उम्र चालीस वर्ष की रही होगी। बालों का पकना शुरू हो गया है, लेकिन यत्नपूर्वक सावधान रहने के कारण शरीर स्वस्थ और सौंदर्य से परिपूर्ण है। उन्होंने कहा, ''मुझे खबर मिली कि रमण बाबू आजकल प्राय: बीमार हो जाया करते हैं और आपकी तबीयत ठीक नहीं रहती, यह तो मैं अपनी आँखों से ही देख रहा हूँ। आपका जो पुराना फोटो है, उसके साथ मेल ढूँढ़ना मुश्किल हो रहा है, ऐसा ही कुछ दिखाई देता है।''

सविता सुनकर मन-ही-मन लज्जित हो गईं। बोली, ''मेरा फोटो आपने देखा है?''

''जरूर देखा है! आप लोगों का एक साथ लिया फोटो रमण बाबू ने मेरे पास भेजा था। उसी समय से सोच रखा था कि फोटो जिनका है, उनको एक बार आँखों से देखूँगा। वह साध आज मिट गई। चलिए न, एक बार हम लोगों के यहाँ सिंगापुर। कुछ दिनों की समुद्र यात्रा भी हो जाएगी और तबीयत भी जरा बहल जएगी। क्रूस स्ट्रीट में मेरा एक छोटा सा घर है। उसकी ऊपरी मंजिल पर दिन-रात समुद्र की हवा बहती रहती है, सुबह और शाम सूर्योदय और सूर्यास्त दिखाई पड़ते हैं। रमण बाबू जाने को राजी हो गए हैं, केवल आपकी स्वीकृति पाकर आपको ले जा सकूँ तो समझूँगा कि इस बार मेरा देश आना सफल हुआ।''

रमण बाबू खुशी के साथ बोल उठे, ''आपको तो मैं वचन दे चुका हूँ, विमल बाबू। अगले हफ्ते ही मैं रवाना हो सकूँगा, समुद्र की जलवायु की मुझे खास जरूरत है। शरीर का स्वास्थ्य, आप कहते क्या हैं, सबसे पहले वही जरूरी है।''

विमल बाबू ने कहा, ''ऐसा सौभाग्य हो जाने से तो हम लोग एक ही जहाज में यात्रा कर सकेंगे।'' सविता को लक्ष्य करके मुसकराते हुए बोले, ''अनुमति मिल जाए तो मैं तैयारी करने लगूँ और अपने दफ्तर में भी एक तार भेज दूँ। घर पर कहीं भी किसी प्रकार की कोई त्रुटि न रहे? बोलिए न?''

सविता ने सिर हिलाकर मृदु कंठ से कहा, ''नहीं, इस समय कहीं जाने की सुविधा मुझे न होगी।''

यह सुनकर रमण बाबू फिर एक बार गरम हो उठे, ''क्यों सुविधा न होगी, सुनूँ तो? लिखना-पढ़ना कल-परसों तक पूरा हो जाएगा। दरबान, नौकर घर में रह जाएँगे, किराएदार रहेंगी ही, फिर जाने में अड़चन क्या है? नहीं,यह नहीं होगा विमल बाबू, मैं साथ लेकर ही जाऊँगा। नहीं कह देने से ही क्या हो जाएगा? मेरी तबीयत ठीक नहीं है, मेरी देखभाल कौन करेगा? आप खुशी से तार भेज दीजिए।''

विमल बाबू ने फिर सविता को ही लक्ष्य करके पूछा, ''बोलिए न, क्या एक तार भेज दूँ?''

जब वह उत्तर देने लगीं तो दोनों की आँखें लड़ गईं। सविता ने लज्जा में पड़कर उसी क्षण अपनी दृष्टि नीचे करके कहा, ''नहीं, मेरा जाना न हो सकेगा।''

रमण बाबू बहुत बिगड़कर बोले, ''नहीं क्यों? मैं कहता हूँ कि तुमको चलना ही पड़ेगा। मैं साथ लेकर ही जाऊँगा।''
विमल बाबू का चेहरा तमतमा उठा। बोले, ''किस तरह ले जाइएगा, रमण बाबू, बाँधकर?''
''हाँ, आवश्यकता पड़ी तो वही करना होगा।''

रमण बाबू बहुत बिगड़कर बोले, ''नहीं क्यों? मैं कहता हूँ कि तुमको चलना ही पड़ेगा। मैं साथ लेकर ही जाऊँगा।''

विमल बाबू का चेहरा तमतमा उठा। बोले, ''किस तरह ले जाइएगा, रमण बाबू, बाँधकर?''

''हाँ, आवश्यकता पड़ी तो वही करना होगा।''

''तो उस दशा में और किसी जगह ले जाइए, मैं इस अन्याय का बोझ न ले सकँगा।'' उन्होंने कहा, ''अच्छा तो अब मैं उठता हूँ, आप आराम कीजिए। अस्वस्थ शरीर पर शायद मैंने अत्याचार किया। तो भी, जाने के पहले मेरा अनुरोध ही रहा, मैं हर महीने आपके पास जवाबी तार भेजूँगा, इसी प्रार्थना को बताकर। देखूँगा कितनी बार नहीं कहकर उसका उत्तर दे सकेंगी।''

इतना कहकर तनिक हँसकर बोले, ''नमस्कार रमण बाबू, अब मैं जा रहा हूँ।''

वह बाहर चले गए। उनके पीछे-ही-पीछे रमण बाबू भी नीचे उतर आए। रमण बाबू का मित्र और अशिक्षित व्यवसायी समझकर इस मनुष्य के विषय में कैसी धारणा सविता के मन में हुई थी, उनके चले जाने पर ध्यान आया कि शायद यह सत्य नहीं है।

सात

सरला ने कहा, ''माँ, कुछ खाइएगा नहीं?''

''नहीं।''

''एक गिलास पानी और एक बीड़ा पान लाने को कह दूँ?''

''नहीं, आवश्यकता नहीं।''

''बत्ती बुझाकर द्वार बंद कर आऊँ?''

''सरला, ऐसा ही करो। रात बहुत होती जा रही है।''

फिर भी, उठने को तैयार होकर भी उसे देर होती जा रही थी। रमण बाबू आकर खड़े हो गए। लंबी साँस लेकर बोले, ''जाने दो, जान बच गई। आज के लिए किसी तरह मान रक्षा हुई। भले आदमी अच्छे स्वभाव के हैं, इतने बड़े दरजे के आदमी होने पर भी घमंड बिल्कुल नहीं है। तुम्हारे लिए तो बहुत फिक्र है। एक सौ बार अनुरोध कर गया है, कल सवेरे ही समाचार भेज देना। कौन जाने हो सकता है कि खुद ही एक बड़े डॉक्टर को लेकर सवेरे हाजिर हो जाएँ तो कुछ भी नहीं कहा जा सकता, उनको तो हम लोगों की तरह रुपयों का मोह नहीं है, दस-बीस हजार रहें तो क्या और चले जाएँ तो क्या? रथमर कम्पनी के डायरेक्टर कहो या शेयर होल्डर ही कहो, जो कुछ करता है, वही मिस्टर घोषाल। मैंने तो तुमको बताया कि वह आदमी करोड़ों रुपए का मालिक है। करोड़ रुपया! जर्मनी और हालैण्ड के साथ बहुत बड़ा कारोगार है, साथ में दो-चार बार यों ही यूरोप घूम आते हैं। जनरल मैनेजर शॉप साहब हैं, उनको ही प्राय: तीन हजार मासिक मिलता है। बड़े आदमी हैं। जावा की चीनी के चालान में ही पिछले साल…''

किस प्रसंग में कौन बात आ गई? प्रश्न से उनके आनंद में वृद्धि नहीं हुई और वह यह समझ गए कि बहुत बड़े आदमी का विवरण सुनने में सविता ने बिंदुमात्र भी मनोयोग नहीं दिया। तनिक ठिठकर बोले, ''मकान? नहीं, आज नहीं आऊँगा।''

''क्यों?''

''नहीं… आज…''

लाभ का रोमांचकारी आँकड़ा फिर बताया न जा सका, रुकावट पड़ गई। सविता ने पूछा, ''तुम फिर लौट आए, मकान नहीं गए?''

किस प्रसंग में कौन बात आ गई? प्रश्न से उनके आनंद में वृद्धि नहीं हुई और वह यह समझ गए कि बहुत बड़े आदमी का विवरण सुनने में सविता ने बिंदुमात्र भी मनोयोग नहीं दिया। तनिक ठिठकर बोले, ''मकान? नहीं, आज नहीं आऊँगा।''

''क्यों?''

''नहीं··· आज···''

सविता ने कुछ देर उनकी ओर देखकर कहा, ''शराब की गंध निकल रही है, तुम शराब पीकर आए हो?''

''शराब, मैं? (संकेत से)केवल एक बूँद, समझती हो न···''

''कहाँ पी? इस घर में?''

''बात सुनो। घर में नहीं तो क्या सूँड़ी की दुकान पर खड़े होकर ही पी आया हूँ?''

''शराब लाने को किसने कहा?''

''किसने कहा? ऐसी बात भी मैंने कभी नहीं सुनी। घर पर दस-पाँच भले आदमियों को बुलाना पड़ता है तो थोड़ा-सा लाकर रखे बिना क्या काम चलता है? इसलिए···''

रमण बाबू कहने लगे, ''यही तो मैंने कहा, सभी जानते हैं तुम मेरी स्त्री नहीं हो, इसी से लग गई है समूची आग, लेकिन जानता कौन नहीं है? सरला नहीं जानती या घर के लोगों से छिपी बात है? एक झूठी बात कितने दिन छिपी रहती है, इससे मैंने तुम्हारा क्या अपमान किया है, बताओ तो?''

''सभी आदमियों ने पी है?''

''अच्छी चीज पेश करने से कौन साला नहीं पिएगा सुनूँ तो, तुमने तो अवाक् कर दिया।''

''विमल बाबू ने पी है?''

रमण बाबू ने फिर जरा इधर-उधर करके कहा, ''नहीं, आज वह एक चाल खेल गया। वर्ना उसकी कीर्ति-कथा सुनाना मेरे लिए बाकी नहीं है। सब मालूम है।''

सविता ने कुछ देर चुप होकर कहा, ''जानोगे तो जरूर ही। अच्छा, अब तुम जाओ। बात हो गई। उस कमरे में जाकर पड़े रहो।''

बात कहने का ढंग सिर्फ तीखा नहीं, रूखा भी था। सरला के कानों में भी अपमानजनक मालूम हुआ। आज शाम के बाद से ही सविता के कंठ-स्वर की रुखाई रमण बाबू को बींध रही थी। इस बात से वह एकाएक अग्निकांड की तरह जल उठे, ''आज तुमको क्या हो गया है, बोलो? यह तो अच्छा नहीं है सविता।''

सरला डर गई कि इस बार शायद किसी तरह का गंदा झगड़ा खड़ा हो जाएगा, लेकिन सविता चुपचाप नेत्र बंद किए उसी तरह पड़ी रह गई। एक भी बात का जवाब उन्होंने नहीं दिया।

रमण बाबू कहने लगे, ''यही तो मैंने कहा, सभी जानते हैं तुम मेरी स्त्री नहीं हो, इसी से लग गई है समूची आग, लेकिन जानता कौन नहीं है? सरला नहीं जानती या घर के लोगों से छिपी बात है? एक झूठी बात कितने दिन छिपी रहती है, इससे मैंने तुम्हारा क्या अपमान किया है, बताओ तो?''

सविता उठकर बैठ गई। उनकी आँखों की निगाह भाले की पलक की तरह तेज और कठोर थी। बोलीं, "यही बात तुम्हारे सिवा कोई भी पुरुष मुँह से निकालने में भी लज्जा का अनुभव करता, सिर्फ पुरुष होने के ही कारण। तुम्हारी बातों से मेरा अपमान हुआ, तो मैंने एक बार भी नहीं कहा।"

सरला डर के मारे घबड़ा उठी, "क्या कह रही हैं माँ, ठहर जाइए।"

रमण बाबू ने कहा, "मुँह से तुमने नहीं कहा यह सत्य है, लेकिन मन में तो यही सोच रही हो?"

सविता ने जवाब दिया, "नहीं, मुँह से भी नहीं कहा, मन में भी नहीं सोचा। तुम्हारी पत्नी कहलाकर परिचित होने से मेरी मर्यादा नहीं बढ़ती छोटे बाबू! उससे सिर्फ लोक-लज्जा का बचाव होता है, नहीं तो सचमुच की लज्जा से मेरा कलेजा जलकर काला पड़ जाता है।"

"क्यों-क्यों, सुनूँ तो?"

"सुन लेने से क्या होगा? यह क्या तुम समझ जाओगे कि मैं जिनकी पत्नी हूँ, तुम लोग कोई भी उनके पैरों की धूलि की बराबरी में भी नहीं हो?"

फिर सरला डर के मारे व्याकुल हो उठी, "इतनी रात को क्या कर रहे हैं आप लोग? दोहाई माँ, चुप रहिए।"

सविता ने कहा, "सच है या नहीं, यह बात क्या तुम खुद नहीं जानते, सब भूल गए? उस दिन उनके सिवा क्या कोई और था, जो हमारी रक्षा कर सकता था, सिर्फ हड्डी-मांस को बचाना ही तो नहीं है, मान-मर्यादा बचा ली थी। खुद कितना बड़ा होने से कोई इतनी भीख दे सकता है, कभी तुम सोच सकते हो? मैं उनकी पत्नी हूँ। मैं उस हानि को सह चुकी हूँ, इसको नहीं सहन कर सकती।"

लेकिन किसी ने भी इस पर ध्यान नहीं दिया। रमण बाबू ने कड़े स्वर में चिल्लाकर कहा, "सचमुच? सचमुच ही क्या?"

सविता ने कहा, "सच है या नहीं, यह बात क्या तुम खुद नहीं जानते, सब भूल गए? उस दिन उनके सिवा क्या कोई और था, जो हमारी रक्षा कर सकता था, सिर्फ हड्डी-मांस को बचाना ही तो नहीं है, मान-मर्यादा बचा ली थी। खुद कितना बड़ा होने से कोई इतनी भीख दे सकता है, कभी तुम सोच सकते हो? मैं उनकी पत्नी हूँ। मैं उस हानि को सह चुकी हूँ, इसको नहीं सहन कर सकती।"

ढूँढ़ने पर रमण बाबू को कोई भी उत्तर नहीं मिला तो जो ही बात मुँह से निकल पड़ी, वही उन्होंने कह डाली, "तो कहने से तुम गुस्सा, क्यों करने लगती हो?"

सविता ने कहा, "सिर्फ आज ही तो तुमने नहीं कहा, अकसर ही कहते रहते हो। बात सच्ची है, इसलिए एकाएक सुनने से कानों में खटकती है, लेकिन हृदय उसी दम

स्वस्ति की साँस लेकर बोल उठता है, मेरे लिए अच्छा यही है, यह व्यक्ति मेरा कोई नहीं है, इसके साथ मेरा सचमुच कोई संबंध नहीं।''

सरला मौन होकर उनके मुँह की तरफ देखती रही, लेकिन अशिक्षित रमण बाबू के लिए उस उक्ति का गंभीर तात्पर्य समझना कठिन था। वह केवल इतना ही समझ गए कि यह अत्यंत रूढ़ और अपमानजनक है। इसलिए गुस्से के साथ उन्होंने पूछा, ''तो उसके पास न जाकर मेरे ही पास किसलिए पड़ी हो?''

सविता कोई जवाब देने जा रही थी, लेकिन सरला ने एकाएक मुँह पर हाथ रखकर बंद कर दिया, कहा, ''किसके साथ झंझट कर रही हो माँ, गुस्से के मारे सब भूली जा रही हो?''

सरला मौन होकर उनके मुँह की तरफ देखती रही, लेकिन अशिक्षित रमण बाबू के लिए उस उक्ति का गंभीर तात्पर्य समझना कठिन था। वह केवल इतना ही समझ गए कि यह अत्यंत रूढ़ और अपमानजनक है। इसलिए गुस्से के साथ उन्होंने पूछा, ''तो उसके पास न जाकर मेरे ही पास किसलिए पड़ी हो?''

सविता ने उसके हाथ को हटाकर कहा, ''नहीं सरला, मैं अब झंझट न करूँगी। उनके मुख से जो भी शब्द निकलें, कहते रहें, मैं न बोलूँगी।''

''अच्छा, कल इसकी उचित व्यवस्था करूँगा।'' इतना कहकर रमण बाबू कमरे से बाहर चले गए और दो मिनट के बाद सदर रास्ते में उनकी मोटर कार की आवाज से समझ में आया कि वह घर से बाहर कहीं चले गए।

डरकर सरला ने पूछा, ''ठीक व्यवस्था क्या है माँ?''

''मुझे नहीं मालूम सरला। वह बात मैं कई बार सुन चुकी हूँ, लेकिन आज भी उसका अर्थ मैं समझ न पाई।''

''लेकिन झूठ-मूठ कैसा अनर्थ हो गया, बताइए न?''

सविता चुप ही रहीं, सरला ने स्वयं भी क्षणभर मौन रहकर कहा, ''रात हो गई, अब मैं चलती हूँ।''

''जाओ बिटिया।''

× × ×

तभी सवेरा हो गया। सरला के कमरे में खटखट की आवाज हुई। जैसे ही उसने उठाकर द्वार खोला, वैसे ही सविता ने प्रवेश करके कहा, ''राजू के आते ही मुझे सूचना देना भूल मत जाना सरला।''

उनके मुख की ओर देखकर सरला शंकित हो गई। बोली, ''नहीं माँ, भूल क्यों जाऊँगी, तुरंत सूचना भेज दूँगी।''

सविता ने कहा, ''दरबान से मालूम किया है कि रात के वक्त राजू घर नहीं आया, लेकिन कहीं भी क्यों न रहे, आज तुमको ले जाने के लिए वह अवश्य आएगा।''

''यही तो उन्होंने कहा था।''

''आज ही आएगा, यही कहा था?''

''नहीं, ऐसा तो नहीं कहा, सिर्फ यही कहा था कि लड़की की बीमारी में सहायता देनी होगी।''

''क्या तुमने स्वीकार किया था?''

''स्वीकार तो अवश्य किया था।''

''किसी तरह का उज्र तो तुमने नहीं किया बेटी?''

''नहीं माँ! किसी तरह का उज्र नहीं किया।''

सविता ने कहा, ''अच्छा तो अब मैं जा रही हूँ, तुम घर का काम-काज कर डालो। उसके आते ही मुझे सूचना अवश्य मिलनी चाहिए।'' यह कहकर वह चली गईं।

''आज ही आएगा, यही कहा था?''

''नहीं, ऐसा तो नहीं कहा, सिर्फ यही कहा था कि लड़की की बीमारी में सहायता देनी होगी।''

''क्या तुमने स्वीकार किया था?''

''स्वीकार तो अवश्य किया था।''

''किसी तरह का उज्र तो तुमने नहीं किया बेटी?''

घर के काम-काज सरला के लिए मामूली ही थे। झटपट उन्हें खत्म करके वह तैयार हो गई, जिससे राखाल के लिवाने आने पर देर न होने पाए। संदूक खोलकर, उसमें जो दो-चार अच्छे-अच्छे कपड़े थे, उनको भी निकालकर बाँध लिया, साथ ले जाना ही होगा। अविनाश बाबू की स्त्री के साथ ही उसका अधिक प्रेम रहता है, उसके पास जाकर उसने कह दिया कि अपने कमरे की चाभी मैं तुम्हारे पास रख जाऊँगी, संध्या को चिराग जला देना। दूर के रिश्ते की एक बहिन सख्त बीमार है, उसकी सेवा करनी पड़ेगी।

दिन के दस बज जाने पर सविता ने उसके कमरे में प्रवेश करके पूछा, ''क्या राजू अभी नहीं आया सरला?''

''नहीं माँ।''

''शायद तुम वहाँ जा न सकोगी, ऐसा संदेह तो उसको नहीं हुआ?''

''होना तो उचित नहीं है माँ। मैंने तनिक भी अनिच्छा नहीं दिखाई, उसी दम मैं राजी हो गई थी।''

''तो फिर वह क्यों नहीं आ रहा है? सवेरे ही तो आने की बात थी।'' कुछ सोचकर उन्होंने कहा, ''दरबान को भेजती हूँ, वह एक बार देख आए कि वह मकान पर लौटकर आया है या नहीं।'' इतना कहकर वह चली गईं।

कल से ही सरला बराबर सोचती रही है कि वह लड़की है कौन। उसके कौतूहल की सीमा नहीं है, तो भी इस निरतिशय दुश्चिंताग्रस्त उद्भ्रांत चित्त वाली रमणी से पूछकर वह निश्चिंत न हो सकी थी। कल राखाल से पूछने से पता लग गया होता, लेकिन उस वक्त उसको इसकी जरूरत नहीं थी और इसकी याद भी नहीं आई थी।

इसी प्रकार सवेरा बीत गया, दोपहर का समय टल गया, संध्या व्यतीत हो जाने पर रात्रि का आगमन हुआ, लेकिन राखाल के दर्शन नहीं हुए। उसके बाद वह आ सकेगा, यह आशा भी जब चली गई, तब सविता आकर सरला के बिछौने पर लेट रहीं, एक बात भी मुख से नहीं निकली। सिर्फ नेत्रों से आँसू की धार बहने लगी। सरला पोंछने गई तो उन्होंने हाथ रोक दिया।

सविता के नेत्रों में विरक्ति और क्रोध प्रकट हुए, किंतु सोचकर फौरन इधर-उधर करके उठ पड़ी। दासी ने कहा, ''माँ, कमरे में जाकर कपड़े बदल डालिए, कुछ मैले दिखाई दे रहे हैं।'' आज इस ओर उनकी दृष्टि नहीं थी, दासी की बात से होश ठिकाने आया, पहने हुए कपड़े सचमुच किसी से मुलाकात करने योग्य नहीं थे।

दासी ने आकर सूचना दी, ''विमल बाबू मिलने के लिए आए हैं।''

सविता ने कहा, ''उनसे जाकर कह दो, बाबू घर पर नहीं हैं।''

दासी ने कहा, ''वह जानते हैं। कहा है कि वह आपसे ही मिलने आए हैं, बाबू से नहीं।''

सविता के नेत्रों में विरक्ति और क्रोध प्रकट हुए, किंतु सोचकर फौरन इधर-उधर करके उठ पड़ी। दासी ने कहा, ''माँ, कमरे में जाकर कपड़े बदल डालिए, कुछ मैले दिखाई दे रहे हैं।''

आज इस ओर उनकी दृष्टि नहीं थी, दासी की बात से होश ठिकाने आया, पहने हुए कपड़े सचमुच किसी से मुलाकात करने योग्य नहीं थे।

दस-पंद्रह मिनट पश्चात् जब वह बैठकखाने में गईं, तब त्रुटि पकड़ने योग्य कुछ भी नहीं था। हरे रंग के क्षीण प्रकाश में मुख की शुष्कता स्पष्ट दिखाई दे रही थी।

विमल बाबू ने खड़े होकर नमस्कार किया। कहा, ''शायद आपको मैंने घबराहट में डाल दिया, लेकिन कल बहुत ही अस्वस्थ देख गया था, इसलिए आज आए बिना चैन न पड़ा।''

सविता ने कहा, ''मैं अच्छी हूँ। क्या आपका कानपुर जाना नहीं हुआ?''

''नहीं, यहाँ से जाने पर मैंने सुना कि मेरे बड़े चाचाजी सख्त बीमार हैं, इसलिए···।''

''अपने सगे बड़े चाचा हैं शायद?''

''अपने सगे नहीं, बाबूजी के चचेरे भाई हैं।''

''शायद उस घर में आप लोग सभी एक साथ रहते हैं?''

''नहीं, ऐसी बात नहीं है, पहले तो ऐसे ही था, लेकिन...''

''शायद यहाँ से जाने के साथ ही उनकी बीमारी की सूचना पा गए?''

''नहीं, ठीक जाते ही नहीं, बीमार रहे हैं बहुत दिनों से, लेकिन...''

''तो इस दशा में शायद कल भी आप जा न सकेंगे, बड़ी हानि होती होगी?''

विमल बाबू ने कहा, ''हानि हो सकती है, लेकिन कोई मनुष्य क्या केवल व्यवसाय के लाभ-हानि के ही लिए जीवन बिताएगा। रमण बाबू खुद भी तो एक व्यवसायी हैं, लेकिन कारोबार के बाहर क्या वह भी कुछ नहीं करते?''

सविता ने कहा, ''करते हैं, लेकिन ने करने से ही उनके हक में अच्छा था।''

विमल बाबू ने हँसकर कहा, ''कल का गुस्सा अभी आपका शांत नहीं हुआ है। रमण बाबू कब आएँगे?''

सविता ने कहा, ''मालूम नहीं। नहीं आने की ही संभावना है।''

''नहीं आने की संभावना है? कब गए, आज ही?''

''आज नहीं, कल रात को आपके चले जाने के बाद ही चले गए।''

विमल बाबू ने कुछ क्षण मौन रहकर कहा, ''आशा करता हूँ कि अधिक बिगड़कर नहीं गए हैं। कल उनकी तबीयत मामूली कुछ-कुछ खराब थी, इसी कारण शायद उस तरह अकारण ही जोर-जबरदस्ती कर रहे थे। आज अवश्य ही उन्हें अपनी गलती मालूम हो गई होगी।''

''आज नहीं, कल रात को आपके चले जाने के बाद ही चले गए।''

विमल बाबू ने कुछ क्षण मौन रहकर कहा, ''आशा करता हूँ कि अधिक बिगड़कर नहीं गए हैं। कल उनकी तबीयत मामूली कुछ-कुछ खराब थी, इसी कारण शायद उस तरह अकारण ही जोर-जबरदस्ती कर रहे थे। आज अवश्य ही उन्हें अपनी गलती मालूम हो गई होगी।''

सविता से कुछ भी उत्तर न पाकर वह कहने लगे, ''कल मुझसे कम कसूर नहीं हुआ। सिंगापुर जाने से इनकार करने के बाद भी आपसे बार-बार अनुरोध करना मेरे पक्ष में भारी अनुचित हुआ था। नहीं तो यह सबकुछ भी नहीं हो पाता। उसी की क्षमा-याचना करने के लिए आज मेरा आना हुआ है। कल आपकी तबीयत खराब हो गई थी। आज सचमुच ठीक हालत में हैं या किसी दूसरे पर गुस्सा करके किसी दूसरे को सजा दे रही हैं, सच-सच बताइए।''

जवाब देते वक्त दोनों की आँखें भी एक-दूसरे से मिल गईं। सविता ने नेत्र झुकाकर कहा, ''मैं अच्छी हूँ। न रहती तो आप कौन सा उपाय करते, विमल बाबू!''

विमल बाबू ने कहा, ''उपाय करना तो कोई कठिन नहीं है, कठिन है अनुमति पाना, उसी को पाना चाहता हूँ।''

''नहीं, वह आपको मिलेगी नहीं।''

''अच्छा है, न मिले। कम-से-कम रमण बाबू के पास फोन द्वारा सूचित करने की आज्ञा दीजिए। आप स्वयं तो उनको सूचित नहीं करेंगी।''

''नहीं, सूचित नहीं करूँगी, लेकिन आप ही भला जानने के लिए इतना उत्सुक क्यों हो रहे हैं ?''

सविता की मानसिक अवस्था हँसने योग्य नहीं थी, हँसनेवाली कोई भी बात नहीं, अनिश्चित अज्ञात-आतंक से मन घबराहट में पड़ा था तो भी महान् आश्चर्य यह हुआ कि उसके मुख पर हँसी आ पड़ी। यह हँसी किसी मनुष्य की निगाह में साधारणतः नहीं जान पड़ती, जब पड़ जाती है, तब रक्त में नशा आ जाता है। विमल बाबू बात छेड़कर एकटक देखते रहे, उसकी भाषा स्वतंत्र थी, परिपूर्ण मदिरापात्र ने तृष्णार्थ शराबी की दृष्टि की सरलता को मानो एक मुहूर्त में विकृत बना दिया और दृष्टि का निगूढ़ अर्थ नारी की आँखों से छिपा नहीं रहा।

विमल बाबू कुछ देर तक मौन हो रहे। उसके बाद धीरे-धीरे बोले, ''कल की बनिस्बत आज···आज आपकी तबीयत ज्यादा खराब है, यह तो मैंने कमरे में पैर रखने के साथ ही जान लिया था, कोशिश करके भी आप छिपा नहीं सकीं। इसी कारण घबराई हुई हैं।''

सविता को भी जवाब देने में कुछ विलंब हो गया। उसके बाद उन्होंने कहा, ''आपकी दृष्टि को इतनी निर्मूल नहीं समझना चाहिए, विमल बाबू, भारी धोखा हो जाता है।''

विमल बाबू ने कहा, ''नहीं होता, यह तो मैं नहीं कहता, लेकिन दूसरे की दृष्टि क्या निर्मूल है। संसार में जबकि धोखे का व्यवहार मौजूद ही है, तब अपनी आँखों के कारण ही धोखा खाना अच्छा है। इससे फिर भी एक तरह की सांत्वना मिलती है।''

सविता की मानसिक अवस्था हँसने योग्य नहीं थी, हँसनेवाली कोई भी बात नहीं, अनिश्चित अज्ञात-आतंक से मन घबराहट में पड़ा था तो भी महान् आश्चर्य यह हुआ कि उसके मुख पर हँसी आ पड़ी। यह हँसी किसी मनुष्य की निगाह में साधारणतः नहीं जान पड़ती, जब पड़ जाती है, तब रक्त में नशा आ जाता है। विमल बाबू बात छेड़कर एकटक देखते रहे, उसकी भाषा स्वतंत्र थी, परिपूर्ण मदिरापात्र ने तृष्णार्थ शराबी की दृष्टि की सरलता को मानो एक मुहूर्त में विकृत बना दिया और दृष्टि का निगूढ़ अर्थ नारी की आँखों से छिपा नहीं रहा। थोड़ी ही देर पहले सविता के मन में जो संदेह था,

उसने इस बार असंदिग्ध विश्वास में परिणत होकर उसके समूचे शरीर में मानो लज्जा की स्याही ढाल दी। उसे स्मरण हो आया कि यह मनुष्य जानता है कि मैं सती-साध्वी स्त्री नहीं हूँ, गणिका हूँ। इसी कारण अपमान से हृदय में जितनी भी जलन क्यों न पैदा हो गई, कड़े शब्दों में प्रतिवाद करके उसके सामने मर्यादा हानि का अभिनय करने की भी उसकी प्रवृत्ति नहीं हुई! पिछली रात की घटना उसे याद पड़ गई। तब अपमान के प्रत्युत्तर में उसने भी कम अपमान नहीं किया था, लेकिन यह मनुष्य अपरिष्कृत रुचि, अल्पशिक्षित रमण बाबू नहीं हैं, दोनों में काफी फर्क है। यह शायद अपमान के बदले में एक शब्द भी न बोलेगा, शायद सिर्फ अवज्ञा की दबी हुई हँसी अपने होंठों में लेकर विनय नम्र नमस्कार द्वारा क्षमा-याचना करके चुपचाप चला जाएगा।

दो-तीन मिनट नीरवता में बीत गए। विमल बाबू ने कहा, ''क्यों, मेरी बात का उत्तर आपने नहीं दिया?''

सविता ने ऊपर मुँह उठाकर कहा, ''आप क्या पूछ रहे थे मुझे याद ही नहीं है।''

''ऐसी अन्यमनस्क हो गई हैं आज?''

लेकिन इसका भी उत्तर न पाकर उन्होंने कहा, ''मैं कह रहा था, सचमुच ही आपकी तबीयत अच्छी नहीं है। क्या हो गया, क्या मैं नहीं जान सकता?''

''नहीं।''

''मुझसे भले ही न बताएँ, डॉक्टर को तो बता सकती हैं?''

''नहीं, यह भी मैं नहीं बता सकती।''

लेकिन इसका भी उत्तर न पाकर उन्होंने कहा, ''मैं कह रहा था, सचमुच ही आपकी तबीयत अच्छी नहीं है। क्या हो गया, क्या मैं नहीं जान सकता?''

''नहीं।''

''मुझसे भले ही न बताएँ, डॉक्टर को तो बता सकती हैं?''

''नहीं, यह भी मैं नहीं बता सकती।''

''लेकिन यह आपका बड़ा अन्याय है, क्योंकि जो अपराधी है, वह दंड नहीं पा रहा है। वह पा रहा है, वही मनुष्य, जो पूर्णतः निरपराध है।''

इस अभियोग का भी कोई उत्तर नहीं मिला। विमल बाबू कहने लगे, ''कल जैसी हालत में देखा गया था, आज उससे ज्यादा खराब हालत में हैं। शायद फिर जवाब दीजिएगा, तुमको देखने में भूल हुई है, शायद कहिएगा अपनी दृष्टि पर अविश्वास करने को, लेकिन आज मैं आपको एक काम बताऊँगा। ग्रहचक्र ने बचपन से मुझे बहुत घुमाया है, मुझको इन दोनों आँखों से संसार की बहुत सी बातों को देखना पड़ा है, इनसे विशेष भूलें नहीं हुई हैं, होने से नदी के बीच धार में ही भाग्य नौका डूब जाती। किनारे आकर न लगती। मेरी वे ही दोनों आँखें आज शपथ लेकर बता रही हैं

कि आप अच्छी हालत में नहीं है, तो भी मैं कुछ भी न कर सकूँगा, मुँह बंद करके चला जाऊँगा, इसको तो सहन करना कठिन है।"

फिर दोनों की आँखें आपस में मिल गईं, लेकिन इस बार सविता ने अपनी दृष्टि नीचे नहीं की, केवल चुपचाप ताकती रहीं। सामने पूर्ववत् नीरस बैठे थे विमल बाबू। उनकी लालसा-दीप्त आँखों में उद्वेग का अंत नहीं था, वह निषेध मानना नहीं चाहती थीं, डॉक्टर बुलाने के लिए दौड़ जाना चाहती थीं और वहाँ क्या था? धन नहीं, कोई आदमी नहीं, अज्ञात किसी घर में उनकी संतान रोग-शैया पर पड़ी हुई थी। निरुपाय मातृ-हृदय गंभीर हाहाकार कर उठा। सिर्फ अव्यक्त वेदना से नहीं, लज्जा और दुस्सह अनुताप से। किसी तरह भी वह तब बैठी न रह सकीं। उमड़ते हुए आँसुओं को किसी तरह रोककर तेजी के साथ उठ पड़ीं। बोलीं, "अभी मुझे आप कष्ट मत दीजिए, विमल बाबू, मुझे कुछ नहीं चाहिए, अच्छी तरह हूँ।"

इतना कहकर ही एक नमस्कार करके वह चली गईं। विमल बाबू आश्चर्य में पड़ गए, लेकिन नाराज नहीं हुए। समझ गए यह तो कठिन मन-अभिमान का मामला है, ठीक होने में दो दिन लगेंगे।

अगले दिन जब कि दस बजने का समय था, बहुत दूर गाड़ी रखकर दरबान के पीछे सविता पंद्रह नंबर के मकान के द्वार पर खड़ी हो गईं। फटिक की माँ बाहर जा रही थी, ठिठककर खड़ी हो गई, पूछ बैठी, "आप कौन हैं?"

"तुम कौन हो बेटी?"

"मैं हूँ फटिक की माँ। इस घर की पुरानी दासी।"

"जा कहाँ रही हो फटिक की माँ?"

दासी ने हाथ का कटोरा दिखाकर कहा, "दुकान से तेल लाने के लिए। मालिक के पैर की ठोकर लग जाने से सब तेल गिर गया, इसीलिए फिर लाने जा रही हूँ।"

"शायद ब्राह्मण नहीं आता है?"

"नहीं माँ, अभी नहीं आया है। सुनती हूँ कि कल आनेवाला है। आज भी मालिक ही रसोई बना रहे हैं।"

फिर दोनों की आँखें आपस में मिल गईं, लेकिन इस बार सविता ने अपनी दृष्टि नीचे नहीं की, केवल चुपचाप ताकती रहीं। सामने पूर्ववत् नीरस बैठे थे विमल बाबू। उनकी लालसा-दीप्त आँखों में उद्वेग का अंत नहीं था, वह निषेध मानना नहीं चाहती थीं, डॉक्टर बुलाने के लिए दौड़ जाना चाहती थीं और वहाँ क्या था? धन नहीं, कोई आदमी नहीं, अज्ञात किसी घर में उनकी संतान रोग-शैया पर पड़ी हुई थी।

“शायद राजू घर पर नहीं है?”

“उनको पहचानती हैं? नहीं माँ, वह घर पर नहीं हैं। लड़का पढ़ाने गए हैं। आते ही होंगे।”

“रेणुका आज कैसी है फटिक की माँ?”

“वैसी ही, मालूम नहीं क्यों बुखार नहीं छूट रहा है। माँ, सभी लोग बहुत चिंता में पड़ गए हैं।”

“कौन चिकित्सा कर रहा है?”

“हम लोगों के विनोद डॉक्टर हैं। इसी समय आएँगे। आप कौन हैं माँ?”

“मैं इन लोगों के गाँव की बहू हूँ। फटिक की माँ, खूब दूर संपर्क की आत्मीया हूँ। कलकत्ता में रहती हूँ। सुन चुकी हूँ कि रेणुका बीमार हैं, इसलिए समाचार जानने के लिए आई हूँ। मालिक मुझे जानते हैं।”

“क्या उनको खबर दे आऊँ?”

“नहीं जरूरत नहीं है फटिक की माँ, मैं खुद ही ऊपर जा रही हूँ। तुम तेल ले आओ।”

दरबान खड़ा था। उससे उन्होंने कहा, “तुम नुक्कड़ पर जाकर खड़े रहो महादेव, मेरा समय हो जाने पर तुमको बुलवा लूँगी। गाड़ी वहीं खड़ी रखो।”

“मैं इन लोगों के गाँव की बहू हूँ। फटिक की माँ, खूब दूर संपर्क की आत्मीया हूँ। कलकत्ता में रहती हूँ। सुन चुकी हूँ कि रेणुका बीमार हैं, इसलिए समाचार जानने के लिए आई हूँ। मालिक मुझे जानते हैं।”

“क्या उनको खबर दे आऊँ?”

“नहीं जरूरत नहीं है फटिक की माँ, मैं खुद ही ऊपर जा रही हूँ। तुम तेल ले आओ।”

“बहुत अच्छा माँजी।” इतना कहकर महादेव चला गया।

सविता ऊपर जाकर बरामदे के जिस ओर मालिक रसोई के काम में जुटे थे, वहीं जा खड़ी हुई। पैरों की आहट मालिक के कानों में गई, लेकिन मुँह फेरकर देखने की फुरसत नहीं थी। बोले, “तेल ले आई? पानी खौल रहा है फटिक की माँ, आलू-परवल एक साथ चढ़ा दूँ या परवल पहले बना लूँ।”

सविता ने कहा, “एक साथ ही पका डालो मझले मालिक, जो कुछ भी हो, एक तो बनाना ही चाहिए।”

ब्रजबाबू ने मुँह घुमाकर देखा कहा, “नई बहू! कब आ गईं? बैठो। नहीं, नहीं, धरती पर नहीं, बहुत गर्द है। मैं आसन दे रहा हूँ।”

इतना कहकर हाथ का बरतन उतार रख रहे थे कि सविता ने हाथ बढ़ाकर रोक दिया, “करते क्या हो! तुम अपने हाथ से आसन दोगे तो बैठूँगी कैसे।”

"ठीक तो है, लेकिन अब कोई दोष नहीं है, उस कमरे से लाकर क्यों न दे दूँ?"

"नहीं।"

सविता उसी जगह धरती पर बैठकर बोलीं, "दोष उस दिन भी था, आज भी है। मरने के बाद भी रहेगा मझले मालिक, लेकिन उस बात को आज छोड़ो। ब्राह्मण क्या मिल नहीं रहा है?"

"मिलते तो हैं बहुत से नई बहू, लेकिन गले में एक जनेऊ रहने से ही तो उसके हाथ का नहीं खाया जा सकता। राखाल कल एक को लाने के लिए कह गया है।"

ब्रजबाबू फिर हँसकर बोले, "नहीं, जी नहीं, जिरह न करूँगा। इतना जानता हूँ कि जो तुम्हारी जिरह में पास हो जाएगा, वही आएगा। वह और भी मुश्किल है। और जो भी करो, तुम बूढ़े ब्राह्मण की जात न बिगाड़ोगी, इसमें संदेह नहीं है।"

"मैं शायद धोखा नहीं दे सकती?"

"नहीं, नहीं दे सकतीं, मनुष्य को धोखा देना तुम्हारा स्वभाव नहीं है।"

"लेकिन वह आदमी भी तो तुम्हारी जिरह के सामने नहीं टिकेगा मझले मालिक।"

ब्रजबाबू हँस पड़े, बोले, "ताज्जुब नहीं है, कम-से-कम यही भय मुझे भी है, लेकिन उपाय क्या है?"

सविता ने कहा, "मैं अगर किसी को पकड़ लाऊँ और रखने को कहूँ, रखोगे मझले मालिक?"

ब्रजबाबू ने कहा, "जरूर रखूँगा।"

"जिरह तो न करोगे?"

ब्रजबाबू फिर हँसकर बोले, "नहीं, जी नहीं, जिरह न करूँगा। इतना जानता हूँ कि जो तुम्हारी जिरह में पास हो जाएगा, वही आएगा। वह और भी मुश्किल है। और जो भी करो, तुम बूढ़े ब्राह्मण की जात न बिगाड़ोगी, इसमें संदेह नहीं है।"

"मैं शायद धोखा नहीं दे सकती?"

"नहीं, नहीं दे सकतीं, मनुष्य को धोखा देना तुम्हारा स्वभाव नहीं है।"

सविता के दोनों नेत्र आँसुओं से भर जाने के साथ ही उन्होंने झटपट अपना मुँह फेर लिया कि कहीं झरकर गिर जाने से ब्रजबाबू देख न लें।

राखाल आ पहुँचा। उसके दोनों हाथों में दो गठरियाँ थीं—एक में तरकारी, दूसरी में साबूदाना, बार्ली, मिश्री, फल आदि रोगी के लिए पथ्य-सामग्री थी। नई माँ को देखकर पहले वह आश्चर्य में पड़ गया, उसके बाद हाथ का बोझ उतारकर रख देने के बाद उसने पैरों कि धूलि लेकर प्रणाम किया। ब्रजबाबू ने कहा, "आज बहुत दिन चढ़ आया काकाजी, अब आप ठाकुरजी की कोठरी में जाइए, उद्योग आयोजन कर

लीजिए, मैं स्नान के बाद रसोई का बचा हुआ काम पूरा कर डालूँगा।''

यह कहकर उसने एक पल रसोई की ओर देखकर कहा, ''कड़ाही में कौन चीज उबल रही है?''

ब्रजबाबू ने कहा, ''आलू-परवल का रसदार साग।''

''और?''

''और? भात तो बनेगा ही राजू।''

''इतने आदमी क्या उतनी तरकारी खा सकेंगे काकाजी? पानी कहाँ है, सिल-लोढ़ा कहाँ है, रसोई में कुछ भी तो मैं नहीं देखता। बरामदे में झाड़ू तक भी नहीं लगी है, धूलि जमा हो गई है, इतनी देर से आप लोग क्या कर रहे थे? फटिक की माँ कहाँ भाग गई?''

ब्रजबाबू ने घबराहट के साथ कहा, ''एकाएक पैर की ठोकर लगने से तेल गिर गया था, वह गई है दुकान पर खरीदने, आती ही होगी।''

''मधु?''

''मधु पेट के दर्द से सवेरे से पड़ा हुआ है, उठ तक भी नहीं सका है, रोगी का काम, घर-गृहस्थी का काम, अकेली फटिक की माँ...''

यह सुनकर राखाल जल उठा, बोला, ''बुद्धि का काम किया है, जो पी नहीं गई।'' गृहस्थ का बोझ ऊपर था, रात को जागकर रुपए-पैसे की फिक्र करके, दौड़-धूप परिश्रम करके वह बहुत ही थक गया था, मिजाज रूखा हो गया था। क्रुद्ध होकर उसने कहा, ''आपका काम ऐसा ही होता है। इतनी ही चीजें रोगी को तैयार करके खिलाना है यह नहीं कर सकते हैं।''

''बहुत अच्छा''—कहकर राखाल ने मुँह गंभीर बना लिया। उसकी दृष्टि पड़ गई एक कड़ाही मट्ठे पर। उसने पूछा, ''इतना मट्ठा किसने खरीदा?''

ब्रजबाबू ने कहा, ''यह मट्ठा नहीं, फटे दूध का पानी है। अच्छी तरह खपत नहीं हुई, क्यों, बताओ तो? रेणुका ने पानी ही नहीं पीना चाहा।''

यह सुनकर राखाल जल उठा, बोला, ''बुद्धि का काम किया है, जो पी नहीं गई।'' गृहस्थ का बोझ ऊपर था, रात को जागकर रुपए-पैसे की फिक्र करके, दौड़-धूप परिश्रम करके वह बहुत ही थक गया था, मिजाज रूखा हो गया था। क्रुद्ध होकर उसने कहा, ''आपका काम ऐसा ही होता है। इतनी ही चीजें रोगी को तैयार करके खिलाना है यह नहीं कर सकते हैं।''

सविता के सामने अपनी अकर्मण्यता के कारण तिरस्कृत होकर ब्रजबाबू ऐसे कुंठित हो उठे कि मुँह देखने से दया आती है। कोई भी बात उनके मुँह से नहीं निकली, लेकिन उसे देखने का वक्त राखाल को नहीं था। उसने कहा, ''आप जाइए, ठाकुरजी

की कोठरी में। जो कुछ करना है, मैं ही कर रहा हूँ।''

लज्जित चेहरे से ब्रजबाबू खड़े हुए। ठाकुरजी की कोठरी का कोई काम अभी तक नहीं हुआ है, सब उनको ही करना पड़ेगा। फिर एक बार स्नान करने के लिए वह नीचे जा रहे थे। सविता सामने आकर खड़ी हो गईं। बोलीं, ''आज पूजा-पाठ झटपट पूरा कर डालना पड़ेगा मझले मालिक, देर करने से काम न चलेगा।''

''क्यों?''

यह सुनकर सविता फिर तनिक हँस पड़ीं, कुछ भी नहीं बोलीं। थोड़ी देर बाद वह वहाँ से उठकर वह नीचे उतर आई। आँगन के एक ओर पानी के पाइप की कोठरी थी, जल गिरने के शब्द से पहचान में आ गईं, ढूँढ़ने की आवश्यकता नहीं पड़ी। किवाड़ खुला हुआ था, ठेलने के साथ खुल गया। अंदर ब्रजबाबू स्नान कर रहे थे। सविता ने अंदर घुसकर द्वार बंद करके कहा, ''मझले मालिक, तुमसे कुछ कहना है।''

क्यों का जवाब सविता ने नहीं दिया। मुँह फेरकर उन्होंने राखाल से कहा, ''अपने काकाजी के लिए पहले थोड़ी सी मिश्री भिगो दो राजू, कल रही उनकी एकादशी, अभी तक उन्होंने जल भी नहीं छुआ है।''

राखाल और ब्रजबाबू दोनों ही आश्चर्य से उनके मुँह की ओर देखने लगे। ब्रजबाबू ने कहा, ''यह बात भी तुमको स्मरण है नई बहू?''

सविता ने कहा, ''आश्चर्य ही तो है, लेकिन देर न कर सकोगे, कहे देती हूँ; नहीं तो गोविंदजी के द्वार के सामने जाकर ऐसा हल्ला शुरू कर दूँगी कि ठाकुरजी का मंत्र तक तुम भूल जाओगे। जाओ, शांत होकर पूजा करो, किसी तरह की फिक्र अब तुमको न करनी पड़ेगी।''

फटिक की माँ तेल का कटोरा लेकर हाजिर हो गई। राखाल ने स्टोव जलाकर बार्ली चढ़ाकर पूछा, ''और दूध नहीं है फटिक की माँ?''

''नहीं बाबू, मालिक ने सब खराब कर दिया?''

''तो इस दशा में क्या उपाय होगा? रेणुका खाएगी क्या?''

नई माँ इस बार जरा हँस पड़ीं, बोलीं, ''दूध भले ही न रहे बेटा, उससे भय की कौन सी बात है? इस बार का काम तो बार्ली से चल जाएगा, लेकिन तुम स्वयं मालिक की तरह बार्ली भी खराब मत कर देना।''

''नहीं माँ, मैं इतना अनाड़ी नहीं हूँ, मेरे हाथ से कुछ भी खराब नहीं होता।''

यह सुनकर सविता फिर तनिक हँस पड़ीं, कुछ भी नहीं बोलीं। थोड़ी देर बाद वह वहाँ से उठकर वह नीचे उतर आई। आँगन के एक ओर पानी के पाइप की कोठरी थी, जल गिरने के शब्द से पहचान में आ गईं, ढूँढ़ने की आवश्यकता नहीं पड़ी। किवाड़

खुला हुआ था, ठेलने के साथ खुल गया। अंदर ब्रजबाबू स्नान कर रहे थे। सविता ने अंदर घुसकर द्वार बंद करके कहा, ''मझले मालिक, तुमसे कुछ कहना है।''

''ठीक तो है ? चलो हम लोग बाहर चलें।''

सविता ने कहा, ''नहीं, बाहर के लोग देख लेंगे। यहाँ अकेले तुमसे मुझे कोई शरम नहीं है।''

ब्रजबाबू फुर्ती से उठकर खड़े हो गए और बोले, ''बात क्या है नई बहू ?''

सविता ने कहा, ''अगर मैं इस घर से न जाऊँ तो तुम मेरा क्या कर सकते हो ?''

ब्रजबाबू उनके मुँह की ओर देखकर हतबुद्धि होकर बोले, ''इसका मतलब ?''

सविता ने कहा, ''अगर मैं न जाऊँगी तो तुम्हारे सामने मेरे शरीर पर कोई हाथ न रख सकेगा, पुलिस बुलाकर तुम मुझे गिरफ्तार न करा सकोगे, दूसरे से शिकायत करना भी असंभव है, न जाने से मेरा क्या कर सकते हो ?''

ब्रजबाबू डरकर सूखी हँसी हँसकर बोले, ''तुम कैसा मजाक करती हो नई बहू, जिसका सिर-पैर कुछ भी नहीं है। हटो, द्वार खोल दो, देर हो रही है।''

सविता ने जवाब दिया, ''मैं मजाक नहीं करती मझले मालिक, सत्य ही कहती हूँ। किसी तरह भी द्वार न खोलूँगी, जब तक कि उत्तर न दोगे।''

ब्रजबाबू डरकर सूखी हँसी हँसकर बोले, ''तुम कैसा मजाक करती हो नई बहू, जिसका सिर-पैर कुछ भी नहीं है। हटो, द्वार खोल दो, देर हो रही है।''

सविता ने जवाब दिया, ''मैं मजाक नहीं करती मझले मालिक, सत्य ही कहती हूँ। किसी तरह भी द्वार न खोलूँगी, जब तक कि उत्तर न दोगे।''

ब्रजबाबू और भी भयभीत होकर बोले, ''मजाक न हो तो यह तुम्हारा पागलपन है। पागलपन का कोई उत्तर है ?''

''उत्तर न हो तो, तो रहो पागल के साथ एक ही कमरे में बंद। द्वार खोलूँगी नहीं।''

''लोग क्या कहेंगे ?''

''उनकी जो इच्छा हो, कहते रहें।''

ब्रजबाबू ने कहा, ''यह तो अच्छी विपदा आ गई। जबर्दस्ती रहने की बात किसी ने कभी सुनी है दुनिया में ? ऐसा होने से तो आनून-कानून आचार-विचार रहेगा नहीं, जबर्दस्ती की जैसी खुशी हो, वैसा ही कर सकेगा कोई दुनिया में ?''

सविता ने कहा, ''सकेगा ही तो तुम क्या करोगे बताओ न ?''

''यहाँ रहोगी, अपने मकान न जाओगी ?''

"नहीं, अपना घर मेरा यही है, जहाँ पति है, संतान है। इतने दिन दूसरे के घर रही, अब वहाँ न जाऊँगी।"

"यहाँ रहोगी कहाँ?"

"नीचे इतने कमरे पड़े हैं, उनमें से एक में रहूँगी। लोगों के सामने दासी मजदूरिन कहकर मेरा परिचय देना। तुम्हारा झूठ बोलना भी न होगा।"

"तुम पागल हो गई हो नई बहू, यह क्या मैं कभी कर सकता हूँ?"

"नीचे इतने कमरे पड़े हैं, उनमें से एक में रहूँगी। लोगों के सामने दासी मजदूरिन कहकर मेरा परिचय देना। तुम्हारा झूठ बोलना भी न होगा।"
"तुम पागल हो गई हो नई बहू, यह क्या मैं कभी कर सकता हूँ?"
"यह तुम न कर सकोगे, किंतु इससे अधिक कठिन काम है मुझे हटा देना। यह कर सकोगे किस तरह? मैं किसी तरह भी न जाऊँगी मझले मालिक, तुमसे निश्चित रूप से बताए देती हूँ।"

"यह तुम न कर सकोगे, किंतु इससे अधिक कठिन काम है मुझे हटा देना। यह कर सकोगे किस तरह? मैं किसी तरह भी न जाऊँगी मझले मालिक, तुमसे निश्चित रूप से बताए देती हूँ।"

"पगली!"

"पगली कैसे, जबरदस्ती करती हूँ इसलिए? तुम्हारे ऊपर न करूँगी तो संसार में जबरदस्ती की परीक्षा ही अगर हो तो तुम मेरे साथ कर सकोगे नहीं।"

"क्यों न कर सकूँगा?"

"कैसे कर सकोगे? तुम्हारे पास अब रुपए-पैसे नहीं, गरीब हो, मुकदमा चलाओगे किस चीज से?"

ब्रजबाबू हँस पड़े। सविता घुटने टेककर उनके दोनों पैरों पर मस्तक रखकर चुप हो रहीं। विभ्रांत चित्त अनुद्देश्य शून्य मार्ग से प्रतिक्षण पागल की तरह घूमती हुई मर रही है, अपनी तरह देखने का क्षणमात्र समय उसे नहीं मिला है। उसकी असंयत रूखी केशराशि बरसात के दिगंत प्रसारित बादलों की तरह पति के पैरों को ढँककर भीगी धरती पर क्षणमात्र में बिखर पड़ी। झुककर उस तरफ देखकर ब्रजबाबू एकाएक चंचल हो उठे, किंतु उसी क्षण अपने को संयत रखकर बोले, "तुम्हारी बेटी के लिए चिंता है नई बहू। अच्छा, देखता हूँ अगर..."

बात को सविता ने समाप्त होने नहीं दिया, मुँह ऊपर उठाकर देखने लगीं। नेत्र आँसुओं से डबडबा रहे थे, बोलीं, "नहीं मझले मालिक, बेटी के लिए अब मैं कोई चिंता नहीं करती। उसका देखने वाला आदमी है, लेकिन तुम? इसी बोझ को सिर पर रखकर एक दिन तुम मुझे इस दुनिया में उठा लाए थे...।"

सहसा रुकावट पड़ गई। बाहर से किसी ने पुकारा, "राखाल बाबू!"

राखाल ने ऊपर से जवाब दिया, "आइए डॉक्टर साहब।"

सविता उठ खड़ी हुई और कमरे का द्वार खोलकर एक ओर हटकर खड़ी हो गईं। ब्रजबाबू बाहर चले गए।

आठ

ब्रजबाबू ठाकुरजी की कोठरी में थे और बाहर खुले द्वार के पास सविता अपलक नेत्रों से देखती हुई पति के कामों को भलीभाँति देख रही थीं। किसी दिन इन ठाकुरजी का सारा दायित्व उनका अपना था, उनके न करने से पति को पसंद नहीं आता था। उस समय अवकाश के अभाव से अन्यान्य बहुत से दुनियादारी के कामों की उन्हें उपेक्षा करनी पड़ती थी। इस कारण फुफुआ सास तरह-तरह के बहानों से उनकी गलतियाँ पकड़कर अपने गुप्त द्वेष का उपशम खोजती रहती थीं, आश्रित ननदें टेढ़ी बातों से अपने तन का क्षोभ मिटाती थीं। कहती थीं—हम लोग क्या ब्राह्मण के घर की लड़कियाँ नहीं हैं। देवी-देवता पर क्या नई बहू के घर का एकाधिकार है कि सिर्फ वही सीखकर आई है?

इन सब बातों का उत्तर किसी दिन सविता नहीं देती थी, कभी बाध्य होकर इस कोठरी का काम यदि दूसरे को कर देना पड़ता था तो सारा दिन उनका मन न मालूम कैसा होने लगता था। चुपके-चुपके ठाकुरजी से क्षमा-याचना करके कहती थीं; गोविंदजी, जानती हूँ, ठीक सेवा नहीं हो रही है, लेकिन उपाय तो नहीं है।

उन दिनों निरवांछित पवित्रता और छिद्रहीन अनुष्ठान पर क्या उनकी तीक्ष्ण दृष्टि थी? और आज? वही गोपालमूर्ति पहले की ही भाँति प्रशांत मुख से आज भी देख रही हैं, अभिमान का कोई भी चिह्न उन दोनों आँखों में नहीं है।

इन सब बातों का उत्तर किसी दिन सविता नहीं देती थी, कभी बाध्य होकर इस कोठरी का काम यदि दूसरे को कर देना पड़ता था तो सारा दिन उनका मन न मालूम कैसा होने लगता था। चुपके-चुपके ठाकुरजी से क्षमा-याचना करके कहती थीं; गोविंदजी, जानती हूँ, ठीक सेवा नहीं हो रही है, लेकिन उपाय तो नहीं है।

इस कुटुंब में जो इतना बड़ा प्रलय हो चला, तोड़ने-जोड़ने में इस घर में युगांतर हो गया, इतना बड़ा परिवर्तन क्या ठाकुरजी भी जान सके थे। बिल्कुल ही निर्विकार उदासीन? उनके अभाव का दाग क्या कहीं भी नहीं पड़ा? उनकी इतने दिनों की सेवा सूखी जल-रेखा की तरह निश्चिह्न हो गई!

शादी के बाद ही उन्होंने गुरुमंत्र की दीक्षा ली,परिजनों ने आपत्ति करके कहा था—इतनी छोटी अवस्था में यह होना उचित नहीं है, क्योंकि अवहेलना से अपराध का स्पर्श हो सकता है। ब्रजबाबू ने इस पर कान नहीं दिया। उन्होंने कहा था, अवस्था में छोटी होने पर भी वह घर की गृहिणी है, मेरे गोविंदजी का भार लेगी, इसलिए उसको घर में लाना पड़ा है, नहीं तो कोई मतलब ही नहीं था। वह मतलब पूरा नहीं हुआ है, ईष्टमंत्र भी वे मूल नहीं गई हैं तो भी सब मिट ही गया है, उसी गोविंदजी के कमरे में प्रवेश करने का अधिकार भी उनको नहीं है, दूर बाहर बैठना पड़ा है।

× × ×

डॉक्टर को विदा करके राखाल हँसते हुए चेहरे से उछलते-उछलते से आ पहुँचा। बोला, ''माता के आशीर्वाद से बढ़कर क्या कोई दवा है, नई माँ? घर पर आई देखकर ही जान गया हूँ कि भय नहीं है, रेणुका अच्छी हो रही है।''

सविता देखने लगीं, ब्रजबाबू द्वार के पास आ खड़े हुए हैं। राखाल ने कहा, ''बुखार नहीं है। विनोद बाबू खुद ही बहुत खुश हैं, कह गए हैं, उस समय अगर बुखार हो जाए तो कल फिर बुखार नहीं होगा। अब भय की बात नहीं है। दो दिनों में ही पूरे तौर से रोगमुक्त हो जाएगी। नई माँ, यह केवल आपके आशीर्वाद का फल है, नहीं तो ऐसा न होता। आज रात को निश्चिंत होकर जरा सोने को मिलेगा, काकाजी, जान बच गई।''

सविता देखने लगीं, ब्रजबाबू द्वार के पास आ खड़े हुए हैं। राखाल ने कहा, ''बुखार नहीं है। विनोद बाबू खुद ही बहुत खुश हैं, कह गए हैं, उस समय अगर बुखार हो जाए तो कल फिर बुखार नहीं होगा। अब भय की बात नहीं है। दो दिनों में ही पूरे तौर से रोगमुक्त हो जाएगी। नई माँ, यह केवल आपके आशीर्वाद का फल है, नहीं तो ऐसा न होता। आज रात को निश्चिंत होकर जरा सोने को मिलेगा, काकाजी, जान बच गई।''

यह खबर सचमुच ही कल्पनातीत है। रेणुका का रोग मामूली नहीं है, क्रमशः दशा बिगड़ने की ओर जा रही है, यही था आतंक। मरण-जीवन के कठिन मार्ग में बहुत दिनों तक अनिश्चित संग्राम करते हुए चलने के लिए ही सभी जब तैयार हो रहे थे, तभी आ गया यह आशातीत शुभ समाचार। सविता गले में आँचल डालकर धरती पर बड़ी देर तक माथा रखकर प्रणाम करके उठ बैठीं, नेत्र पोंछकर बोलीं, ''राजू, तुम चिरंजीवी हो बेटा।''

राखाल की खुशी का ठिकाना नहीं है। सिर से भारी बोझ उतर गया है। बोला, ''माँ, पुराने जमाने में राजा-रानी गले का हार खोलकर ईनाम देते थे।''

सविता सुनकर हँसने लगीं। बोली, ''यह तो तुम्हारे गले में शोभा नहीं देगा, बेटा।

अगर जिंदा रहूँगी तो दुलहन के आने पर उसके गले में डाल दूँगी।''

राखाल ने कहा, ''इस जीवन में वह गला तो ढूँढ़ने पर मिलेगा नहीं माँ। बीच ही में मैं वंचित हो गया। जानती तो हैं, मेरे भाग्य में मुख का अन्न धूलि में पड़कर भोग में नहीं आने पाता।''

सविता समझ गईं, वह उस दिन जो उनके घर से निमंत्रण मिला था, उसी का जिक्र कर रहा है। राखाल कहने लगा, ''रेणुका को ठीक हो जाने दो,हार भले ही न मिले, मुँह मीठा करने का दावा मैं छोड़ूँगा नहीं, लेकिन वह भी है दूसरे दिन की बात, आज चलिए एक बार रसोईघर की ओर। इधर कई दिन सिर्फ भात खाकर हम लोगों के दिन बीते हैं। किसी ने इसकी चिंता नहीं की, आज इससे काम न चलेगा। अच्छी तरह खाना चाहिए। आइए, इसका प्रबंध कर दीजिए।''

''चलो न बेटा!'' यह कहकर सविता उठ पड़ीं। वहाँ दूर बैठकर राखाल से उन्होंने सबकुछ ही करा डाला और ठीक वक्त पर अच्छी तरह ही आज खाना-पीना हो गया। सभी जानते थे कि सविता ने अभी तक कुछ भी नहीं खाया है, लेकिन खाने का प्रस्ताव मुँह से निकालने का साहस किसी को नहीं हुआ। सिर्फ फटिक की माँ नई आगंतुक होने से और जानकारी न रहने के कारण यह बात एक बार कहना चाहती थी, लेकिन राखाल ने आँख के संकेत से मना कर दिया है।

''चलो न बेटा!'' यह कहकर सविता उठ पड़ीं। वहाँ दूर बैठकर राखाल से उन्होंने सबकुछ ही करा डाला और ठीक वक्त पर अच्छी तरह ही आज खाना-पीना हो गया। सभी जानते थे कि सविता ने अभी तक कुछ भी नहीं खाया है, लेकिन खाने का प्रस्ताव मुँह से निकालने का साहस किसी को नहीं हुआ। सिर्फ फटिक की माँ नई आगंतुक होने से और जानकारी न रहने के कारण यह बात एक बार कहना चाहती थी, लेकिन राखाल ने आँख के संकेत से मना कर दिया है।

सभी के मुख पर आज एक तरह के उद्वेग की हँसी-खुशी का भाव है, मानो एकाएक किसी जादू-मंत्र से इस घर से भूत का उपद्रव हट गया है। रेणुका को बुखार नहीं है, वह निश्चिंत सो रही है। धरती पर एक चटाई बिछाकर थके राखाल ने नेत्र मूँद लिए हैं, मधु की आहट की आवाज नहीं है, शायद उसके पेट का दर्द बंद हो गया है, नीचे से खन्-खन्, झन्-झन् की आवाज आ रही है। शायद फटिक की माँ जूठे बरतन आज दिन रहते, सवेरे-सवेरे माँज रही है। सविता आकर मालिक के कमरे का द्वार ठेलकर चौखट के पास बैठ गईं, ''अरे, जाग रहे हो?''

ब्रजबाबू जाग ही रहे थे, उठकर बिछौने पर बैठ गए।

सविता ने कहा, ''क्यों, मेरी बात का उत्तर नहीं दिया?''

ब्रजबाबू ने कहा, ''उस वक्त तुमको राखाल बुला ले गया, उत्तर जान लेने का वक्त मुझे मिला नहीं।''

''किससे जान लोगे, मुझसे?''

ब्रजबाबू ने कहा, ''अचरज में क्यों पड़ती हो नई बहू, बहुत दिनों से यही व्यवस्था तो होती आ रही है। उस दिन तो राखाल के कमरे में बहुत दिनों की स्थगित समस्या का समाधान करा लिया था तुमसे। पता लगाने से जान लोगी कि उनमें से एक में भी किसी तरह की कोई गलती नहीं हुई है।''

सविता को मुँह लटकाए बैठी देखकर वह कहने लगे, ''सवाल चाहे जिस तरह से ही क्यों न आया हो, जवाब देती रही हो तुम ही, मैं नहीं। उसके बाद अचानक एक दिन मेरी लक्ष्मी-सरस्वती, दोनों को ही तुमने गायब कर दिया, मेरी बुद्धि की थाली खो गई, तब से जवाब देने का भार पड़ गया मेरे अपने ही ऊपर। देता भी आया हूँ, लेकिन उसकी दुर्गति क्या है, यह तो तुम अपने ही नेत्रों से देख रही हो नई बहू।''

ब्रजबाबू ने कहा, ''अचरज में क्यों पड़ती हो नई बहू, बहुत दिनों से यही व्यवस्था तो होती आ रही है। उस दिन तो राखाल के कमरे में बहुत दिनों की स्थगित समस्या का समाधान करा लिया था तुमसे। पता लगाने से जान लोगी कि उनमें से एक में भी किसी तरह की कोई गलती नहीं हुई है।''

सविता ने मुँह उठाकर कहा, ''लेकिन यह तो मेरा अपना प्रश्न है, मझले मालिक।''

ब्रजबाबू ने कहा, ''लेकिन यह प्रश्न तो आसान नहीं है। इसमें मौजूद है घर-गृहस्थी, समाज, परिवार, इसमें है सामाजिक रीति-नीति, है लौकिक-पारलौकिक धर्म-संस्कार, है तुम्हारी लड़की का कल्याण-अकल्याण, उसकी मान-मर्यादा, उसके जीवन का सुख-दुःख, इतनी बड़ी भयंकर जिज्ञासा का उत्तर तुम्हारे सिवा कौन देगा, बताओ तो? मेरी बुद्धि में यह समाएगा क्यों? तुमने कहा है अगर तुम न जाओ, अगर बलपूर्वक यहाँ रह जाओ, मैं क्या कर सकता हूँ। मैं तो नहीं जानता कि क्या करना उचित है, नई बहू, तुम ही बताओ।''

सविता बैठी हुई बहुत देर तक कितनी ही बातें सोचने लगीं। उसके बाद उसने पूछा, ''मझले मालिक, तुम्हारा कारोबार क्या सचमुच ही सब नष्ट हो गया है?''

''हाँ, सचमुच ही सब नष्ट हो गया है।''

''मैं रुपया निकालकर न लेती तो क्या होता?''

''उससे भी नहीं बचता, सिर्फ डूब जाने में एक-दो वर्ष की देर लगती।''

''इस समय तुम्हारे हाथ में रुपए-पैसे कितने हैं?''

''कुछ भी नहीं। अपनी हीरे की अँगूठी बेचने पर जो पाँच सौ रुपए मुझे मिले हैं, उनसे ही काम चल रहा है।''

''कौन सी अँगूठी! अपने व्रतारंभ की दक्षिणा कहकर जिसे मैंने स्वयं ही तुम्हारे हाथ में पहना दी थी, वही? तुमने उसे बेच डाला है?''

''उसके अलावा मेरे पास और कुछ भी नहीं था, यह तो तुम्हें मालूम है, नई बहू?''

सविता कुछ देर मौन रहकर बोलीं, ''वे जो दो इलाके थे, क्या वे निकल गए?''

ब्रजबाबू ने कहा, ''निकल नहीं गए, लेकिन निकल जाएँगे। बंधक रखे गए हैं, छुड़ा न पाऊँगा।''

कुछ देर चुप्पी में बीत जाने पर सविता ने पूछा, ''तुम्हारी इस विवाहिता स्त्री के पास क्या रह गया है?''

ब्रजबाबू ने कहा, ''इनके नाम से पलटडाँगा में दो मकान खरीदे गए थे, वे हैं और जेवर हैं पच्चीस-तीस हजार रुपए के, उनका और उनकी लड़की का काम चल जाएगा, तकलीफ न होगी।''

''रेणुका के लिए क्या है, मझले मालिक?''

''कुछ भी नहीं। मामूली जेवर थे, उन्हें भी शायद भूल से लेती गई हैं?''

यह सुनकर रेणुका की माँ (सविता) मुँह झुकाए मौन हो रहीं।

ब्रजबाबू ने कहा, ''सोचता हूँ, रेणुका अच्छी हो जाएगी तो हम लोग अपने गाँव चले जाएँगे। वहाँ दया करके अगर कोई लड़की को ग्रहण करे तो उसकी शादी कर देंगे। उसके बाद भी यदि जिंदा रहूँगा तो गोविंदजी की सेवा करके गाँव में किसी प्रकार मेरी जिंदगी के इने-गिने दिन कट जाएँगे, ऐसी उम्मीद है।''

सविता कुछ देर मौन रहकर बोलीं, ''वे जो दो इलाके थे, क्या वे निकल गए?'' ब्रजबाबू ने कहा, ''निकल नहीं गए, लेकिन निकल जाएँगे। बंधक रखे गए हैं, छुड़ा न पाऊँगा।'' कुछ देर चुप्पी में बीत जाने पर सविता ने पूछा, ''तुम्हारी इस विवाहिता स्त्री के पास क्या रह गया है?''

लेकिन सविता से काई जवाब न पाकर वे कहने लगे, ''एक बात है कि रेणुका को लेकर उसको राजी न कर सका हूँ। उसको तुम जानती नहीं हो, लेकिन वह हो गई तुम्हारी ही तरह अभिमानिनी। सहज में कुछ नहीं कहती, लेकिन जब कहती है तो उसको फिर टाला नहीं जा सकता। जिस दिन मैं इस घर पर चला आया, उन दिन रेणुका ने कहा, ''चलो बाबूजी, हम लोग गाँव चलें, लेकिन मेरी शादी करने की चेष्टा मत करना, अपने बाबूजी को अकेला छोड़कर मैं कहीं जाऊँगी नहीं।''

मैंने कहा, ''मैं तो बूढ़ा हो चला बेटी, अब कितने दिन रहूँगा, लेकिन तब तुम्हारी

क्या दशा होगी, बोलो न?'' उसने कहा, ''बाबूजी तुम मेरा भाग्य बदल न सकोगे, बचपन में माँ जिसे छोड़कर चली जाती है, जिसके ब्याह के दिन अज्ञात बाधा से सब छिन्न-भिन्न हो जाता है, बाप का राज्य-धन आतिशबाजी की तरह हवा में उड़ जाता है, उसे सुख भोग के लिए भगवान् दुनिया में नहीं भेजते। उसके दुःख का जीवन दुःख में ही खत्म हो जाता है, यही है मेरे भाग्य की लिखावट बाबूजी, मेरे लिए सोच-सोचकर तुम और तकलीफ मत उठाओ।''

इतना कहते-कहते एकाएक उनका गला भर आया, लेकिन अपने को सँभालकर उन्होंने कहा, ''रेणुका ने ये बातें कही विरक्त होकर भी नहीं, दुःख के धक्के से व्याकुल होकर भी नहीं। वह जानती है कि उसके भाग्य में ये सब घटनाएँ होंगी ही। उसके चेहरे पर विषाद की काली छाया नहीं थी, उसने ये बातें कहीं भी सहज भाव से, लेकिन जो मुँह से निकल पड़ा, वही नहीं, खूब सोच-विचार करके ही उसने कहीं थी। इसलिए भय होता है, शायद इससे उसे सहज में हटाया न जा सकेगा। तो भी मैं सोचता हूँ नई बहू,इस दुर्भाग्य में मुझे यही सांत्वना है कि मेरी रेणुका शोक करने के लिए बैठी नहीं है, अपने दिल में एक बार भी मेरा तिरस्कार नहीं किया।''

पति की तरफ एकटक से देखते हुए सविता के दोनों नेत्रों में जल भर आया। उन्होंने कहा, ''मझले मालिक के जीवित रहते सबकुछ ही मैं अपने नेत्रों से देखूँगी, कानों से सुनूँगी, लेकिन कुछ भी कर न सकूँगी?''

ब्रजबाबू ने कहा, ''क्या करना चाहती हूँ नई बहू, रेणुका तो किसी दशा में भी तुम्हारी मदद न लेगी।''

पति की तरफ एकटक से देखते हुए सविता के दोनों नेत्रों में जल भर आया। उन्होंने कहा, ''मझले मालिक के जीवित रहते सबकुछ ही मैं अपने नेत्रों से देखूँगी, कानों से सुनूँगी, लेकिन कुछ भी कर न सकूँगी?''

ब्रजबाबू ने कहा, ''क्या करना चाहती हूँ नई बहू, रेणुका तो किसी दशा में भी तुम्हारी मदद न लेगी।''

सविता चुप न रह सकी, अकस्मात् पूछ बैठी, ''रेणुका को क्या मालूम है कि मैं आज भी जिंदा हूँ, मझले मालिक?''

ये कई बातें साधारण ही थीं, लेकिन इस प्रश्न में कितने प्रकार से उनकी रात्रि का सपना, दिन की कल्पना भरी पड़ी है, यह बात उनके अलावा जानता कौन है? पीले चेहरे से देखते हुए उत्तर की प्रतीक्षा में उनके दिल के अंदर हलचल मचने लगी। ब्रजबाबू चुप रहकर कुछ देर सोचकर बोले, ''हाँ, उसे मालूम है।''

''उसे मालूम है कि मैं जिंदा हूँ?''

"मालूम है। वह जानती है कि तुम कलकत्ता में हो और अगाध ऐश्वर्य में सुखपूर्वक जीवन व्यतीत कर रही हो।"

सविता ने मन-ही-मन कहा, "हे पृथ्वी, तुम फट जाओ।"

ब्रजबाबू ने कहना शुरू किया, "वह तुम्हारी मदद न लेगी और मैं गोविंदजी की अंतिम पुकार कानों से सुन चुका हूँ नई बहू, तो भी मुझे कुछ देकर तुम तृप्ति पाओगी तो मैं ले लूँगा। प्रयोजन है, इसलिए नहीं, मेरे धर्म का अनुशासन है, अपने ठाकुरजी की आज्ञा होने से लूँगा। तुम्हारा दान हाथ पसारकर लेकर मैं पुरुष का अंतिम अभिमान समाप्त करके तिनके की अपेक्षा भी हीन होकर दुनिया से विदा हो जाऊँगा। अगर उस वक्त उनके श्रीचरणों में स्थान पा सकूँ।"

सविता पति के मुँह की तरफ देख न सकीं, लेकिन साफ समझ गईं कि उनकी आँखों से आँसुओं की दो बूँदें लुढ़क पड़ीं। वहाँ स्तब्ध भाव से मुँह झुकाए बैठी रहकर उन्हें सबकी बातें याद आने लगीं। उन्हें वह बात याद आ गई, जब पति के नहाने के कमरे में द्वार बंद करके उन्होंने उनसे जोर लगाकर कहा था, "अगर मैं न जाऊँ, तुम मेरा क्या कर सकोगे ?" उनके पैरों पर माथा रखकर कहा, "यही तो मेरा घर है, यहाँ है मेरी कन्या, और हैं मेरे पति। मुझे विदा करने की किसमें ताकत है ?"

सविता पति के मुँह की तरफ देख न सकीं, लेकिन साफ समझ गईं कि उनकी आँखों से आँसुओं की दो बूँदें लुढ़क पड़ीं। वहाँ स्तब्ध भाव से मुँह झुकाए बैठी रहकर उन्हें सबकी बातें याद आने लगीं। उन्हें वह बात याद आ गई, जब पति के नहाने के कमरे में द्वार बंद करके उन्होंने उनसे जोर लगाकर कहा था, "अगर मैं न जाऊँ, तुम मेरा क्या कर सकोगे ?" उनके पैरों पर माथा रखकर कहा, "यही तो मेरा घर है, यहाँ है मेरी कन्या, और हैं मेरे पति। मुझे विदा करने की किसमें ताकत है ?"

लेकिन आज वह समझ गई; उनकी बातें कितनी अर्थहीन, कितनी असंभव हैं। कितना हास्यास्पद है जबर्दस्ती करने का दावा। भित्तिहीन शून्य मार्ग के आज एक छोर पर खड़ी है एक कुलत्यागिनी और दूसरे छोर पर खड़ा है उसका पति, उसकी बीमार लड़की ही सिर्फ नहीं, बीच में है संसार, घर-गृहस्थी है, नीति है, समाज, बंधन के असंख्य विधि-विधान, केवल आँखों के आँसू धोकर पति के चरणों पर मस्तक पटककर गुरु भार को वह टालेगी किस तरह ? उन्होंने और कोई बात नहीं कही ? पति के उद्देश्य से फिर एक बार चुपचाप धरती पर मस्तक रखकर वह खड़ी हो गईं।

राखाल की नींद खुल गई। उसने आकर कहा, "मालूम होता है शायद नई माँ चली गई हैं।"

''नहीं बेटा अब जाऊँगी। रेणुका की तबीयत कैसी है?''

''अच्छी है माँ, अभी तक सो रही है।''

''मझले मालिक, अब मैं जाऊँ?''

''हाँ, जाओ।''

राखाल ने कहा, ''माँ चलिए, आपको गाड़ी पर बिठा आऊँ। कल फिर आप आएँगी माँ?''

''हाँ, आऊँगी बेटा।''

इतना कहकर वह चल दीं। राखाल भी पीछे-पीछे चलने लगा। आज की सब बातों, सब घटनाओं की सविता मन-ही-मन आलोचना कर रही थीं। उनके तेरह वर्ष पूर्व का जीवन जिन कुछ चीजों से गुंथा हुआ था, आज फिर उनके ही बीच उनके दिन बीतने लगे। पति, कन्या, राखालराज और कुल देवता गोविंदजी। गृहत्याग के बाद से प्रतिक्षण आत्मगोपन करके ही उनका इतना समय व्यतीत हुआ है, कभी वह तीर्थ यात्रा के लिए बाहर नहीं निकली हैं, किसी देवमंदिर में नहीं गई हैं, कभी गंगा स्नान करने के लिए नहीं गई हैं, कितने पर्व-दिन, कितने शुभ क्षण, कितने स्नान के मुहूर्त चले गए हैं, हिम्मत करके किसी दिन राह के बरामदे में भी नहीं खड़ी हुई हैं, पीछे किसी परिचित आदमी की निगाह उन पर न पड़ जाए। उस दिन राखाल के घर में अचानक कुछ आवरण उठ गया है, आज सबके सामने ही उनका डर दूर हो गया, लज्जा हट गई। रेणुका ने अब तक सुना नहीं है, लेकिन सुनना उसको बाकी न रहेगा। वह शायद इसी तरह चुपचाप क्षमा करेगी। उसके बाद किसी का गुस्सा नहीं, अभिमान नहीं। व्यथा देने के लिए जरा सा भी कटाक्ष किसी ने नहीं किया है। दुःख के दिनों में वह जो दया करके उन लोगों का समाचार जानने के लिए आ गई हैं, इसी से सब कृतज्ञ हैं। व्यस्त होकर ब्रजबाबू अपने हाथ से उनको बैठने का आसन देने आए थे, मानो अतिथि की सेवा में कोई कमी न रह जाए अर्थात् परिपूर्ण विच्छेद का और कुछ भी बाकी नहीं है, आते समय सविता असंदिग्ध रूप से यही बात जानकर आई हैं।

इतना कहकर वह चल दीं। राखाल भी पीछे-पीछे चलने लगा। आज की सब बातों, सब घटनाओं की सविता मन-ही-मन आलोचना कर रही थीं। उनके तेरह वर्ष पूर्व का जीवन जिन कुछ चीजों से गुंथा हुआ था, आज फिर उनके ही बीच उनके दिन बीतने लगे। पति, कन्या, राखालराज और कुल देवता गोविंदजी।

रेणुका को मालूम है कि उसके पिता दरिद्र हैं। उसे मालूम है कि उसके भविष्य के सभी सुख-सौभाग्य की आशा निर्मूल हो चुकी है। इसी बात को लेकर वह शोक

मनाने नहीं बैठी है, व्यवस्था को उसने अविचलित धैर्य के साथ स्वीकार कर लिया है। उसने तय कर लिया है कि स्वस्थ हो जाने पर गरीब पिता को साथ लेकर वह अपने एकांत गाँव में लौट जाएगी। उनकी सेवा करके वहाँ ही जीवन व्यतीत करेगी।

ब्रजबाबू ने कहा है रेणुका को मालूम है कि उसकी माँ जीवित है, उसकी माँ अगाध ऐश्वर्य और सुख में हैं। पति की वह बात सविता को जितनी बार याद आई, उतनी ही बार सर्वांग में व्याप्त होने वाली लज्जा से वह कंटकित हो उठीं। यह झूठ नहीं है, लेकिन यही क्या सच है? लड़की को उसने देखा नहीं है, राखाल के मुँह से उसका विवरण सुन लिया है, सुना है वह अपनी माँ की तरह देखने में है। अपना मुँह याद करके उसने चित्र अंकित करने की चेष्टा की, उतना स्पष्ट तो नहीं हुआ, फिर भी रोगतप्त उसका अपना मुँह ही मानो मानसपटल में बार-बार फट उठने लगा।

रेणुका को मालूम है कि उसके पिता दरिद्र हैं। उसे मालूम है कि उसके भविष्य के सभी सुख-सौभाग्य की आशा निर्मूल हो चुकी है। इसी बात को लेकर वह शोक मनाने नहीं बैठी है, व्यवस्था को उसने अविचलित धैर्य के साथ स्वीकार कर लिया है। उसने तय कर लिया है कि स्वस्थ हो जाने पर गरीब पिता को साथ लेकर वह अपने एकांत गाँव में लौट जाएगी। उनकी सेवा करके वहाँ ही जीवन व्यतीत करेगी।

देहात के दुःख-दर्द के कितने संभव-असंभव चित्र उनकी कल्पना में आने लगे, उनकी संख्या नहीं है और सब ही मानो उसी एक मात्र पीले रुग्ण मुँह को सब ओर से घेरे हुए हैं। संसार में अनासक्त दरिद्र पिता ईश्वर चिंता में निमग्न हैं, किसी तरह भी उनकी दृष्टि में नहीं पड़ता कि वहीं पर रेणुका एकदम अकेली है। दुर्दिन में सांत्वना देने वाला आत्मीय नहीं है, वहाँ उसके दिन कैसे बीतेंगे? अगर कभी उसी तरह बीमार पड़ जाएगी, उस दिन? लेकिन उपाय नहीं है, उपाय नहीं है। उन्हें खयाल आने लगा कि पिंजड़े में बंद करके उसके ही नेत्रों के सामने मानो उनकी संतान की कोई हत्या कर रहा है।

सविता को चेत हुआ; मानो गाड़ी आकर उनके द्वार पर खड़ी हो गई। ऊपर चढ़ रही थीं कि उसी समय दासी ने आकर चुपके से कहा, ''माँ, बाबूजी गुस्सा हो रहे हैं।''

''वह कब आए हैं?''

''बहुत देर हुई। विमल बाबू के साथ बड़े कमरे में बैठकर बात-चीत कर रहे हैं।''

''वह कब आए?''

''थेड़ी ही देर पहले। अभी एकदम उस कमरे में जाने की जरूरत नहीं है माँ, उनका गुस्सा कुछ शांत हो जाने दो।''

सविता ने भौंहें टेढ़ी करके कहा, ''तुम जाओ, अपना काम करो।''

वे स्नान करके कपड़े बदलकर जब बैठकखाने में आ खड़ी हुईं, तब शाम का दीपक जल चुका था। विमल बाबू ने उठकर खड़े होकर पूछा, ''अब तबीयत कैसी है?''

''अच्छी है, बैठिए।''

उनके बैठ जाने पर सविता स्वयं ही एक कुरसी पर बैठ गईं।

विमल बाबू ने कहा, ''सुना है कि दोपहर के पहले ही आप घर से बाहर निकलीं थीं, आज आपका भोजन तक भी नहीं हुआ है?''

सविता ने कहा, ''नहीं, इसके लिए मुझे वक्त नहीं मिला।''

रमण बाबू मुँह उदास किए बैठे थे, बोले, ''कहाँ जाना हुआ था आज?''

उनके बैठ जाने पर सविता स्वयं ही एक कुरसी पर बैठ गईं।
विमल बाबू ने कहा, ''सुना है कि दोपहर के पहले ही आप घर से बाहर निकलीं थीं, आज आपका भोजन तक भी नहीं हुआ है?''
सविता ने कहा, ''नहीं, इसके लिए मुझे वक्त नहीं मिला।''
रमण बाबू मुँह उदास किए बैठे थे, बोले, ''कहाँ जाना हुआ था आज?''
सविता ने कहा, ''मुझे काम था।''

सविता ने कहा, ''मुझे काम था।''

''सारा दिन काम?''

''नहीं तो सारे दिन रहने जाऊँगी क्यों? पहले ही तो लौट सकती थी।''

रमण बाबू ने क्रुद्ध कंठ से कहा, ''सुनता हूँ कि आजकल अकसर ही तुम घर नहीं रहतीं, काम क्या था, तनिक सुन सकता हूँ या नहीं?''

सविता ने कहा, ''नहीं, वह तुम्हारे सुनने योग्य नहीं है। विमल बाबू, आज भी आपका जाना नहीं हुआ?''

विमल बाबू ने कहा, ''नहीं, हुआ नहीं। बड़े चाचाजी जब तक कुछ अच्छे नहीं हो जाते, तब तक मैं शायद न जा सकूँगा।''

उनकी बात खत्म होने के पहले ही रमण बाबू गुस्से के साथ बोल उठे, ''मुझसे पूछकर क्या तुम बाहर गई थीं?''

सविता ने शांत भाव से जवाब दिया, ''उस वक्त तो तुम थे नहीं।''

जवाब गुस्सा बढ़ाने लायक नहीं था, लेकिन वह गुस्सा हो ही चुके थे, एकाएक चिल्ला उठे, ''रहूँ या न रहूँ, यह तो मैं समझूँगा; लेकिन मेरी आज्ञा के बिना एक कदम भी तुम बाहर न जाओगी, यह तो साफ बता देता हूँ, सुन लिया?''

सुन लिया सभी ने, विमल बाबू ने संकोच से व्याकुल होकर कहा, ''रमण बाबू, आज मैं जाता हूँ, काम है।''

''नहीं-नहीं, आप बैठिए, लेकिन यह बेशरमी मैं सहन नहीं करता, इसीलिए मैंने सिर्फ उसे बता दिया।''

सविता ने कहा, "बेशरमी तुम किसे कहते हो?"

"कहता हूँ, जो कुछ तुम करती हुई घूमती रहती हो, उसी को।"

"काम रहने पर भी जाऊँगी नहीं?"

"नहीं, मैं जो कहूँगा, वही करना होगा। दूसरा काम नहीं।"

"वही तो इतने दिनों से करती आई हूँ छोटे बाबू, लेकिन अब क्या तुम मेरे ऊपर अविश्वास करने लगे हो?"

उन पर किसी दिन अविश्वास नहीं होता था, तो भी क्रोध के आवेश में रमण बाबू बोले, "होता है सौ बार। तुम सीता हो या सावित्री? जिससे अविश्वास नहीं हो सकता। एक आदमी को धोखा दे सकी हो, मुझे धोखा नहीं दे सकतीं।"

विमल बाबू लज्जा से घबरा उठे। इन लोगों के झगड़े के बीच बातचीत करना भी ठीक नहीं, लेकिन सविता मौन होकर बहुत देर चुपचाप रमण बाबू के मुँह की तरफ देखती रहीं, उसके बाद बोलीं, "छोटे बाबू, तुम जानते हो कि मैं झूठी बात नहीं कहती। हम लोगों का संबंध आज से खत्म हो गया। फिर तुम मेरे घर पर न आना।"

वाद-विवाद इसके पहले भी हुए हैं, लेकिन सब एकतरफ होते थे। शोर-चिल्लाहट के भय से सविता चुप रहती थीं, पीछे कहीं गुप्त बातें किसी के कानों तक न पहुँच जाए। उसी नई बहू के मुँह से इतनी बड़ी बात सुनकर रमण बाबू पागल हो उठे, विशेषतः तीसरे व्यक्ति के सामने। मुँह बनाकर बोले, "किसका घर है यह? तुम्हारा? कहने में कुछ भी शरम नहीं लगी?"

वाद-विवाद इसके पहले भी हुए हैं, लेकिन सब एकतरफ होते थे। शोर-चिल्लाहट के भय से सविता चुप रहती थीं, पीछे कहीं गुप्त बातें किसी के कानों तक न पहुँच जाए। उसी नई बहू के मुँह से इतनी बड़ी बात सुनकर रमण बाबू पागल हो उठे, विशेषतः तीसरे व्यक्ति के सामने। मुँह बनाकर बोले, "किसका घर है यह? तुम्हारा? कहने में कुछ भी शरम नहीं लगी?"

सविता उनके मुँह की तरफ देखकर बड़ी देर मौन रहीं, उसके बाद वे धीरे-धीरे बोलीं, "हाँ, मुझे शरम आनी चाहिए छोटे बाबू, तुम सत्य बात कह रहे हो। न तो यह घर मेरा है और न तुम्हारा ही है, तुमने ही दिया था। कल मैं किसी दूसरी जगह चली जाऊँगी, तब सभी तुम्हारा रहेगा। तेरह साल के बाद चले जाने के दिन तुम्हारी एक कौड़ी भी मैं अपने संग न ले जाऊँगी, सब ही तुम्हें लौटा देती हूँ।"

इस कंठ स्वर से रमण बाबू आश्चर्यचकित हो गए। कहने लगे, "कल किस तरह चली जाओगी?"

"हाँ, मैं चली जाऊँगी।"

''चली जाऊँगी, कहने से क्या तुमको जाने दूँगा?''

''मुझे रोकने की बेकार कोशिश न करो छोटे बाबू, हम लोगों का सब खत्म हो गया, यह फिर लौटकर नहीं आएगा।''

इतनी देर में रमण बाबू को चेत हुआ कि मामला सचमुच ही भंयकर हो गया। डरकर उन्होंने कहा, ''मैं क्या सचमुच ही कह रहा हूँ नई बहू कि यह घरा तुम्हरा नही है, मेरा है?'' गुस्से के जोश में क्या मुँह से एक बात निकली नहीं जा सकती?

सविता ने कहा, ''गुस्से के कारण नहीं। गुस्सा जब शांत हो जाएगा, शायद देर होगी, तब समझोगे, इतना बड़ा घर दान करने का नुकसान तुमसे सहा न जाएगा, सदैव काँटे की तरह तुम्हारे मन में यही बात बिंधती रहेगी कि हम दोनों के लेन-देन में अकेले तुम ही ठगे गए हो। डंडी-पलड़े में एक दिशा को जब तुम खाली देखोगे, तब दूसरी ओर बटखरे का बोझ तुम्हारी छाती पर चक्की की तरह दबाकर बैठ जाएगा। सहन करने की शिक्षा तुम को नहीं मिली है, लेकिन और बहस करने की ताकत मुझमें नहीं है, मैं बहुत थक गई हूँ। विमल बाबू, फिर शायद भेंट होने का मौका हम लोगों को न मिलेगा, मुझे कल ही जाना होगा।''

गुस्सा जब शांत हो जाएगा, शायद देर होगी, तब समझोगे, इतना बड़ा घर दान करने का नुकसान तुमसे सहा न जाएगा, सदैव काँटे की तरह तुम्हारे मन में यही बात बिंधती रहेगी कि हम दोनों के लेन-देन में अकेले तुम ही ठगे गए हो। डंडी-पलड़े में एक दिशा को जब तुम खाली देखोगे, तब दूसरी ओर बटखरे का बोझ तुम्हारी छाती पर चक्की की तरह दबाकर बैठ जाएगा।

''कहाँ जाओगी?''

''यह अभी तक मैं नहीं जानती।''

''लेकिन जाने के पहले भेंट होगी ही। मैं फिर आऊँगा।''

''वक्त मिल जाए तो आइएगा, लेकिन आज मैं जा रही हूँ।''

इतना कहकर सविता दोनों को नमस्कार करके चली गईं।

विमल बाबू ने कहा, ''रमण बाबू, मेरा भी नमस्कार लीजिए, मैं चला।''

नौ

इतनी बड़ी बात की खबर फैलने में देर न लगी। सवेरा होने के पहले ही किरायदारों ने सुन लिया कि कल रात को मालिक-मालकिन में खूब झगड़ा हो गया है। नई माँ ने प्रतिज्ञा की है कि कल ही इस घर को छोड़कर चली जाएँगी। किसी दूसरे की बात होती, तो वे लोग सिर्फ मृदु हँसी हँसकर अपने काम में मन लगाते, लेकिन इनके

संबंध में ऐसा न कर सके। ठीक-ठीक वे लोग विश्वास न कर सके कि ऐसी बात भी नहीं है, लेकिन यह विषय इतना ही गूढ़ था कि सच होने से चिंता की कोई सीमा ही नहीं है। शहर में इतनी कम कीमत में ऐसी रहने की जगह न मिलेगी, सिर्फ यही डर नही है और कितनी ही तरह से वे इस मकान मालिक के ऋणी हैं। बहुत से प्रायः भूल ही गए हैं कि यह घर उनका नहीं है। उन लोगों ने सरला को पकड़ लिया और उसने आकर पीले चेहरे से कहा, ''यह सब लोग आपस में कैसी बातें कर रहे हैं माँ?''

''कौन सी बात सरला?''

''वह लोग कह रहे है कि इस घर से आप चली जाएँगी।''

''उन लोगों ने सच बात ही कही है सरला।''

''सच बात! सचमुच ही आप चली जाएँगी?''

''हाँ, सचमुच ही।''

सरला सुनकर चुप ही रही। उसके बाद उसने धीरे-धीरे पूछा, ''लेकिन आप जाएँगी कहाँ?''

''सविता ने कहा अभी तक इसका मैंने निश्चय नहीं किया है, सिर्फ जाना ही पड़ेगा, इतना ही निश्चय किया है बिटिया।''

सविता ने कहा, ''क्यों नहीं हो सकेगा सरला? यह घर मेरे लिए तीखा हो गया है, इस समय नहीं, तेरह साल पहले जिस दिन पहले पहल यहाँ मैंने पैर रखा है, लेकिन तेरह वर्ष तक भूल की है, इसलिए और भी तेरह वर्ष तक भूल करनी पड़ेगी, इस बात को मैं अब न मानूँगी। इस दुर्गति से मैं छुटकारा पाऊँगी ही।''

सरला की दोनों आँखें आँसुओं से भर गईं, बोली, ''उन लोगों में से कोई भी विश्वास नहीं कर रहा है माँ, सोचते हैं कि यह सिर्फ आपके गुस्से की बात है, गुस्सा ठंडा होते ही मिट जाएगी? मैं यह सोच भी नहीं सकती माँ, बिना बादल के ही हम लोगों के सिर पर इतना बड़ा वज्रपात होगा, निराश्रय में हम लोगों में से कौन कहाँ बह जाएगा? फिर भी, वे लोग जो बात नहीं जानते, मैं उसे जानती हूँ। मैं समझ सकी हूँ माँ, इस समय यह घर आपके लिए इतना तीखा हो गया है कि वह अब सहा नहीं जा रहा है, लेकिन जाऊँगी कह देने से ही तो जाना नहीं हो सकेगा।''

सविता ने कहा, ''क्यों नहीं हो सकेगा सरला? यह घर मेरे लिए तीखा हो गया है, इस समय नहीं, तेरह साल पहले जिस दिन पहले पहल यहाँ मैंने पैर रखा है, लेकिन तेरह वर्ष तक भूल की है, इसलिए और भी तेरह वर्ष तक भूल करनी पड़ेगी, इस बात को मैं अब न मानूँगी। इस दुर्गति से मैं छुटकारा पाऊँगी ही।''

सरला ने कहा, ''माँ, मेरा तो कोई है नहीं, मुझे किसके सहारे छोड़ जाएँगी।''

सविता ने कहा, ''जिसके पति हैं, उसके पास सब कुछ है सरला। तुमने कोई

अन्याय, कोई अपराध नहीं किया है। अनुतप्त होकर जीवन को एक दिन लौटना ही पड़ेगा। दु:ख की ज्वाला से हतबुद्धि होकर जहाँ भी कहीं क्यों न भाग गया हो, फिर तुम्हारे पास उसे आना ही पड़ेगा, लेकिन मेरे साथ चले जाने से तो वह तुमको ढूँढ़कर नहीं पा सकता।''

सरला ने कहा, ''नहीं, माँ अब वह नहीं आएँगे।''

''ऐसा कभी नहीं हो सकता सरला, वह जरूर आएगा।''

''नहीं माँ, वह अब आएँगे नहीं, मैं और किसी दिन आपको इसका कारण बताऊँगी।''

सविता ने जानने के लिए कोई जिद नहीं की, लेकिन अचरज के साथ मौन हो रही।

सरला कहने लगी, ''जहाँ भी आप जाएँगी, मैं साथ चलूँगी। आप बड़े घर की बेटी हैं, बड़े घर की बहू हैं, कहीं भी अकेली जाना उचित नहीं, साथ में एक सेविका चाहिए ही। मैं आपकी वही सेविका हूँ माँ।''

''तुम जान कैसे गई कि मैं बड़े घर की बेटी हूँ, बड़े घर की बहू हूँ, यह बात किसने तुमसे कही?''

''सिर्फ मैं ही नहीं जानती हूँ माँ, सभी जानते हैं, यह बात लिखी हुई है आपकी आँखों की पुतलियों में, यह बात लिखी हुई है आपके सर्वांग में, आपके पैदल चलने पर लोगों को पता चल जाता है। बाबू ने किसी तरह के कुछ संदेह का आभास दिया था, किसी तरह के अपमान की कोई बात कह दी थी, ऐसी बात कितने ही घरों में होती रहती है, लेकिन वह आपसे सहा नहीं गया, सब छोड़कर जाना चाहती हैं। बड़े घर की बेटी के अलावा क्या किसी को इतना अभिमान रहता है माँ?''

थोड़ी देर चुप रहकर वह फिर कहने लगी, ''भीतर की बात सभी जानते हैं। फिर भी कोई मुँह से निकाल नहीं सकता, यह बात भय से भी नहीं, आपकी कृपा के लोभ से भी नहीं। ऐसा होने से यह छलना किसी न किसी दिन प्रकट हो ही जाती। आपको आभास से भी कोई अपमानित नहीं कर सकता, यह सिर्फ इसलिए माँ।''

थोड़ी देर चुप रहकर वह फिर कहने लगी, ''भीतर की बात सभी जानते हैं। फिर भी कोई मुँह से निकाल नहीं सकता, यह बात भय से भी नहीं, आपकी कृपा के लोभ से भी नहीं। ऐसा होने से यह छलना किसी न किसी दिन प्रकट हो ही जाती। आपको आभास से भी कोई अपमानित नहीं कर सकता, यह सिर्फ इसलिए माँ।''

कृतज्ञतापूर्ण नेत्रों से स्वीकार करके सविता ने कहा, ''तुम लोग सभी जो मुझे प्यार करती हो, यह बात मुझे मालूम है।''

सरला ने कहा, ''सिर्फ प्यार ही नहीं, हम लोग आपका बहुत आदर करते हैं।

केवल आप अच्छी हैं, इसलिए नहीं करतीं, आप बड़ी हैं, इसलिए करती हैं। इसी कारण कल्पना करने की बात दूर रही, वह बात मन में सोचने से भी हमें शरम मालूम होती है। फिर हम लोगों को छोड़कर आप कैसे चली जाएँगी?''

''लेकिन न जाने का भी तो कोई रास्ता नहीं है।''

''रास्ता अगर न रहे तो हम लोगों को साथ गए बिना कोई उपाय नहीं है और मेरे न रहने से करेगा कौन?''

सविता ने कहा, ''यह मैं नहीं जानती, कौन करेगा, लेकिन बड़े घर से ही अगर मैं आ गईं हूँ सरला, तो तुम भी ऐसे घर से नहीं आई हो, जो लोग दूसरों का काम करते हुए घूमते रहते हैं। तुमको सेविका का काम मैं क्यों करने दूँगी?''

सरला ने उत्तर दिया, ''तो इस दशा में मैं सेविका का काम न करूँगी, मैं करूँगी माँ की सेवा। अपमान की लज्जा से अकेली जाकर रास्ते में आप खड़ी होंगी, उसका दुःख कितना है, यह बात मैं जानती हूँ। यह मुझसे सहन न होगा माँ, मैं साथ जरूर जाऊँगी।''

सरला ने उत्तर दिया, ''तो इस दशा में मैं सेविका का काम न करूँगी, मैं करूँगी माँ की सेवा। अपमान की लज्जा से अकेली जाकर रास्ते में आप खड़ी होंगी, उसका दुःख कितना है, यह बात मैं जानती हूँ। यह मुझसे सहन न होगा माँ, मैं साथ जरूर जाऊँगी।''

इतना कहकर उसने आँचल से मुँह पोंछ डाला।

वह साफ तौर से कहना नहीं चाहती, सिर्फ इशारे से समझाना चाहती है कि निराश्रय का दुःख कितना है। सविता को स्वयं भी याद पड़ गई उस दिन की बात, जिस दिन गंभीर रात्रि में पति-गृह छोड़कर बाहर चली आई थीं। आज भी उसी दुःख की तुलना करने में जगत् का कोई भी दुःख वे खोजकर नहीं पातीं। उसके बाद लंबे तेरह साल बीत गए इस घर में। इस नरक-कुंड में भी बचे रहने की जरूरत से फिर उनको धीरे-धीरे बहुत कुछ इकट्ठा करना पड़ा है, वह सब सचमुच ही क्या आज भार-बोझ है? सचमुच ही क्या प्रयोजन बिल्कुल ही समाप्त हो चुका है? सरला की सतर्क वाणी ने उनको सचेत कर दिया; संदेह उत्पन हो गया कि आश्रय त्याग करने का घोर साहस शायद आज उनमें नहीं है। पुण्यमय पतिगृह में रहने की बहुत सी स्मृतियाँ उनके मानस-पटल पर फूट उठीं, भय पैदा हुआ, वह मन, उस शांत देहाती भवन की सरल सामान्य आवश्यकताएँ इस विक्षुब्ध नारी की अशुचि जीवन यात्रा के भँवर में चक्कर खाकर कहाँ डूब गई हैं, किसी प्रकार अब उनका पता न चलेगा।

मन-ही-मन मान लेना पड़ा कि वे नई बहू अब नहीं हैं, उनकी अवस्था अब बढ़ चुकी है, अभ्यासों में बहुत से परिवर्तन हो गए हैं। यह आश्रय जिसने दिया है उसकी दी हुई लांछना और अपमान चाहे कितना बड़ा ही क्यों न हो, उस आश्रय को छोड़कर

खाली हाथ रास्ते में निकल पड़ना आज उससे भी कठिन काम है, लेकिन एकाएक याद पड़ गया कि रहना भी पड़ेगा किस तरह। इस मनुष्य के विरुद्ध उसका विद्वेष और घृणा प्रतिक्षण इकट्ठा होकर जो इतना बड़ा पर्वताकार हो गया है, यह बात इतने दिन खुद भी इस तरह हिसाब करके उन्होंने नहीं देखी है। मन में यह खयाल आया कि चारपाई पर बैठकर पान और तंबाकू से एक गाल¨¨तरह फुलाकर बारबार उच्चारित उन सब अत्यंत अरुचिकर संभाषणों और रसिकता से उसका मनोरंजन करने का प्रयास कर रहा है। उनकी दृष्टि में एक लालसा, एक कामना स्पष्ट झलक रही है। फिर इसी कामातुर और निर्लज्ज व्यक्ति को गले लगाकर फिर उसे रात बितानी पड़ेगी, यह याद करके पलभर के लिए सविता मानो अचेत हो गई।

> ***मन-ही-मन मान लेना पड़ा कि वे नई बहू अब नहीं हैं, उनकी अवस्था अब बढ़ चुकी है, अभ्यासों में बहुत से परिवर्तन हो गए हैं। यह आश्रय जिसने दिया है उसकी दी हुई लांछना और अपमान चाहे कितना बड़ा ही क्यों न हो, उस आश्रय को छोड़कर खाली हाथ रास्ते में निकल पड़ना आज उससे भी कठिन काम है, लेकिन एकाएक याद पड़ गया कि रहना भी पड़ेगा किस तरह।***

"माँ!"

चकित होकर सविता ने जवाब दिया, "क्यों सरला?"

"सचमुच ही आप आज चली जाएँगी?"

"आज न जाने पर भी एक दिन तो जाना ही होगा?"

"क्यों जाना होगा, यह घर आपका है।"

"नहीं, मेरा नहीं है, रमण बाबू का है।"

इतने दिनों तक इस नाम का उन्होंने उच्चारण नहीं किया था। मानो सचमुच ही यह निषिद्ध था, आज छलना का नकाब उन्होंने खोल दिया। सरला ने लक्ष्य किया, क्योंकि हिंदू नारी के कानों में यह खटकेगा ही और कारण भी समझ गई। बोली, "हम लोग तो सभी जानते हैं कि यह उन्होंने आपको दिया था, अब तो उनका अधिकार नहीं है माँ।"

सविता ने कहा, "यह मुझे नहीं मालूम सरला, यह तो कानून और अदालत की बात है। जबानी दान का स्वत्व कितना है, यह मुझे नहीं मालूम।"

सरला ने डरकर कहा, "सिर्फ जबानी लिखा-पढ़ी नहीं हुई है? ऐसा कच्चा काम तुमने क्यों किया माँ?"

सविता चुप ही रहीं, उनको उसी दम याद आ गया कि पति के पास जो रुपया जमा था, सब कुछ खोकर भी उन्होंने ब्याज मूल सहित उस दिन लौटा दिया।

सरला ने कहा, "रमण बाबू को आपने आने को मना कर दिया है, अब क्रोध के

आवेश में अगर वे अस्वीकार कर दें?''

सविता ने कहा, ''वह वही कर डालें सरला, मैं उनको कुछ भी दोष न दूँगी। केवल उनसे मेरी प्रार्थना है कि क्रोध, रोष और शोर मचाने के लिए फिर वह मेरे सामने न आएँ।''

सरला ने सुना तो स्तब्ध हो रही। अंत में सूखे मुँह से बोली, ''एक बात मैं कहती हूँ आपसे। रमण बाबू को आपने विदाई दे दी, रहने का घर भी जाने पर है, सचमुच ही क्या आपको कोई चिंता नहीं होती? उस दिन जब मुझे छोड़कर वह चले गए, अकेली घर में जैसे पागल हो उठी। ज्ञान नहीं था, इसलिए तो जहर खाकर मैंने मरना चाहा था माँ, वर्ना इतने बड़े पाप के काम में तो मुझे हिम्मत ही नहीं पड़ती, लेकिन देखती हूँ कि आप पूर्णरूप से निर्भय हैं, किसी चीज की चिंता नहीं करतीं, ऐसी बात किस प्रकार संभव होती है माँ? शायद संभव होती है इसलिए कि आप हम लोगों कि अपेक्षा बहुत बड़ी हैं।''

सविता ने कहा, ''बड़ी नहीं हूँ बेटी, लेकिन तुम्हारी और मेरी अवस्था एक नहीं है। तुम थीं पूर्णतः निःस्व, संपूर्ण निरुपाय, लेकिन मैं वह नहीं। उस दिन जो बहुत रुपए की संपत्ति मेरे यहाँ खरीदी गई, वह मेरे अधिकार में है।''

सरला ने पूछा, ''उसमें तो कोई गड़बड़ी नहीं होगी माँ?''

सविता ने गर्व के साथ कहा, ''वह तो मेरे पति की है। वह तो मेरा निज का रुपया है। उसमें गड़बड़ी करने की किसमें ताकत है?''

> ***सरला ने कहा, ''रमण बाबू को आपने आने को मना कर दिया है, अब क्रोध के आवेश में अगर वे अस्वीकार कर दें?''***
>
> ***सविता ने कहा, ''वह वही कर डालें सरला, मैं उनको कुछ भी दोष न दूँगी। केवल उनसे मेरी प्रार्थना है कि क्रोध, रोष और शोर मचाने के लिए फिर वह मेरे सामने न आएँ।''***

सविता तेरह साल से अकेली हैं। आत्मीय स्वजनहीन अवस्था में तेरह साल बीत गए हैं पराए घर में। मन की बात कहने योग्य एक भी आदमी इतने दिन नहीं था। रुपए का विवरण देते समय अकस्मात् इस लड़की के सामने उनका इतने दिनों का बंद मुख खुल गया। एकाएक किस तरह पति से भेंट हो गई, अंधकारपूर्ण गृहकोण में मात्र छाया देखकर किस तरह उन्होंने उसे पहचान लिया, तब किस प्रकार अपने को उन्होंने संयत कर लिया, तब उन्होंने क्या कहा, उन्होंने क्या किया, इन बातों को अनर्गल बकते-बकते कुछ देर के लिए सविता ने अपने को जैसे खो दिया। सरला के अचरज का ठिकाना नहीं रहा, नई माँ का इस हद तक आत्म-विवरण उसकी कल्पना से दूर की बात थी।

किसी ने पुकारा, ''माँजी।''

सविता ने सचेत होकर जवाब दिया, ''कौन है महादेव?''

दरबान ने ऊपर आकर बताया कि उनकी आज्ञानुसार शोफर गाड़ी ले आया है।

आध घंटे के बाद तैयार होकर नीचे उतरकर उन्होंने देखा कि द्वार के पास सरला खड़ी है। उसने कहा, ''माँ में आपके साथ चलूँगी। वहाँ राखाल बाबू हैं। वह कभी अप्रसन्न नहीं होंगे।''

साथ में कोई जाए, ऐसी इच्छा सविता की नहीं थी। बोलीं, ''हो सकता है कोई अप्रसन्न हो, लेकिन तुम्हारे वहाँ जाने से होगा क्या सरला?''

सरला ने कहा, ''मैं सब जानती हूँ माँ! रेणुका बीमार है, मैं उसको एक बार देख आऊँगी। इससे भी बड़ी इच्छा मुझे हुई है रेणुका के बाप को देखने की, प्रणाम करके उनके पैरों की धूलि ग्रहण करूँगी।''

इतना कहकर सम्मति की प्रतीक्षा न करके ही गाड़ी पर जा बैठी।

रास्ते में चलते हुए उसने धीरे-धीरे पूछा, ''रेणुका के पिता देखने में कैसे हैं माँ?''

सविता ने हँसी करके कहा, ''तुमको कैसा मालूम होता है सरला? ठाट-बाट वाले खूब जबरदस्त आदमी, ठीक हैं न?''

सरला ने कहा, ''नहीं माँ, ऐसा नहीं मालम होता, लेकिन उसी समय से तो सोचती हूँ, कोई चेहरा ही मानो पसंद नहीं हो रहा है।''

''क्यों नहीं हो रहा है सरला?''

''हो इसलिए नहीं रहा है माँ, वह केवल रेणुका के पिता नहीं हैं, वह आपके भी पति हैं। मन-ही-मन मानो किसी प्रकार भी दोनों को एक साथ मिला नहीं सकती।''

रास्ते में चलते हुए उसने धीरे-धीरे पूछा, ''रेणुका के पिता देखने में कैसे हैं माँ?'' सविता ने हँसी करके कहा, ''तुमको कैसा मालूम होता है सरला? ठाट-बाट वाले खूब जबरदस्त आदमी, ठीक हैं न?'' सरला ने कहा, ''नहीं माँ, ऐसा नहीं मालम होता, लेकिन उसी समय से तो सोचती हूँ, कोई चेहरा ही मानो पसंद नहीं हो रहा है।'' ''क्यों नहीं हो रहा है सरला?''

सविता ने हँसकर कहा, ''मान लो अगर ऐसा ही हो, वह वृद्ध वैष्णव मुझसे उम्र में बहुत बड़ा, माथे पर है शिखा, बाल प्राय: सफेद हो चुके हैं, रंग गोरा है, शरीर लंबा है, पूजा से, उपवास से, नियम से शीर्ण है, ऐसे आदमी को तुम पसंद करती हो सरला?''

''नई माँ, मैं नहीं करती। आप करती हैं?''

''बिना किए उपाय नहीं है सरला। पति पसंद, न पसंद की चीज नहीं है। उनको बिना विचार किए मान लेना पड़ता है। तुम कहोगी, यह है शास्त्र का विधान, मनुष्य

के मन का विचार नहीं, लेकिन यह तर्क कौन लोग करते हैं, जानती हो बेटी, वे ही लोग करते हैं, जिनको सचमुच आज तक भी मनुष्य के मन की खबर नहीं मिली है, जिनको दुर्गति की आग जलाकर जीवन का पथ टटोलते घूमना नहीं पड़ा है। संसार-यात्रा में पति के सौंदर्य और जीवन का प्रश्न तुच्छ बात है बेटी, दो दिनों में ही हिसाब के बाहर चला जाता है।''

सरला अशिक्षिता होने पर भी ऐसी बात को ठीक सच्ची बात कहकर ग्रहण न कर सकी, समझ गई कि यह है उनके परिताप की ग्लानि। प्रतिक्रिया के आलोड़ित हृदय की ऐकांतिक क्षमा-याचना है। उसे इच्छा नहीं हुई कि प्रतिवाद करके उनकी वेदना को बढ़ा दे, लेकिन चुप भी न रह सकी, बोली, ''एक बात जान लेने की भारी साध हो रही है माँ, लेकिन…''

''लेकिन क्या बेटी? प्रश्न करके तुम मुझे और लज्जित नहीं करना चाहतीं, यही तो? और लज्जा न बढ़ेगी सरला, तुम निश्चिंत होकर पूछो।''

फिर भी सरला की कुंठा दूर नहीं हुई। उसको चुप देखकर उन्होंने स्वयं कहा, ''शायद तुम जानना चाहती हो, अगर यही सच है तो मेरी ही फिर इतनी बड़ी दुर्गति क्यों हो गई? इसका जवाब अनेक दिन अनेक तरह से मैंने सोच-विचार करके देखा, लेकिन अपने पिछले जीवन का कर्मफल छोड़कर इस सवाल का आज तक भी मुझे कोई जवाब नहीं मिला है बेटी।''

फिर भी सरला की कुंठा दूर नहीं हुई। उसको चुप देखकर उन्होंने स्वयं कहा, ''शायद तुम जानना चाहती हो, अगर यही सच है तो मेरी ही फिर इतनी बड़ी दुर्गति क्यों हो गई? इसका जवाब अनेक दिन अनेक तरह से मैंने सोच-विचार करके देखा, लेकिन अपने पिछले जीवन का कर्मफल छोड़कर इस सवाल का आज तक भी मुझे कोई जवाब नहीं मिला है बेटी।''

यद्यपि सरला खुद भी कर्मफल मानती है तो भी सविता के इस जवाब का उसका मन समर्थन न कर सका। वह चुप ही हो रही। सविता उसके चेहरे की तरफ देखकर यह बात समझ गईं, बोलीं, ''किसी दूसरे के अज्ञात कर्मफल के कंधे पर दोष मढ़कर इस जन्म के टूटे हुए बेड़े के छेद खोजती फिरती हूँ। इतनी बड़ी नासमझ मैं नहीं हूँ बेटी, लेकिन इस गोरख-धंधे के बाहर का रास्ता ही किसने निकाला है ,बताओ तो? जिस मनुष्य को मैंने विदा कर दिया है, उसे कभी मैंने बड़ा नहीं समझा है, उस पर मैंने कभी श्रद्धा नहीं की है, किसी दिन मैंने उसे प्यार नहीं किया है, तो भी उसी के घर में मेरा एक युग किस तरह कट गया?''

इस बार सरला ने लज्जा के साथ कहा, ''आज भले ही न हो, उस दिन भी क्या

आपने रमण बाबू से प्रेम नहीं किया था माँ ?''

''नहीं बेटी, उस दिन भी नहीं, किसी दिन भी नहीं।''

''फिर यह भूल आपसे क्यों हुई ?''

सविता ने कुछ देर चुप रहकर दबी हँसी हँसकर कहा, ''भूल के विषय में 'क्यों' का प्रश्न नहीं सरला। वह घटना हो जाती है अचानक पूर्णत: अकारण निरर्थकता में। इन बारह-तेरह वर्षों में कितनी ही लड़कियों को तो मैंने देख लिया है, आज शायद सर्वनाश के भंवर के तले में वे कहीं डूब गई हैं, उस दिन मेरी एक भी बात का वे लोग उत्तर न दे सकी थीं, मेरी तरफ मौन होकर देखते-देखते उनकी आँखें आँसुओं से भर गईं। मैं सोचकर समझ भी न सकी कि अपने भाग्य को छोड़कर और किसे वे अभिशाप देंगी। देखकर कैसे तिरस्कार करूँ, अपने ही माथे पर थप्पड़ लगाकर रोकर कह चुकी हूँ, निष्ठुर देवता! तुम्हारे रहस्यमय संसार में दु:ख के बिना दु:ख का अभिनय गाने का भार तुमने दे दिया क्या; अंत में इन अभागिनियों पर ? क्यों होता है, मैं नहीं जानती सरला, लेकिन ऐसा ही होता है।''

सरला ने इस बार भी समर्थन नहीं किया, सिर हिलाकर बँधे रास्ते के पक्के सिद्धांत का अनुसरण करके बोली, ''उन लोगों का कोई कसूर नहीं था, ऐसी बात आप कैसे कह रही हैं माँ ?''

सविता ने जवाब नहीं दिया और उसे समझाने का उन्होंने कोई प्रयत्न नहीं किया। सिर्फ लंबी साँस भरकर खिड़की के बाहर शून्य नेत्रों से रास्ते की तरफ देखती रहीं।

सत्रह नंबर के घर का सदर द्वार खुला पड़ा था। दोनों ने वहाँ प्रवेश करके देखा, नीचे कोई नहीं है। सीढ़ियों के ऊपर चढ़ते ही दिखाई पड़ा कि एक सोलह-सत्रह साल की लड़की बरामदे में बैठकर साग काट रही है। वह उठ खड़ी हुई और अभ्यर्थना करके बोली, ''आइए!'' रेलिंग पर आसन था, जिसे लाकर उसने बिछा दिया और सविता की पदधूलि लेकर प्रणाम किया।

गाड़ी आकर यथास्थान रुक गई तो दोनों उतर पड़ीं। गाड़ी कल तक ठहरने के लिए दूसरी जगह चली गई।

सत्रह नंबर के घर का सदर द्वार खुला पड़ा था। दोनों ने वहाँ प्रवेश करके देखा, नीचे कोई नहीं है। सीढ़ियों के ऊपर चढ़ते ही दिखाई पड़ा कि एक सोलह-सत्रह साल की लड़की बरामदे में बैठकर साग काट रही है। वह उठ खड़ी हुई और अभ्यर्थना करके बोली, ''आइए!'' रेलिंग पर आसन था, जिसे लाकर उसने बिछा दिया और सविता की पदधूलि लेकर प्रणाम किया।

आज यह लड़की इतनी बड़ी हो गई है, आसन पर बैठकर सविता किसी प्रकार भी अपने को सँभाल न पाई। उच्छ्वसित अश्रुपात से समस्त शरीर बार-बार काँप उठा

और दूसरे ही पल आँखों से पानी गिरने लगा।

सविता ने जान लिया कि यह लज्जाजनक है, हो सकता है कि इन आँसुओं की कोई मर्यादा इस लड़की के मन में नहीं है, लेकिन संयम का बाँध टूट गया है, किसी तरह भी कुछ हुआ नहीं। सिर्फ दोनों नेत्रों पर आँचल दबाकर मुँह ढँककर बैठी रहीं।

दस

जितनी ही सविता ने रुलाई रोकनी चाही, उतनी ही वह शासन के बाहर चली गई। झंझा–शुब्ध आभार सर्वत्र आलोड़ित समुद्र जल ने किसी तरह मानो अंत मान लेना नहीं चाहा। लड़की ने सांत्वना देने की कोशिश नहीं की। दुर्बल क्लांत हाथ से जिस तरह साग काट रही थी, उसी तरह चुपचाप काम करती रही। अंत में यद्यपि क्रंदन की उद्दंडता शांत हो चली, लेकिन अपने मुँह के पर्दे को सविता किसी तरह भी हटा नहीं सकी। वह जैसे खूब चिपककर पड़ा रहा, लेकिन इस तरह कितनी देर तक चलेगा, सबकी परिस्थिति अंदर ही अंदर दुस्सह होने लगती है। इसलिए शायद सरला ही सबसे पहले कह उठी, ''आज तुम्हारी तबीयत कैसी है दीदी?''

''अच्छी है।''

''फिर बुखार तो नहीं आया?''

''नहीं, मुझे तो मालूम नहीं दिया।''

''डॉक्टर अभी तक आए नहीं?''

''नहीं वह शायद दूसरे वक्त आएँगे।''

सरला ने कुछ सोचकर कहा, ''क्यों, राखाल बाबू दिखाई नहीं देते! क्या वह घर पर नहीं हैं?''

''कहीं पढ़ाने गए हैं।''

''और तुम्हारे बाबूजी?''

''सवेरे चले गए थे और देर में लौटने के लिए कह गए हैं।''

सरला की बातें खत्म हो चलीं। इस बार वह क्या कहेगी, सोचकर समझ न सकी। अंत में बहुत संकोच के बाद उसने पूछा, ''यह कौन हैं, क्या तुम पहचान गईं रेणुका?''

''कैसे पहचानूँगी, मुझे तो चेहरा भी याद नहीं।''

''समझ भी नहीं सकी?''

रेणुका ने सिर हिलाकर कहा, ''समझ तो सकी हूँ। राजू भइया बतला गए हैं, लेकिन आप कौन हैं, यह नहीं समझ पाई।''

सरला ने अपना परिचय देकर कहा, ''मेरा नाम है सरला, तुम्हारी माँ के पास रहती

हूँ। राखाल बाबू मुझे जानते हैं। मेरे बारे में क्या कोई बात उन्होंने तुमसे कही नहीं?''

''नहीं। उन सब बातों को वह मुझसे कैसे बताएँगे? बताना तो ठीक नहीं है।''

इस बार सरला का मुँह एकदम ही बंद हो गया। उसकी बुद्धि-विवेचना जितनी दूर संभव थी, उसने उसे उतनी दूर चलाया है और आगे बढ़ने योग्य उसको खोजने से कुछ नहीं मिला। कुछ मिनट चुपचाप बीत जाने पर रेणुका उठ गई, लेकिन थोड़ी ही देर बाद एक लोटा हाथ में लेकर आई और बोली, ''उठिए माँ, पाँव धोने के लिए पानी लाई हूँ।''

इस आह्वान से सविता पागल की भाँति अकस्मात् उठ खड़ी हुई। उन्होंने लड़की को गोद में खींच लिया, लेकिन कुछ ही देर के लिए। उसके बाद ही अचेत होकर धरती पर गिर पड़ीं। कुछ मिनट के बाद चेत में आने पर उन्होंने देखा उनका माथा सरला की गोद में है और सामने बैठी हुई लड़की पंखा डुला रही है।

इस आह्वान से सविता पागल की भाँति अकस्मात् उठ खड़ी हुई। उन्होंने लड़की को गोद में खींच लिया, लेकिन कुछ ही देर के लिए। उसके बाद ही अचेत होकर धरती पर गिर पड़ीं। कुछ मिनट के बाद चेत में आने पर उन्होंने देखा उनका माथा सरला की गोद में है और सामने बैठी हुई लड़की पंखा डुला रही है।

रेणुका ने कहा, ''माँ, पूजा का स्थान ठीक कर दिया है, एक बार उठ जाना पड़ेगा।''

यह सुनकर उनके दोनों नेत्रों के कोनों से सिर्फ जल चू पड़ा।

रेणुका ने फिर कहा, ''सरला दीदी ने कहा था, आपने चार-पाँच दिन से कुछ खाया नहीं है, थोड़ी सी मिश्री भिगोकर मैंने रख दी है माँ, इस बार उठकर पी लेना होगा, लेकिन बाल सब धूल और जल में लुट-पुट कर एक हो गए हैं। यह मेरा दोष नहीं है माँ, सरला दीदी का है। हाँ माँ, आपके बाल मानो काले रंग के रेशम हैं, लेकिन मेरे बाल ऐसे सख्त क्यों हो गए हैं माँ? शायद बचपन में खूब मुँडवा दिया गया था? देहात में यही बड़ा दोष है।''

सविता ने हाथ से लड़की के माथे को छुआ। कई दिनों के ज्वर से उसके बिखरे हुए बाल रूखे हो उठे हैं। बहुत देर तक उँगलयों से हिलाती-डुलाती रहीं, अनेक बार बातें करते समय गले में रुकावट आ गई, अंत में उस माथे को अपनी गोद में खींचकर वह नेत्रों से आँसू गिराने लगीं। जो बात गले में रुक गई थी, वह गले में ही दबी रह गई। बात भले ही मुँह से न निकले, लेकिन यह अनुच्चारित भाषा समझने में किसी को देर न लगी। लड़की समझ गई, सरला समझ गई और समझ गए वे, जिनके लिए इस दुनिया में कोई भी चीज अनजान नहीं।

इस हालत में कुछ देर रहकर सविता उठ पड़ी। लड़की उनको नीचे स्नान के कमरे में ले जाकर फिर नहलवाकर ले आई। बलपूर्वक पूजा पर बैठा दिया और उसके

खत्म होने पर उसी प्रकार बल प्रयोग करके उनको मिश्री का शरबत पिला दिया।

रेणुका ने कहा, ''माँ, अब जाती हूँ रसोई पकाने। आपको खाना पड़ेगा।''

''अगर न खाऊँ?''

''ऐसा होने से आपके पैरों पर माथा रगड़ूँगी, बिना खाए आप छुटकारा न पा सकेंगी।'' रेणुका ने कहा।

उसने फिर कहा, ''सवेरे जरा मिश्री खाकर जल पी चुकी हूँ, आज और कुछ न खाऊँगी। कुछ दुर्बल तो सचमुच हो गई हूँ, लेकिन रसोई पकाए बिना काम चलेगा कैसे, माँ? राजू भैया के आने में देर होगी। बाबूजी भी लौटेंगे, बहुत दिन चढ़ जाने पर। रसोई न पकाने से इतने आदमी खाएँगे क्या? इसके अलावा मुझे ठाकुरजी का भोग भी तो बनाना होगा।''

इतना कहकर उसने जैसे ही रेलिंग पर से उतारकर अँगोछा कंधे पर रख लिया, वैसे ही सविता ने चौंककर पूछा, ''क्या तुम स्नान करने जा रही हो रेणुका?''

रोणुका ने हँसकर कहा, ''माँ आप भूल गई हैं। आपने क्या कभी बिना स्नान किए भोग बनाया था?''

सविता के मुँह से इस बात का उत्तर न निकला। सरला ने कहा, ''लेकिन फिर बुखार तो आ सकता है रेणुका।''

उसने फिर कहा, ''सवेरे जरा मिश्री खाकर जल पी चुकी हूँ, आज और कुछ न खाऊँगी। कुछ दुर्बल तो सचमुच हो गई हूँ, लेकिन रसोई पकाए बिना काम चलेगा कैसे, माँ? राजू भैया के आने में देर होगी। बाबूजी भी लौटेंगे, बहुत दिन चढ़ जाने पर। रसोई न पकाने से इतने आदमी खाएँगे क्या? इसके अलावा मुझे ठाकुरजी का भोग भी तो बनाना होगा।''

रेणुका ने सिर हिलाकर कहा, ''नहीं, शायद आएगा नहीं, अब मैं अच्छी हो गई हूँ। जब तक अच्छी हूँ, तब तक तो करना ही पड़ेगा। हम लोगों के यहाँ करने वाला तो और कोई दूसरा है नहीं।''

जवाब सुनकर दोनों ही चुप ही रहीं।

रसोई मामूली थोड़ी ही पकानी थी, लेकिन उसे कर डालने में रेणुका को कितना कष्ट हो रहा था, यह स्पष्ट है। ज्वर के कारण सात-आठ दिनों का उपवास से अत्यंत दुर्बल थी। लड़की बहुत कष्ट उठा-उठाकर आँखों के सामने ही काम करने लगी, माँ चुपचाप ही बैठकर देखती रहीं, लेकिन कुछ भी करने को नहीं रहा। इस जीवन का पारिवारिक बंधन जो इस तरह टूट गया है, व्यवधान जो इतना वृहत् हो गया है, ऐसा प्रत्यक्ष रूप से समझ लेने का अवकाश शायद सविता को और किसी प्रकार भी नहीं मिलता जैसा कि आज मिल गया।

भोजन तैयार हो गया। सरला को लक्ष्य करके रेणुका ने कहा, ''बाबूजी के लौटने में, शायद दिन ढल जाएगा। आप क्यों झूठ-झूठ कष्ट उठाएँगी सरला दीदी, खा लीजिए। बाबूजी कहा करते हैं, ऐसी हालत में गृहस्थी में किसी एक के उपवास करके रहने से ही कोई दोष नहीं होता, सचमुच होता नहीं?''

यह कहकर वह माँ के मुँह की तरफ देखती हुई उत्तर के लिए प्रतीक्षा करती रही।

सविता जानती है कि उन लोगों के बड़े परिवार में बाध्य होकर ही एक दिन यह नियम चलाया गया था। ठाकुरजी की पूजा के लिए पुजारी ब्राह्मण नियुक्त रहने पर भी ब्रजबाबू सहज में ही काम किसी पर छोड़ देना नहीं चाहते थे, फिर भी चिरकाल से ढीले स्वभाव के आदमी होने के कारण उनको ही प्राय: बेकार देर हो जाया करती थी, लेकिन लड़की के सवाल के जवाब में उनको क्या करना चाहिए, यह वह सोचकर भी समझ नहीं पाईं।

सविता जानती है कि उन लोगों के बड़े परिवार में बाध्य होकर ही एक दिन यह नियम चलाया गया था। ठाकुरजी की पूजा के लिए पुजारी ब्राह्मण नियुक्त रहने पर भी ब्रजबाबू सहज में ही काम किसी पर छोड़ देना नहीं चाहते थे, फिर भी चिरकाल से ढीले स्वभाव के आदमी होने के कारण उनको ही प्राय: बेकार देर हो जाया करती थी, लेकिन लड़की के सवाल के जवाब में उनको क्या करना चाहिए, यह वह सोचकर भी समझ नहीं पाईं।

उत्तर न पाकर रेणुका कहने लगी, ''लेकिन मेरी नई माँ को देर सही नहीं जाती थी। खाने में जरा देर होने पर भी वह बहुत गुस्सा कर बैठती थीं। बाबूजी ने इसीलिए मुझे एक दिन दु:खी होकर कहा था कि गाँव के घर पर कितने ही दिन जो आपका इस वक्त खाना नहीं होता था, उपवास करके दिन काटना पड़ता था, इसकी गिनती नहीं है, लेकिन किसी दिन गुस्सा करके आपने नहीं कहा कि ठाकुरजी को फेंक दो।''

सरला ने अचरज में पड़कर पूछा, ''ठाकुरजी को फेंकने को कहती हैं?''

''हाँ, कितनी ही बार कह चुकी हैं। कहती हैं कि गंगाजी में फेंक आओ।''

''तुम्हारे बाबूजी क्या कहते हैं?''

सरला के सवाल का जवाब उसने माँ को ही दिया। कहा, ''मेरी उम्र उस समय नौ साल की थी। बाबूजी ने मुझे बुला भेजा। उनके कमरे में जाकर मैंने देखा कि उनके नेत्रों से आँसू गिर रहे हैं। मुझे अपने पास बैठाकर उन्होंने आदर करके कहा, ''मेरे गोविंद का सब भार था एक तुम्हारी माँ पर। आज से तुम ही उनका काम करो, कर सकोगी न बेटी?'' मैंने कहा, ''कर सकूँगी बाबूजी।'' तभी से मैं ही ठाकुरजी का काम करती हूँ। पूजा जब तक नहीं हो जाती, मैं घर में बिना खाए रहती हूँ, लेकिन आज मैं नहीं

करती माँ। बुखार का भय न रहता तो आपको बैठने को कहकर हम लोग खा लेते।''

इतना कहकर वह हँसने लगी। सोचकर भी उसने नहीं देखा कि इसने कितनी असंभव और कितनी मर्मांतक ठेस अपनी माँ को पहुँचाई।

सविता मुँह फेरकर चुपचाप बैठी रहीं। एक बात का भी उन्होंने जवाब नहीं दिया। लड़की जो कुछ भी कहे, माँ जानती है, इस घर की अब वह कुछ भी नहीं हैं। पारिवारिक नियमों के पालन में आज उनका खाना, न खाना दोनों ही अर्थहीन हैं।

रेणुका सरला को ठाकुरजी के दर्शन के लिए ले आई। सविता उसी जगह पर चुप होकर बैठी रहीं। लड़की ने कितनी थोड़े में बात कह दी है। अपनी विमाता के ऊबे हुए चित्त का सामान्य विवरण, ठाकुर देवता के प्रति श्रद्धा का एक उदाहरण यही तो। ऐसा तो कितने ही घरों में है। कोई अकाल्पनिक बात भी नहीं है और शायद विशेष दोष की भी बात नहीं है। यह स्त्री शायद अपने पति को एक क्षण के लिए समझ न सकी है, उसके कितने ही दिनों का मुखभार, कितना दबा हुआ झगड़ा, कितने ही छोटे-छोटे संघर्षों के काँटों से बिछे हुए शक्तिहीन दिन, कितनी ही वेदना-विक्षत दुःखमय स्मृतियाँ, सविता के मानस-पटल पर साकार हो उठीं।

फिर भी किसलिए? इसी प्रश्न ने अब सबसे अधिक मात्रा में सविता को बींध दिया। जो भार स्वभावत: उसका अपना ही है, उस लोक को अगर कोई अन्य ढो न सके तो उसे क्या दोष दिया जा सकता है, उसके अपने अपराध के सिवा और किसका अपराध है? अधर्म की मार इतनी निर्दय होती है, अकेले इतना दुःख भी दुनिया में पैदा किया जाता है, उसकी मूर्ति इतनी भद्दी है, इसके पहले इस हद तक वह समझ न सकी थीं, ग्लानि और व्यथा के भारी बोझ से ही उनकी साँस तक मानो रुक जाने लगी। तो भी प्राणपण बल से केवल यही मन-ही-मन कहने लगीं, इसका प्रतिकार क्या नहीं है? दुनिया में चिरस्थायी तो कुछ भी नहीं है, केवल दुष्कृति ही इस जगत् में अविनश्वर है? कल्याण के सभी द्वार सदा के लिए बंद करके क्या केवल वही रह जाएगी, किसी दिन भी क्या उसका नाश नहीं होगा?

फिर भी किसलिए? इसी प्रश्न ने अब सबसे अधिक मात्रा में सविता को बींध दिया। जो भार स्वभावतः उसका अपना ही है, उस लोक को अगर कोई अन्य ढो न सके तो उसे क्या दोष दिया जा सकता है, उसके अपने अपराध के सिवा और किसका अपराध है? अधर्म की मार इतनी निर्दय होती है, अकेले इतना दुःख भी दुनिया में पैदा किया जाता है, उसकी मूर्ति इतनी भद्दी है, इसके पहले इस हद तक वह समझ न सकी थीं, ग्लानि और व्यथा के भारी बोझ से ही उनकी साँस तक मानो रुक जाने लगी।

''माँ, बाबूजी आ गए हैं।''

सविता ने मुँह ऊपर उठाकर देखा, सामने ब्रजबाबू खड़े हैं। पलभर के लिए सब विघ्न-बाधा भूलकर वह उभरकर खड़ी हुईं और बोलीं, ''इतनी देर कैसे कर दी? बाहर निकल जाने पर क्या तुम घर-गृहस्थी सभी बातें भूल जाओगे? देखो तो दिन कितना चढ़ आया है?''

ब्रजबाबू महाअप्रतिहित रूप से विलंब का विवरण देने लगे।

सविता ने कहा, ''लेकिन अब देर न कर सकोगे। ठाकुरजी की पूजा आज संक्षेप में कर देनी पड़ेगी, यह मैं तुमसे बताए देती हूँ।''

''ऐसा ही होगा नई बहू, ऐसा ही होगा। रेणुका, दे दो बेटी मेरा अँगोछा, जल्दी स्नान कर आऊँ।''

''नहीं बाबूजी, तुम थोड़ा आराम करो। जो देर होनी थी, वह हो चुकी। मैं तंबाकू भर लाती हूँ।''

माँ और पिता दोनों ही बेटी के मुँह की तरफ देखने लगे। ब्रजबाबू ने कहा, ''बेटी के बिना बाप के प्रति इतना दर्द और किसी को नहीं होता नई बहू। उसके सामने तुम हार गई।'' यह कहकर वह हँस पड़े।

सविता ने कहा, ''हार जाने में कोई आपत्ति नहीं है मझले मालिक, लेकिन यही एक मात्र सत्य नहीं है। दुनिया में एक और ऐसे पुरुष हैं, जिनके सामने लड़की की भी आवश्यकता नहीं पड़ती, माँ की भी नहीं।''

यही हँसी देखकर ब्रजबाबू मानो चौंक पड़े, लेकिन और कोई बात न कहकर कुरता-धोती बदलने के लिए अपने कमरे में चले गए।
उस दिन खाना-पीना समाप्त हुआ; प्रायः दिन के अंत में। ब्रजबाबू बिछौने पर बैठकर तंबाकू पी रहे थे। सविता कमरे में घुसकर फर्श पर एक तरफ दीवाल के सहारे बैठ गईं।

इतना कहकर वह भी हँसने लगीं।

यही हँसी देखकर ब्रजबाबू मानो चौंक पड़े, लेकिन और कोई बात न कहकर कुरता-धोती बदलने के लिए अपने कमरे में चले गए।

उस दिन खाना-पीना समाप्त हुआ; प्रायः दिन के अंत में। ब्रजबाबू बिछौने पर बैठकर तंबाकू पी रहे थे। सविता कमरे में घुसकर फर्श पर एक तरफ दीवाल के सहारे बैठ गईं।

ब्रजबाबू ने पूछा, ''तुमने खा लिया?''

''हाँ।''

''लड़की ने कोई गलती तो नहीं की?''

"नहीं।"

ब्रजबाबू ने कुछ देर चुप रहकर कहा, "गरीब का घर है। कुछ भी नहीं है। शायद तुमको कष्ट हुआ हो नई बहू।"

सविता ने पति के मुँह की तरफ देखकर कहा, "यह नहीं होगा मझले मालिक, तुम मुझे कड़ी बात सुना न सकोगे। इतना ही मेरा अंतिम खयाल है। मरते समय अगर होश में रहूँगी तो सिर्फ यही बात उस समय भी सोचूँगी कि मेरी तरह का पति दुनिया में किसी को कभी नहीं मिला।"

ब्रजबाबू के मुँह से लंबी साँस निकल पड़ी। बोले, "तुम्हारे अपने खाने के कष्ट की बात मैंने नहीं कही नई बहू। मैं कह रहा था कि आज यह भी तुमको अपनी आँखों से देखना पड़ा। तुम आ क्यों गईं?" सविता ने कहा, "देखना जरूर मझले मालिक। नहीं तो शांति अधूरी रहती। तुम्हारे गोविंद की एक दिन मैंने सेवा की थी, शायद वह ही खींचकर ले आए हैं। बिल्कुल ही छोड़ नहीं सके हैं।"

ब्रजबाबू के मुँह से लंबी साँस निकल पड़ी। बोले, "तुम्हारे अपने खाने के कष्ट की बात मैंने नहीं कही नई बहू। मैं कह रहा था कि आज यह भी तुमको अपनी आँखों से देखना पड़ा। तुम आ क्यों गईं?"

सविता ने कहा, "देखना जरूर मझले मालिक। नहीं तो शांति अधूरी रहती। तुम्हारे गोविंद की एक दिन मैंने सेवा की थी, शायद वह ही खींचकर ले आए हैं। बिल्कुल ही छोड़ नहीं सके हैं।"

यह कहते-कहते उनकी दोनों आँखों में आँसू भर आए। आँचल से उन्हें पोंछकर उन्होंने कहा, "अनन्य मन से अगर उनको चाहने लगूँ। मन में कहीं भी अगर कपट न रखूँ, तो वे क्या मुझे क्षमा नहीं करते मझले मालिक।"

ब्रजबाबू ने कष्ट से आँसू रोककर कहा, "जरूर ही करते हैं।"

"लेकिन मैं किस तरह जान सकूँगी?"

"यह तो मैं नहीं जानता नई बहू। वह दृष्टि शायद वे ही देते हैं।"

सविता बड़ी देर तक मुँह नीचे झुकाए बैठी रहीं, फिर उन्होंने मुँह उठाया, पूछा, "आज तुम कहाँ गए थे?"

ब्रजबाबू ने कहा, "नंद-साहा के यहाँ मेरा रुपया पावना था।"

"दे दिया?" सविता ने पूछा।

"क्या तुम जानती हो··· ?"

"यह मैं सुनना नहीं चाहती, पूछती हूँ दिया या नहीं, बताओ?"

ब्रजबाबू न देने का कारण खोलकर बताने में कितना ही मानो कुंठित हो उठे।

बोले, ''आनंदपुर के साहा के लोगों को तुम जानती ही हो। वे लोग अति सज्जन धर्मभीरु आदमी हैं, लेकिन आजकल का समय ऐसा ही हो गया है कि मनुष्य इच्छा करने पर कुछ कर नहीं सकता। इसके अलावा नंद साहा अब अंधे हो गए हैं, कारोबार चला गया है भतीजों के हाथ में, लेकिन देंगे एक दिन जरूर ही।''

''यह मैं जानती हूँ, क्योंकि उनको मैं धोखा देने नहीं दूँगी। नंद साहा को मैं भूल नहीं गई हूँ।''

''क्या करोगी, दावा?''

''हाँ, और कोई उपाय अगर न मिला।''

ब्रजबाबू ने हँसकर कहा, ''मिजाज तो देखता हूँ रत्तीभर भी बदला नहीं है।''

''कौन बदलेगा? मिजाज तुम्हीं लोगों का क्या बदल गया है? दुःखमय किसका तुमसे अधिक है? लेकिन तुम किसको धोखा दे सके हो? मेरी तरह कृतघ्न का ऋण भी तुमने कौड़ी-कौड़ी देकर चुका दिया। उन लोगों को भी यही करना पड़ेगा। आखिरी कौड़ी तक चुकाकर ही वह लोग छुटकारा पावेंगे।''

''तुम्हारा क्रोध उन लोगों पर किसलिए है।''

''क्रोध तो नहीं, यह मेरी ज्वाला है। तुमको भाई ने धोखा दिया, मित्रों ने धोखा दिया, आत्मीय स्वजनों ने, कर्मचारियों ने, स्त्री तक ने तुमको धोखा देना नहीं छोड़ा। इस बार उन लोगों के साथ मेरा समझना-बूझना है। तुम्हारे नए रिश्तेदार लोग मुझे पहचानते हैं।''

ब्रजबाबू न देने का कारण खोलकर बताने में कितना ही मानो कुंठित हो उठे। बोले, ***''आनंदपुर के साहा के लोगों को तुम जानती ही हो। वे लोग अति सज्जन धर्मभीरु आदमी हैं, लेकिन आजकल का समय ऐसा ही हो गया है कि मनुष्य इच्छा करने पर कुछ कर नहीं सकता। इसके अलावा नंद साहा अब अंधे हो गए हैं, कारोबार चला गया है भतीजों के हाथ में, लेकिन देंगे एक दिन जरूर ही।''***

ब्रजबाबू को बहुत दिन पहले की बात याद आ गई। उन दिनों भी एक बार वह डूबने लगे थे। तब उसी रमण ने हाथ पकड़कर उनको किनारे लगाया था। उन्होंने कहा, ''हाँ, वे लोग खूब पहचानते हैं। नई बहू मर गई, यह जानकर जो लोग आराम में हैं, वे लोग कुछ डर जाएँगे। सोएँगे भूत का उपद्रव हो रहा है। शायद गया में पिंड देने के लिए दौड़ जाएँगे।''

सविता ने कहा, ''वे लोग जैसी इच्छा हो, करें, मैं डरती नहीं, लेकिन तुम पिंड देने के लिए न दौड़ पड़ो तो उसी से हो जाएगा। यह मेरी चिंता है। स्वयं तो वह काम तुम न करोगे?''

ब्रजबाबू चुपचाप बैठे रहे।

''जवाब क्यों नहीं दिया?''

ब्रजबाबू और भी कुछ देर उनके मुँह की तरफ देखते रहे। अपराह्न सूर्य का कुछ-कुछ प्रकाश खिड़की से फर्श लाल होकर फैल गया था। उसकी तरफ सविता की दृष्टि आकर्षित करके उन्होंने धीरे-धीरे कहा, ''इसी तरह मेरा वक्त गिर चला नई बहू, पावना समझने का अब समय नहीं रहा, लेकिन तुम्हारे अलावा दुनिया में शायद और कोई ऐसा नहीं है, जो समझ सके कि मैं कितना क्लांत हो चुका हूँ। छुट्टी की दरखास्त पेश करके बैठा हुआ हूँ, मंजूरी आने में देर नहीं है। जो कुछ मैं ले चुका हूँ, जो दे चुका हूँ, उसका हिसाब-किताब हो चुका है। हिसाब अच्छा नहीं हुआ है, यह मैं जानता हूँ। गड़बड़ी बहुत रह गई है, लेकिन तो भी जिरह में खींच न सकूँगा। अपना यह अनुरोध तुम वापस ले लो।''

सविता एक दृष्टि से देखती हुई पति की बातें सुन रही थी। खत्म हो जाने पर उसने केवल पूछा, ''सचमुच ही क्या अब तुम न कर सकोगे मझले मालिक? सचमुच ही तुम बहुत थक गए हो?''

''सचमुच ही बहुत थका हूँ, नई बहू। सचमुच ही अब न कर सकूँगा। कितना थका हूँ, यह तुम्हारे अलावा और कोई न समझेगा। वे लोग कहेंगे आलस्य, कहेंगे जड़ता, कहेंगे मेरे नैराश्य का दैन्य। वे लोग तर्क करेंगे, युक्ति देंगे, मार-मारकर अब भी छुड़ाना चाहेंगे, वे लोग सिर्फ यही बात जान गए हैं कि मशीन में चाभी देने ही चलने लगती है। लेकिन उसका भी तो अंत है, इस पर तो वे लोग विश्वास नहीं कर सकते।''

''सचमुच ही बहुत थका हूँ, नई बहू। सचमुच ही अब न कर सकूँगा। कितना थका हूँ, यह तुम्हारे अलावा और कोई न समझेगा। वे लोग कहेंगे आलस्य, कहेंगे जड़ता, कहेंगे मेरे नैराश्य का दैन्य। वे लोग तर्क करेंगे, युक्ति देंगे, मार-मारकर अब भी छुड़ाना चाहेंगे, वे लोग सिर्फ यही बात जान गए हैं कि मशीन में चाभी देने ही चलने लगती है। लेकिन उसका भी तो अंत है, इस पर तो वे लोग विश्वास नहीं कर सकते।''

''मैं विश्वास करूँ तो तुम खुश होगे?''

''खुश होऊँगा या नहीं, यह मैं नहीं जानता, लेकिन शांति पाऊँगा।''

''अब तुम क्या करोगे?''

''रेणुका को साथ लेकर घर जाऊँगा। वहाँ सबके चले जाने पर भी जो कुछ बच रहेगा, उससे किसी तरह हम लोगों का खर्च चल जाएगा और जो लोग हमें छोड़कर कलकत्ता में रह गए हैं, उनको फिक्र नहीं रही, वह तो तुम पहले ही सुन चुकी हो।''

"रेणुका का भार किसे दे जाओगे मझले मालिक?"

"दे जाऊँगा भगवान् को। उससे बड़ा आश्रय दूसरा नहीं है। यह मैं जान गया हूँ।"

सविता मौन भाव से बैठी रहीं। भगवान् में उनका अविश्वास नहीं है, लेकिन अपनी लड़की के संबंध में इतनी बड़ी निर्भयता से निश्चिंत भी नहीं हो सकतीं। शंका से मन अंदर हिलने-डुलने लगा, लेकिन इसका जवाब क्या है, खोजने पर मिला भी नहीं। सिर्फ जो बात उनके तन में दिन-रात काँटे की तरह बींध रही थी, वही मुँह से निकल पड़ी। बोलीं, "मझले मालिक, मुझे रुपया तुमने क्या अपराध का दण्ड देने के लिए लौटा दिया? प्रतिशोध का क्या और कोई रास्ता खोजने से नहीं मिला?"

ब्रजबाबू ने कहा, "नहीं, तो तुम खुद ही कोई रास्ता बता दो? हम लोगों के रतन चाचा और चाची की बात तुमको याद है। वह इस अवस्था में क्या राजी हैं?"

सविता इतने दुःख में भी हँस पड़ीं। लज्जा के साथ बोलीं, "छिह! छिह! कैसी बात तुम कहते हो।"

ब्रजबाबू ने कहा, "तो तुम क्या करने को कहती हो? नई बहू गहना चुराकर भाग गई है, इसलिए क्या पुलिस में भेज दूँ?"

प्रस्ताव इतना हास्यकर था कि कहने के साथ ही दोनों हँस पड़े।

सविता ने का, "तुम्हारी कितनी कल्पनाएँ हैं, सभी अजीब हैं।"

बहुत दिनों के बाद दोनों की रहस्योज्ज्वल थोड़ी सी हँसी की किरण से कमरे का गाढ़ा अंधकार मानो बहुत कुछ दूर हो गया। ब्रजबाबू ने कहा, "दंड का विधान सभी का एक नहीं होता नई बहू, दंड अगर देना ही हो तो तुमको और क्या दंड दे सकता हूँ? जिस रात को तुम अपनी गृहस्थी को पैरों से ठेलकर चली गईं, उसी दिन मैंने निश्चय कर लिया था फिर अगर भेंट होगी तो तुम्हारा जो कुछ पड़ा रह गया है, वापस देकर मुक्त हो जाऊँगा।"

बहुत दिनों के बाद दोनों की रहस्योज्ज्वल थोड़ी सी हँसी की किरण से कमरे का गाढ़ा अंधकार मानो बहुत कुछ दूर हो गया। ब्रजबाबू ने कहा, "दंड का विधान सभी का एक नहीं होता नई बहू, दंड अगर देना ही हो तो तुमको और क्या दंड दे सकता हूँ? जिस रात को तुम अपनी गृहस्थी को पैरों से ठेलकर चली गईं, उसी दिन मैंने निश्चय कर लिया था फिर अगर भेंट होगी तो तुम्हारा जो कुछ पड़ा रह गया है, वापस देकर मुक्त हो जाऊँगा।"

सविता को याद पड़ गई पति की एक बात, जिसे वह उन दिनों प्राय ही कहा करते थे, ऋण छोड़कर मरना नहीं चाहिए नई बहू, वह दूसरे जन्म में भी आकर अपनी माँग रखता है। इसी बात का उनको भय है। किसी भी सूत्र से दोनों की भेंट फिर न

होने पाए, जिससे सभी संबंध यहीं पर चिरकाल के लिए टूट जाएँ।

सविता ने कहा, "मैं समझ गई मझले मालिक। इस जन्म में और उस जन्म में फिर मेरा कोई दावा तुम्हारे ऊपर न रह जाए। सब ही खत्म हो जाए, यही न?"

ब्रजबाबू चुप ही रहे और जो अंधकार अभी-अभी जरा हट गया था वह फिर इस मौनता के बीच से हजारों गुना बढ़कर वापस चला आया। पति के मुँह की तरफ फिर वह देख न सकीं। आँखें झुकाए मृदु कंठ से उन्होंने पूछा, "तुम लोग कब घर जाओगे मझले मालिक?"

"जितना शीघ्र जा सकूँ।"

"तो अब मैं जाऊँ?"

"जाओ।"

सविता उठ खड़ी हुईं। समझ गईं सब खत्म हो गया है। उस भूकंप की रात का गर्भ चीरकर जो पाषाण स्तूप ऊपर फेंके जाकर दोनों के बीच व्यवधान बना था, वह आज भी उसी प्रकार अक्षय ही बना हुआ है, उसका तिलभर भी नष्ट नहीं हुआ है। वह निरीह शांत मनुष्य इतना कठोर हो सकता है, आज के पहले इस बात को उन्होंने कब सोचा था?

कमरे के बाहर कदम बढ़ाकर सविता सहसा ठिठककर खड़ी हो गईं। बोलीं, "मुक्ति न पाओगे मझले मालिक, तुम हो वैष्णव, कितने मनुष्यों के कितने ही अपराधों को तुमने अपने जीवन में क्षमा कर दिया है, लेकिन मुझे क्षमा न कर सके। वह ऋण तुम्हारा रह गया। एक दिन शायद वह जान जाओगे।"

कमरे के बाहर कदम बढ़ाकर सविता सहसा ठिठककर खड़ी हो गईं। बोलीं, "मुक्ति न पाओगे मझले मालिक, तुम हो वैष्णव, कितने मनुष्यों के कितने ही अपराधों को तुमने अपने जीवन में क्षमा कर दिया है, लेकिन मुझे क्षमा न कर सके। वह ऋण तुम्हारा रह गया। एक दिन शायद वह जान जाओगे।"

ब्रजबाबू उसी तरह मौन रहे।

संध्या हो चली। जाते समय रेणुका ने माँ को प्रणाम किया, लेकिन कुछ कहा नहीं। यह नीरवता का मंत्र उसने भी शायद अपने पिता से सीखा है।

सरला को साथ लेकर सविता बाहर चली गईं, पर सवार होते ही निगाह पड़ गई कि राखाल, तारक को लेकर तेजी से उसी ओर आ रहा है।

तारक ने कहा, "नई माँ, एक बार उतरकर खड़ा होना पड़ेगा। मैं प्रणाम करूँगा।"

बातचीत करना कठिन था। सविता ने इशारे से दोनों को गाड़ी पर सवार होने को कहकर किसी तरह सिर्फ इतना ही कहा, "आओ बेटा, मेरे साथ तुम लोग भी चलो।"

ग्यारह

राखाल ने एक सप्ताह पहले आकर कहा था, "नई माँ, सत्रह नंबर के घर में आप तो जाएँगी नहीं, आज शाम को अगर मेरे घर एक बार अपनी पदधूलि दें।"

"क्यों, राजू?"

"काकाजी के लिए कुछ फल-मूल खरीद लाया हूँ, इच्छा है कि उनको थोड़ा जलपान कराऊँ, वे आने को राजी हो गए हैं।"

"क्या मुझको उन्होंने बुलाया है?"

सविता जानती थीं कि ब्रजबाबू कहीं भी कुछ नहीं खाते, उनको राजी करने के लिए राखाल को अनेक कोशिशें करनी पड़ी हैं, शायद उसने सोचा है कि इस उपाय से दोनों की भेंट फिर हो जाए। राखाल के आवेदन के उत्तर में सविता को उस दिन बहुत चिंता करनी पड़ी थी, स्नेह से उसकी ओर चुपचाप देखकर आखिर में उन्होंने कहा, "नहीं बेटा, मैं जाऊँगी नहीं। मुझे देखकर वह सिर्फ दुःख ही पाते हैं, उनको मैं और दुःख देना नहीं चाहती।"

"वह भले ही न बुलाएँ, मैं तो बुला रहा हूँ माँ। कल वे लोग चले जाएँगे गाँव पर, उन लोगों को ट्रेन पर चढ़ा देने को कह गए हैं।"

सविता जानती थीं कि ब्रजबाबू कहीं भी कुछ नहीं खाते, उनको राजी करने के लिए राखाल को अनेक कोशिशें करनी पड़ी हैं, शायद उसने सोचा है कि इस उपाय से दोनों की भेंट फिर हो जाए। राखाल के आवेदन के उत्तर में सविता को उस दिन बहुत चिंता करनी पड़ी थी, स्नेह से उसकी ओर चुपचाप देखकर आखिर में उन्होंने कहा, "नहीं बेटा, मैं जाऊँगी नहीं। मुझे देखकर वह सिर्फ दुःख ही पाते हैं, उनको मैं और दुःख देना नहीं चाहती।"

इसके बाद एक सप्ताह बीत चुका है। राखाल से सूचना मिली है कि ब्रजबाबू लड़की को लेकर गाँव को चले गए हैं। उनके इस विवाह की स्त्री कन्या रह गई है कलकत्ता में अपने भाई के संरक्षण में। राखाल ने कहा है कि उन लोगों को कोई रंज नहीं है, क्योंकि रुपए का कष्ट नहीं है। मकान के किराए से इन दोनों का समय अच्छी तरह कटेगा। जेवर की पूँजी भी तो है।

शाम के बाद अकेली बैठी सविता इन्हीं बातों को सोच रही थीं। तेरह वर्षों तक चलनेवाला प्रतिदिन का संबंध, फिर भी कितना शीघ्र, कितने सहज में ही वह दूर हो जाता है। उनका अपना भाग्य जिस दिन फूट गया, उस दिन सवेरे भी वह जानती नहीं थीं, रात भी कटेगी नहीं, सब छोड़कर उन्हें रास्ते में निकल जाना पड़ेगा। अत्यंत

दु:स्वप्न में भी क्या सविता कल्पना कर सकती थीं कि इतनी बड़ी हानि कोई सहन कर सकता है? फिर भी सहनी ही तो पड़ी! तेरह वर्ष बीत गए, लेकिन आज भी वह उसी तरह जिंदा है, उसी तरह दिन-पर-दिन बिना बाधा के कटते गए, कहीं भी रुकने का काम नहीं।

यह विडंबना क्यों आ गई, आज तक भी इसका कारण वह स्वयं नहीं जानतीं। जितना ही सोचती रही हैं, आत्मधिक्कार से जल-भुनकर जितनी बार अपना विचार आप ही करने गई हैं, उतनी ही बार उनको मालूम होता रहा है कि इसका अर्थ नहीं है, कारण नहीं है, इसका मूल अनुसंधान करने जाना बेकार है या शायद ऐसा हो, यह संसार है—अघटन इसी प्रकार अकारण ही घटित होकर जीवन-स्रोत दूसरी ओर बह जाता है। मनुष्य की बुद्धि कहाँ अंधी होकर मर जाती है, नालिश करने को जाने पर असामी का पता नहीं मिलता।

अब रमण बाबू भी इधर नहीं आते। उनके आने की इच्छा सविता नहीं करतीं, लेकिन आश्चर्य में पड़कर सोचती हैं, मना करने के साथ ही क्या सारा संबंध सचमुच ही खत्म हो गया? निर्विघ्न एकांतवास करने के बाद बरसों का कोई भी चिह्न कहीं शेष नहीं रहा, बिल्कुल मिट ही गया।

अब रमण बाबू भी इधर नहीं आते। उनके आने की इच्छा सविता नहीं करतीं, लेकिन आश्चर्य में पड़कर सोचती हैं, मना करने के साथ ही क्या सारा संबंध सचमुच ही खत्म हो गया? निर्विघ्न एकांतवास करने के बाद बरसों का कोई भी चिह्न कहीं शेष नहीं रहा, बिल्कुल मिट ही गया।

दुनिया शायद ऐसी ही है।

दुनिया ऐसी ही है, लेकिन यहाँ क्या सिर्फ अवनति और हानि ही है? कहीं भी उन्नति लाभ नहीं है? केवल हानि ही है, तो क्यों आ गई सरला? उनकी लड़की की माँ की तरह…।" घर के अनेक किराएदारों में वह भी एक थी। सिर्फ नाम की जानकारी थी और चेहरे की पहचान थी। कभी मुलाकात हुई थी सीढ़ियों पर, कभी आँगन में, कभी रास्ते में। संकोच के साथ हट गया है, आँखों से आँखें मिलाकर देखने की हिम्मत उन्हें नहीं हुई। अचानक कौन सी बात हो गई, किसी ने उसका घर सविता के हृदय में बना डाला! लेकिन यही क्या चिरस्थायी है? कौन जानता है कि कब वह फिर घर छोड़कर अचानक इसी तरह गायब हो जाएगा?

एक आदमी और भी आए हैं, वह हैं विमल बाबू। मृदुभाषी, धीर प्रकृति के व्यक्ति हैं। थोड़ी देर के लिए आकर रोज खबर ले जाते हैं कि कहाँ कौन प्रयोजन है। हिताकांक्षा की अधिकता है, उपदेश देने का आडंबर नहीं है, मित्रता के आडंबर से बैठकर गप्प करने का आग्रह नहीं है, कौतूहल की कटुता से एक-एक करके प्रश्न

करने की आदत नहीं है, दो-चार मामूली बातचीत करके चले जाते हैं। समय मानो उसका बँधा हुआ है। नियम और संयम के शासन ने मानो इस मनुष्य के सभी कामों में बड़ी मर्यादा दे रखी है, तो भी उनकी दृष्टि से सविता डरती रहती हैं। भूखे बाघ की तरह दृष्टि नहीं है, वह दृष्टि है भले आदमी की, इसीलिए डर है। उस आँख में है आर्त्त की विनती, उन्माद का व्यभिचार नहीं है, उसका भय सिर्फ इसीलिए है कि पीछे कहीं इसी राह से अचानक पराभव न आ जाए।

पूरब के ढँके हुए बरामदे में बेंत की कुरसी खींचकर विमल बाबू बैठ जाते हैं और पूछते हैं, ''आज तबीयत कैसी है?''
सविता कहतीं, ''अच्छी ही तो है।''
''लेकिन बहुत अच्छी तो नहीं दिखई पड़ती। इसी तरह दुबली-सी।''
''नहीं तो।''
''नहीं कहने से मानूँगा क्यों? खाने-पीने से परहेज नहीं करतीं। लापरवाही से शरीर कैसे बचेगा, दो दिन में टूट जाएगा।''

उनके आने पर दोनों के बीच इसी प्रकार बातचीत होती है—

पूरब के ढँके हुए बरामदे में बेंत की कुरसी खींचकर विमल बाबू बैठ जाते हैं और पूछते हैं, ''आज तबीयत कैसी है?''

सविता कहतीं, ''अच्छी ही तो है।''

''लेकिन बहुत अच्छी तो नहीं दिखई पड़ती। इसी तरह दुबली-सी।''

''नहीं तो।''

''नहीं कहने से मानूँगा क्यों? खाने-पीने से परहेज नहीं करतीं। लापरवाही से शरीर कैसे बचेगा, दो दिन में टूट जाएगा।''

''नहीं, टूटेगा नहीं, मेरा शरीर बहुत मजबूत है।''

जवाब में विमल बाबू जरा हँसकर कहते हैं,''शरीर मजबूत बनकर ही मानो बली बन गया है। उसको तोड़ डालना ही अब आवश्यक है, ठीक है न? सच है या नहीं, बोलिए।''

कष्ट से आँसू रोककर सविता चुप हो जातीं।

विमल बाबू कहते, ''गाड़ी पड़ी हुई है, झूठ-मूठ ड्राइवर को तनख्वाह दे रही हैं, संध्या को जरा टहलने क्यों नहीं जातीं?''

''टहलने तो कभी भी नहीं जाती, विमल बाबू।''

यह सुनकर विमल बाबू फिर तनिक हँसकर कहते हैं, ''ठीक ही तो है। बिना किसी काम के घूमने-टहलने की आदत मुझे भी नहीं है। क्या आज राखाल बाबू आए थे?''

''नहीं।''

"कल भी यहाँ नहीं आए थे?"

"नहीं, चार-पाँच दिन से उनको मैंने नहीं देखा। शायद किसी बेगार काम में लगा हुआ है।"

"बेगार काम में? वही उसका स्वभाव है न।"

"हाँ, वही उसका स्वभाव है। बिना स्वार्थ के दूसरों की बेगारी में उसका जोड़ीदार कोई है नहीं।"

विमल बाबू अनमने होकर कुछ देर चुप रह जाते। दूरी पर सरला दिखाई पड़ती है, वह हाथ हिलाकर बुलाते हैं। कहते हैं, "आज मुझको पानी नहीं दिया, बेटी! तुम्हारे हाथ का पानी पिए बिना और पान खाए बिना मुझे तृप्ति ही नहीं होती।"

सरला पानी और पान ला देती है। पानी पीकर और पान मुँह में डालकर विमल बाबू उठ खड़े होते हैं। कहते हैं, "अच्छा तो अब जाता हूँ।"

सविता स्वयं भी उठ खड़ी होती हैं। नमस्कार करके कहती हैं, "अच्छा, जाइए।"

तीन दिन के बाद इसी तरह की बातचीत होने के बाद विमल बाबू ज्योंही उठने को तैयार हुए, त्योंही सविता ने कहा, "आज आपके काम का कुछ नुकसान करूँगी। इस वक्त आप जा न सकेंगे, बैठना ही होगा।"

तीन दिन के बाद इसी तरह की बातचीत होने के बाद विमल बाबू ज्योंही उठने को तैयार हुए, त्योंही सविता ने कहा, "आज आपके काम का कुछ नुकसान करूँगी। इस वक्त आप जा न सकेंगे, बैठना ही होगा।" विमल बाबू ने बैठकर कहा, "बैठे रहने से मेरे कामों का नुकसान हो जाता है, ऐसी बात आपसे किसने कही?" सविता ने कहा, "किसी ने कही नहीं, मेरा अनुमान है। आपके पास कितने ही काम रहते हैं, झूठ-मूठ समय नष्ट नहीं होता है।"

विमल बाबू ने बैठकर कहा, "बैठे रहने से मेरे कामों का नुकसान हो जाता है, ऐसी बात आपसे किसने कही?"

सविता ने कहा, "किसी ने कही नहीं, मेरा अनुमान है। आपके पास कितने ही काम रहते हैं, झूठ-मूठ समय नष्ट नहीं होता है।"

विमल बाबू ने जरा मुसकराकर कहा, "यह तो मैं नहीं जानता, लेकिन इसी कारण क्या आप कभी बैठने को नहीं कहतीं? सच बताइए तो?"

यह बात सच नहीं थी, लेकिन इसके लिए सविता ने कुछ वादानुवाद नहीं किया। उन्होंने पूछा, "रमण बाबू से आपकी भेंट होती है या नहीं?"

"हाँ, प्राय: होती रहती है।"

''वह अब यहाँ नहीं आते,यह क्या आप जानते हैं?''

''जानता तो जरूर ही हूँ।''

''वह क्या अब इस मकान में नहीं आएँगे?''

''यह बात मैं नहीं जानता। शायद आप बुलाएँ तो आ सकते हैं।''

थोड़ी देर चुप रहने के बाद सविता ने कहा, ''आज सवेरे की डाक से एक विक्रय-पत्र आ पहुँचा है। इस घर की उन्होंने मेरे नाम से बिक्री की रजिस्ट्री कर दी है। आपको मालूम है?''

''मालूम है।''

''लेकिन अगर देने की इच्छा ही थी तो सीधे दान-पत्र न लिखकर बेचने का कपटाचरण क्यों किया? दाम तो मैंने दिए नहीं।''

''लेकिन दान-पत्र कोई अच्छी चीज नहीं है।''

सविता ने कहा, ''वह तो मैं जानती हूँ, विमल बाबू। मेरे पति थे सांसारिक बातों में आसक्त गृहस्थ पुरुष। उनके सभी कामों में उन दिनों मेरी बुलाहट होती रहती थी। यह मुझसे छिपी बात नहीं है कि मुझे दान देने के लिए कानूनी लिखा-पढ़ी के कागज पर ऐसे कारणों को लिख देना पड़ता, जो किसी नारी के लिए गौरवजनक नहीं माने जा सकते। फिर भी मैं कहती हूँ कि इस झूठ की बनिस्बत वही काम अच्छा होता।''

''नई बहू'' का संबोधन नया था। सविता का चेहरा देखने से यह नहीं जान पड़ा कि वह इसमें खुश हुई हों, लेकिन अपने कंठस्वर के सहज भाव को सुरक्षित रखकर ही उन्होंने कहा, ''ठीक इसी बात पर मैं संकेत कर रही थी विमल बाबू। दाम आपने दिया है, लेकिन क्यों दिया? उनका दान ग्रहण करने में तो एक सांत्वना भी थी, लेकिन आपका देना तो बिल्कुल ही भीख के समान है। इसे मैं किसलिए ग्रहण करने जाऊँगी, बताइए न?''

इसके पहले ऐसा कोई कारण उपस्थित नहीं हुआ था, इस प्रकार सविता ने बातचीत भी नहीं की थी। विमल बाबू मन-ही-मन चंचल हो उठे। बोले, ''यह मामला बिल्कुल ही झूठा है, है भी तो नहीं कहा जा सकता, नई बहू?''

''नई बहू'' का संबोधन नया था। सविता का चेहरा देखने से यह नहीं जान पड़ा कि वह इसमें खुश हुई हों, लेकिन अपने कंठस्वर के सहज भाव को सुरक्षित रखकर ही उन्होंने कहा, ''ठीक इसी बात पर मैं संकेत कर रही थी विमल बाबू। दाम आपने दिया है, लेकिन क्यों दिया? उनका दान ग्रहण करने में तो एक सांत्वना भी थी, लेकिन आपका देना तो बिल्कुल ही भीख के समान है। इसे मैं किसलिए ग्रहण करने जाऊँगी, बताइए न?''

विमल बाबू मौन हो रहे।

सविता ने कहा, ''उत्तर न देने से मैं विक्रय-पत्र को वापस करके चली जाऊँगी विमल बाबू।''

विमल बाबू ने मुँह ऊपर उठाकर कहा, ''इसी भय से मैंने दाम दिया है कि आप कहीं चली न जाएँ। न देकर रह नहीं सका, इसीलिए आपके मकान को खरीद लिया है।''

''क्या रुपया उन्होंने ले लिया?''

''हाँ, भीतर-ही-भीतर रमण बाबू को तंगी हो गई थी। जैसे अब काम चलाना मुश्किल हो रहा था।''

कुछ देर मौन रहकर सविता ने कहा, ''मेरे मन में भी संदेह हो रहा था, लेकिन इतना मैंने नहीं सोचा था।'' फिर थोड़ी देर तक चुप रहकर बोली, ''ये इने-गिने रुपए शायद कुछ भी नहीं हैं, तो भी असली बात तो बाकी रह गई, विमल बाबू। आप दे सकते हैं, लेकिन मैं लूँगी कैसे? नहीं, यह तो हो नहीं सकता, बार-बार चुप रहकर उत्तर देने से पिंड छुड़ाते रहने से मैं नहीं सुनूँगी। बताइए न।''

धीरे-धीरे विमल बाबू ने कहा,''एक अकृत्रिम मित्र से उपहार रूप में भी आप ले सकती हैं।''

सविता ने उनके मुख पर दृष्टि डालकर तनिक हँसकर कहा, ''लेने पर विवरण की कोई कमी नहीं होती, यह मैं जानती हूँ। आप जो मेरे मित्र नहीं हैं, यह बात भी मैं नहीं कहती, लेकिन छोड़िए इस बात को। यहाँ और कोई नहीं है। सिर्फ आप हैं और मैं हूँ। मुझसे कुछ कहने में संकोच होता है, यह अधिकार पुरुष पर मेरा अब नहीं रहा, बताइए तो यही क्या सत्य है? आपके मन की बात क्या यही है?''

सविता ने उनके मुख पर दृष्टि डालकर तनिक हँसकर कहा, ''लेने पर विवरण की कोई कमी नहीं होती, यह मैं जानती हूँ। आप जो मेरे मित्र नहीं हैं, यह बात भी मैं नहीं कहती, लेकिन छोड़िए इस बात को। यहाँ और कोई नहीं है। सिर्फ आप हैं और मैं हूँ। मुझसे कुछ कहने में संकोच होता है, यह अधिकार पुरुष पर मेरा अब नहीं रहा, बताइए तो यही क्या सत्य है? आपके मन की बात क्या यही है?''

विमल बाबू कुछ देर देखते रहे। उसके बाद बोले, ''मन की बात आपको मैं बताऊँगा क्यों? बताने से तो लाभ नहीं है।''

''लाभ नहीं है, यह भी आप जानते हैं?''

''हाँ, यह भी मैं जानता हूँ।''

सविता ने साँस को रोके रखा। इस स्वल्पभाषी शांत मनुष्य के प्रतिदिन के आचरणों का विचार करके उनके नेत्रों में जल आने लगा, उसको रोककर उन्होंने कहा, ''मेरे

जीवन की कहानी जानते हैं आप विमल बाबू ?''

''नहीं, जानता नहीं हूँ। सिर्फ जो घटनाएँ हो गई हैं, जिन्हें बहुत से लोग जान गए हैं, मैं भी सिर्फ उतनी ही जानकारी रखता हूँ नई बहू, उससे ज्यादा नहीं।''

यह बात सुनकर सविता जैसे चौंक पड़ीं, ''जो घटनाएँ हो गईं, वे मेरे जीवन के इतिहास में नहीं हैं विमल बाबू। ये दोनों क्या परस्पर भिन्न हैं ? बताइए न ठीक से ?''

उनके प्रश्न की घबराहट से विमल बाबू दुविधा में पड़ गए, लेकिन उसी दम संकोच तोड़कर बोले ''हाँ, वे दोनों एक नहीं हैं, नई बहू। कम-से-कम जीवन के बीच में यही बात आज असंदिग्ध रूप से जान पाया हूँ कि वे दोनों एक नहीं हैं।''

यद्यपि इस बात का अर्थ स्पष्ट रूप से समझ में नहीं आया तो भी इस बात ने सविता के हृदय में गहरी ठेस पहुँचाई। चुपचाप मन-ही-मन बड़ी देर तक सोच-विचार करके उसने अंत में कहा, ''सुन तो चुके हैं कि मैं पति को छोड़कर रमण बाबू के पास आ गई थी, फिर उसी दिन उनको भी मैंने छोड़ दिया। मैं तो अच्छी स्त्री नहीं हूँ, फिर एक दिन किसी दूसरे पुरुष को ग्रहण कर सकती हूँ, यह बात आप नहीं सोचते ?''

यद्यपि इस बात का अर्थ स्पष्ट रूप से समझ में नहीं आया तो भी इस बात ने सविता के हृदय में गहरी ठेस पहुँचाई। चुपचाप मन-ही-मन बड़ी देर तक सोच-विचार करके उसने अंत में कहा, ''सुन तो चुके हैं कि मैं पति को छोड़कर रमण बाबू के पास आ गई थी, फिर उसी दिन उनको भी मैंने छोड़ दिया। मैं तो अच्छी स्त्री नहीं हूँ, फिर एक दिन किसी दूसरे पुरुष को ग्रहण कर सकती हूँ, यह बात आप नहीं सोचते ?''

विमल बाबू ने कहा, ''नहीं, सोचता भी हूँ तो उसी दम मैं उसे भुला देता हूँ।''

''क्यों ?''

यह सुनकर उन्होंने हँसकर कहा, ''यह तो हुआ बच्चों का सवाल। उसने ऐसा काम किया, इसलिए उसे कहना चाहिए कि यह जवाब पाएँगी आप उन लोगों की ही पढ़ने की किताबों में। मैं उससे ज्यादा पढ़ चुका हूँ नई बहू।''

''किसने पढ़ाया ?''

''एक ने तो पढ़ाया नहीं। दरजे में हर घंटे में मास्टर बदलता था, उनमें से किसी की तो याद आती है, किसी की नहीं आती, लेकिन जो हेडमास्टर थे, आड़ में रहकर इन लोगों को नियुक्त किया था, उनको तो मैंने देखा नहीं, उनका नाम आपको किस तरह बताऊँ ?''

कुछ देर सोचकर सविता ने कहा, ''आप शायद बड़े धार्मिक मनुष्य हैं। ठीक बात है न विमल बाबू ?''

विमल बाबू ने पूछा, ''आप किसको कहती हैं धार्मिक मनुष्य ? आपके पति की तरह जो मनुष्य हो, उसी को ?''

सविता ने चकित होकर कहा, ''उनको क्या आप पहचानते हैं ? क्या उनसे आपका परिचय है ?''

विमल बाबू ने उसकी घबराहट को लक्ष्य किया, लेकिन पहले ही की भाँति शांत स्वर में कहा, ''हाँ, उनको मैं पहचानता हूँ। एक दिन किसी तरह भी अपने मन का कौतूहल दबा न सका, उनके पास चला गया। बड़ी कोशिश के बाद मुलाकात हुई, बातचीत भी बहुत हुई, नई बहू, धर्म को किस तरह उन्होंने ग्रहण किया है, मैंने वैसा नहीं समझा है। उस जगह पर हम दोनों में मेल नहीं है। मैं धार्मिक आदमी नहीं हूँ।''

आवेग और उत्तेजना से सविता की छाती में हलचल मचने लगी। यह बात समझने में उनको बाकी नहीं है, सब कौतूहल का मूल कारण वे खुद हैं। रुक न सकीं, पूछ बैठीं, ''उस जगह पर भले ही मेल न हो, कहीं भी क्या आप लोगों में मेल नहीं है ? दोनों का स्वभाव क्या बिल्कुल ही भिन्न है ?''

विमल बाबू ने कहा, ''इसका जवाब आपको मैं नहीं दूँगा, देने का वक्त अभी नहीं आया है।''

''कम-से-कम यह तो बताइए कि यह बात भी उस समय आपके मन में नहीं आई कि इस आदमी को भी छोड़कर कोई स्त्री किस तरह चली गई!''

विमल बाबू ने उसकी घबराहट को लक्ष्य किया, लेकिन पहले ही की भाँति शांत स्वर में कहा, ''हाँ, उनको मैं पहचानता हूँ। एक दिन किसी तरह भी अपने मन का कौतूहल दबा न सका, उनके पास चला गया। बड़ी कोशिश के बाद मुलाकात हुई, बातचीत भी बहुत हुई, नई बहू, धर्म को किस तरह उन्होंने ग्रहण किया है, मैंने वैसा नहीं समझा है। उस जगह पर हम दोनों में मेल नहीं है। मैं धार्मिक आदमी नहीं हूँ।''

विमल बाबू ने हँसकर कहा, ''कोई का माने आप ही तो हैं, लेकिन आप तो छोड़कर चली नहीं गई हैं। सभी ने मिलकर आपको चले जाने को मजबूर किया था।''

''क्या यह बात भी आप सुन चुके हैं ?''

''हाँ, सुन तो जरूर चुका हूँ।''

''सबकुछ ?''

''सब ही सुन लिया है।''

सविता के नेत्रों में जल भर आया। उसने कहा, ''उन लोगों को मैंने कोई दोष नहीं दिया, उन लोगों ने अच्छा ही किया था। पति की गृहस्थी को अपवित्र न बनाकर

मेरा आप-ही-आप चला जाना उचित था।'' यह कहकर उसने आँचल से नेत्र पोंछ डाले। कुछ देर बाद उसने कहा, ''लेकिन इतना जानते हुए भी आप मुझे क्यों प्रेम करते हैं, बताइए न ?''

''प्रेम करता हूँ, यह बात तो आज तक भी मैंने नहीं कही नई बहू ?''

''नहीं, आपने यह बात नहीं कही है, इसीलिए तो इस बात को ऐसी सच्चाई के साथ जान पाई हूँ विमल बाबू, लेकिन मन में सोचती हूँ कि दुनिया में जिस आदमी ने इतना देखा है, मेरी सब बातों को जिसने सुन लिया है, उसने मुझको प्रेम किसलिए किया ? अवस्था बढ़ गई है, सौंदर्य अब नहीं रहा, जो कुछ शेष है, वह भी दो दिनों के बाद समाप्त हो जाएगा, उसको प्रेम कर सकने से मनुष्य सोचेगा क्या ?''

विमल बाबू ने उनके मुँह की तरफ ताककर कहा, ''अगर मैं प्रेम ही करता हूँ तो उस दुनिया में बहुत कुछ देख चुका हूँ, इसीलिए संभव हुआ है। किताब में पढ़े हुए दूसरों के उपदेश मानकर चलने से शायद यह मैं नहीं कर सकता, लेकिन वह सौंदर्य और यौवन के लोभ में पड़कर नहीं आया है, इस बात को अगर सचमुच ही आप समझ चुकी हों तो मैं आपके प्रति कृतज्ञता प्रकट करता हूँ।''

सविता ने सिर हिलाकर कहा, ''हाँ, इस बात को मैं सचमुच ही समझ गई हूँ, लेकिन पूछती हूँ कि मुझे पाने से आपको क्या लाभ होगा! क्या कीजिएगा मुझे लेकर ?''

विमल बाबू ने कोई जवाब नहीं दिया। सिर्फ चुपचाप देखते रहे। धीरे-धीरे वह दृष्टि मानो व्यथा से भर गई। सविता अधीर होकर बोल उठी, ''इसी तरह क्या सिर्फ देखते ही रहिएगा विमल बाबू, मेरी बात का उत्तर न दीजिएगा ?''

सविता ने सिर हिलाकर कहा, ''हाँ, इस बात को मैं सचमुच ही समझ गई हूँ, लेकिन पूछती हूँ कि मुझे पाने से आपको क्या लाभ होगा! क्या कीजिएगा मुझे लेकर?'' विमल बाबू ने कोई जवाब नहीं दिया। सिर्फ चुपचाप देखते रहे। धीरे-धीरे वह दृष्टि मानो व्यथा से भर गई। सविता अधीर होकर बोल उठी, ''इसी तरह क्या सिर्फ देखते ही रहिएगा विमल बाबू, मेरी बात का उत्तर न दीजिएगा?''

''उत्तर नहीं है बहू। सिर्फ जानता हूँ कि मैं आपको पाऊँगा नहीं, पाने का रास्ता भी नहीं है।''

''है क्यों नहीं ? इस बात को कैसे समझ गए ?''

''बहुत दुःख पाकर समझ गया हूँ। मैं भी निष्कलंक नहीं हूँ नई बहू। एक दिन अनेक स्त्रियों को ही मैं जान गया था। उस दिन ऐश्वर्य के जोश में उनको छोटी बनाकर ले आया था, वे सब स्वयं भी बन गईं छोटी, मुझे भी उन्होंने वही बना डाला। वे सब

अब नहीं हैं, कौन कहाँ बहकर चली गई,यह भी मुझे नहीं मालूम।''

थोड़ी देर रुककर उन्होंने फिर कहा, ''उस वक्त इस खिलवाड़ में उतरने में मुझे रुकावट नहीं पड़ी। आज पग-पग पर रुकावट पड़ रही है।''

सविता ने सिर हिलाकर पूछा, ''केवल ऐश्वर्य से ही उनको भुलावे में डाल दिया था? किसी को प्रेम नहीं किया था?''

विमल बाबू ने कहा, ''प्रेम तो किया था ही। एक स्त्री तो आपकी ही तरह छोड़कर आ गई थी, लेकिन खेल समाप्त हे गया, उसको मैं रख नहीं सका। उसको मैंने कोई दोष नहीं दिया, लेकिन आज मुझे यह समझने में कुछ भी बाकी नहीं है कि प्रेम के धन को छोटा बनाकर, पकड़कर नहीं रखा जा सकता। उसको खोना ही पड़ता है। उस दिन रमण बाबू को भी इसी तरह खोते हुए देखा है।''

सविता ने पूछा, ''यही क्या आपको डर है?''

विमल बाबू ने कहा, ''डर नहीं है नई बहू, अब यही है मेरा व्रत, इससे मैं च्युत न होऊँ यही है मेरी साधना। आपकी बेटी को मैंने देखा है, आपके पति को मैं देख आया हूँ,। किस तरह सब देकर ऋण चुकाकर वह चले गए हैं, यह भी मैं जान गया हूँ। मेरे लिए सुनना कुछ भी बाकी नहीं है। इसके बाद मैं आपको पाऊँगा किस बात से? द्वार तो बंद है। मैं जानता हूँ छोटी मानकर किसी दिन मैं आपको ले न सकूँगा और इससे भी अधिक यह जानता हूँ कि छोटी बनाकर भी आपको पाने का मेरे लिए थोड़ा सा रास्ता नहीं है। इसीलिए तो मैंने आपसे कहा था नई बहू, लीजिए मुझे अपना अकृत्रिम मित्र मानकर यह घर उसी मित्र का दिया उपहार स्वीकारिए। यह आपको छोटी बनाने की युक्ति नहीं है?''

''सविता मुँह नीचे झुकाए चुपचाप बैठी रहीं। कितनी ही बातें उनके मन में आईं, जिनका कोई ठिकाना नहीं है। अंत में मुँह ऊपर उठाकर उन्होंने कहा, ''यह मित्रता कितने दिनों तक रहेगी, विमल बाबू, मिथ्या का यह आवरण टिकेगा क्यों? स्त्री-पुरुष के मूल संबंध में एक दिन वह हम लोगों को खींचकर उतार ही देगा। उसे कौन रोकेगा?''

''सविता मुँह नीचे झुकाए चुपचाप बैठी रहीं। कितनी ही बातें उनके मन में आईं, जिनका कोई ठिकाना नहीं है। अंत में मुँह ऊपर उठाकर उन्होंने कहा, ''यह मित्रता कितने दिनों तक रहेगी, विमल बाबू, मिथ्या का यह आवरण टिकेगा क्यों? स्त्री-पुरुष के मूल संबंध में एक दिन वह हम लोगों को खींचकर उतार ही देगा। उसे कौन रोकेगा?''

विमल बाबू ने कहा, ''मैं रोकूँगा नई बहू! आपका इंतजार करता रहूँगा, लेकिन मन को भुलावे में डालने की तैयारी न करूँगा। अगर कभी अपना परिचय आपको मिल

जाए, मेरी तरह दोनों आँखों से देखने पर अगर कभी दृष्टि बदल जाए तो मुझे अपने पास बुलाइएगा, यदि मैं जीवित रहूँगा तो दौड़कर चला आऊँगा, छोटी बनाकर लेने के लिए नहीं आऊँगा, सिर पर उठा लेने के लिए।''

सविता के नेत्र छलछलाने लगे। उसने कहा, ''आपका परिचय पाना अब बाकी नहीं है विमल बाबू। नेत्रों की यह दृष्टि इस जीवन में अब बदलेगी नहीं। सिर्फ आप यही आशीर्वाद दीजिए कि जिस दुःख को स्वयं बुला लाई हूँ, उसे सहन कर सकूँ।''

विमल बाबू के नेत्र भी सजल हो उठे। उन्होंने कहा, ''दुःख कौन देता है, कहाँ से वह आ जाता है, मैं आज तक भी नहीं जान सका। इसलिए तुम्हारे अपराध का विचार करने के लिए मैं नहीं बैठूँगा, सिर्फ प्रार्थना करूँगा, चाहे जिस तरह भी वह क्यों न आया हो, यह तुम्हारा दुःख चिरस्थायी न होने पाए।''

''लेकिन चिरस्थायी तो हो ही चुका है।''

''यह भी मैं नहीं जानता नई बहू। मुझे आशा है, दुनिया में आज भी तुमको कुछ जान लेने को बाकी है। आज तुम्हारा सब देखना यहाँ भी समाप्त नहीं हुआ है। यदि तुमको आशीर्वाद देना ही है तो यही आशीर्वाद देता हूँ कि तुम सहज ही मैं कोई किनारा देख सको।''

सविता ने जवाब नहीं दिया। फिर दोनों का समय मौन ही में बीत गया। जब उसने अपना मुँह ऊपर उठाया, तब चिराग की रोशनी में दिखाई पड़ा कि उनकी आँखों की दोनों पलकें भीगकर भारी हो गई हैं। उसने मीठे स्वर में कहा, ''तारक बर्दवान के किसी देहात में मास्टरी करता है। उसने मुझे बुलाया है, कुछ दिनों के लिए उसके यहाँ चली जाऊँ।''

सविता ने जवाब नहीं दिया। फिर दोनों का समय मौन ही में बीत गया। जब उसने अपना मुँह ऊपर उठाया, तब चिराग की रोशनी में दिखाई पड़ा कि उनकी आँखों की दोनों पलकें भीगकर भारी हो गई हैं। उसने मीठे स्वर में कहा, ''तारक बर्दवान के किसी देहात में मास्टरी करता है। उसने मुझे बुलाया है, कुछ दिनों के लिए उसके यहाँ चली जाऊँ।''

''जाओ।''

''क्या तुम अभी कुछ दिन कलकत्ता ही रहोगे?''

''रहना ही पड़ेगा। यहाँ मैंने एक नया दफ्तर खोला है। उसका बहुत काम बाकी है।''

सविता ने तनिक हँसकर कहा,,''रुपया तो तुमने बहुत जमा किया—और क्या करोगे?''

यह प्रश्न सुनकर विमल बाबू हँस पड़े। बोले, ''जमा नहीं किया है, वह आप-ही-आप जमा हो गया है नई बहू। उसको काम में न ला सका, इसलिए। क्या करूँगा

नहीं जानता, सोच लिया है, समय होने पर किसी से उसकी आवश्यकता सीख लूँगा।''

सविता उठकर गईं और पास की खिड़की खोलकर लौट आने के बाद बैठकर बोलीं, ''इस घर की मुझे आवश्यकता नहीं। मैंने सोचा था कि अच्छा ही हुआ कि चला गया। एक झंझट मिट गया, लेकिन तुमने ऐसा होने नहीं दिया। किराएदार रहते हैं, इनको देखो!''

''देखूँगा।''

''और एक अनुरोध करूँगी, मानोगे?''

''क्या अनुरोध है?''

''मेरी लड़की और मेरे पति वनवास में रह रहे हैं, अगर समय मिले तो उन लोगों की खबर लेना।''

विमल बाबू ने हँसते हुए चेहरे से तनिक गरदन हिला दी, कुछ भी नहीं कहा, इसका अर्थ क्या सविता समझ न सकीं, लेकिन हृदय के अंदर मानो आनंद की आँधी बह चली। दोनों हाथ जोड़कर चुपचाप उसने अपने माथे पर रख लिए, वह पति के उद्देश्य से था या विमल बाबू के लिए, यह शायद खुद भी न जान सकीं। एक पल चुप रहकर उनके मुँह की तरफ देखकर उसने कहा, ''अपने पति की बात मैं एक दिन अपने मुँह से सुनाऊँगी, उस बात को सिर्फ मैं ही जानती हूँ और कोई भी नहीं, लेकिन मैं पूछती हूँ तुमसे, मैं अपने पिता के घर जब छोटी थी, तब तुम क्यों नहीं आए, बताओ न?''

कुछ दूरी से सरला को कई बार आते-जाते देखकर उसे अपने पास बुलाकर उन्होंने कहा, ''तुम्हारी माँ को भोजन करने में देर हो गई है न बेटी? उठना पड़ेगा।''

सरला कहने लगी, ''नहीं, कभी नहीं।'' फिर विमल बाबू से कहा, ''आपको आज देर हो गई है, खाकर जाना पड़ेगा।''

विमल बाबू हँस पड़े, उठ खड़े हुए और बोले,''तुम्हारी इसी बात को मैं न रख सकूँगा, बेटी मुझे खाए बिना ही जाना पड़ेगा। जा रहा हूँ।''

विमल बाबू ने हँसकर कहा, ''इसका कारण यह है कि मुझे जिन्होंने भेजा है, उस दिन उनको इसका खयाल नहीं था। उस भूल का महसूल जुटाने में हमारा प्राण जाने लगा, लेकिन इस तरह ही शायद उस बूढ़े के विचित्र खेल में रस जमा हो जाता है। कभी मुलाकात होने पर दोनों मिलकर दावा दाखिल कर देंगे। क्या कहती हो?''

कुछ दूरी से सरला को कई बार आते-जाते देखकर उसे अपने पास बुलाकर उन्होंने कहा, ''तुम्हारी माँ को भोजन करने में देर हो गई है न बेटी? उठना पड़ेगा।''

सरला कहने लगी, ''नहीं, कभी नहीं।'' फिर विमल बाबू से कहा, ''आपको आज देर हो गई है, खाकर जाना पड़ेगा।''

विमल बाबू हँस पड़े, उठ खड़े हुए और बोले,''तुम्हारी इसी बात को मैं न रख

सकूँगा, बेटी मुझे खाए बिना ही जाना पड़ेगा। जा रहा हूँ।''

सविता ने उठकर नमस्कार किया, लेकिन वह सरला के अनुरोध में शामिल नहीं हुईं।

विमल बाबू रोज की तरह आज भी नमस्कार करके धीरे-धीरे नीचे चले गए।

बारह

रमण बाबू अब आते नहीं, शायद अनबन हो गई। दानों के बीच अचानक क्या बात हो गई, यह किराएदार समझ न पाए। आड़ से वे देखतें हैं; सविता का शांत उदास चेहरा—पहले के मुकाबले में कितना फर्क है। जेठ का शून्यमय आकाश आषाढ़ के सजल बादलों के बोझ से झुककर उन लोगों के पास आ गया है। उसी तरह लताओं में, पत्तियों में, तृण-शस्यों में, अश्रुवाष्प की सकरुण स्निग्धता लगी हुई है, उसी तरह जल में, थल में, आकाश में, हवा में सर्वत्र प्रकट हुआ है उनकी गुप्त भेदना का स्तब्ध इंगित। उनकी बातों में, आचरणों में किसी दिन भी उग्रता नहीं थी, तो भी किसी प्रकार के अनजान व्यवधान से वह इतने दिनों तक केवल दूर ही दूर रहती थीं। अब वह दूरी मिटकर उसको खींचकर सबकी छाती के पास ले आई है। घर की स्त्रियाँ उस दिन यही बात सरला से कह रही थीं। सोचती थी शायद विच्छेद के दुःख ने ही उनको इस तरह बदल दिया है।

रमण बाबू साधारणतः भले आदमी थे, पराए की तरह रहते थे, किसी की भलाई में, न बुराई में। बीच-बीच में किराया बढ़ाने की आवश्यकता की घोषणा करने के अलावा अन्य असदाचरण उन्होंने नहीं किया। उनका चला जाना बहुतों को खटक रहा है तो भी वे लोग सोचते हैं कि उस जाने के कलंकित मार्ग में नई माँ की सभी कालिख अगर इतने दिनों में धुल जाए तो शोक के बदले में वे लोग आनंद ही अनुभव करेंगे। यह मानो उनकी ग्लानि दूर हो जाने से वे लोग आप ही आप निर्मल होकर बच गए। केवल एक भय था कि अगर वे खुद न रहेंगे तो लोग ही कहाँ खड़े रहने की जगह पाएँगे। आज सरला ने इसी संबंध में उनको निश्चिंत कर दिया। उसने कहा, ''बुआजी, घर की व्यवस्था हो गई है। तुम लोग जिस तरह हो, उसी तरह रहो, तुम लोगों को कहीं भी घर ढूंढ़ने की आवश्यकता नहीं पड़ेगी, माँ ने कह दिया है।''

''शायद माँ अब किसी दूसरी जगह न जाएँगी सरला?''

''जाएँगी, लेकिन फिर लौट आएँगी। उन्होंने कहा है; घर छोड़कर कहीं अधिक दिन नहीं रहेंगी।''

प्रसन्नता के मारे बुआजी के नेत्रों में जल भर आया। सरला को आशीर्वाद देकर

वे यह शुभ समाचार दूसरों को देने चली गईं।

विमल बाबू के विदा हो जाने के बाद सविता नित्य अपने पूजा के कमरे में जाती हैं। पहले पूजा करने में उनका अधिक समय नहीं लगता था। किसी दिन रात्रि के दस बज जाते थे, किसी दिन ग्यारह। इस समय सरला की छुट्टी रहती थी, वह नीचे जाकर अपना घरेलू काम-धंधा करती थी। आज कमरे में जाकर उसने देखा कि राखाल बिछौने पर बैठकर चिराग की रोशनी में उसका लिखा हुआ कागज पढ़ रहा है। उसने कहा, ''आप कब आए?'' उसके बाद उसने कुंठित स्वर में कहा, ''नहीं मालूम, कितनी भूल-चूक मुझसे हो गई है?''

राखाल ने मुँह ऊपर उठाकर कहा, ''होने पर भी भूल-चूक को मैं सुधार लूँगा, लेकिन देख रहा हूँ कि लिखावट तो कुछ भी आगे नहीं बढ़ी है?''

''नहीं, वक्त तो मिलता ही नहीं।''

''क्यों नहीं मिलता?''

''कैसे मिले, बताइए न? माँ के कुल काम तो मुझे ही करने पड़ते हैं।''

''नई माँ को नौकर-नौकरानियों की कमी नहीं। उनसे कहती क्यों नहीं; मुझे वक्त की जरूरत है, मुझको भी काम हे। लेकिन यह बड़ा ही अन्याय है।''

राखाल ने मुँह ऊपर उठाकर कहा, ''होने पर भी भूल-चूक को मैं सुधार लूँगा, लेकिन देख रहा हूँ कि लिखावट तो कुछ भी आगे नहीं बढ़ी है?''

''नहीं, वक्त तो मिलता ही नहीं।''

''क्यों नहीं मिलता?''

''कैसे मिले, बताइए न? माँ के कुल काम तो मुझे ही करने पड़ते हैं।''

राखाल के कंठस्वर में तिरस्कार का आभास था, लेकिन सरला का चेहरा देखने में ऐसा नहीं जान पड़ा कि वह तनिक भी लज्जित हुई है। उसने कहा, ''आपका ही क्या कम अन्याय है देवता? भिक्षा का दान छुपाने के लिए बेकार का बोझ लाद दिया है मेरे कंधे पर। दूसरे को अकारण सताने से आप ही बुखार में भोगना पड़ता है, टहल करनेवाला कोई आदमी नहीं मिलता। इतने दुबले क्यों हो गए?''

राखाल ने कहा, ''दुबला नहीं हूँ, ठीक ही हूँ, लेकिन लिखना बेकार का काम कैसे हो गया?''

सरला ने कहा, ''बेकार का काम नहीं है तो क्या है। ज्वर हुआ है, वह छिरा सकने के कारण। ऐसी ही दशा है, अच्छी बात है, उसे भले ही मैं लिख डालूँ लेकिन वह आपके किस काम में आएगा सुनूँ तो?''

''काम में न आएगा? तुम कह क्या रही हो?''

सरला ने कहा, ''यही कहती हूँ कि वह सब किसी भी काम में नहीं लगेगा और

अगर लगे भी तो मेरा क्या? मुझे आपने मरने नहीं दिया, अब बचाकर रखने की गर्ज आपकी है। एक लाइन भी मैं नहीं लिखूँगी।''

राखाल ने कहा, ''नहीं लिखोगी तो मेरा ऊधार रुपया अदा कैसे करोगी?''

''ऊधार का रुपया अदा न करूँगी, कर्जदार ही बनी रहूँगी।''

राखाल की इच्छा हुई कि उसका हाथ अपने हाथ में खींचकर कह दे; ऐसा ही सही, लेकिन साहस नहीं किया वरन् तनिक गंभीर होकर ही उसने कहा, ''जो कुछ तुमने लिखा है, उसी से क्या तुम समझ नहीं सकतीं कि उन सबकी सचमुच आवश्यकता है?''

सरला ने कहा, ''आवश्यकता है मुझे हैरान करने की और कुछ भी नहीं। केवल कुछ-कुछ रामायण महाभारत की कथाएँ, यहाँ से वहाँ से ली गई हैं, ठीक मानो धार्मिक लीला के दल की वतृता है। यह सब किसलिए लिखूँ?''

उसकी बात सुनकर राखाल जितना आश्चर्य में पड़ गया, उससे कहीं अधिक वह विपत्ति में पड़ गया। असल में लेख उसी दर्जे के हैं, वह लीला के अभिनय रचता है, नकल कराकर लीला-मंडलियों के अधिकारियों को देता है, यही है उसकी असल जीविका, लेकिन उपहास के भय से मित्रमंडली में इसे प्रकट नहीं करता, कहता है कि लड़कों को पढ़ाता हूँ। लड़कों को पढ़ाता न हो, ऐसी बात नहीं है, लेकिन इस आमदनी से उसके ट्राम का किराया भी नहीं जुटता। उसकी इच्छा नहीं है कि उपार्जन का यह रास्ता कहीं पकड़ में न आ जाए, मानो यह बहुत ही अप्रतिष्ठा और लज्जाजनक काम है। उसके मन में यह संदेह भी पैदा हुआ कि सरला को जितनी अशिक्षिता कहकर प्रचार किया था, शायद वह सच नहीं है। बिल्कुल झूठ है। क्रोध से मन जल उठा। सरला के प्रश्न के उत्तर में कोई बात ढूँढ़ने पर नहीं मिली तो वह बोल उठा, ''सरला, पहले तो तुम बहुत ही भली स्त्री मालूम पड़ती थीं, अचानक ऐसी दुष्ट हो कैसे गई?''

सरला ने अपनी हँसी को दबाकर कहा, ''मैं दुष्ट हो गई हूँ?''

''हो नहीं गई हो? अच्छा तुम्हारे विचार से आवश्यक काम क्या है, जरा सुनूँ तो?''

राखाल की इच्छा हुई कि उसका हाथ अपने हाथ में खींचकर कह दे; ऐसा ही सही, लेकिन साहस नहीं किया वरन् तनिक गंभीर होकर ही उसने कहा, ''जो कुछ तुमने लिखा है, उसी से क्या तुम समझ नहीं सकतीं कि उन सबकी सचमुच आवश्यकता है?''
सरला ने कहा, ''आवश्यकता है मुझे हैरान करने की और कुछ भी नहीं। केवल कुछ-कुछ रामायण महाभारत की कथाएँ, यहाँ से वहाँ से ली गई हैं, ठीक मानो धार्मिक लीला के दल की वतृता है। यह सब किसलिए लिखूँ?''

"बता रही हूँ। पहले ये बताइए कि छह-सात दिन आप क्यों नहीं आए?"

"तबीयत कुछ खराब थी।"

"झूठी बात।" यह कहकर सरला उसके चेहरे की तरफ कुछ देर चुपचाप देखती रही, फिर बोली, "हुआ था बुखार और वह भी खूब तेज, तबीयत खराब कहकर बात छिपाना चाहते हो? आपकी बुढ़िया नौकरानी भी बीमार पड़ी हुई थी। स्टोव जलाकर अपने लिए साबूदाना तैयार करने की जरूरत पड़ी थी। सुनती हूँ कि आपके इष्ट मित्र बहुत हैं, उनमें से किसी को आपने खबर क्यों नहीं भेजी?"

यह सवाल राखाल के लिए नया नहीं, पिछले वर्ष भी प्रायः ऐसी ही अवस्था उत्पन्न हो गई थी, लेकिन वह चुप ही रहा। वह यह बात स्वीकार न कर सका कि दुनिया में जिसके मित्रों की संख्या अपरिमित है, उसको ही दुःख के दिनों में बुलाने लायक मित्रों का सबसे अधिक अभाव रहता है।

सरला ने कहा, "उन लोगों को जाने दो, नई माँ को खबर क्यों नहीं भेजी?"

प्रत्युत्तर में राखाल आश्चर्य के साथ बोल उठा, "नई माँ! नई माँ भला जाएँगी मेरे उस सड़े टूटे-फूटे डेरे में सेवा करने? तुम क्या कह रही हो सरला, इसका कोई ठिकाना ही नहीं है, लेकिन मेरी बीमारी की खबर तुमको किसने दी?"

सरला ने कहा, "उन लोगों को जाने दो, नई माँ को खबर क्यों नहीं भेजी?" प्रत्युत्तर में राखाल आश्चर्य के साथ बोल उठा, "नई माँ! नई माँ भला जाएँगी मेरे उस सड़े टूटे-फूटे डेरे में सेवा करने? तुम क्या कह रही हो सरला, इसका कोई ठिकाना ही नहीं है, लेकिन मेरी बीमारी की खबर तुमको किसने दी?"

सरला ने कहा, "कोई भी क्यों न दे, लेकिन दुःख तो यह है कि उसने ठीक समय पर नहीं दी। सुनकर नई माँ ने कहा था कि राजू ने मेरी रेणुका को बचाया था, दिन के समय रसोई पकाकर, सबके मुँह में अन्न जुटाकर, रात को सारी रात जागकर अपनी सारी पूँजी खोकर डॉक्टर-वैद्यों का ऋण चुकाकर और वह खुद ही जब बीमार पड़ गया, तब खुद गया बुखार की प्यास बुझाने के लिए पाइप से पानी लाने, चूल्हा जलाकर खुद ही उसने भूख मिटाने के लिए पथ्य तैयार किया, उसने दवा नहीं पाई, अपना आदमी पास में न रहने के कारण, लेकिन मुझे वह खबर क्यों देता बेटी, मेरे ऊपर तो उसको विश्वास ही नहीं है। लड़की की बीमारी में दूसरे के नाम से जब वह सहायता माँगने आया था, उसे मैंने तो दी नहीं।" यह सोचकर सरला के नेत्रों से जल उमड़ चला। वह फिर कहने लगी, "लेकिन वह नई माँ की बात थी, मैंने क्या कसूर किया देवता। आज तक भी रुपया अदा न कर सकी, इसीलिए गुस्सा किया?"

राखाल हँसकर बोला, ''यह तो तुमने चाय की प्याली में तूफान खड़ा कर दिया सरला। नन्ही-सी बात को तुमने कितनी पेचीदा बना दिया है। बुखार क्या किसी को नहीं होता? दो ही दिनों में वह अच्छा हो गया।''

सरला ने कहा, ''वह जो अच्छा हो गया, वह है भगवान् की कृपा हम लोगों के ऊपर, आपके लिए नहीं। वास्तव में आप बहुत बुरे आदमी हैं। विष खाकर मरने जा रही थी, आपने मरने नहीं दिया, अस्पताल में दिन-रात आप डटे रहे। लौट आने पर कुछ खाए-पिए बिना मरने जा रही थी तो उसमें भी रुकावट डाल दी। एक तरफ तो यह दशा है, फिर दूसरी तरफ बीमारी की दशा में थोड़ी-सी सेवा करूँगी, वह भी आपसे सहन नहीं हुआ। क्या आप हमेशा ऐसी ही शत्रुता करते रहेंगे, छुटकारा न दीजिएगा? मैंने आपका क्या बिगाड़ा था? इस जन्म में मैं अपना दोष नहीं देखती, यह क्या पिछले जन्म की सजा है?''

राखाल उत्तर न दे सका, मौन होकर सोचने लगा, यह मुँहजोर स्त्री हठात् ऐसी उद्दंड कैसे हो गई?

सरला रुकी नहीं। दिन के वक्त की कड़ी रोशनी में इतनी बातें इतने बुरे निस्संकोच से वह कुछ भी न कह सकती थी, लेकिन यह था रात का वक्त, एकांत कमरे के छायापूर्ण अभ्यंतर में केवल वह थी और एक दूसरा आदमी था। वह कहने लगी, ''मैं जानती हूँ देवता, क्यों आपने आज तक शादी नहीं की। वास्तव में स्त्रियों के प्रति आपके मन में भारी घृणा है, लेकिन यह भी जानिएगा कि जिनको आपने आज तक देखा है, जिनकी फरमाइशें पूरी की हैं, पीछे-पीछे घूमते रहे हैं, वे ही सभी स्त्री जाति के उदाहरण नहीं, इस संसार में दूसरी स्त्रियाँ भी हैं।''

सरला रुकी नहीं। दिन के वक्त की कड़ी रोशनी में इतनी बातें इतने बुरे निस्संकोच से वह कुछ भी न कह सकती थी, लेकिन यह था रात का वक्त, एकांत कमरे के छायापूर्ण अभ्यंतर में केवल वह थी और एक दूसरा आदमी था। वह कहने लगी, ''मैं जानती हूँ देवता, क्यों आपने आज तक शादी नहीं की। वास्तव में स्त्रियों के प्रति आपके मन में भारी घृणा है, लेकिन यह भी जानिएगा कि जिनको आपने आज तक देखा है, जिनकी फरमाइशें पूरी की हैं, पीछे-पीछे घूमते रहे हैं, वे ही सभी स्त्री जाति के उदाहरण नहीं, इस संसार में दूसरी स्त्रियाँ भी हैं।''

बड़े जोर से हँसकर राखाल बोला, ''आज तुमको हो क्या गया है?''

''सचमुच ही आज मुझे बहुत क्रोध आया है।''

''क्यों?''

''इसलिए कि मुझे आपने बीमारी की सूचना नहीं दी।''

''सूचना देने से ही क्या होता? वहाँ और कोई भी स्त्री नहीं है, अकेली क्या तुम मेरी सेवा कर पातीं?''

''कर पाती नहीं तो क्या चुपचाप घर में बैठी रहती?''

''तुम्हारे पति क्या कहते, जब लौट आने पर वह यह बात सुन लेते?''

''वह लौटकर आएँगे नहीं, यह बात मैं आपसे कई बार कह चुकी हूँ। आप कहेंगे; तुम कैसे जान गईं? इसका उत्तर यह है कि मैं न जानूँगी तो दुनिया में और कौन जा न सकेगा?''

इतना कहकर सरला ने दमभर चुप रहकर कहा, ''इसके अलावा एक बात और है। अकेली आपकी सेवा करने के लिए मेरा जाना दोष की बात होती, लेकिन इस घर में ही किसके भरोसे पर मुझे वह अकेली छोड़कर चले गए हैं। यहीं जो आप मेरे कमरे में आकर बैठते हैं, अगर मैं जाने न दूँ, पकड़ रखूँ, तो कौन रोकेगा?''

ऐसी बात किसी औरत के मुँह से राखाल ने सुनी नहीं थी, विशेषकर सरला से। गंभीर लज्जा से उसका चेहरा लाल हो उठा, लेकिन प्रकट होने से वह लज्जा बढ़ेगी ही, घटेगी नहीं, इसीलिए जोर लगाकर हँसने का प्रयत्न करके वह बोला, ''अकेला पाकर तुमने तो मुझसे बहुत सी बातें कह डालीं, लेकिन उनके रहने पर क्या कह सकती थीं?''

सरला ने कहा, ''तब तो कहने की आवश्यकता ही नहीं पड़ती, लेकिन आज आने से उनको दूसरी बात कहती। मैं कहती, जो सरला तुमको प्राण से भी अधिक चाहती थी, उसने कितना सहा है, उसका गवाह सिर्फ भगवान् है, जिसको ब्याह का नाम लेकर ले आने पर धोखा दिया, जूठी थाली की तरह जिसको फेंक दिया, जिसके लिए कहीं भी लौटने का रास्ता खुला नहीं रखा, वह सरला अब नहीं है, वह विष खाकर मर गई है, अपने नहीं तुम्हारे पापों का प्रायश्चित्त करने के लिए। वह सरला दूसरी है। उसका पुनर्जन्म हुआ है। आज भी वह स्वतंत्र है। उसके ऊपर अब किसी का अधिकार नहीं, दावा नहीं।''

सरला ने कहा, ''तब तो कहने की आवश्यकता ही नहीं पड़ती, लेकिन आज आने से उनको दूसरी बात कहती। मैं कहती, जो सरला तुमको प्राण से भी अधिक चाहती थी, उसने कितना सहा है, उसका गवाह सिर्फ भगवान् है, जिसको ब्याह का नाम लेकर ले आने पर धोखा दिया, जूठी थाली की तरह जिसको फेंक दिया, जिसके लिए कहीं भी लौटने का रास्ता खुला नहीं रखा, वह सरला अब नहीं है, वह विष खाकर मर गई है, अपने नहीं तुम्हारे पापों का प्रायश्चित्त करने के लिए। वह सरला

दूसरी है। उसका पुनर्जन्म हुआ है। आज भी वह स्वतंत्र है। उसके ऊपर अब किसी का अधिकार नहीं, दावा नहीं।''

यह सुनकर राखाल मौन होकर बैठा रहा।

सरला कहने लगी, ''आपको क्या याद नहीं है, देवता, अस्पताल में नाराज होकर आपने बार-बार पूछा था, ''तुम कहाँ जाना चाहती हो?'' उत्तर में मैंने बार-बार रो-रोकर कहा था, ''मेरे जाने की जगह कहीं नहीं है, केवल एक ही जगह थी, वहीं मैं जा रही थी, लेकिन वहाँ आपने जाने नहीं दिया!'' ''

कुछ देर दोनों मौन रहे। राखाल ने कहा, ''जीवन बाबू को आँखों से देखा नहीं है, सिर्फ घर के लोगों के मुँह से उनका नाम सुना है। क्या वह तुम्हारे पति नहीं है? यह झूठ ही है?''

''हाँ,सब झूठ है। वह मेरे पति नहीं हैं।''

''क्या तुम विधवा हो?''

''हाँ।''

फिर कुछ देर दोनों चुप रहे। सरला ने पूछा, ''क्या मेरी कहानी ने मेरे प्रति आपके मन में घृणा उत्पन्न कर दी?''

राखाल बोला, ''नहीं सरला, मैं इतना नासमझ नहीं हूँ। तुमसे भी अधिक अपराध किया था नई माँ ने, मैंने उनसे भी घृणा नहीं की।'' लेकिन कह चुकने पर तुरंत ही वह अत्यंत लज्जित होकर चुप हो रहा। उसी दम समझ गया, यह है अनधिकार चर्चा, यह है उसका अपमान। यह कैसी भद्दी बात उसके मुँह से अकस्मात् निकल पड़ी।

राखाल बोला, ''नहीं सरला, मैं इतना नासमझ नहीं हूँ। तुमसे भी अधिक अपराध किया था नई माँ ने, मैंने उनसे भी घृणा नहीं की।'' लेकिन कह चुकने पर तुरंत ही वह अत्यंत लज्जित होकर चुप हो रहा। उसी दम समझ गया, यह है अनधिकार चर्चा, यह है उसका अपमान। यह कैसी भद्दी बात उसके मुँह से अकस्मात् निकल पड़ी।

सरला ने कहा, ''नई माँ ने आपको माता की तरह पाल-पोसकर बड़ा किया।''

राखाल ने कहा, ''हाँ, वह मेरी माँ ही हैं।'' यह कहकर इस प्रसंग को झटपट दबाकर उसने कहा, ''तुम्हारे माँ-बाप, आत्मीय स्वजन हैं या नहीं, तुम बताना नहीं चाहतीं, कम-से-कम उन लोगों के यहाँ तुम जाओगी नहीं, यह मैं जानता हूँ, किंतु अब क्या निश्चय किया?''

सरला ने कहा, ''जो कर रही हूँ, वही। नई माँ का काम-काज करूँगी।''

''लेकिन यह क्या जीवन भर तुमको अच्छा लगेगा?''

सरला ने कहा, ''यह दासीवृत्ति तो नहीं है, माँ की सेवा है। कम-से-कम बहुत दिनों तक अच्छा लगेगा।''

राखाल ने कहा, ''लेकिन बहुत दिन के बाद भी एक जीवन शेष रह जाता है, तब अपने ही पैरों पर खड़ा होना पड़ता है, उसमें रुपए की आवश्यकता पड़ती है। केवल सेवा करके उस समस्या की मीमांसा नहीं होती।''

सरला ने कहा, ''चाहे कितने ही रुपयों की आवश्यकता क्यों न पड़े, आपका लिखने का काम मैं न कर सकूँगी। बस एक छोटा सा पत्र लिखकर बिछौने पर रख दूँगी, कोई भी एक आदमी उसे पढ़कर मेरे तकिए के नीचे रुपए रख जाएगा। उसी से मेरा काम चल जाएगा।''

राखाल ने हँसकर कहा, ''यह तो भीख लेना हुआ।'' सरला ने भी हँसकर कहा, ''भीख ही लूँगी। कोई भी उसको जानेगा नहीं, घूस देकर बतलाते नहीं, मुझे शरम किस बात की है?'' राखाल की फिर इच्छा हुई कि हाथ पकड़कर उसको अपने पास घसीट लाए और धृष्टता के लिए दंड दे, लेकिन फिर हिम्मत में रुकावट पड़ी, वक्त निकल गया। दासी ने बाहर से पुकारकर कहा, ''दीदीजी, तुमको माँ बुला रही हैं।'' ''माँ की आह्निक पूजा क्या समाप्त हो गई?''

राखाल ने हँसकर कहा, ''यह तो भीख लेना हुआ।''

सरला ने भी हँसकर कहा, ''भीख ही लूँगी। कोई भी उसको जानेगा नहीं, घूस देकर बतलाते नहीं, मुझे शरम किस बात की है?''

राखाल की फिर इच्छा हुई कि हाथ पकड़कर उसको अपने पास घसीट लाए और धृष्टता के लिए दंड दे, लेकिन फिर हिम्मत में रुकावट पड़ी, वक्त निकल गया।

दासी ने बाहर से पुकारकर कहा, ''दीदीजी, तुमको माँ बुला रही हैं।''

''माँ की आह्निक पूजा क्या समाप्त हो गई?''

''हाँ, हो गई है।'' कहकर वह चली गई।

सरला ने कहा, ''आप चलिएगा नहीं माँ से भेंट करने?''

राखाल ने कहा, ''तुम जाओ, मैं बाद में आऊँगा।''

''बाद में क्यों? चलिए न; दोनों ही एक साथ चलें।'' कहकर वह दबी हुई हँसी की एक तरंग उठाकर द्वार खोलकर तेजी से निकल गई।

राखाल नेत्र बंद करके बिछौने पर लेट गया। मन में यह विचार आया कि यह कमरा जिस रस-माधुर्य से निविड़ हो उठा, जीवित मनुष्य के हाथ की भाँति उसने उसके सब अंगों पर स्पर्श किया है, कितने दिनों से परिचित उस साधारण गृह के रहस्य की जैसे आज सीमा ही नहीं है।

उसके दिल में आज यह किस बात की आकुलता है, किस बात के लिए स्पंदन

हो रहा है ? वृक्ष के निगूढ़ अंत:स्थल में यह कौन बोल रहा है ? क्या बोल रहा है ! स्वर धीमा अस्पष्ट ही काम में आ रहा है, भाषा समझ में क्यों नहीं आती ? सैकड़ों स्त्रियों को वह पहचानता है। कितने दिनों के कितने ही आनंदोत्सव उनके संग में, बातचीत में, गीत-गायन में, हँसी-खेल में बीते हैं; उनकी याद आज भी भूली नहीं है, मन के कोने में खोजने से आज भी वे दिखाई पड़ते हैं, लेकिन सरला की सिर्फ एक स्त्री के मुँह की बातों से जो विस्मय आज मूर्ति में उमड़ उठा, इस जीवन की अभिज्ञता में उसकी तुलना कहाँ है ? यह नारी के प्रेम का रूप है। उसकी तीस वर्ष की अवस्था में उस अनजान से क्या आज ही भेंट हुई है ? उसके ही विजय गान का क्या अंत नहीं है, उसका ही कलंक गाकर क्या आज भी खत्म नहीं किया गया ?

> *''मुझको!'' चकित होकर राखाल उठकर बैठ गया। उसने देखा कि नेत्रों का जल गिरकर तकिए का बहुत हिस्सा भीग गया है। उसे पलटकर वह ऊपर चला गया और नई माँ के चरणों की धूलि लेकर पास बैठ गया। इतने दिन न आने और बीमारी की बात की नई माँ ने कुछ भी चर्चा नहीं की, केवल स्नेहार्द्र स्निग्ध कंठ से प्रश्न किया, ''अच्छी तरह तो हो बेटा ?''*

लेकिन भूल नहीं है, भूल नहीं है, सरला के मुँह की बातों से समझने का अवकाश नहीं है। ऐसे सुनिश्चित असंशय के साथ जो आप ही आकर पास खड़ी हो गई, उसको नहीं कहकर वह किस संकोच से लौटा देगा, किस बृहत्तर की आशा से ? लेकिन तो भी दुविधा जागती है, मन पीछे हटना चाहता है, दुनिया कुंठा दिखाकर कहती है, सरला विधवा है, निंदिता है, स्वैराचार के कलंक-प्रलेप से वह मलिन है। मित्र-समाज में स्त्री कहकर परिचय देगा; वह किस दुस्साहस से ? फिर उसी दम याद पड़ती है पहले दिन की बात, वही अस्पताल में जाना। मरणासन्न नारी का फीका-पीला चेहरा, मृत्यु की नीली छाया उसके होंठों पर, कपाल पर, निमीलित नेत्रों की पलकों पर, गाड़ी के बंद दरवाजे के सुराखें से आती है रास्ते की रोशनी। उसके बाद यम-मनुष्य के बीच वह कैसी लड़ाई ? क्या इस दु:ख से प्राण वापस पाना ? इन सब बातों को राखाल किस तरह भूलेगा ? किस तरह भूल जाएगा वह उसी के हाथ में सरला का पूर्ण समर्पण। उन्हीं दोनों नेत्रों का जल पोंछकर कहना, ''अब आपकी आज्ञा बिना मरूँगी नहीं।'' उस दिन उत्तर में राखाल ने कहा था, ''स्वीकृति चिरकाल तक याद रहे।''

दासी ने आकर कहा, ''राजू बाबू, आपको माँ बुला रही हैं।''

''मुझको!'' चकित होकर राखाल उठकर बैठ गया। उसने देखा कि नेत्रों का जल गिरकर तकिए का बहुत हिस्सा भीग गया है। उसे पलटकर वह ऊपर चला गया और

नई माँ के चरणों की धूलि लेकर पास बैठ गया। इतने दिन न आने और बीमारी की बात की नई माँ ने कुछ भी चर्चा नहीं की, केवल स्नेहार्द्र स्निग्ध कंठ से प्रश्न किया, ''अच्छी तरह तो हो बेटा?''

राखाल ने सिर हिलाकर स्वीकार करके कहा, ''एक बहुत बड़ा अपराध मुझसे हो गया है माँ, मुझे क्षमा करना होगा। कई दिन बुखार में पड़ा रहा, आपके पास सूचना न भेज पाया।''

नई माँ कोई जवाब न देकर मौन हो रहीं। राखाल कहने लगा,''वह इच्छा से नहीं हुआ, आप लोगों को ठेस पहुँचाने के लिए भी नहीं हुआ। याद आती है माँ, एक दिन जितना परेशान मैंने किया, उतना आपकी रेणुका ने भी नहीं किया। उसके बाद एक दिन अचानक धरती बदल गई, दुनिया में इतना तूफान बादल बढ़ाकर रखा गया है, उसी समय मुझे पता चला। ठाकुरजी की कोठरी में जाकर रोकर मैं कहता था, ''गोविंदजी, अब तो मैं सहन नहीं कर सकता, हमारी माँ को लौटाकर ला दो।'' मेरी प्रार्थना को इतने दिनों में ठाकुरजी ने स्वीकार किया है। अपनी उसी माँ का मैं अपमान करूँगा, ऐसी बात आपने किस प्रकार से सोच डाली?''

नई माँ ने धीरे-धीरे कहा, ''तो किस अभिमान से तुमने सूचना नहीं भेजी बेटा? दरबान को भेजकर जब मैं पता लगाने के लिए गई, तब कुछ कहने का भी रास्ता तुमने नहीं छोड़ा था।''

नई माँ ने धीरे-धीरे कहा, ''तो किस अभिमान से तुमने सूचना नहीं भेजी बेटा? दरबान को भेजकर जब मैं पता लगाने के लिए गई, तब कुछ कहने का भी रास्ता तुमने नहीं छोड़ा था।''

राखाल ने हँसते हुए कहा, ''यह सिर्फ भूल हो जाने के कारण। आदत तो नहीं है। दुःख के दिनों में याद नहीं पड़ता कि तीन लोक में मेरा कहीं भी कोईहै?''

राखाल ने हँसते हुए कहा, ''यह सिर्फ भूल हो जाने के कारण। आदत तो नहीं है। दुःख के दिनों में याद नहीं पड़ता कि तीन लोक में मेरा कहीं भी कोईहै?''

नई माँ ने जवाब नहीं दिया, सिर्फ उसका हाथ पकड़कर और भी नजदीक उसे खींचकर स्नेह से उसकी पीठ पर हाथ फेरा।

शायद सरला आड़ में से ही सुन रही थी। सामने आकर उसने कहा, ''देवता को भोजन करके जाने के लिए कह दीजिए, माँ, घर पर जाकर तो उन्हें स्वयं ही रसोई पकानी पड़ेगी।''

नई माँ ने कहा, ''तुम खुद ही कह सकती हो बेटी।'' उसके बाद मुसकराकर वह बोलीं, ''यह बात वह प्रायः कहा करती है राजू। तुमको अपने ही हाथ से रसोई पकानी

पड़ती है, इसे मानो वह सह नहीं सकती, उसके हृदय में चोट न पहुँचती है। उसको एक दिन तुमने बचाया था, इस बात को सरला एक दिन के लिए भी नहीं भूलती।''

क्षणभर के लिए राखाल लज्जा से लाल हो गया। वह कहने लगीं, ''ऐसी स्त्री को किस तरह उसका पति छोड़कर चला गया, यही मैं सोचती रहती हूँ। जितने अघटन हैं, क्या उनको केवल स्त्रियों के भाग्य में ही विधाता लिख देते हैं!''

सरला ने कहा, ''इस बार उनकी शादी करने को कह दीजिए माँ। आपके आदेश को वह कभी अस्वीकार न कर सकेंगे।''

''बुलाने के लिए उसने चिट्ठी लिखी है क्या?''
''चिट्ठी तो नहीं, दो दिन की छुट्टी लेकर वह स्वयं ही आया था कहने के लिए। बहुत अच्छा लड़का है। जैसा विनयी है, वैसा ही विद्वान् है। दुनिया में वह उन्नति अवश्य करेगा।''
राखाल ने साश्चर्य मुँह ऊपर उठाकर कहा, ''तारक कलकत्ता आया था? मैं तो जानता नहीं।''

तभी सविता कोई बात कहने जा रही थीं, लेकिन राखाल ने झटपट रुकावट डाल दी। कहा, ''तुमने मुझे सिर्फ दो-चार दिन ही देखा है,लेकिन इन्होंने मुझे पाल-पोसकर आदमी बनाया है, मेरे स्वभाव को पहचानती हैं। अच्छी तरह जानती हैं कि उसके नहीं है घर-द्वार, नहीं हैं आत्मीय स्वजन,नहीं है उपार्जन करने की शक्ति-सामर्थ्य, वह है बिल्कुल असमर्थ, किसी प्रकार लड़के पढ़ाकर दोनों समय के भोजने की व्यवस्था करता है। उसको किसी के लिए बेटी देना सिर्फ बेटी को मार डालना है। ऐसा अन्यायपूर्ण आदेश माँ कभी नहीं देंगी।''

सरला ने कहा, ''लेकिन देंगी तो?''

राखाल ने कहा, ''देंगी तो अपना सौभाग्य समझूँगा।''

महराज ने आकर सूचना दी, ''भोजन तैयार है।''

राखाल समझ गया कि यह आयोजन सरला ने ऊपर आकर ही किया है।

बहुत दिनों के पश्चात् सविता उसको खिलाने के लिए बैठीं। बोलीं, ''राजू, तारक जहाँ नौकरी करता है, सुनती हूँ वह बिल्कुल ही दामोदर के किनारे है। मुझको बड़े ही चाव से कह रहा है कि कुछ दिन उसके यहाँ आकर रहूँ। मैंने तय किया है कि वहाँ हो आऊँ।''

''बुलाने के लिए उसने चिट्ठी लिखी है क्या?''

''चिट्ठी तो नहीं, दो दिन की छुट्टी लेकर वह स्वयं ही आया था कहने के लिए। बहुत अच्छा लड़का है। जैसा विनयी है, वैसा ही विद्वान् है। दुनिया में वह उन्नति अवश्य करेगा।''

राखाल ने साश्चर्य मुँह ऊपर उठाकर कहा, ''तारक कलकत्ता आया था? मैं तो जानता नहीं।''

सविता ने कहा, ''जानते नहीं हो, तब तो मालूम होता है कि मिलने का वह समय न निकाल सका। सिर्फ दो ही दिन की छुट्टी थी न?''

राखाल चुप हो रहा। सिर झुकाकर भोजन का कौर मलने लगा। उसे याद पड़ गया कि बीमारी के पहले दिन ही उसने तारक को एक पत्र लिखा था, उसमें बताया था, इन दिनों तबीयत कुछ खराब रहती है, उसकी इच्छा है कुछ दिनों की छुट्टी लेकर देहात में जाकर मित्र के घर व्यतीत करे। उस पत्र का उत्तर अभी तक नहीं आया।

तेरह

उस रात्रि को खाना-पीना होने के बाद घर वापस जाते वक्त सरला राखाल के साथ नीचे उतर आई और उसने बहुत ही अनुरोध करके कहा, ''मेरी इच्छा है कि आपको स्वयं रसोई पकाकर एक दिन खिलाऊँ। खाइएगा न?''

''जरूर खाऊँगा। जिस दिन तुम कहोगी।''

''तो परसों। इसी वक्त। चुपके-चुपके मेरे घर चले आइएगा, चुपके-चुपके खाकर चले जाइएगा!''

राखाल ने हँसते हुए पूछा, ''चुपके-चुपके क्यों? तुम मुझे खिलाओगी, इसमें दोष क्या है?''

सरला ने भी हँसकर उत्तर दिया, ''दोष तो खाने में नहीं है देवता, दोष है चुपके-चुपके खिलाने में। फिर भी अपने सिवा और किसी को जानने न देने का लोभ मैं नहीं छोड़ सकती।''

''सचमुच नहीं छोड़ सकतीं या कहना पड़ता है, इसलिए कह रही हो?''

''इतने जोर का उत्तर मैं न दे पाऊँगी।''

यह कहकर सरला ने हँसकर मुँह घुमा लिया।

राखाल की छाती के निकट सिहरन हो उठी, बोला, ''अच्छा, ऐसा ही होगा, परसों ही आऊँगा।''

इतना कहकर वह कदम बढ़ाता हुआ तेजी से बाहर निकल पड़ा।

× × ×

वह परसों आज आ गया है। रात अधिक नहीं हुई है, शायद आठ बज चुके हैं। सभी काम में लगे हैं। राखाल को शायद किसी ने देखा नहीं। रसोई का काम खत्म करके सरला चुपचाप बैठी हुई थी, राखाल को कमरे में घुसते देखकर, आदर के साथ

अभ्यर्थना करके उसने बिछौने पर बैठाया और कहा, ''मैंने सोचा था, शायद आपको रात हो जाएगी अथवा शायद भूल ही जाएँगे, आएँगे नहीं।''

''भूल जाऊँगा, ऐसा तुमने कभी नहीं सोचा सरला, झूठी बात है।''

सरला ने हँसते हुए सिर हिलाकर कहा, ''हाँ, मेरी झूठी बात है। एक बार भी मैंने सोचा नहीं कि आप भूल जाएँगे। भोजन लाऊँ?''

पास में सबकुछ तैयार था, आसन बिछाकर उसने भोजन परोस दिया। परिमित आयोजन, कोई बाहुल्य नहीं था। राखाल ने खुश होकर कहा, ''ठीक ऐसा ही मैंने मन-ही-मन चाहा था सरला, लेकिन मैंने आज्ञा नहीं की थी। सोचा था और पाँच लोगों की तरह यत्न-चेष्टा दिखाने की अधिकता से कितनी ज्यादती ही कर डालोगी। कितनी ही चीजें शायद फेंक दी जाएँगी, लेकिन यह चेष्टा तुमने नहीं की।''

पास में सबकुछ तैयार था, आसन बिछाकर उसने भोजन परोस दिया। परिमित आयोजन, कोई बाहुल्य नहीं था। राखाल ने खुश होकर कहा, ''ठीक ऐसा ही मैंने मन-ही-मन चाहा था सरला, लेकिन मैंने आज्ञा नहीं की थी। सोचा था और पाँच लोगों की तरह यत्न-चेष्टा दिखाने की अधिकता से कितनी ज्यादती ही कर डालोगी। कितनी ही चीजें शायद फेंक दी जाएँगी, लेकिन यह चेष्टा तुमने नहीं की।''

सरला ने कहा, ''चीजें तो मेरी नहीं हैं देवता, आपकी हैं। अपनी रहतीं तो उनसे ज्यादती करने में भय नहीं होता। शायद करती भी, बरबाद भी होती।''

''अच्छी बुद्धि है तुम्हारी!''

''अच्छा ही तो है। नहीं तो आप सोचते; इस स्त्री का अन्याय तो कम नहीं है। देना चुकाती नहीं, फिर भी दूसरों के रुपए से बाबूगिरी करती है!''

हँसकर राखाल ने कहा, ''रुपए का इरादा मैंने छोड़ दिया सरला, तुमको अब देना न पड़ेगा, सोचना भी न पड़ेगा। सिर्फ कापी दे दो, मैं वापस ले जाऊँ।''

सरला ने बनावटी गंभीरता से मुँह गंभीर बनाकर कहा, ''तो अब सब बेबाक हो गया कहिए? इसके बाद आप भी रुपया माँग न सकेंगे। अभाव से अगर मरने लगूँगी, तब भी नहीं।''

राखाल ने कहा, ''तुम बड़ी दुष्ट हो सरला। सोचता हूँ, जीवन तुमको कैसे छोड़ गया? वह क्या तुमको पहचान न सका?''

सरला ने सिर हिलाकर कहा, ''नहीं, यह मेरे भाग्य की बात है देवता, पति नहीं, जो फुसलाकर ले आए, वह नहीं और जो यमराज के हाथ से छीनकर लाए, वह भी

नहीं। कौन जाने मैं कौन हूँ, इसको कोई पहचान ही नहीं सकता।''

कुछ देर रुककर उसने कहा, ''मेरे पति की बात छोड़ो, लेकिन जीवन बाबू की बात कहती हूँ। सचमुच ही वह मुझको पहचान ही नहीं सके थे। वह बुद्धि ही उनमें नहीं थी।''

राखाल ने उत्सुक होकर प्रश्न किया, ''बुद्धि रहने से क्या करना उनके लिए उचित था?''

''उचित था, भाग न जाना। उचित था कह देना, अब मैं नहीं उठा सकता सरला, अब तुम गृहस्थी का भार ले लो।''

''कहने से क्या तुम भार ले लेतीं?''

''लेती तो अवश्य ही। आप सोचते हैं कि भार केवल पुरुष ही ले सकते हैं। स्त्री नहीं ले सकती? ले सकती है! मैं दिखा देती किस तरह गृहस्थी का भार लेना पड़ता है।''

राखाल ने कहा, ''इतना ही अगर जानती हो तो आत्महत्या करने क्यों गई थीं?''

''आप सोच रहे हैं कि स्त्रियाँ शायद इसीलिए आत्महत्या करती हैं? ऐसी बुद्धि ही पुरुषों की होती है।'' यह कहकर वह उसी दम हँसकर बोली, ''मैंने चेष्टा की थी आपको देख सकूँगी, इसीलिए। नहीं तो मैं पाती नहीं, आज भी आप मुझसे वैसे ही अनजान बने रहते?''

राखाल ने कहा, ''इतना ही अगर जानती हो तो आत्महत्या करने क्यों गई थीं?'' ''आप सोच रहे हैं कि स्त्रियाँ शायद इसीलिए आत्महत्या करती हैं? ऐसी बुद्धि ही पुरुषों की होती है।'' यह कहकर वह उसी दम हँसकर बोली, ''मैंने चेष्टा की थी आपको देख सकूँगी, इसीलिए। नहीं तो मैं पाती नहीं, आज भी आप मुझसे वैसे ही अनजान बने रहते?''

राखाल के मुँह से एक बात निकल रही थी, लेकिन उसने उसे दबा रखा। उसको और कोई शिक्षा भले ही न मिली हो, स्त्रियों के साथ सावधान होकर बातचीत करने की शिक्षा उसको मिली थी।

सरला ने पूछा, ''देवता, आपने शादी क्यों नहीं की?''

राखाल ने मुँह का कौर निगलकर कहा, ''तुमको इस बात के जान लेने से क्या फायदा?''

सरला ने कहा, ''क्या जाने, क्यों मुझे जानने की भारी इच्छा होती है। उस दिन भी मैंने पूछा था, आपने इधर-उधर करके टाल दिया, लेकिन आज मैं नहीं मानूँगी, आपको बतलाना ही होगा।''

''सरला, हम लोगों के समाज में किसी का तो ब्याह किया जाता है या कोई स्वयं ही ब्याह करता है। मेरा ब्याह रचानेवाला कोई नहीं था, मैं स्वयं कर लेता तो

गरीबी के कारण उसके लिए साहस नहीं पड़ा। तुम तो जानती ही हो, मेरे पास दुनिया में 'अपना' कहने के लिए कुछ है ही नहीं।'' राखाल बोला।

''यह आपका गलत विचार है। गरीब होने से क्या आदमी का ब्याह न होगा? क्या उसे ब्याह करने का अधिकार ही नहीं है? दुनिया में वह यों ही आकर चला जाएगा, कहीं घर नहीं बसाएगा? ऐसी बात तो नहीं देवता। असल में आप अत्यंत डरपोक आदमी हैं, तनिक साहस नहीं रखते।'' नाराज होकर सरला ने कहा।

''हो सकता है तुम्हारा कहना सच हो। हो सकता है मैं सचमुच डरपोक आदमी होऊँ। अनिश्चित भाग्य के ऊपर भरोसा करके खड़े होने में डरता हूँ।'' राखाल ने कहा।

''लेकिन भाग्य तो सदैव ही अनिश्चित होता है देवता! वह तो भले-बुरे का, छोटे-बड़े का विचार नहीं करता, अपने नियम से चलता है।'' सरला ने उत्तर दिया।

''मुझे भी यह ज्ञात है, लेकिन मैं तो ज्यों का त्यों ही हूँ। अपने को तो बदल नहीं सकता सरला!''

क्षण भर अवाक् होकर सरला उसका मुँह देखती रही। फिर बोली, ''किसी के पास नहीं। स्त्री होकर वह यह बात न समझे, स्वामी के दुःख को बढ़ाकर दोगुना कर दे, यह हो नहीं सकता देवता! इस बात पर मैं किसी भी प्रकार विश्वास नहीं कर सकती।''

''न बदल सकें तो क्या हुआ? जो सहचरी होकर आपके निकट आएगी, बदलने का भार तो वह लेगी और अगर वह यह भार न ले तो फिर वह किसकी और कैसी सहचरी? ब्याह तो आपको करना ही होगा!''

''अच्छा।''

सरला इस बार कंठ में जोर भरकर बोली, ''हाँ, करना ही होगा। बिना किए मैं आपको किसी तरह नहीं छोड़ूँगी। अभी आपने कहा था कि आपका कोई न था, इसीलिए विवाह नहीं हुआ, इतने दिनों के बाद आपका वह 'अपना' प्राणी मैं आ गई हूँ। मैं उस लड़की को भी सिखा दूँगी कि किस तरह गरीबी में भी गृहस्थी सुंदरता से चलाई जाती है, किस तरह गरीबी में जो कुछ अभीष्ट हो, जो कुछ प्रिय हो, सब पाया जा सकता है। कंगाल भिखारिन की तरह आकाश की ओर दोनों हाथ उठाकर सिर्फ 'हाय-हाय' करके मरने के लिए भगवान् ने गरीब को पैदा नहीं किया है, यह ज्ञान, यह रहस्य मैं उसे बता दूँगी!''

सरला की बात सुनकर राखाल वास्तव में विस्मित हो गया। बोला, ''अगर तुम्हारी यह विद्या वह सीख न पाए, सीखना अगर न चाहे, तो उस वक्त मेरे दुःख को कौन सँभालेगा सरला? मुझे किसके पास शिकायत करनी होगी?''

क्षण भर अवाक् होकर सरला उसका मुँह देखती रही। फिर बोली, ''किसी के पास नहीं। स्त्री होकर वह यह बात न समझे, स्वामी के दुःख को बढ़ाकर दोगुना कर दे,

यह हो नहीं सकता देवता! इस बात पर मैं किसी भी प्रकार विश्वास नहीं कर सकती।''

राखाल ने एक बार और अपनी वाणी पर संयम किया, उसने यह नहीं कहा कि सरला, मैंने नारी को कम नहीं परखा है, लेकिन सब ही तुम्हारी तरह नहीं होतीं। सरला को सब नहीं पा सकते।

मुख से कुछ भी न कहकर वह भोजन करता रहा। सरला ने फिर प्रश्न किया, ''आपने कुछ कहा नहीं?''

''अच्छा, यही सही।'' कहकर सरला चुप हो गई। घर के भीतर एक व्यक्ति चुपचाप भोजन कर रहा है और एक प्राणी उसी तरह चुपचाप बैठा हुआ है। राखाल ने खाना समाप्त किया, तो एक गहरी साँस की ध्वनि ने उसे चौंका दिया। ऊपर मुँह करके बोला, ''क्या है?''

''कुछ भी नहीं।'' फिर कुछ रुककर बोली, ''परसों शायद हम लोग हरिनपुर जाएँ।'' सरला शरमीली-सी होकर बोली।''

''क्या हर बात का उत्तर तुरंत ही दिया जाता है? कुछ सोचने-विचारने में भी तो देर लगती है।'' सिर उठाकर हँसते हुए राखाल ने कहा।

''देर तो लगती है, मगर कितनी?''

''यह बात इसी समय कैसे बतलाऊँ सरला? जिस दिन अपने आपसे उत्तर पाऊँगा, तुम्हें अवश्य बतला दूँगा।''

''अच्छा, यही सही।'' कहकर सरला चुप हो गई। घर के भीतर एक व्यक्ति चुपचाप भोजन कर रहा है और एक प्राणी उसी तरह चुपचाप बैठा हुआ है। राखाल ने खाना समाप्त किया, तो एक गहरी साँस की ध्वनि ने उसे चौंका दिया। ऊपर मुँह करके बोला, ''क्या है?''

''कुछ भी नहीं।'' फिर कुछ रुककर बोली, ''परसों शायद हम लोग हरिनपुर जाएँ।'' सरला शरमीली-सी होकर बोली।''

''परसों? क्या तारक के पास?''

''हाँ, कल शनिवार है। तारक बाबू आज रात की गाड़ी से आएँगे। अगले दिन रविवार होगा, हम लोगों को साथ ले जाएँगे।''

''जाने का निश्चय किस तरह हो गया है?''

''कल तो वह स्वयं ही यहाँ आए थे।''

''तारक कलकत्ता में आया था, लेकिन मुझसे तो वह मिला तक भी नहीं!'' राखाल ने कहा।

कदाचित् एक दिन की ही छुट्टी थी, दोपहर की गाड़ी से आए थे और शाम की गाड़ी से वापस चले गए।'' फिर कुछ रुककर बोली, ''अच्छे आदमी हैं। सुनती हूँ खूब विद्वान् भी हैं!''

"हाँ।" राखाल ने सिर हिलाकर कहा।

"उनकी तरह आप भी विद्वान् क्यों नहीं हुए देवता?"

"यहाँ विद्वान् होना नहीं लिखा है।" कपाल पर हाथ रखकर राखाल बोला।

सरला ने कहा, "तारक बाबू में सिर्फ विद्या ही नहीं, जैसी मुखाकृति है, वैसा ही बल भी है। कल बाजार से ढेरों सामान खरीदकर लाए थे, बहुत भारी बोझ था। चलते समय एक साथ सब बोझ अपने हाथों से उठा लिया और ले जाकर गाड़ी में रख आए। शायद आपसे यह न होता!"

"उनकी तरह आप भी विद्वान् क्यों नहीं हुए देवता?" "यहाँ विद्वान् होना नहीं लिखा है।" कपाल पर हाथ रखकर राखाल बोला। सरला ने कहा, "तारक बाबू में सिर्फ विद्या ही नहीं, जैसी मुखाकृति है, वैसा ही बल भी है। कल बाजार से ढेरों सामान खरीदकर लाए थे, बहुत भारी बोझ था। चलते समय एक साथ सब बोझ अपने हाथों से उठा लिया और ले जाकर गाड़ी में रख आए। शायद आपसे यह न होता!"

"मुझसे सचमुच नहीं हो सकता था सरला, मेरे शरीर में इतना बल नहीं है, मैं तो एकदम कमजोर आदमी हूँ।"

"यह भी क्या भाग्य से संबंधित है? इसका अर्थ यही हो सकता है कि आप कभी किसी बात के लिए प्रयत्न ही नहीं करते। तारक बाबू का कहना है कि प्रयत्न करने से सबकुछ हो सकता है। दुनिया में सबकुछ पाया जा सकता है।"

इस बात पर राखाल ने हँसकर कहा, "लेकिन यह प्रयत्न किस तरह किया जा सकता है, यह बात उससे क्यों न पूछी? पूछ लेतीं तो मेरा काम चल जाता।"

सुनकर सरला को हँसी आ गई और हँसकर बोली, "अच्छी बात है। उनसे पूछूँगी, लेकिन यह सब आपकी कहने की बातें हैं। वास्तव में उनका उत्तर भी आपके किसी काम न आएगा। मुझे तो ऐसा ज्ञात होता है कि आप उन पर क्रोध कर रहे हैं।"

"मैं क्रोध कर रहा हूँ? तारक के ऊपर! तुम्हें यह संदेह कैसे हुआ?" राखाल ने विस्मय से पूछा।

"पता नहीं कैसे संदेह हुआ, लेकिन जो संदेह हुआ है, वही कह रही हूँ।"

राखाल चुप हो रहा और उसने कोई प्रतिवाद नहीं किया।

सरला ने फिर कहा, "अब और अधिक गाँव में रहने की इच्छा नहीं है। छोटी जगह में, छोटे से स्कूल में लड़कों को शिक्षा देकर जीवन नष्ट करना उन्हें पसंद नहीं। उस जगह आगे बढ़ने का सुयोग नहीं है, ऐसी जगह शक्ति संकुचित ही रहती है, बुद्धि मानो नत हो जाती है, इसलिए शहर में ही लौट आना चाहते हैं। इस जगह उन्नति करना उनके लिए कठिन नहीं है।"

राखाल ने आश्चर्य से पूछा, "ये बातें तुम अपनी तरफ से कह रही हो सरला या उसकी कही हुई हैं?"

"नहीं, ये बातें मेरी नहीं हैं, उन्हीं के मुँह की कही हुई हैं। माँ से कह रहे थे, मैंने सुन लीं।"

"सुनकर नई माँ ने क्या कहा?"

"माँ, प्रसन्न हुईं। बोलीं कि उसके जैसा लड़का गाँव में पड़ा रहे, यह ठीक नहीं। इसके लिए वह कुछ प्रबंध करेंगी।"

"क्या करेंगी?"

सरला बोली, "उनके लिए यह कोई कठिन बात नहीं है! ऐसी कोई बात नहीं है, जिसके लिए माँ विमल बाबू से कहें और वह पूरी न हो।" सुनकर राखाल उसकी ओर ताकता रह गया। समझ नहीं सका, इसका क्या अर्थ है। सरला समझ गई कि राखाल को अभी तक कुछ ज्ञात नहीं है शायद। बोली, "यदि आप खाना खा चुके हों तो हाथ धोकर शांति से बैठिए, मैं सब बताती हूँ।" कुछ देर बाद राखाल हाथ-मुँह धोकर पलंग पर आकर बैठ गया। सरला ने उसको पान लगाकर दिया और उसके बाद पास ही भूमि पर बैठकर बोली, "रमण बाबू चले गए हैं, आप जानते हैं!"

"मैंने तो नहीं सुना, कहाँ चले गए?"

"कहाँ चले गए, यह तो वही जानें, लेकिन यहाँ नहीं आते। जाना उन्हें अवश्य ही पड़ता, क्योंकि यह भार ढोने का उनमें बल नहीं रहा था, परंतु झूठा बहाना करके गए। इतने निम्न होकर तो मेरे पास से जीवन बाबू भी नहीं गए थे।" यह कहकर सरला ने उस दिन से लेकर आज तक की सब घटनाएँ एक के बाद एक करके सुनाईं और फिर बोली, "यह तो एक दिन होना ही था, लेकिन होनहार के आप कारण हो गए। रेणुका की बीमारी में आप दूसरे का नाम लेकर रुपए माँगने आए थे और रुपए न मिलने पर जब आप बिना खाए-पिए चले गए, तब उस बात ने माँ का हृदय विदीर्ण कर दिया, यह बात वह आज तक नहीं भूल पाई हैं। मुझसे कहा, "राजू अब मुझे मिलना ही चाहिए, नहीं तो मैं नहीं बचूँगी। तुम मेरे साथ आओ।" जो कुछ माँ के पास था, वह एक पोटली में बाँधकर हम लोग छिपकर आपके घर गए। फिर ब्रजबाबू के मकान पर पहुँचे, किंतु वहाँ सब खाली पड़ा था, सब

राखाल ने आश्चर्य से पूछा, "ये बातें तुम अपनी तरफ से कह रही हो सरला या उसकी कही हुई हैं?"
"नहीं, ये बातें मेरी नहीं हैं, उन्हीं के मुँह की कही हुई हैं। माँ से कह रहे थे, मैंने सुन लीं।"
"सुनकर नई माँ ने क्या कहा?"

शून्य था। बोर्ड टँगा था—मकान किराए पर खाली है। कुछ भी नहीं जान पाए। केवल यही जाना कि कहीं किसी अपरिचित स्थान में, अज्ञात घर में, उनकी कन्या बीमार पड़ी है। पैसा नहीं है, दवा नहीं है, सेवा करनेवाला नहीं है, जीवित भी है या नहीं और उस जगह उसके पास पहुँचने का कोई उपाय शेष नहीं है, पदचिह्न मिट गया है। माँ को साथ लिये जब लौटी, तब घर में हो रहा था खाना-पीना, नाच-गाना, आमोद-प्रमोद। करने के लिए कुछ था ही नहीं, केवल शैया पर गिरकर उनकी दोनों आँखों से अश्रु की जलधारा बह चली। मैं क्या करती? सिरहाने बैठकर चुपचाप सिर दबाती रही। इसके अतिरिक्त उन्हें सांत्वना देने के लिए मेरे पास कुछ नहीं था। उस दिन विमल बाबू एक साधारण परिचित निमंत्रित अतिथि मात्र थे। उन्हीं के सम्मान में यह आनंदोत्सव मनाया गया था। सहसा रमण बाबू ने अंदर आकर कहा, ''चलो, वहाँ चलो।'' माँ बोलीं कि अस्वस्थ हूँ। उन्होंने कहा कि विमल बाबू करोड़पति, धनी आदमी हैं। वह इस तरह से हमारे मालिक हैं। तुमसे भेंट करने के लिए खुद ही यहाँ आए हैं। माँ ने कहा कि यह नहीं हो सकता। इस बात से अतिथि का कितना भारी अपमान होगा, इसे माँ न जानती हों, यह बात नहीं थी, किंतु मुझे ऐसा लगा कि उस समय पश्चात्ताप से, दुःख से, अपना मुख दिखाना उनके लिए असंभव हो गया था, परंतु मुख दिखाना ही पड़ा। वह स्वयं ही घर में आ गए। शांत मूर्ति, सौम्यपूर्ति, मीठी बोली में कहने लगे कि मुझसे शायद अनधिकार प्रवेश का अपराध हो गया है, परंतु जाने से पूर्व यहाँ आए बिना रह नहीं सका। आप कैसी हैं? माँ बोलीं कि अच्छी हूँ। उन्होंने कहा कि यह तो शायद आप नाराजगी में कह रही हैं, अच्छी आप कहाँ हैं। कुछ दिन पहले आपका फोटो देखा था, अब साक्षात् देख रहा हूँ। दोनों में कितना अंतर है, यह मैं ही समझ रहा हूँ। यह नहीं हो सकता, आपको शरीर के ऊपर ध्यान देना ही होगा! एक बार सिंगापुर चलिए। वहाँ मैं रहता हूँ, समुद्र के किनारे ही मेरा घर है। उस जलवायु में स्वास्थ्य फिर से लौट आएगा!

उस दिन विमल बाबू एक साधारण परिचित निमंत्रित अतिथि मात्र थे। उन्हीं के सम्मान में यह आनंदोत्सव मनाया गया था। सहसा रमण बाबू ने अंदर आकर कहा, ''चलो, वहाँ चलो।'' माँ बोलीं कि अस्वस्थ हूँ। उन्होंने कहा कि विमल बाबू करोड़पति, धनी आदमी हैं। वह इस तरह से हमारे मालिक हैं। तुमसे भेंट करने के लिए खुद ही यहाँ आए हैं।

''माँ ने कहा, ''नहीं।''

''उन्होंने कहा, ''क्या मेरी प्रार्थना नहीं स्वीकार करेंगी?''

''माँ चुप हो गईं। जाना कैसे हो सकता है, लड़की बीमार पड़ी है, पति गृहहीन हो गए हैं। उस दिन रमण बाबू ने शराब पी थी। आपे से बाहर हो जलकर बोले, ''तुम्हें चलना ही होगा। मैं आदेश दे रहा हूँ। तुम्हें जाना ही होगा।''

''नहीं, मैं नहीं जाऊँगी।'' गंभीर उत्तर मिला।

''उसके बाद अपमान और कड़वी बातों की वर्षा शुरू हुई। बातें कितनी भयंकर थीं, वह मैं आपको बतला नहीं पाऊँगी देवता! बुरी से बुरी जो कुछ बातें थीं, वे मानो वहाँ आ इकट्ठी हुईं। तब यह बात खुलते देर नहीं लगी कि माँ इस आदमी की पत्नी नहीं, रखैल हैं। मानो सती का मुँह लगाए छद्मवेश में एक गणिका थीं। उस समय मैं एक तरफ खड़ी हुई अपनी ही सोच रही थी। लगा कि धरती फट क्यों नहीं जाती! नारी की इतनी दुर्गति हो सकती है, यह कौन जानता था?''

राखाल तब से एकटक उसकी ओर देख रहा था, इतनी देर बाद उसने दृष्टि हटाई। सरला कहने लगी, ''माँ चुप होकर बैठी रहीं। रमण बाबू ने चिल्लाकर कहा, ''बोलो, जाओगी कि नहीं! बैठी सोच क्या रही हो?''

''माँ का कंठ स्वर जैसे पहले से भी और अधिक मृदु हो गया था, सोच रही हूँ कि ये मेरे तेरह साल तुम्हारे साथ कैसे कट गए? नींद में स्वप्न देख रही थी क्या? परंतु अब और अधिक नहीं, मेरी नींद टूट गई। अब तुम कृपा करके इस घर में पैर न रखना, आज से हम लोग कभी एक-दूसरे का मुँह न देख पाएँगे।'' कहते-कहते उनका संपूर्ण शरीर मानो भर उठा। सुनकर रमण बाबू मानो क्रोध से पागल होकर बोले, ''यह घर किसका है? मैंने तुम्हें यह घर दे नहीं दिया है।''

''माँ का कंठ स्वर जैसे पहले से भी और अधिक मृदु हो गया था, सोच रही हूँ कि ये मेरे तेरह साल तुम्हारे साथ कैसे कट गए? नींद में स्वप्न देख रही थी क्या? परंतु अब और अधिक नहीं, मेरी नींद टूट गई। अब तुम कृपा करके इस घर में पैर न रखना, आज से हम लोग कभी एक-दूसरे का मुँह न देख पाएँगे।'' कहते-कहते उनका संपूर्ण शरीर मानो भर उठा। सुनकर रमण बाबू मानो क्रोध से पागल होकर बोले, ''यह घर किसका है? मैंने तुम्हें यह घर दे नहीं दिया है।''

माँ ने कहा, ''यही बहुत हैं कि तुमने मुझे नहीं दिया है। यह घर मेरा नहीं, तुम्हारा ही है। मैं कल ही उसे छोड़कर चली जाऊँगी।'' इस प्रकार का उत्तर पाने की कल्पना रमण बाबू ने नहीं की थी। सहसा जैसे माँ का मुँह देखकर उन्हें चेत आया, तब भयभीत होकर तरह-तरह से उन्हें समझाने का प्रयत्न करने लगे, यह सब क्रोध की बातें थीं, इन बातों में कोई तथ्य नहीं था, कोई अर्थ नहीं था···।

''माँ ने कहा, ''अर्थ है या नहीं, नाता हम लोगों का आज से समाप्त हो गया, अब किसी भी तरह उसे जोड़ा नहीं जा सकता।'' रात बहुत हो गई थी। रमण बाबू चले गए। जो आनंदोत्सव प्रात:काल आरंभ हुआ था, उसका इस तरह अवसान होगा, इसकी स्वप्न में भी कल्पना नहीं की थी।''

राखाल ने पूछा, ''अच्छा! इसके बाद?''

सरला बोली, ''यह तो जैसे कुछ था ही नहीं, वास्तविक बात तो इसके बाद की है। विमल बाबू की वह प्रार्थना यों देखने में व्यर्थ हो गई थी, परंतु गंभीरता से देखने पर वह जैसे एक नए रूप में फिर लौट आई। माँ का यह भयकर अपमान उन्हें बहुत चुभा। जो पराए थे, वही अब आत्मीय हो गए। आज उनसे अधिक हितैषी और कोई नहीं है। रमण बाबू को मूल्य देकर उन्होंने मकान मोल से लिया और खरीदकर माँ के सुपुर्द कर दिया। ऐसा न होता तो पता नहीं आज हम लोगों की क्या दुर्दशा होती, कहाँ भटकते फिरते?''

लेकिन इस समाचार से राखाल को तनिक भी प्रसन्नता न हुई। मन जैसे भीतर ही भीतर बैठ गया। उसने कहा, ''विमल बाबू के पास रुपया है, वह दे सकते हैं। उनके लिए यह बात अत्यंत साधारण है, लेकिन नई माँ ने कैसे इसे स्वीकार कर लिया? दान लेने की तो उनकी मनोवृत्ति नहीं है।''

''यह बात सरलता से समझी जा सकती है, परंतु मेरे लिए समझना कठिन है।'' यह कहकर जोर से हँसता हुआ राखाल उठ बैठा और फिर बोला, ''रात अधिक हो गई, जाता हूँ तुम लोग हरिनपुर से लौट आओ, तब फिर भेंट होगी।''
सरला ने तीव्र वेग से आकर रास्ता रोक लिया और बोली, ''नहीं, आपको इस तरह इतनी शीघ्र मैं नहीं जाने दूँगी।''

सरला बोली, ''संभवत: अब विमल बाबू कोई दूसरे-पराए नहीं हैं, हो सकता है, लेने की अपेक्षा न लेना अधिक बुरा होता।''

''यह बात सरलता से समझी जा सकती है, परंतु मेरे लिए समझना कठिन है।'' यह कहकर जोर से हँसता हुआ राखाल उठ बैठा और फिर बोला, ''रात अधिक हो गई, जाता हूँ तुम लोग हरिनपुर से लौट आओ, तब फिर भेंट होगी।''

सरला ने तीव्र वेग से आकर रास्ता रोक लिया और बोली, ''नहीं, आपको इस तरह इतनी शीघ्र मैं नहीं जाने दूँगी।''

''शीघ्र तुम कैसे कह रही हो! रात बढ़ती जा रही है, घर नहीं जाऊँगा क्या?''

''जाएँगे, यह तो मैं भी मानती हूँ, लेकिन क्या माँ से बिना मिले ही आप चले जाएँगे?''

''उन्हें मुझसे क्या प्रयोजन है? इसके अतिरिक्त उनसे मिलने का मैंने वायदा भी

तो नहीं किया है। चुपचाप आना और उसी तरह चुपचाप चले जाना, यही तो निश्चित हुआ था।''

''नहीं, उस बात को अब मैं नहीं मानती। आप कह रहे हैं, मिलने की जरूरत नहीं है? मान लीजिए, माँ का कोई उद्देश्य नहीं है मिलने का, तो क्या आपका भी नहीं है?'' सरला ने पूछा।

''मुझे जो कुछ प्रयोजन है, वह आंतरिक है, वह कभी मिटेगा नहीं; लेकिन बाहरी प्रयोजन तो मुझे और दिखाई नहीं देता सरला!'' राखाल ने उत्तर दिया।

राखाल ने हृदय की गूढ़ वेदना छिपाने की कोशिश की, पर असफल रहा। उसके मुख की ओर देखकर सरला अनेक क्षणों तक स्तब्ध खड़ी रही। इसके बाद धीरे-धीरे बोली, ''मैं आज एक प्रार्थना करना चाहती हूँ देव! क्षुद्रता और ईर्ष्या इन चीजों का आपके हृदय में स्थान न हो। आपको 'देवता' कहकर पुकारती हूँ, देवता रूप में ही मैं देखना चाहती हूँ। माँ के पास चलिए। विश्वास कीजिए, आपकी 'हाँ' के बिना वह कभी नहीं जा पाएँगी।''

''मैं अगर मना कर दूँ तो वह नहीं जाएँगी, इसका क्या कारण है?''

''कारण मैंने पूछा था। माँ ने उत्तर दिया था कि लड़का जब बड़ा हो जाए तो उसकी सम्मति लेनी ही पड़ती है! मैं जानती हूँ, राजू मना नहीं करेगा, लेकिन जब तक वह न कहे, मैं नहीं जा सकती सरला!''

यह संवाद सुनकर राखाल निरुत्तर होकर स्तब्ध खड़ा रह गया। हृदय के भीतर की अग्नि बुझना नहीं चाहती थी फिर भी दोनों नेत्रों में आँसू भर आए। बोला, ''उनके आगे सरलता से जा सकूँ, इतना साहस नहीं पा रहा हूँ सरला! लेकिन उनसे कह देना, कल पदधूलि लेने आऊँगा।'' इतना कहकर वह तेजी से बाहर चला गया। उत्तर की प्रतीक्षा भी नहीं की।

चौदह

तारक ले जाने को आ गया है। आज शनिवार की रात को वह आया है और कल दोपहर की ट्रेन से नई माँ को साथ लेकर यात्रा करेगा। साथ में दो दासियाँ और सरला जाएगी। अपने हरिनपुर वाले घर को तारक यथासंभव ठीक करके आया है। गाँव में शहर की सब सुविधाएँ पाना कठिन है, फिर भी तारक ने इस बात का ध्यान रखा है कि अतिथियों को किसी प्रकार की कोई कठिनाई न होने पाए, यहाँ आकर उन्हें अपने अभ्यस्त जीवन के विपरीत कुछ न करना पड़े। वह जबसे आया है, बराबर यही आलोचना हो रही है। नई माँ बहुतेरा कहती है कि बेटा, मैं भी गृहस्थ के घर की

कन्या हूँ, गाँव में ही जनमी हूँ, मेरे लिए तुम यों चिंतित मत होओ, पर तारक संदेह करके यही कहता है कि माँ, मुझे विश्वास नहीं होता कि जो कष्ट साधारण आदमी सहन कर सकते हैं, उन्हें आप सहन कर लेंगी। मुझे भय है कि चाहे मुँह से कुछ न कहें, लेकिन अंदर ही अंदर आपको कष्ट होगा।''

''नहीं तारक, नहीं। मैं बिल्कुल ठीक रहूँगी।''

''ईश्वर करे ऐसा ही हो माँ, लेकिन अगर आपको जरा भी कष्ट हुआ तो मैं आपको क्षमा नहीं करूँगा, यह मैं पहले बताए देता हूँ।''

''ईश्वर करे ऐसा ही हो माँ, लेकिन अगर आपको जरा भी कष्ट हुआ तो मैं आपको क्षमा नहीं करूँगा, यह मैं पहले बताए देता हूँ।'' ''यही सही। तुम देखना कि मैं वहाँ से मोटी होकर लौटूँगी।'' तब भी; गाँव के जीवन की कितनी ही छोटी-छोटी असुविधाओं की वस्तु तारक के मन में आती है। भाँति-भाँति की खाने-पीने की चीजें वह एकत्रित करके रख आया है, लेकिन खाना-पीना ही तो सबकुछ नहीं है।

''यही सही। तुम देखना कि मैं वहाँ से मोटी होकर लौटूँगी।''

तब भी; गाँव के जीवन की कितनी ही छोटी-छोटी असुविधाओं की वस्तु तारक के मन में आती है। भाँति-भाँति की खाने-पीने की चीजें वह एकत्रित करके रख आया है, लेकिन खाना-पीना ही तो सबकुछ नहीं है। कम-से-कम दो लालटेनों की जरूरत है। रात को आँगन में इधर-उधर चलते-फिरते कहीं पर भी अँधेरा न रहे। खाने-पीने के बरतनों में भी कुछ परिवर्तन करना है। खिड़कियों के पर्दे उसने धोकर रख छोड़े हैं, फिर भी दो नए पर्दे खरीद लेना है। नई माँ चाय नहीं पीती हैं, लेकिन किसी दिन अगर पीने की इच्छा हुई, तब क्या यही मैले-कुचैले टूटे प्याले उनके सामने रखे जाएँगे, उसके लिए एक नया 'सेट' चाहिए। भजन-पूजा की चीजें तो खरीदनी ही पड़ेंगी। अच्छी 'धूप' गाँव में नहीं मिलती, इसे भूलने से काम नहीं चलेगा, इसी तरह की कितनी जरूरी और गैरजरूरी छोटी-मोटी चीजें इकट्ठी करने के लिए वह बाजार गया है, अभी तक लौटकर नहीं आया है।

इधर बक्स और बिस्तर-बंडल बाँधे जा रहे थे, कोई काम कल के लिए रख छोड़ना सरला को भाता नहीं था कि विमल बाबू आ पहुँचे रोज की तरह। आते ही पूछा, ''नई बहू, वहाँ कितने दिन ठहरोगी?''

''जितने दिन ठहरने को तुम कहो, उतने ही दिन, उससे एक मिनट भी अधिक नहीं।'' सविता ने कहा।

''इस बात को कोई अन्य सुनेगा तो कुछ दूसरा ही अर्थ लगाएगा नई बहू।'' विमल बाबू बोले।

''अर्थात् नई बहू के सिर पर एक नया कलंक लगाएगा, यही तुम्हें डर है न?'' कहकर सविता धीरे से हँसी।

विमल बाबू भी हँस पड़े और बोले, ''डर तो है ही, लेकिन मैं उसे होने ही किस प्रकार दे सकता हूँ?''

''नहीं होने दे सकते, यह मैं जानती हूँ और यह मुझे भरोसा भी है; इतने दिनों तक अपने विचार और बुद्धि से काम किया। अब सोचती हूँ, इन दोनों को छुट्टी दूँ, देखूँगी कि क्या मिलता है और भाग्य क्या दिखलाता है? तुम सोचते होंगे, मुझे यह बुद्धि किसने दी? किसी ने नहीं। उस दिन जब तुम चले गए तो मैं ऊपर बरामदे में खड़ी होकर देखती रही, सड़क के नुक्कड़ पर जाकर तुम्हारी गाड़ी आँखों से ओझल हो गई, देखने के लिए कुछ न रहा, पर मन मेरा जैसे तुम्हारे पीछे हो लिया और तुम्हारे साथ-साथ वह कहाँ तक भागता चला गया, ठिकाना नहीं। लौटकर कमरे में आ बैठी। अकेले बैठे-बैठे सहसा मन में बचपन से लेकर उस दिन तक की कितनी ही बातें आने-जाने लगीं और तब अचानक ही मेरा मन क्या बोल उठा, जानते हो। बोला कि सविता! यौवन तेरा ढल चुका, रूप फीका पड़ गया, फिर भी अगर वह तुमसे स्नेह करते हैं तो वह 'मोह' नहीं, सत्य स्नेह है। सत्य कभी धोखा नहीं देता, उससे तुझे कोई डर नहीं है। जो स्वयं असत्य रूप नहीं है, वह किसी भी तरह तेरे सिर पर आपत्ति नहीं आने देगा, इसका विश्वास रख।''

''हाँ, विश्वास है। नहीं तो तुम्हें मेरी जरूरत ही क्या थी? मुझमें तो रूप-यौवन कुछ नहीं है।''

''ऐसा भी हो सकता है कि मेरी निगाह से तुम्हारे रूप की सीमा न हो! और रूप भी मैंने दुनिया में कम नहीं देखा नई बहू।'' विमल बाबू ने हँसकर कहा।

सविता ने भी हँसकर जवाब दिया, ''तुम अजीब आदमी हो, इसके अलावा और मैं क्या कहूँ?''

''मैं तुम्हें सत्य स्नेह कर सकता हूँ, इस बात पर तुम्हें विश्वास है नई बहू?'' विमल बाबू बोले।

''हाँ, विश्वास है। नहीं तो तुम्हें मेरी जरूरत ही क्या थी? मुझमें तो रूप-यौवन कुछ नहीं है।''

''ऐसा भी हो सकता है कि मेरी निगाह से तुम्हारे रूप की सीमा न हो! और रूप भी मैंने दुनिया में कम नहीं देखा नई बहू।'' विमल बाबू ने हँसकर कहा।

सविता ने भी हँसकर जवाब दिया, ''तुम अजीब आदमी हो, इसके अलावा और मैं क्या कहूँ?''

''तुम स्वयं भी कम अजीब नहीं हो नई बहू! अभी उस दिन तो तुम इस तरह ठगी जा चुकी हो। इतना भारी आघात पा चुकी हो, तब भी फिर कैसे इतनी जल्दी मेरा विश्वास कर लिया, मैं यही बार-बार सोचता हूँ।''

''चोट मेरे लगी, यह सच है, लेकिन ठगी नहीं गई हूँ। जीवन भर का काला पानी पाए हुए बंदी का जीवन जैसे जेल में कटता है और अचानक जैसे आँधी-तूफान उठा, बंधन कट गया, जेल की चहारदीवारी खड़खड़ाकर गिर पड़ी। मैं जैसे किसी अनजाने पथ पर आ खड़ी हुई। उस समय जाने कहाँ से तुम आ गए! अपरिचित बंधु ने आगे आकर मेरा हाथ पकड़ लिया और बोले, ''चलो!'' क्या मैं इसी को ठगना कहूँ, लेकिन यह तो बताओ कि मैं क्या कहकर तुम्हें पुकारा करूँ?'' सविता बोली।

''मेरा नाम लेकर नहीं पुकार सकतीं?''

''नहीं, मेरा मुँह नहीं खुलता।''

''बचपन में मेरी बहन ने मेरा एक और नाम रख दिया था। उसकी भी एक कहानी है, लेकिन वह नाम चाहे तुम्हें पुकारते समय और भी अजीब लगे।''

''क्या नाम है, बताओ तो। देखूँ, कह पाती हूँ या नहीं।''

''मुहल्ले-टोलेवाले मुझे 'दयामय' कहकर पुकारते थे।''

''बचपन में मेरी बहन ने मेरा एक और नाम रख दिया था। उसकी भी एक कहानी है, लेकिन वह नाम चाहे तुम्हें पुकारते समय और भी अजीब लगे।''
''क्या नाम है, बताओ तो। देखूँ, कह पाती हूँ या नहीं।''
''मुहल्ले-टोलेवाले मुझे 'दयामय' कहकर पुकारते थे।''
''इस 'नाम' की कहानी मैं नहीं सुनना चाहती, उसकी मैं खुद ही कल्पना कर लूँगी, परंतु यह नाम मुझे बहुत पसंद है, अब आज से मैं भी तुम्हें 'दयामय' नाम से ही पुकारूँगी।'' सविता बोलीं।

''इस 'नाम' की कहानी मैं नहीं सुनना चाहती, उसकी मैं खुद ही कल्पना कर लूँगी, परंतु यह नाम मुझे बहुत पसंद है, अब आज से मैं भी तुम्हें 'दयामय' नाम से ही पुकारूँगी।'' सविता बोलीं।

''यही कहकर पुकारना, लेकिन मैं जो तुमसे पूछ रहा था, उसका उत्तर नहीं दिया?''

''क्या पूछ रहे थे दयामय?''

''तुम इतनी जल्दी मुझसे स्नेह कैसे करने लगीं?''

घड़ी भर सविता उनके मुँह की तरफ निहारती रहीं और फिर बोलीं, ''स्नेह करती हूँ, यह तो मैंने नहीं कहा। कहा था तुम मेरे बंधु हो, मैं तुम्हारा विश्वास करती हूँ। कहा था, जो स्नेह करता है, उसके द्वारा कभी आपत्ति नहीं आ सकती।''

क्षण भर दोनों मौन रहे, फिर सविता ने कुंठित स्वर से कहा, ''मेरी बात सुनकर चुप कैसे हो गए आप?''

प्रत्युत्तर में विमल बाबू सूखी हँसी हँसकर बोले, ''कहने के लिए कोई बात नहीं है नई बहू, तुमने सच ही कहा है। अपना स्नेह पात्र कोई भी व्यक्ति अपने हाथों से अमंगल नहीं कर सकता। अपना कष्ट चाहे जितना हो, वह सहना ही पड़ेगा।''

''सहना ही पड़ेगा, इतना ही नहीं है, समझ लो, अगर तुम दुःख पाओ, तो मैं पाऊँगी।''

''दुःख पाना ही उचित है नई बहू। फिर भी अगर दुःख पाओ तो उस वक्त तुम यह बात सोच लेना कि अकल्याण का दुःख इससे भी ज्यादा होता है।'' विमल बाबू ने हँसकर कहा।

''यह बात तो तुम्हारे लिए भी लागू है दयामय।''

नहीं लागू है, इसका कारण, मेरे मन के अंदर तुम कल्याण की मूर्ति हो, लेकिन तुम्हारे लिए मैं ऐसा नहीं हूँ। हो भी नहीं सकता, लेकिन इसके लिए मैं तुमको दोष भी नहीं देता, अभिमान भी नहीं करता। जानता हूँ तरह-तरह के कारणों से दुनिया ऐसी है। तुम्हारे आ जाने से मेरे पिछले दिनों की त्रुटि दूर हो जाती, भविष्य हो जाता उज्ज्वल, मधुर, शांत, उसका कल्याण अनेक दिशाओं में फैल जाता। मुझको बहुत बड़ा बना देता...''

''यह बात तो तुम्हारे लिए भी लागू है दयामय।'' नहीं लागू है, इसका कारण, मेरे मन के अंदर तुम कल्याण की मूर्ति हो, लेकिन तुम्हारे लिए मैं ऐसा नहीं हूँ। हो भी नहीं सकता, लेकिन इसके लिए मैं तुमको दोष भी नहीं देता, अभिमान भी नहीं करता। जानता हूँ तरह-तरह के कारणों से दुनिया ऐसी है। तुम्हारे आ जाने से मेरे पिछले दिनों की त्रुटि दूर हो जाती, भविष्य हो जाता उज्ज्वल, मधुर, शांत, उसका कल्याण अनेक दिशाओं में फैल जाता। मुझको बहुत बड़ा बना देता...''

''लेकिन मैं किस स्थान पर खड़ी होऊँगी?''

''तुम स्वयं किस स्थान पर खड़ी होगी?'' कहकर विमल बाबू बिल्कुल ही चुप हो गए। कुछ देर चुप रहकर वे धीरे-धीरे बोले, ''यह भी समझ सकता हूँ नई बहू कि तुम हो जाओगी दूसरों की निगाह में छोटी, वे लोग लोभी कहेंगे तुमको, कहेंगे और भी जो बातें, उनकी सोचने में भी मुझे शरम आती है, तो भी पूरे विश्वास से जानता हूँ कि एक बात भी उसकी सत्य नहीं है, उससे तुम बहुत ही दूर हो, बहुत ही ऊपर हो।''

सविता की आँखें सजल हो चलीं। ऐसे समय में भी जो मनुष्य झूठ न बोल सका, उसके प्रति श्रद्धा और कृतज्ञता से परिपूर्ण होकर पूछा, ''दयामय, मैं लाऊँगी तुम्हारे जीवन में परिपूर्ण कल्याण और तुम लाओगे मेरे लिए परिपूर्ण अकल्याण, ऐसी विपरीत घटना किस प्रकार सच होती है? इसका उत्तर क्या है?''

विमल बाबू ने कहा, ''इसका उत्तर मुझे देना नहीं है नई बहू। मेरे लिए यही है मेरा विश्वास। तुम्हारे लिए भी अगर ऐसा ही विश्वास कभी सच होकर दिखाई पड़े तो उसी समय केवल मन का द्वंद्व मिट जाएगा, इसका उत्तर पाओगी, उसके पहले नहीं।''

''तुमको रास्ते का पता चल गया था?''
''हाँ, प्रार्थना में जहाँ कपट नहीं था, वहाँ ही मुझे पता चल गया था।''
''इसका क्या मतलब?''
''मतलब यह है कि जिस कामना में दुविधा है, दुर्बलता नहीं है, उसे अस्वीकार करने की शक्ति कहीं भी नहीं है। इसका ही एक नाम है विश्वास! सच्चा विश्वास संसार में व्यर्थ नहीं होता है नई बहू।''

सविता ने कहा, ''अगर कभी न मिले, संदेह अगर न मिटे, तुम्हारा और मेरा विश्वास अगर चिर दिन ऐसे ही उलटे रास्ते से चलता रहे तो तुम मेरा भार ढोते फिरोगे?''

विमल बाबू ने कहा, ''अगर उलटे रास्ते से ही चलने लगे, तो भी तुमको मैं दोष न दूँगा। तुम्हारा भार आज मेरे ऐश्वर्य का देनेवाला है, लेकिन यह ऐश्वर्य यदि किसी समय थकावट का बोझ बनकर दिखाई पड़े तो उस दिन मैं तुमसे छुट्टी माँगूँगा। आवेदन स्वीकार करो, मित्र की तरह विदाई लेकर जाऊँगा—कहीं भी मालिन्य का चिह्न मात्र भी रखकर न जाऊँगा। आज मैं यही शपथ ले रहा हूँ नई बहू।''

सविता उनके मुँह की ओर देखकर स्थिर होकर बैठी रही। दो-तीन मिनट बाद विमल बाबू ने हँसकर कहा, ''क्या सोच रही हो, बताओ न?''

''सोच रही हूँ कि संसार में ऐसी भयानक समस्या का उद्‌भव होता है क्यों? एक का प्यार जहाँ असीम है, दूसरा उसको ग्रहण करने का रास्ता खोजने पर क्यों नहीं पाता?''

विमल बाबू ने हँसकर कहा, ''खोज सच्ची होने पर ही रास्ता निगाह में पड़ता है, उसके पहले नहीं। वरना अंधकार में सिर्फ टटोल-टटोलकर मरना पड़ता है, दुनिया में यह परीक्षा मुझे बहुत बार देनी पड़ी।''

''तुमको रास्ते का पता चल गया था?''

''हाँ, प्रार्थना में जहाँ कपट नहीं था, वहाँ ही मुझे पता चल गया था।''

''इसका क्या मतलब?''

''मतलब यह है कि जिस कामना में दुविधा है, दुर्बलता नहीं है, उसे अस्वीकार

करने की शक्ति कहीं भी नहीं है। इसका ही एक नाम है विश्वास! सच्चा विश्वास संसार में व्यर्थ नहीं होता है नई बहू।''

सविता ने कहा, ''मैं जो कुछ भी क्यों न करूँ दयामय, तुम्हारी अपनी चाह में तो छल नहीं है, तो फिर वह क्यों मेरे लिए व्यर्थ हो गया?''

विमल बाबू ने कहा, ''व्यर्थ नहीं हुआ है नई बहू। तुमको मैंने बड़ी बनाकर माना था, यह मैं पा गया। तुमको पूर्णरूप से मैंने नहीं पाया, यह मैं मानता हूँ। लेकिन अपने जिस विश्वास को मैंने आज भी दृढ भाव से पकड़ रखा है, लोभ के कारण, दुर्बलता के कारण उसको अगर छोटा न करूँ तो मेरी कामना एक दिन पूरी जरूर होगी। उस दिन तुमको परिपूर्ण रूप में ही मैं पाऊँगा। मुझे कोई भी वंचित न कर सकेगा, तुम भी नहीं।''

सविता चुपचाप देखती रहीं। जो असंभव है, वह एक दिन कैसे संभव होगा इसको वह सोचकर समझ न सकीं। दयामय के पास झुककर, छाती टेककर, चलने का रास्ता है, लेकिन स्वच्छंदता से सीधा होकर चलने का रास्ता नहीं है?

सरला ने आकर कहा, ''राखाल बाबू आ गए हैं माँ।''

''राजू? कहाँ है वह?''

''यही तो मैं हूँ।'' कहकर राखाल ने प्रवेश किया। उनके पैर की धूलि लेकर उसने प्रणाम किया, बाद को विमल बाबू को नमस्कार करके फर्श पर बिछे गलीचे पर जा बैठा।

सविता ने कहा, ''तारक आया है, मुझे ले जाने। कल जाएँगे हम लोग हरिनपुर के मकान पर। तुमने सुना है राजू?''

राखाल ने कहा, ''सरला के मुँह से मैंने सुन लिया है माँ।''

''नहीं बेटा! उसको मैंने तुम्हारी राय लेने को कहा था।''

''क्या मेरी राय आपको सरला ने बता दी है?''

सविता ने कहा, ''नहीं, लेकिन जानती हूँ वह तुम्हारा मित्र है, उसके पास तुमको जाने देने में कोई आपत्ति न होगी।''

राखाल ने कहा, ''सरला के मुँह से मैंने सुन लिया है माँ।''

''नहीं बेटा! उसको मैंने तुम्हारी राय लेने को कहा था।''

''क्या मेरी राय आपको सरला ने बता दी है?''

सविता ने कहा, ''नहीं, लेकिन जानती हूँ वह तुम्हारा मित्र है, उसके पास तुमको जाने देने में कोई आपत्ति न होगी।''

राखाल पहले तो चुप हो रहा। उसके बाद बोला, ''मेरे मतामत की जरूरत नहीं है माँ। वह आप लोगों से बढ़कर मेरा मित्र है।''

इस बात से सविता ने आश्चर्य में पड़कर पूछा, ''इसका क्या मतलब है राजू?''

राखाल ने कहा, ''सब बातों का मतलब खोलकर बताना नहीं चाहिए, मुँह की भाषा से उसका अर्थ विकृत हो उठता है। उसे मैं बताऊँगा नहीं, लेकिन मेरे मतामत पर ही अगर आप लोगों का जाना या न जाना निर्भर करता हो तो आप लोगों का जाना न होगा। मेरी राय नहीं है।''

सविता ने अवाक् होकर कहा, ''सब पक्का हो गया है राजू। मेरी बात पाकर तारक सामान खरीदने दुकान पर गया है। हम लोगों ही के लिए अपने गाँव में वह सारी व्यवस्था कर आया है। हम लोगों को जिससे कष्ट न होने पाए, अब तो बिना गए उपाय नहीं है बेटा?''

राखाल ने सूख हँसी हँसकर कहा, ''उपाय नहीं है, इसे मैं जानता हूँ। मेरा मत लेकर आप कर्तव्य निर्धारण करेंगी, यह उचित भी नहीं है, जरूरी भी नहीं है। कल सरला ने कहा था, आपने शायद उससे कहा है, लड़के के बड़े हो जाने पर उसका मत लेकर काम करना पड़ता है। आपके मुँह की यह बात मैं सदैव कृतज्ञता के साथ याद रखूँगा, लेकिन जिस लड़के के केवल दूसरों की बेगारी करते-करते ही सब दिन कटते रहे हैं, उसकी आयु कभी बढ़ती नहीं। दूसरों के लिए भी नहीं, माँ के लिए भी नहीं। मैं आपका वही बेटा हूँ नई माँ।''

सविता ने अवाक् होकर कहा, ''सब पक्का हो गया है राजू। मेरी बात पाकर तारक सामान खरीदने दुकान पर गया है। हम लोगों ही के लिए अपने गाँव में वह सारी व्यवस्था कर आया है। हम लोगों को जिससे कष्ट न होने पाए, अब तो बिना गए उपाय नहीं है बेटा?''

सविता मुँह झुकाए चुपचाप बैठी रहीं। राखाल ने कहा, ''दिल में आप दुःख मत मानिएगा नई माँ, लोगों की अवज्ञा के नीचे लोगों का बोझ ढोते फिरना मेरा भाग्य है। आपके चले जाने के बाद मुझे अगर कुछ करने का हो तो आदेश दे जाइए। माँ की आज्ञा की मैं किसी भी कारण अवहेलना न करूँगा।''

सरला चुप रहकर सुन रही थी, एकाएक वह मानो और सह न सकी, बोल उठी, ''आप बहुतों का बहुत कुछ ही करते हैं, लेकिन इस तरह माँ को खटका देना ठीक नहीं है।''

सविता ने उसको आँख के इशारे से मना करके कहा, ''सरला, कहने दो, कहने दो राजू को, ऐसी बात मेरे मुँह से कभी न निकलेगी।''

राखाल ने कहा, ''इसका अर्थ है आप तो सरला नहीं हैं माँ। सरलाओं को मैंने बहुत देखा है। वे लोग कड़ी बात का अवसर मिलने पर उसे छोड़ नहीं सकतीं, उससे कृतज्ञता का उनका बोझ हलका हो जाता है। सोचती हैं लेन-देन चुकता हो गया।''

सविता ने सिर हिलाकर कहा, ''नहीं बेटा, उसके प्रति तुमने बहुत ही अविचार कर दिया। संसार में सरला एक ही है, अनेक नहीं है राजू।''

सरला माथा झुकाए बैठी थी, चुपचाप उठकर चली गई।

सविता ने मीठे स्वर में पूछा, ''तारक के साथ क्या तुम्हारा झगड़ा हुआ है राजू?''

''नहीं माँ, उसके साथ मेरी भेंट ही नहीं हुई है।''

''हम लोगों को लिवा जाने की बात उसने तुमको नहीं बताई?''

''कभी नहीं। सरला कहती है मेरे मकान पर जाने का उसने समय ही नहीं पाया, लेकिन अब नहीं, माँ मेरे जाने का समय हो गया, मैं अब चलता हूँ।'' यह कहकर राखाल उठकर खड़ा हो गया। विमल बाबू ने उस वक्त तक एक भी बात नहीं कही थी, इस बार उन्होंने बात की। सविता को लक्ष्य करके उन्होंने कहा, ''अपने लड़के के साथ मेरा परिचय करा दोगी नई बहू? ऐसे ही अपरिचित हम दोनों बने रहेंगे?''

सविता ने कहा, ''वह मेरा बेटा है, यही उसका परिचय है, लेकिन तुम्हारा परिचय उसे मैं क्या दूँ दयामय, मैं स्वयं भी तो अभी तक नहीं जानती।''

''जब जान सकोगी, तब दोगी?''

''दूँगी। उसके लिए मेरी छिपी बात कुछ भी नहीं है। अपने सब दोष-गुणों को लेकर ही मैं उसकी नई माँ हूँ।''

राखाल ने कहा, ''लड़कपन में जब कोई भी मेरा अपना नहीं रहा, तब मुझे उन्होंने आश्रय दिया था, पाल-पोसकर आदमी बनाया था, माँ कहकर पुकारना सिखाया था, तब से उन्हें माँ कहकर ही जानता हूँ। सदैव माँ कहकर ही जानूँगा।'' यह कहकर; झुककर उसने फिर एक बार माँ के चरणों की धूलि ले ली।

''कभी नहीं। सरला कहती है मेरे मकान पर जाने का उसने समय ही नहीं पाया, लेकिन अब नहीं, माँ मेरे जाने का समय हो गया, मैं अब चलता हूँ।'' यह कहकर राखाल उठकर खड़ा हो गया। विमल बाबू ने उस वक्त तक एक भी बात नहीं कही थी, इस बार उन्होंने बात की। सविता को लक्ष्य करके उन्होंने कहा, ''अपने लड़के के साथ मेरा परिचय करा दोगी नई बहू? ऐसे ही अपरिचित हम दोनों बने रहेंगे?''

विमल बाबू ने कहा, ''तारक के यहाँ तुम्हारी नई माँ जाना चाहती हैं कुछ दिनों के लिए। यहाँ अच्छा नहीं लग रहा है, इसी कारण मैं कहता हूँ, जाना ही अच्छा है। सम्मति है?''

राखाल ने हँसकर कहा, ''है।''

''सच कहो राजू! क्योंकि तुम्हारी असहमति से उसका जाना न होगा, मैं मना करूँगा।''

''आपकी मनाही वे सुनेंगी?''

''कम-से-कम अपने आपसे नई बहू ने यही प्रतिज्ञा की है।'' यह कहकर विमल बाबू जरा हँस पड़े।

सविता ने उसी वक्त स्वीकार करके कहा, ''हाँ, यही प्रतिज्ञा मैंने की है। तुम्हारा आदर्श उल्लंघन न करूँगी।''

यह सुनकर राखाल की आँखों की दृष्टि कुछ देर के लिए रूखी हो गई, लेकिन उस समय अपने को शांत करके सहज स्वर से उसने कहा, ''अच्छी बात है, आप लोगों की समझ में जो अच्छा जान पड़े; कीजिए; मुझे आपत्ति नहीं है नई माँ।'' यह कहकर वह किसी प्रश्न के पहले ही नीचे चला गया।

सरला नीचे रास्ते के एक तरफ खड़ी थी। उसने सामने आकर कहा, ''एक बार मेरे कमरे में चलना होगा देवता!''

''क्यों?''

''सरलाओं को बहुत देखा है, आप कह चुके हैं। आपसे उन लोगों का परिचय लूँगी।''

''लेकर क्या होगा?''

''स्त्रियों के प्रति आपके मन में भयानक घृणा है। कृतज्ञता का ऋण वे लोग किस चीज से चुकाती हैं, आपके पास बैठकर उसकी कहानी सुनूँगी।''

राखाल ने कहा, ''कहानी सुनाने का समय मेरे पास नहीं है, मुझे काम है।''

सरला नीचे रास्ते के एक तरफ खड़ी थी। उसने सामने आकर कहा, ''एक बार मेरे कमरे में चलना होगा देवता!''
''क्यों?''
''सरलाओं को बहुत देखा है, आप कह चुके हैं। आपसे उन लोगों का परिचय लूँगी।''
''लेकर क्या होगा?''
''स्त्रियों के प्रति आपके मन में भयानक घृणा है। कृतज्ञता का ऋण वे लोग किस चीज से चुकाती हैं, आपके पास बैठकर उसकी कहानी सुनूँगी।''

सरला ने कहा, ''मुझे भी काम है, लेकिन मेरे कमरे में अगर आज न चलिएगा, कल सुन लीजिएगा सरलाएँ वगैरह अनेक नहीं थीं, दुनिया में सिर्फ एक ही थी।''

उसके कंठ-स्वर के अचानक परिवर्तन से राखाल चुप हो गया। उसे याद आ गई वही प्रथम दिन की बात, जिस दिन सरला प्राण देने जा रही थी।

सरला ने पूछा, ''बतलाइएगा, क्या कीजिएगा?''

राखाल ने कहा, ''रहने दो कामकाज। चलो, तुम्हारे कमरे में चलें।''

पंद्रह

सरला के कमरे में जाकर राखाल बिस्तर पर बैठ गया। उसने पूछा, ''क्यों बुलाकर ले आई हो?''

सरला ने कहा, ''जाने के पहले और एक बार आपके पैरों की धूलि लेनी पड़ेगी इसीलिए।''

''धूलि तो पड़ गई, अब तो उठूँ?''

''इतनी हड़बड़ी? दो-चार बातें कहने का भी वक्त न दीजिएगा?''

''उन बातों को तो अनेक बार कह चुकी हो सरला! तुम कहोगी—देवता, आपने मेरी प्राण-रक्षा की, बीस-पच्चीस रुपए देकर चावल-दाल खाने को दिए हैं, नई माँ से कहकर बाकी किराया माफ करा दिया है, आपके प्रति मैं कृतज्ञ हूँ। जितने दिन बचूँगी आपका ऋण मैं चुका न सकूँगी।'' इसमें नया कुछ भी नहीं है। तो भी, अगर जाने के पहले फिर एक बार कहना चाहती हो तो कह डालो, लेकिन तनिक जल्दी करो। मेरे पास ज्यादा वक्त नहीं है।''

सरला ने कहा, ''बातें नई भले ही न हों, बहुत मीठी हैं? जितनी बार सुनी जाती हैं, पुरानी नहीं होती, ठीक है न देवता?''

''हाँ, ठीक है। मीठी बात तुम्हारे मुँह से और मीठी सुनाई पड़ती है, मैं यह अस्वीकार नहीं करता। समय रहने से बैठा-बैठा सुनता रहता, लेकिन अब समय नहीं है। इसी समय जाना पड़ेगा।''

सरला ने कहा, ''बातें नई भले ही न हों, बहुत मीठी हैं? जितनी बार सुनी जाती हैं, पुरानी नहीं होती, ठीक है न देवता?''

''हाँ, ठीक है। मीठी बात तुम्हारे मुँह से और मीठी सुनाई पड़ती है, मैं यह अस्वीकार नहीं करता। समय रहने से बैठा-बैठा सुनता रहता, लेकिन अब समय नहीं है। इसी समय जाना पड़ेगा।''

''जाकर रसोई पकानी पड़ेगी?''

''हाँ।''

''उसके बाद खाकर सो रहना पड़ेगा?''

''हाँ।''

''उसके बाद आँखों में नींद न आएगी, बिस्तर पर पड़कर सारी रात छटपटाना पड़ेगा न देवता!''

''यह बात तुमसे किसने कही?''

''किसने कही, जानते हैं? जो सरला दुनिया में सिर्फ एक ही है, अनेक नहीं है, उसी ने।''

राखाल ने कहा, ''तो इस हालत में उस सरला ने भी तुमसे गलत बताया। मैंने ऐसा कोई भी अपराध नहीं किया है कि दुश्चिंता से बिस्तर पर पड़कर छटपटाना पड़ता है। मैं लेट जाता हूँ और सो जाता हूँ। मेरे लिए तुमको सोचना न पड़ेगा।''

सरला ने कहा, ''अच्छी बात है, अब न सोचूँगी। आपकी ही बात सुनूँगी, लेकिन मैंने ही क्या अपराध किया है, जिसके कारण सो नहीं सकती। सारी रात जागकर काटती हूँ।''

''यह तो तुम ही जानती हो।''

राखाल ने कहा, ''तो इस हालत में उस सरला ने भी तुमसे गलत बताया। मैंने ऐसा कोई भी अपराध नहीं किया है कि दुश्चिंता से बिस्तर पर पड़कर छटपटाना पड़ता है। मैं लेट जाता हूँ और सो जाता हूँ। मेरे लिए तुमको सोचना न पड़ेगा।''
सरला ने कहा, ''अच्छी बात है, अब न सोचूँगी। आपकी ही बात सुनूँगी, लेकिन मैंने ही क्या अपराध किया है, जिसके कारण सो नहीं सकती। सारी रात जागकर काटती हूँ।''

''आप नहीं जानते?''

''नहीं। दुनिया में कहाँ किसकी नींद में बाधा पड़ रही है, यह जान लेना भी संभव नहीं है, इसके लिए वक्त भी नहीं है।''

''वक्त नहीं है?'' यह कहकर सरला कुछ देर चुप रहकर हठात् हँस पड़ी। बोली, ''अच्छा, देवता, आप इतने डरपोक क्यों हैं? क्यों कहते नहीं; सरला हरिनपुर तुम्हारा जाना न होगा। नई माँ की इच्छा हो तो वे जाएँ, तुम न जा पाओगी। तुमको मनाही रही। इतना ही कह देना क्या बहुत ही कठिन है?''

इसके उत्तर में क्या कहना चाहिए, राखाल सोचने पर भी समझ न सका, इसी कारण कुछ-कुछ हतबुद्धि सा होकर उसने कहा, ''तुम लोगों ने निश्चय किया है जाने का, बेकार ही मैं क्यों मना करने जाऊँगा?''

सरला ने कहा, ''सिर्फ इसीलिए कि अपनी इच्छा नहीं है कि मैं जाऊँ। यही तो सबसे बड़ा कारण है देवता।''

''नहीं, किसी एक के खयाल को ही कारण नहीं कहा जाता। तुमको मना करने का मुझे अधिकार नहीं है।''

सरला ने कहा, ''भले ही न हो खयाल, वही है आपका अधिकार, बोलिए मुँह खोलकर सरला, तुम हरिनपुर न जा सकोगी।''

राखाल ने सिर हिलाकर उत्तर दिया, ''नहीं, अनुचित अधिकार मैं किसी पर नहीं चलाता।''

''नाराज होकर तो नहीं कह रहे हैं?''

"नहीं, मैं सच ही कह रहा हूँ।"

सरला उसके चेहरे की तरफ देखती रही। उसके बाद बोली, "नहीं, यह सच नहीं है; किसी तरह भी सच नहीं है। मुझको मना कर दीजिए देवता, मैं माँ से जाकर कह आऊँ कि मेरा हरिनपुर जाना न होगा, देवता ने मना किया है।" इसके भी प्रत्युत्तर में राखाल ने मूढ़ की तरह उत्तर दिया, "नहीं, तुमको मैं मना न कर सकूँगा। यह अधिकार मुझे नहीं है।"

सरला ने कहा, "अधिकार था, लेकिन अब यही बात कहूँगी कि सदैव दूसरों की आज्ञा मानते-मानते आज अपनी आज्ञा करने की शक्ति आप खो चुके हैं। अब विश्वास गया है। भरोसा भी चला गया है। जो मनुष्य दावा करने में डरता है, दूसरों का दाका मिटाने में ही उसका जीवन बीत जाता है। शुभाकांक्षिणी सरला की इस बात को आप स्मरण रखिएगा।"

"यह तुम किसको कह रही हो! मुझको?"

"हाँ आपको ही।"

राखाल ने कहा, "स्मरण रखूँगा या न रखूँगा, लेकिन पूछता हूँ, तुमको मना करने से मेरा लाभ क्या है? इसे यदि तुम समझा सको तो अब भी तुमको सचमुच ही मना कर सकता हूँ।"

सरला ने कहा, "स्वेच्छा से आपकी अधीनता स्वीकार करने को एक व्यक्ति भी दुनिया में मौजूद है, इस सत्य को जान लेने की भी इच्छा क्या आपको नहीं होती?"

सरला उसके चेहरे की तरफ देखती रही। उसके बाद बोली, "नहीं, यह सच नहीं है; किसी तरह भी सच नहीं है। मुझको मना कर दीजिए देवता, मैं माँ से जाकर कह आऊँ कि मेरा हरिनपुर जाना न होगा, देवता ने मना किया है।" इसके भी प्रत्युत्तर में राखाल ने मूढ़ की तरह उत्तर दिया, "नहीं, तुमको मैं मना न कर सकूँगा। यह अधिकार मुझे नहीं है।"

"जानकर क्या होगा?"

सरला ने उसके चेहरे की तरफ देखकर कहा, "अगर कुछ भी न होगा तो हो सकता है कि मेरा भी वक्त आ गया है समझ लेने का। तो भी, एक बात मैं कहती हूँ देवता, अकारण ही निर्भर हो सकना ही पौरुष नहीं है।"

राखाल ने उत्तर दिया, "यह मैं भी जानता हूँ, लेकिन अकारण अति कोमलता भी मेरी प्रकृति नहीं है।" यह कहकर उसने कुछ देर तक चुप रहकर रूखे स्वर से कहा, "देखो सरला, अस्पताल में जिस दिन तुम्हारी चेतना लौट आई, तुम अच्छी हो गईं, उस दिन की बात याद पड़ती है कुछ भी? तुमने छल करके बताया था कि तुम अल्पशिक्षिता हो, देहात की लड़की हो; गरीब शिष्ट घराने की कुलवधू हो। तुमने कहा था, तुम्हारे न बचाने से मेरे बचने का उपाय नहीं है। तुम्हारा अविश्वास मैंने नहीं किया।

उस दिन मेरी सामर्थ्य में जो कुछ था, उसे मैंने स्वीकार भी नहीं किया, लेकिन आज वह सब तुम्हारे लिए हँसी की चीजें हैं। उनको अवहेलना से फेंक दिया। आज आए हैं विमल बाबू, ऐश्वर्य का अंत नहीं है जिनका, आया है तारक, आई हैं नई माँ। उस दिन का कुछ भी बाकी नहीं है। इस कपटाचरण की क्या आवश्यकता थी, बोलो न?''

अभियोग सुनकर सरला आश्चर्य से अभिभूत हो गई। उसके बाद धीरे-धीरे बोली, ''मेरी बातों में असत्यता थी, लेकिन कपटाचरण नहीं था देवता! वह असत्यता भी सिर्फ स्त्री होने के कारण थी। उसकी लज्जा छिपाने के लिए! उसे ही जबकि मेरा स्वभाव समझकर आपने भी भूल कर डाली, तब मैं और भीख न माँगूँगी। कल माँ ने मुझे कुछ रुपया दिया है, वस्तुएँ खरीदने के लिए, लेकिन मुझे जरूरत नहीं है। जो रुपए आपने मुझे दिए थे, उनको क्या लौटा दूँ?''

अभियोग सुनकर सरला आश्चर्य से अभिभूत हो गई। उसके बाद धीरे-धीरे बोली, ''मेरी बातों में असत्यता थी, लेकिन कपटाचरण नहीं था देवता! वह असत्यता भी सिर्फ स्त्री होने के कारण थी। उसकी लज्जा छिपाने के लिए! उसे ही जबकि मेरा स्वभाव समझकर आपने भी भूल कर डाली, तब मैं और भीख न माँगूँगी। कल माँ ने मुझे कुछ रुपया दिया है, वस्तुएँ खरीदने के लिए, लेकिन मुझे जरूरत नहीं है। जो रुपए आपने मुझे दिए थे, उनको क्या लौटा दूँ?''

राखाल ने कठोर बनकर कहा, ''तुम्हारी इच्छा! लेकिन पा जाने से मुझे सुविधा ही होगी। मैं बड़ा आदमी नहीं हूँ सरला, बहुत ही गरीब हूँ, यह तुम जानती हो।''

सरला ने तकिये के नीचे से रुमाल में बँधे रुपए निकालकर गिनकर राखाल के हाथ में देकर कहा, ''तो आप यह ले लें, लेकिन रुपया देने से आपका ऋण चुकता हो जाएगा, इतनी नासमझ मैं नहीं हूँ तो भी बिना अपराध के जो सजा आपने मुझे दी, वह अन्याय किसी एक दिन आपको बींधेगा। किसी प्रकार भी छुटकारा न पाइएगा।''

राखाल ने कहा, ''और कुछ कहना है?''

''नहीं।''

''तो अब जाता हूँ। रात हो गई।''

प्रणाम करते समय हठात् सरला उसके पैरों पर माथा रखकर रो पड़ी। उसके बाद खुद ही आँखों को पोंछकर खड़ी हुई।

''जा रहा हूँ।''

सरला ने कहा, ''जाइए।''

रास्ते में निकलकर राखाल यह समझ न सका कि अभी पुरुष के लिए अयोग्य

जो सब मान-अभिमान का अभिनय मैं पूरा कर आया, वह किसलिए। किसलिए यह क्रोध किया है? क्या किया है सरला ने? उसका अपराध बतलाना भी कठिन है, उसकी अपनी जलन कहाँ है, उँगली से बतलाना भी वैसा ही कठिन है। राखाल का हृदय आघात करके अपने को बार-बार कहने लगा, "सरला है शिष्ट, भली, सरला है बुद्धिमती, सरला की तरह सौंदर्य सहज में निगाह में नहीं पड़ता। सरला उसके प्रति कृतज्ञ है, यह तो बहुत बार, बहुत तरह से बतलाना उसने बाकी नहीं रखा है। पैरों पर माथा रखकर आज भी बताने में उसने त्रुटि नहीं की है और भी कोई बात वह आभास से प्रकट करती है, शायद इसका अर्थ कृतज्ञता ही नहीं है, शायद यह और भी बड़ा है और भी गंभीर है, शायद यह है प्रेम। राखाल के मन के अंदर संदेह उत्पन्न हुआ। बहुत दिन अनेक स्त्रियों के संसर्ग में बहुत प्रकार से रह आया है, लेकिन किसी ने किसी दिन उसको प्यार किया हो, यह बात ऐसी ही अकल्पित है कि वह आज प्राय: असंभव के शिखर पर जा पहुँची है। आज वही वस्तु क्या सरला उसको देना चाहती है? लेकिन उसे वह ग्रहण करेगा किस लज्जा से? सरला विधवा है, निंदिता है, इस प्रेम में न तो गौरव है और न तो सम्मान ही है। अपने को वह समझाकर कहने लगा कि मैं गरीब होने के कारण तो गरीबी ले नहीं सकता। अन्न का अभाव हो गया है, इसीलिए रास्ते का जूठा उठाकर किस तरह मुँह में डालूँगा! ऐसा नहीं हो सकता, यह तो असंभव है।

न जाने हृदय के अंदर मानो कैसा करने लगता है। वहाँ कौन बार-बार कहता है कि बाहर की घटना तो ऐसी है अवश्य, लेकिन जिस हृदय का परिचय उस प्रथम दिन से वह बराबर पाता रहा है, उस विचार की धारा क्या उस कानून की किताब खोलने से मिलेगी? जिन नारियों के संपर्क में उसके इतने दिन बीत गए, वहाँ कहाँ है सरला की तुलना? नारीत्व की इतनी बड़ी महिमा ढूँढ़ने पर कहाँ मिलेगी? फिर भी उसी सरला को उसने आज किस तरह से अपमानित कर दिया!

न जाने हृदय के अंदर मानो कैसा करने लगता है। वहाँ कौन बार-बार कहता है कि बाहर की घटना तो ऐसी है अवश्य, लेकिन जिस हृदय का परिचय उस प्रथम दिन से वह बराबर पाता रहा है, उस विचार की धारा क्या उस कानून की किताब खोलने से मिलेगी? जिन नारियों के संपर्क में उसके इतने दिन बीत गए, वहाँ कहाँ है सरला की तुलना? नारीत्व की इतनी बड़ी महिमा ढूँढ़ने पर कहाँ मिलेगी? फिर भी उसी सरला को उसने आज किस तरह से अपमानित कर दिया!

घर लौटने पर उसने देखा कि नौकरानी तब भी मौजूद है। कुछ अचरज में पड़कर उसने पूछा, "तुम अभी तक गई नहीं?"

दासी बोली,''नहीं भैया, उस समय तुमने भोजन नहीं किया, इस समय मैंने सब ठीक कर दिया है। साग-भाजी भी लाकर रख दी है। तुम पकाकर खा लो, तब घर जाऊँगी।''

सवेरे राखाल ने सचमुच ही खाना नहीं खाया था, मक्खी गिर जाने से विघ्न पड़ गया था, लेकिन राखाल को वह बात याद नहीं थी। इसके पहले भी ऐसी स्थिति कितने दिन हुई है, तब सवेरे के अल्प आहार की पूर्ति रात्रि के ठाट-बाट के भोजन से हो जाती है, यह कोई नई बात नहीं थी, फिर भी आज उसकी बात सुनकर राखाल के नेत्रों में आँसू आ गए। उसने कहा, ''तुम बूढ़ी हो गई हो नानी, लेकिन तुम्हारे मर जाने से मेरी कैसी दुर्दशा होगी, बताओ तो! इस संसार में कोई और नहीं है जो तुम्हारे भैया बाबू की देखभाल कर सके।''

राखाल ने हँसकर कहा, ''मानता हूँ कि तुमने ऐसा कर डाला, लेकिन बहू आकर क्या खाएगी? क्या हवा खाकर रहेगी?''
दासी ने नाराज होकर जवाब दिया, ''हवा खाने जाएगी किस दुःख से दादा, घर में सभी जो खाते हैं, वह भी खाएगी। तुमको सोचना न पड़ेगा। जिन्होंने प्राण दिए हैं, भोजन भी वही देंगे।''

इन स्नेह के शब्दों से दासी के नेत्रों में आँसू भर आए। उसने कहा, ''सच्ची बात ही तो है। बूढ़ी हो गई हूँ, मरूँगी नहीं? कितने ही दिन मैंने कहा है तुमको, लेकिन तुम सुनते नहीं। हँसकर टाल देते हो। इस बार और न सुनूँगी, शादी तुमको करनी ही पड़ेगी। दो दिन जिंदा रहकर आँखों से देख लूँगी, नहीं तो मरने पर भी सुख न पाऊँगी।''

राखाल हँसकर बोला, ''तब तो उस सुख की आशा नहीं है नानी, मेरे घर-द्वार नहीं है, माँ-बाप भी नहीं हैं, बड़ी तनख्वाह की नौकरी भी नहीं है। मुझे लड़की कौन देगा?''

''वाह! लड़की की चिंता? एक बार मुँह खोलकर कह देने से कितने ही लड़की वाले यहाँ आकर हाजिर हो जाएँगे।''

''तुम कहीं ठीक कर दो न नानी।''

''मैं क्या कर न सकूँगी। मेरे पास आदमी है, उसको कल ही काम में लगा दे सकती हूँ।''

राखाल ने हँसकर कहा, ''मानता हूँ कि तुमने ऐसा कर डाला, लेकिन बहू आकर क्या खाएगी? क्या हवा खाकर रहेगी?''

दासी ने नाराज होकर जवाब दिया, ''हवा खाने जाएगी किस दुःख से दादा, घर में सभी जो खाते हैं, वह भी खाएगी। तुमको सोचना न पड़ेगा। जिन्होंने प्राण दिए हैं, भोजन भी वही देंगे।''

''वह इंतजाम पहले था नानी, अब वह नहीं है।'' यह कहकर राखाल ने फिर हँसकर रसोई के काम में मन लगाया। उसकी रसोई पकती थी कुकर पर। शौकीन आदमी है। छोटे, बड़े, मझोले तरह-तरह के आकारों के कुकर थे।

आज रसोई चढ़ा दी बड़े में। तीन-चार बरतन, तरह-तरह की तरकारियाँ। बहुत दिनों से यह काम करते-करते दासी पक्की हो गई है, कुछ भी बताने की जरूरत नहीं पड़ती।

चौका लगाकर, खाने के बरतनों को सजाकर, घर लौटने के पहले दासी भरपेट खाने के लिए माथे की शपथ दिला गई। बोली, ''सवेरे आकर अगर देखूँगी सब खा नहीं गए हो, पड़ा हुआ है, तो बहुत दुःख होगा, बताए देती हूँ।''

राखाल ने कहा, ''ऐसा ही होगा नानी, भरपेट ही खाऊँगा और जो भी करूँ तुमको दुःख न दूँगा।''

दासी के चले जाने पर राखाल आरामकुरसी पर लेट गया। खाना तैयार होने में प्रायः दो घंटे की देर थी। इस समय को बिताने के लिए उसने एक किताब उठा ली, लेकिन किसी तरह भी वह अपना मन उसमें न लगा सका। हृदय का क्रोध और क्षोभ की ज्वाला भद्दी रूढ़ता में बार-बार फटकर बाहर निकल पड़ती है, बच्चों की तरह बुद्धिमती सरला को कुछ भी समझना बाकी नहीं है। इस तरह अपने को पकड़ में लाने की क्या जरूरत थी ? क्या जरूरत थी अपने को छोटा बनाने की! मन-ही-मन लज्जा की कोई सीमा नहीं रही, इच्छा हुई कि आज की सभी घटनाओं को अगर मिटाकर फेंक देता।

चौका लगाकर, खाने के बरतनों को सजाकर, घर लौटने के पहले दासी भरपेट खाने के लिए माथे की शपथ दिला गई। बोली, ''सवेरे आकर अगर देखूँगी सब खा नहीं गए हो, पड़ा हुआ है, तो बहुत दुःख होगा, बताए देती हूँ।''

राखाल ने कहा, ''ऐसा ही होगा नानी, भरपेट ही खाऊँगा और जो भी करूँ तुमको दुःख न दूँगा।''

अपने जीवन की कहानी सरला किसी को न बता सकी थी, उसे उसने उसी को सिर्फ बता दिया है। उस कपट विश्वास का बदला क्या उसे मिल गया। उसको मिली सिर्फ श्रद्धा और निर्दय लांछना, लेकिन उसका क्या नुकसान किया था ? एक भी बात का प्रतिवाद सरला ने नहीं किया, केवल मौन रहकर सहती रही है। निरुपाय रमणी के इस मौन अपमान ने इतनी देर में वापस आकर मानो उसका ही अपमान किया। उत्तेजना से उत्तेजित होकर राखाल कुरसी छोड़कर खड़ा हो गया और बोला, ''पड़ी रहे मेरी रसोई, इसी रात को मैं वहाँ जाऊँगा और उससे माफी माँग आऊँगा। उससे स्पष्ट रूप से कह दूँगा—कहाँ है मेरी ज्वाला, कहाँ है व्यथा, ठीक तौर से मैं नहीं जानता सरला, लेकिन जो सब बातें तुमसे कह गया था, वह सब सच्ची नहीं हैं, एकदम झूठी हैं।''

कुकर में खाना पकने लगा। कमरे की बत्ती जलने लगी। ओढ़ने की चादर लेकर वह कमरे का ताला बंद करके चला गया।

उसके मकान पर पहुँचने में उसे बहुत देर नहीं लगी। सीधे सरला के कमरे के सामने जाकर उसने देखा, ताला लटक रहा है, वह नहीं है। ऊपर जाने पर सामने ही दिखाई पड़ा दो कुरसियों पर आमने-सामने सविता और विमल बाबू बैठे हुए हैं। बातचीत हो रही है। उसको देखकर कुछ अचरज में पड़कर उन्होंने पूछा, ‘‘क्या अब तक तुम इसी मकान में थे राजू?’’

उसके मकान पर पहुँचने में उसे बहुत देर नहीं लगी। सीधे सरला के कमरे के सामने जाकर उसने देखा, ताला लटक रहा है, वह नहीं है। ऊपर जाने पर सामने ही दिखाई पड़ा दो कुरसियों पर आमने-सामने सविता और विमल बाबू बैठे हुए हैं। बातचीत हो रही है। उसको देखकर कुछ अचरज में पड़कर उन्होंने पूछा, ‘‘क्या अब तक तुम इसी मकान में थे राजू?’’

‘‘नहीं माँ, अपने घर पर गया था!’’

‘‘घर से फिर क्यों लौट आए?’’

राखाल फौरन जवाब न दे सका। कुछ देर बाद बोला, ‘‘कुछ काम है माँ। मैंने सोचा, तारक से बहुत दिन हुए मुलाकात नहीं हुई, एक बार मुलाकात कर आऊँ, कल तो फिर मौका न मिलेगा।’’

‘‘नहीं, हम लोग सवेरे ही रवाना हो जाएँगे।’’

विमल बाबू ने कहा, ‘‘तारक क्या वापस आ गया है?’’

सविता ने कहा, ‘‘नहीं। लड़का हम लोगों के लिए अब तक क्या खरीद रहा है, समझ में नहीं आता।’’

विमल बाबू ने इस बात का जवाब दिया, ‘‘वह जानता है, उसके अतिथि साधारण आदमी नहीं हैं। उनकी मर्यादा की उपयुक्त व्यवस्था उसे करनी चाहिए।’’

सविता ने हँसकर कहा, ‘‘तो इस दशा में उसके लिए उचित था कि एक लिस्ट तुमसे लिखवाकर ले जाता।’’

सुनकर विमल बाबू भी हँस पड़े। बोले, ‘‘मेरी लिस्ट उसकी रुचि से मिलेगी क्यों नहीं बहू? वह तो अपनी-अपनी जुदा है। तभी मन प्रसन्न होता है।’’

इस आलोचना में राखाल सम्मिलित न हो सका। उसके मन का भीतरी भाग मानो जल उठा। कुछ देर बाद अपने को जरा शांत करके उसने कहा, ‘‘सरला को तो मैंने उसके कमरे में इस बार नहीं देखा!’’

सविता ने कहा, ‘‘आज क्या उसके लिए कमरे में रहने का उपाय है बेटा? तारक

खाना खाएगा। ब्राह्मण रसोइया को हटाकर वह दोपहर से ही एक तरह से रसोई में लगी हुई है। कितनी क्या-क्या चीजें तैयार कर रही है, इसका ठिकाना नहीं है।''

विमल बाबू ने कहा, ''उसने तो मुझे भी भोजन करने को कहा है।''

''तो तुम्हारा भी निमंत्रण है?''

''हाँ, तुमने तो कभी खाने को कहा नहीं, लेकिन उसने मुझे आज किसी तरह भी जाने नहीं दिया।''

''आज इसीलिए शायद इतनी देर तक बैठे हो। मैं सोचती थी, शायद मेरे साथ बातचीत करने के लिए बैठे हो।'' कहकर सविता मुसकराई।

विमल बाबू ने भी हँसकर कहा, ''झूठी बात पकड़ में आ जाने पर उसको उकसा देना ठीक नहीं है नई बहू। भारी पाप लगता है।''

राखाल ने मुँह फेर लिया। इस हास-परिहास से उसका मन फिर एक बार जल उठा।

''आज इसीलिए शायद इतनी देर तक बैठे हो। मैं सोचती थी, शायद मेरे साथ बातचीत करने के लिए बैठे हो।'' कहकर सविता मुसकराई। विमल बाबू ने भी हँसकर कहा, ''झूठी बात पकड़ में आ जाने पर उसको उकसा देना ठीक नहीं है नई बहू। भारी पाप लगता है।'' राखाल ने मुँह फेर लिया। इस हास-परिहास से उसका मन फिर एक बार जल उठा।

सविता ने पूछा, ''सरला ने तुमको खाने के लिए नहीं कहा राजू?''

''नहीं माँ।''

सविता ने अप्रतिभ होकर कहा, ''तो शायद भूल गई है!'' इतना कहकर वह खुद ही सरला को पुकारने लगीं। उसके आने पर उन्होंने पूछा, ''मेरे राजू को तुमने खाने को नहीं कहा सरला?''

''नहीं माँ, कहा तो नहीं।''

''क्यों नहीं कहा? बात याद ही नहीं रही या इच्छा नहीं थी?''

सरला चुप हो रही।

सविता ने कहा, ''याद ही नहीं रही राजू, लेकिन यह भूल भी अन्याय है।''

राखाल ने कहा, ''याद न रहना दुर्भाग्य हो भी सकता है नई माँ, लेकिन उसको अन्याय नहीं कह सकते। सरला ने मुझसे पूछा था, ''घर पर वापस जाकर शायद खाना पकाना पड़ेगा?''

''मैंने कहा, ''हाँ।''

''उन्होंने पूछा, ''उसके बाद खाना पड़ेगा?''

मैंने कहा, ''हाँ।''

''लेकिन इसके बाद भी मुझे खाने को कहने की बात उसको याद भी नहीं पड़ी

माँ, लेकिन आप यह समझ रखिएगा कि यह याद रहना न्याय-अन्याय के अंतर्गत नहीं है। यह चिकित्सा के अंतर्गत है।'' यह कहकर राखाल तीक्ष्ण व्यंग्य मिलाकर जोर से हँसने लगा।

सविता सोचकर निश्चय न कर सकीं कि क्या कहना चाहिए। सरला पहले की ही तरह चुपचाप खड़ी रही।

राखाल मन-ही-मन समझ गया कि यह अन्याय हो रहा है, उसकी बात झूठी न होने पर भी, झूठ से बढ़ती जा रही है, तो भी वह रुक न सका। बोला, ''तारक यहाँ आने पर भी मुझसे भेंट नहीं करता। सरला कहती है कि उसे समय का अभाव है। इसलिए समय निकालकर मैं ही भेंट करने आ गया। खाने के लिए नहीं।''

थोड़ी देर रुककर उसने फिर कहा, ''सरला को शायद संदेह है कि तारक मुझे पसंद नहीं करता, मेरे साथ खाने को बैठना उसे अच्छा नहीं लगता। मैं दोष नहीं दे सकता माँ, तारक यहाँ अतिथि है, उसके सुख और सुविधा को देखना जरूरी है।''

सरला चुप ही रही, सविता ने घबराकर कहा, ''तारक है अतिथि, लेकिन तुम तो मेरे घर के लड़के हो राजू। मैं किसी की असुविधा नहीं चाहती, जिसकी जो इच्छा हो, करे, लेकिन मेरे घर में मेरे पास बैठकर भोजन करना होगा।''

राखाल ने सिर हिलाकर इनकार किया, ''नहीं, यह नहीं हो सकता। मेरी बुढ़िया नानी जिंदा है। बड़े घर की बड़ी रसोई खाने की लालसा मुझे नहीं है नई माँ।''

सरला चुप ही रही, सविता ने घबराकर कहा, ''तारक है अतिथि, लेकिन तुम तो मेरे घर के लड़के हो राजू। मैं किसी की असुविधा नहीं चाहती, जिसकी जो इच्छा हो, करे, लेकिन मेरे घर में मेरे पास बैठकर भोजन करना होगा।'' राखाल ने सिर हिलाकर इनकार किया, ''नहीं, यह नहीं हो सकता। मेरी बुढ़िया नानी जिंदा है। बड़े घर की बड़ी रसोई खाने की लालसा मुझे नहीं है नई माँ।''

सविता ने कहा, ''लालसा के लिए तो मैंने कहा नहीं राजू, लेकिन अगर तुम आज खाकर न जाओगे, तो मेरे दु:ख की सीमा न रहेगी!''

''विश्वास नहीं होता नई माँ। मन से यह विचार आता है कि वह सिर्फ बातचीत के दौरान कह देने की जरूरत पड़ती है। इसीलिए कहा जा रहा है। कौन हूँ मैं कि मेरे न खाकर जाने से आपके दु:ख की सीमा न रहेगी? किसी के लिए भी आपके मन में दु:ख का अनुभव नहीं होता। यही है आपकी प्रकृति।''

विस्मय से सविता ने कहा, ''कहते क्या हो राजू!''

“कोई कहता नहीं है, इसीलिए मैंने कह दिया! आपके सौजन्य, आपकी सहृदयता, विचार-बुद्धि की कोई तुलना नहीं है। दुःख का अनुभव सिर्फ आपके बाहर का ऐश्वर्य है, सहृदयता की संपत्ति नहीं है। इसी कारण जैसी सरलता से आप ग्रहण करती हैं, वैसे ही त्याग भी देती हैं।”

विमल बाबू आश्चर्य-विस्फारित नेत्रों से मौन भाव से देखते रहे।

राखाल ने कहा, “आपने मेरे लिए बहुत कुछ किया है नई माँ, उसे मैं जीवनभर याद रखूँगा। केवल मुँह की बातों से नहीं, शरीर-मन की पूरी शक्ति लगाकर। आपके साथ फिर शायद मेरी भेंट न होगी। हो जाए, यह अच्छा भी नहीं है, लेकिन अपना अगर कुछ भी पुण्य हो तो उसके बदले में भगवान् से मैं यही प्रार्थना करता हूँ कि इस बार वह आपके ऊपर दया करें···अनजान के बीच से इस बार वह जानकारी के बीच आपको स्थान दें।” अंत में उसका गला भर आया।

सविता टकटकी बाँधे उसकी तरफ देख रही थीं। बात सुनकर उन्होंने क्रोध नहीं किया, बल्कि गंभीर स्नेह के कंठ में ही कहा, “ऐसा ही हो राजू, भगवान् तुम्हारी प्रार्थना को स्वीकार करें। मेरे भाग्य में वही हो।”

“अब मैं जा रहा हूँ नई माँ।”

सविता उठ पड़ीं और उसके पास जाकर उसका एक हाथ पकड़कर बोलीं, “क्या कोई बात हो गई है राजू?”

“क्या होना है नई माँ?”

“ऐसी कोई बात, जिसने तुमको आज ऐसा चंचल कर दिया है···तीखी बातें कहना तो तुम्हारा स्वभाव नहीं है।”

प्रत्युत्तर में राखाल ने झुककर उनके पैरों की धूलि ले ली और कुछ कहा नहीं। जाने को तैयार होने पर विमल बाबू ने कहा, “राजू, विशेष परिचय हम दोनों में नहीं है, लेकिन मुझे मित्र के ही रूप में समझना।” राखाल ने इसका भी उत्तर नहीं दिया, धीरे-धीरे नीचे चला गया। सरला कल की ही तरह आज भी सीढ़ी के पास खड़ी थी। पास पहुँचने पर उसने मीठे स्वर में कहा, “देवता!”

प्रत्युत्तर में राखाल ने झुककर उनके पैरों की धूलि ले ली और कुछ कहा नहीं। जाने को तैयार होने पर विमल बाबू ने कहा, “राजू, विशेष परिचय हम दोनों में नहीं है, लेकिन मुझे मित्र के ही रूप में समझना।”

राखाल ने इसका भी उत्तर नहीं दिया, धीरे-धीरे नीचे चला गया। सरला कल की ही तरह आज भी सीढ़ी के पास खड़ी थी। पास पहुँचने पर उसने मीठे स्वर में कहा, “देवता!”

“क्या चाहती हो तुम?”

"आपने कहा था कि अनेक सरलाओं में से मैं भी एक हूँ। शायद आपकी बात ठीक है।"

"यह मैं जानता हूँ।"

सरला ने कहा, "तरह-तरह के उपायों से मुझे आपने बचाया था इसीलिए मैं बच गई थी। आप बहुतों के लिए बहुत करते हैं, मेरे लिए ये भी किया था, इसलिए आपका कुछ नुकसान नहीं हुआ। यदि जीवित रहूँगी तो केवल इतनी ही बातों को जान लेना चाहती हूँ।"

राखाल ने इस प्रश्न का उत्तर नहीं दिया। चुपचाप घर से बाहर चला गया।

सोलह

अगले दिन प्रात:काल हरिनपुर की यात्रा की तैयारी जब पूरी हो चली, सविता ने सरला को बुलाकर कहा, "अपने बक्स-बिस्तर को तुम ऊपर भेज दो सरला, सब सामान की सूची तारक बना रहा है।"

सरला ने दु:खी होकर कहा, "मेरा बिस्तर नहीं जाएगा माँ।"

एक छोटे से स्टूल पर बैठकर तारक नोटबुक के पन्ने पर तेज हाथ से सामान की सूची लिख रहा था। सरला का उत्तर उसके कानों में पहुँचा। उसने कहा, "बक्स-बिस्तर कैसे नहीं जाएगा?"

सविता भी आश्चर्य में पड़ गई थीं। धीमे स्वर में बोलीं, "साथ ले जाने योग्य बक्स-बिस्तर क्या तुम्हारे पास नहीं है सरला? तो इस हालत में पहले तुमने बताया क्यों नहीं? मैं इसकी व्यवस्था कर देती।"

फीकी हँसी हँसकर सरला बोली, "बिछौना मेरा पुराना है, फटा हुआ भी है। तो भी उसको साथ ले जाने में लज्जा नहीं थी, लेकिन मेरा हरिनपुर जाना नहीं होगा।"

तारक और सविता दोनों एक ही साथ बोल उठे, "ऐसा क्यों?"

सरला ने फीकी हँसी हँसकर कहा, "मुझे कहीं भी हिलने का समय नहीं है, नहीं तो माँ की सेवा करने से अपने को वंचित करके इस शून्यपुरी में अकेली पड़ी रहने का दंड मैं भोग न पाती।"

सविता मौन होकर तीक्ष्ण दृष्टि से सरला के मुँह की तरफ देखकर मानो कुछ खोजने लगीं।

तारक उत्तेजित होकर बोला, "यह भी कैसे? कल तक नई माँ के साथ हरिनपुर जाने को आप तैयार थीं और आज सवेरे ही इस घर को छोड़कर हिलने का समय नहीं है, यह आपने निश्चय कर लिया! नहीं, यह सब व्यर्थ की बहानेबाजी न चलेगी,

कोई स्त्री-बच्चा साथ न जाने से उस देहात में अकेली नई माँ···नहीं, नहीं, यह नहीं हो सकता।''

सरला ने उदास स्वर में कहा, ''मैं सच ही कह रही हूँ तारक बाबू। जाने का मुझे समय नहीं है। यह बेकार का बहाना नहीं है।''

अविश्वासभरे कंठ से तारक ने प्रश्न किया, ''क्यों, सुनूँ तो, यहाँ आपका कौन काम है?''

सरला स्थिर दृष्टि से पाषाण-प्रतिमा की तरह खड़ी रही। कुछ भी उत्तर नहीं दिया।

कुछ देर चुप रहकर तारक ने कहा, ''उत्तर क्यों नहीं देती?''

सरला तो भी मौन रही।

हताश भाव से हाथ की नोटबुक को कमरे के फर्श पर फेंककर तारक ने कहा, ''तो अब किस तरह दोपहर की ट्रेन से आपका जाना होगा नई माँ! साथ में कोई भी स्त्री-बच्चा न रहने से उस देहात में बंधुहीन स्थान में अकेली आप कैसे रह सकेंगी?''

सविता ने इतनी देर तक कोई बात नहीं कही थी। मीठी हँसी हँसकर उन्होंने कहा, ''तारक, देहात में मेरा जन्म हुआ था; जीवन का अधिकांश भाग देहात में ही बीता है; वहाँ मुझे तकलीफ नहीं होगी।''

तारक ने व्यंग्य के स्वर में कहा, ''कौन है वह महान् व्यक्ति? क्या मैं जान सकता हूँ, जिनकी आज्ञा के बिना आप नई माँ के साथ इस घर को छोड़कर जा न सकेंगी? राखाल बाबू हैं न?''

तारक की असंयत उक्ति से सरला का मुख अपमान से लाल हो उठा। दूसरी दिशा की ओर स्थिर नेत्रों से देखते हुए शांत स्वर में उसने कहा, ''मुझको इस घर में रख गए हैं, उनकी आज्ञा के बिना मेरा अन्यत्र जाना संभव नहीं है तारक बाबू। आप व्यर्थ ही क्रोध कर रहे हैं।''

तारक की असंयत उक्ति से सरला का मुख अपमान से लाल हो उठा। दूसरी दिशा की ओर स्थिर नेत्रों से देखते हुए शांत स्वर में उसने कहा, ''मुझको इस घर में रख गए हैं, उनकी आज्ञा के बिना मेरा अन्यत्र जाना संभव नहीं है तारक बाबू। आप व्यर्थ ही क्रोध कर रहे हैं।''

सरला के उत्तर से सविता चौंक पड़ीं, लेकिन तारक ने अपने कंठ-स्वर को बहुत नीचे उतारकर आश्चर्ययुक्त स्वर में कहा, ''लेकिन वह तो बहुत दिनों से लापता हैं।''

सरला ने तारक की तरफ निगाह न करके सविता के सामने जाकर झुककर प्रणाम करके कहा, ''माँ और सभी मुझे गलत तरीके से समझें, आप गलत न समझेंगी, यह मुझे विश्वास है।''

सविता ने कहा, ''सोने को पीतल कहकर सदा कोई गलती नहीं कर सकता। आज चाहे न समझें, एक दिन सभी तुमको समझ लेंगे।''

सरला के नेत्रों में आँसू आ गए थे, शायद कुछ कहने को तत्पर होकर भी वह कह न सकी। नीचा मुँह किए प्रबल चेष्टा से चुपचाप वह आँसू रोकने का प्रयत्न करने लगी।

सविता ने सरला को अपने पास खींचकर कहा, ''तुमको कुछ भी कहना न पड़ेगा सरला। मेरे साथ तुम्हारा जाना नहीं हो सकता। इसके लिए तुमको कितना दुःख होगा, यह मैं जानती हूँ।''

× × ×

गाड़ी छूटने के डेढ़ घंटा पहले तारक सविता को लेकर स्टेशन पर पहुँचा। बिस्तर-असबाब गिनकर, कुली ठीक करके पुराने दरबान महादेव की निगरानी में दे दिए गए हैं। ब्रेकवाले असबाबों को वजन के बाद रेलवे कंपनी की सुपुर्दगी में देकर रसीद को यत्नपूर्वक जेब में रखकर तारक ने निश्चिंत चित्त से सेकेंड क्लास लेडीज वेटिंग रूप के सामने जाकर पुकारा, ''नई माँ!''

सविता ने हँसकर कहा, ''नई माँ का पीछे कहीं हरिनपुर जाना रुक न जाए, इसलिए तुम्हारे डर और चिंता की सीमा ही नहीं है, ठीक है न तारक?''
तारक ने हँसते हुए उत्तर दिया, ''जब तक लड़के की मड़ैया में माँ की पदधूलि नहीं पड़ती, तब तक मैं अपने भाग्य के ऊपर विश्वास नहीं करता माँ!''

सविता कमरे के अंदर से द्वार के सामने आकर खड़ी हो गई। तारक ने रूमाल से माथे का पसीना पोंछते-पोंछते कहा, ''बिस्तर-असबाब वजन कराकर ब्रेक में रखवाकर रसीद ले आया हूँ। इस तरह का झंझट खत्म हो गया है। अब गाड़ी प्लेटफॉर्म पर आ जाने से ही काम हो जाएगा। आपको बिस्तर बिछाकर बैठा देने पर निश्चिंत हो जाऊँगा।''

सविता ने हँसकर कहा, ''नई माँ का पीछे कहीं हरिनपुर जाना रुक न जाए, इसलिए तुम्हारे डर और चिंता की सीमा ही नहीं है, ठीक है न तारक?''

तारक ने हँसते हुए उत्तर दिया, ''जब तक लड़के की मड़ैया में माँ की पदधूलि नहीं पड़ती, तब तक मैं अपने भाग्य के ऊपर विश्वास नहीं करता माँ!''

गाड़ी छूटने के समय से आधा घंटा पहले प्लेटफॉर्म पर आ लगी।

घबराहट के साथ तारक ने वेटिंग रूम के द्वार के पास जाकर ऊँचे स्वर से पुकारा, ''नई माँ, बाहर आ जाइए। गाड़ी आ गई है।''

महादेव दरबान वेटिंग रूम के बाहर कितने ही बक्स-बिस्तरों के गट्ठर पर बैठकर

तंबाकू मल रहा था। झटपट तंबाकू को मुँह में डालकर पगड़ी को ठीक करते-करते घबराहट के साथ उठ खड़ा हुआ।

सिल्क की चादर ओढ़े सविता ने शिबू की माँ दासी के साथ गाड़ी की तरफ तारक का अनुसरण करते-करते कहा, ''मुझे तो तुम इंटर क्लास में औरतों के डिब्बे में बैठा देना तारक। शिबू की माँ भी मेरे साथ बैठेगी।''

तारक ने ठिठककर खड़े होकर कहा, ''आपके लिए मैंने सेकेंड क्लास का टिकट ले लिया है नई माँ। इंटर क्लास के जनाने डिब्बे में बड़ी गंदगी है, उसमें आप कैसे बैठ सकेंगी?''

सविता ने कहा, ''जनाने डिब्बे में यात्रा करने की मेरी आदत थी।''

तारक ने जिद करके सेकेंड क्लास के डिब्बे में सविता को बैठा दिया।

डिब्बा छोटा था। उस वक्त तक कोई भी दूसरा यात्री चढ़ा नहीं था। तारक ने व्यस्त भाव से गाड़ी में चढ़कर अपनी धोती की कूँची से प्लेटफॉर्म की तरफ बेंच को झाड़कर साफ बिस्तर बिछा दिया। हावड़ा स्टेशन से जाना पड़ेगा केवल बर्दवान तक, लेकिन तारक ने यात्रा-पथ का आयोजन यों किया है मानो दिल्ली या लाहौर तक जाना है।

तारक ने जिद करके सेकेंड क्लास के डिब्बे में सविता को बैठा दिया। डिब्बा छोटा था। उस वक्त तक कोई भी दूसरा यात्री चढ़ा नहीं था। तारक ने व्यस्त भाव से गाड़ी में चढ़कर अपनी धोती की कूँची से प्लेटफॉर्म की तरफ बेंच को झाड़कर साफ बिस्तर बिछा दिया। हावड़ा स्टेशन से जाना पड़ेगा केवल बर्दवान तक, लेकिन तारक ने यात्रा-पथ का आयोजन यों किया है मानो दिल्ली या लाहौर तक जाना है।

सविता अन्यमनस्क चित्त से बिस्तर पर जाकर बैठ गईं। तारक शायद मन-ही-मन आशा कर रहा था कि नई माँ उसके इस सतर्कतापूर्ण उद्योग-सेवा के संबंध में विशेष कुछ सस्नेह-अनुयोग करेगी, लेकिन धुली हुई साफ धोती की कूँची बेंच की धूलि से लिप्त होकर मलिन वर्ण धारण कर लेने पर भी नई माँ ने एक भी बात नहीं कही, इससे तारक का मन बहुत कुछ दुखित हो उठा। तो भी बड़े उत्साह के साथ उसने ऊपर के पटरे पर सूटकेस, बक्स आदि सजाकर रख दिए। बेंच के नीचे फलों की टोकरी और दूसरी वस्तुओं को उसने सुरक्षित कर दिया। कुलियों को विदा करके तारक सविता के सामने आकर धीमे कंठ से बोला, ''आज तनिक बैठ जाइए नई माँ, मैं आपके लिए एक गिलास लेमनेड बर्फ डालकर ले आऊँ या एक प्लेट आइसक्रीम लेता आऊँ, जो कहें!''

अब तक सविता बाहर प्लेटफॉर्म की तरफ उद्देश्यहीन दृष्टि से देख रही थीं। तारक की बातों से जैसे उन्हें फिर होश हुआ।

घबराहटभरे स्वर में उन्होंने कहा, ''नहीं तारक, कुछ भी लाना न पड़ेगा। मुझे प्यास नहीं लगी है।''

तारक ने उस निषेध को अनसुना सा करके सिर हिलाकर कहा, ''वाह! ऐसा क्या होता है? प्यास नहीं लगी है, कहने से मैं मान जाऊँगा कैसे नई माँ? मुँह आपका कैसा सूख गया है, यह तो मैं देख ही रहा हूँ।''

सविता ने मुसकराकर कहा, ''लेमनेड सोडा या आइसक्रीम, यह सब मैं कभी नहीं पीती। गाड़ी में पानी तक भी जीवन में नहीं छुआ। तुम बेकार उन सब चीजों को मत लाना बेटा।''

सभी विषयों का प्रतिवाद करना और अपनी इच्छा को दूसरे की इच्छा या अनिच्छा के विरुद्ध तर्कों और युक्तियों से ठीक सिद्ध कर देना ही तारक की प्रकृति थी, लेकिन नई माँ के इस कंठ-स्वर ने उसको किसी पर भी तत्पर नहीं होने दिया। इसलिए वह मन-ही-मन दुःख की अपेक्षा आश्वस्ति ही बहुत अधिक अनुभव करने लगा।

प्लेटफॉर्म की कार्यव्यस्त जनता को देखकर सविता की दोनों आँखें अकस्मात् उज्ज्वल हो उठीं। दूर से विमल बाबू आते हुए दिखाई पड़े। प्रशांत सौम्य मूति हैं, पदक्षेप कुछ तेज है। गाड़ी के डिब्बों में अनुसंधानभरी दृष्टि रखते हुए अग्रसर होते चले आ रहे हैं। देखते-देखते सविता का चेहरा और नेत्र आनंद की स्निग्ध किरणों से चमक उठे।

प्लेटफॉर्म की कार्यव्यस्त जनता को देखकर सविता की दोनों आँखें अकस्मात् उज्ज्वल हो उठीं। दूर से विमल बाबू आते हुए दिखाई पड़े। प्रशांत सौम्य मूति हैं, पदक्षेप कुछ तेज है। गाड़ी के डिब्बों में अनुसंधानभरी दृष्टि रखते हुए अग्रसर होते चले आ रहे हैं। देखते-देखते सविता का चेहरा और नेत्र आनंद की स्निग्ध किरणों से चमक उठे।

विमल बाबू सविता के डिब्बे के सामने आ खड़े हुए। तारक झटपट प्लेटफॉर्म पर कूद पड़ा और प्रसन्न कंठ से बोला, ''हम लोगों को आशा थी कि भेंट करने आप जरूर आइएगा।''

विमल बाबू ने सविता के चेहरे की तरफ दृष्टि स्थापित करके शांत कंठ से तारक से पूछा, ''हम लोगों का क्या मतलब?''

विमल बाबू के प्रश्न से तारक सविता के मुँह की तरफ देखकर एकाएक घबरा उठा। बात बहुवचन में न कहने से ही शायद अच्छी सुनाई पड़ती। छिह! नई माँ ने शायद क्या खयाल किया।

लेकिन तारक को इस लज्जा से छुड़ा दिया नई माँ ने ही। मधुर हँसी के साथ उन्होंने कहा, ''तारक ने ठीक ही कहा है। आज प्रातःकाल वहाँ पर लोगों ने तुम्हारा आना संभव समझ रखा था, सरला ने भी कहा था तुम्हारे विषय में।''

विमल बाबू ने सरला के लिए डिब्बे में एक बार अपनी दृष्टि घुमाकर कहा, ''सरला कहाँ है?''

सविता का उत्तर मिलने के पहले ही तारक रूखे स्वर से बोल उठा, ''हाँ, वह क्या शहर के पाइप का जल, बिजली-बत्ती छोड़कर सड़े देहात में रहने जाएँगी? लेकिन इस बात को कृपापूर्वक शुरू में ही कह देती तो अच्छा करती, हम लोग इतनी असुविधा में न पड़ते।''

विमल बाबू सविता के मुँह की तरफ कुछ देर देखते रहे, फिर बोले, ''मामला क्या है नई बहू?''

सविता ने कहा, ''उसके आने का उपाय नहीं है दयामय। नहीं तो मेरे साथ आने से मैं खुद भी उसे रोक सकती थी या नहीं, इसमें संदेह है। जो हो, मेरा एक अनुरोध तुम्हारे ऊपर रहा। सरला अकेली है, बीच-बीच में तुम खबर लेते रहना।''

विमल बाबू ने आश्चर्य में पड़कर कहा, ''सरला क्या तुम्हारे साथ हरिनपुर नहीं जा रही है?''

सविता ने उदास हँसी हँसकर चुपचाप सिर हिलाकर इशारे से बताया कि सरला आ नहीं सकी है।

विमल बाबू डर गए। बायाँ हाथ उठाकर हाथ में बँधी सोने की रिस्टवाच की तरफ दृष्टि निबद्ध करके घबराहटभरे स्वर से उन्होंने कहा, ''बहुत समय है। अभी तुरंत मोटर लेकर जाऊँ और सरला को लिवा लाऊँ नई बहू। मैं जाकर कहूँगा तो वह इंकार नहीं कर सकती।''

सविता ने रोककर कहा, ''तुम्हारे अनुरोध करने पर भी वह आ न सकेगी। सिर्फ उसका दुःख ही बढ़ेगा।''

विमल बाबू ने ठिठककर खड़े होकर विस्मित कंठ से पूछा, ''इसका क्या मतलब?''

सविता ने कहा, ''किसी दूसरे दिन सुन लेना।''

विमल बाबू सविता के मुँह की तरफ कुछ देर देखते रहे, फिर बोले, ''मामला क्या है नई बहू?''

सविता ने कहा, ''उसके आने का उपाय नहीं है दयामय। नहीं तो मेरे साथ आने से मैं खुद भी उसे रोक सकती थी या नहीं, इसमें संदेह है। जो हो, मेरा एक अनुरोध तुम्हारे ऊपर रहा। सरला अकेली है, बीच-बीच में तुम खबर लेते रहना।''

सरला के व्यवहार से तारक इस पर इतना असंतुष्ट हो गया था कि नई माँ द्वारा सरला की अकृतज्ञता का उल्लेख मात्र भी न करके वरन् विमल बाबू से उसकी देखभाल करने का अनुरोध किया देखकर वह मन-ही-मन जल उठा। मन की विरक्ति पीछे कहीं इन लोगों के सामने खुल न जाए, इसीलिए वहाँ से हट जाने की इच्छा से उसने कहा, ''शिबू की माँ और दरबान गाड़ी पर अच्छी तरह चढ़ चुके हैं या नहीं, देख आऊँ!''

इतना कहकर वह अनावश्यक तेज चाल से दूसरी तरफ चला गया।

विमल बाबू ने सविता की तरफ प्रश्नसूचक दृष्टि से देखते हुए कहा, ''क्या हो गया है, बताओ तो? तारक कुछ उत्तेजित सा दिखाई पड़ रहा है?''

*सविता ने हँसकर कहा, ''सरला के मेरे साथ न आने के कारण तारक उसके ऊपर बहुत ही नाराज हो गया है। उसका खयाल है कि मैं देहात में तरह-तरह की असुविधाओं के बीच जा रही हूँ, सरला साथ रहती तो मुझे बहुत सुविधा होती।''
विमल बाबू ने कहा, ''यह बात सिर्फ तारक ही सोचा रहा है, ऐसा नहीं है, मैं भी तो ठीक यही बात सोच रहा हूँ।''*

सविता ने हँसकर कहा, ''सरला के मेरे साथ न आने के कारण तारक उसके ऊपर बहुत ही नाराज हो गया है। उसका खयाल है कि मैं देहात में तरह-तरह की असुविधाओं के बीच जा रही हूँ, सरला साथ रहती तो मुझे बहुत सुविधा होती।''

विमल बाबू ने कहा, ''यह बात सिर्फ तारक ही सोचा रहा है, ऐसा नहीं है, मैं भी तो ठीक यही बात सोच रहा हूँ।''

सविता ने करुण हँसी के साथ कहा, ''लेकिन मैं आज ठीक इसकी उलटी बात सोच रही हूँ।''

विमल बाबू ने सविता के चेहरे पर इतनी करुण हँसी पहले कभी नहीं देखी थी। उनकी छाती के अंदर वेदना से मानो टीस होने लगी।

भर्राई हुई आवाज से सविता ने कहा, ''सभी बातें ही तुमको एक दिन बताऊँगी, यह मैंने सोच रखा है और कोई भी तो मेरा दाह अंतर्दाह समझ न सकेगा, शायद विश्वास न करना चाहेगा। मुझे बहुत जान लेने को बाकी है। इन तेरह वर्षों से लगातार दिन पर दिन रात के बाद क्रमागत जो प्रश्न मेरे हृदय के अंदर पछाड़ खा रहा है, आज तक भी उसका जवाब मुझे नहीं मिला है। भगवान् के चरणों में मैंने बार-बार कहा है, भगवान्! तुमसे छिपी बात तो कुछ भी नहीं है। इतनी बड़ी निर्मल जिज्ञासा को मेरे हृदय में तुमने ही भेजा है। इसके लिए मैं तुम्हारी शिकायत न करूँगी। सिर्फ इसका ठीक उत्तर भी तुम मुझे इस जीवन में दे देना। इसके अलावा प्रार्थना के लिए कुछ भी तो तुमने नहीं छोड़ा है? चाहे जितना बड़ा दु:ख ही क्यों न हो, मैं उसको तुम्हारे हाथ

का दान मानकर सीधी होकर ही चल सकती थी, लेकिन मेरे जीवन में तो तुमने दुःख भेजा नहीं है, बस तीव्र परिहास। मनुष्य का परिहास सहना कठिन नहीं है, लेकिन तुम्हारा यह निष्ठुर परिहास तो सहन नहीं होता।''

विमल बाबू के आनंदभरे सौम्य चेहरे पर एक कठिन वेदनानुभूति की छाया निविड़ हो उठी। उन्होंने एक बात भी नहीं कही। दूसरी तरफ अपनी दृष्टि घुमाकर स्थिर भाव से वह खड़े रहे। वह दृष्टि मानो इस लोक से लोकांतर को निरुदिष्ट थी।

बहुत वक्त बीत गया। सविता ने पुकारा, ''दयामय!''

विमल बाबू ने भारी गले से उत्तर दिया, ''नई बहू!''

सविता एकाएक चौंक पड़ीं। चेहरे पर उद्वेग और वेदना का चिह्न फूट उठा। विमल बाबू के चेहरे की तरफ पूर्व दृष्टि से देखकर विनयपूर्ण स्वर में उन्होंने कहा, ''मेरी एक बात मानोगे?''

विमल बाबू एकाएक सविता की बातों का कुछ भी उत्तर न दे सके। थोड़ी देर तक चुप रहकर धीरे-धीरे उन्होंने कहा, ''नई बहू, मैं जानता नहीं था, लेकिन छोड़ो उस बात को। क्या कहना चाहती हो, कहो।'' कुछ शरमाकर सविता ने कहा, ''तुम मुझे नई बहू कहकर मत पुकारना।''

विमल बाबू ने शांत स्वर से कहा, ''ऐसा ही होगा।''

इस बार मुँह उठाकर विमल बाबू की तरफ देखने पर दिखाई पड़ा कि सविता के दोनों सुंदर नयन शिशिर-सिक्त कमल की पँखुड़ियों की तरह आँसू के भार से झलक रहे हैं।

विमल बाबू के आनंदभरे सौम्य चेहरे पर एक कठिन वेदनानुभूति की छाया निविड़ हो उठी। उन्होंने एक बात भी नहीं कही। दूसरी तरफ अपनी दृष्टि घुमाकर स्थिर भाव से वह खड़े रहे। वह दृष्टि मानो इस लोक से लोकांतर को निरुदिष्ट थी। बहुत वक्त बीत गया। सविता ने पुकारा, ''दयामय!'' विमल बाबू ने भारी गले से उत्तर दिया, ''नई बहू!''

विमल बाबू को कोई बात कहना चाहती थीं, पर कह न सकीं। रुकावट पड़ गई। विमल बाबू ने इसे लक्ष्य किया।

प्लेटफॉर्म के ऊपर से डिब्बे के अंदर जाकर वह सविता के सामने बेंच पर बैठ गए। उसके बाद उन्होंने कहा, ''मुझे तुम अपना नाम लेकर पुकारने का अधिकार दे सकोगी? संकोच मत करो। अगर कोई बाधा हो, मैं जरा भी दुःखी न हूँगा, जान लो। सिर्फ यह बता देना, क्या कहकर पुकारने से तुम्हारे मन में चोट न लगेगी, स्मृति का दाह जाग न उठेगा। मैं तो अधिक कुछ नहीं जानता। हो सकता है कि अनजाने में तुमको आघात पहुँचा रहा हूँ।''

सविता इस बार उमड़े हुए आँसुओं को रोक न सकीं। झर-झर करके आँसू गिरने लगे। झटपट आँखें पोंछकर उन्होंने दूसरी तरफ मुँह फेर लिया। कौन सी एक बात बार-बार कहने की चेष्टा करने पर भी लज्जा और दुःख से गला रुँध जाने लगा।

विमल बाबू ने फिर कहा, ''लज्जित मत होना। बताओ, क्या कह-पुकारने से तुम सहज में उत्तर दे सकोगी?''

सविता फिर भी निरुत्तर हो रहीं। उसके बाद संकोच को जी-जान से हटाकर मृदु स्वर में उन्होंने कहा, ''मुझको तुम रेणुका की माँ कहकर पुकारो।''

विमल बाबू के चेहरे पर कोमल सहानुभूति की करुणा खिल उठी। उन्होंने स्निग्ध कंठ से कहा, ''सच है! मैं अवाक् हो जा रहा हूँ; यह सोचकर कि तुम्हारा इतना बड़ा परिचय इतने दिनों तक मेरे मन में आया क्यों नहीं, बोलीं तो?''

सविता चुप हो रहीं।

सविता फिर भी निरुत्तर हो रहीं। उसके बाद संकोच को जी-जान से हटाकर मृदु स्वर में उन्होंने कहा, ''मुझको तुम रेणुका की माँ कहकर पुकारो।''
विमल बाबू के चेहरे पर कोमल सहानुभूति की करुणा खिल उठी। उन्होंने स्निग्ध कंठ से कहा, ''सच है! मैं अवाक् हो जा रहा हूँ; यह सोचकर कि तुम्हारा इतना बड़ा परिचय इतने दिनों तक मेरे मन में आया क्यों नहीं, बोलीं तो?''
सविता चुप हो रहीं।

विमल बाबू ने मधुर स्वर में कहा, ''यह जो तुमने कितना बड़ा दान आज मुझे दे दिया, इसे तुम शायद स्वयं भी नहीं जानतीं, रेणुका की माँ! तुम्हारे दिए हुए इस सम्मान की मर्यादा रख सकूँ, यही कामना है। मेरी और कोई भी कामना नहीं है।''

शायद विमल बाबू और भी कुछ कहते, लेकिन गाड़ी छूटने की संकेत-सूचक घंटी बज गई। हाथ घड़ी की तरफ देखकर वह उठ खड़े हुए। बोले, ''अब जाता हूँ। हरिनपुर में रहना अगर अच्छा न लगे तो लौट आने में कोई दुविधा मत करना। तारक को अगर पहुँचा जाने के लिए छुट्टी न मिले, तो मेरे पास खबर भेजना। राजू जाकर लिवा लाएगा। जरूरत पड़ने पर मैं भी आ सकूँगा।''

विमल बाबू गाड़ी से उतर पड़े। तारक धीरे-धीरे आ रहा था। उसके हाथ में एक गिलास बर्फ के टुकड़े से भरा शरबत था। उसने विमल बाबू के हाथ में गिलास देकर कहा, ''नई माँ के मुँह में तो एक बूँद पानी भी न दे सका। आप ही स्वीकार कीजिए।''

विमल बाबू ने हँसकर कहा, ''लाओ।''

गिलास को विमल बाबू के हाथ में देकर तारक ने जेब से पत्ती से लिपटा हुआ पान का बीड़ा निकाल लिया।

अंतिम घंटी बज गई और गार्ड की सीटी सुनाई पड़ी। सविता बोल उठीं, "गाड़ी तो अभी छूटेगी तारक। चढ़ आओ अब, तुम्हारी इस अतिथि सेवा के बीच मैं किस तरह दिन बिताऊँगी, यही सोच रही हूँ।"

विमल बाबू तब भी अपने शरबत को खत्म न कर सके थे। हँसने लगे तो हिचकी आ गई।

सविता व्यग्र भाव से बोल उठीं, "ओह… !"

विमल बाबू मुँह से गिलास हटाकर सविता की तरफ देखकर इस बार ठहाका मारकर हँस पड़े।

उस समय गाड़ी का चलना शुरू हो गया था।

"नमस्कार!" कहकर तारक चलती गाड़ी पर चढ़ गया।

सत्रह

ब्रजबाबू के भतीजे और चचेरे भाई नवीन बाबू बारह-तेरह साल से गाँव के घर-द्वार, जगह-जमीन पर दखल किए हुए थे। इतने दिनों के बाद बेटी सहित ब्रजबाबू के गाँव लौट आने को वे लोग बिल्कुल ही प्रसन्नचित्त से ग्रहण न कर सके।

देहात में ब्रजबाबू का अपना दुमंजिला घर था, बगीचा था, पोखरी थी और खेत-जमीन थी। इन सभी पर इतने दिनों से अधिकार करके वे ही लोग रह रहे थे। जो प्रधान हिस्सेदार हैं, कहना चाहिए कि असल मालिक हैं, वे ही आज सहसा आकर उपस्थित हो गए, इस कारण विचलित होने की तो बात ही है, लेकिन तो भी ब्रजबाबू के भतीजों को और चचेरे भाई नवीन बाबू को ब्रजबाबू के गाँव आने का विरोध करने का साहस नहीं हुआ, क्योंकि अभी कुछ ही महीने पहले ब्रजबाबू ने ही उन लोगों को एक मूल्यवान इलाका लिख-पढ़कर दान किया था, जिसकी सालाना आमदनी करीब एक हजार रुपए की है, लेकिन इसीलिए वे लोग अपनी गृहस्थी में, घर के भीतर तो ब्रजबाबू और रेणुका को जगह नहीं दे सकते। इस कारण बहुत सोच-विचार करके युक्ति-परामर्श करके उन लोगों ने बैठकखाना खाली कर दिया था।

बैठकखाना एक तल्ला बना था। उसमें दो बड़े-बड़े कमरे थे। कमरे के साथ अंदर की तरफ बरामदा था और बाहर की तरफ खुला हुआ था। बरामदे के दोनों छोरों पर एक-एक छोटी-छोटी कोठरी थी। एक थी नौकरों को तंबाकू-हुक्का पीने के लिए और दूसरी थी बत्ती लालटेन रखने के लिए। यही था बैठकखाना।

मकान के कमरों में झाड़ू लगवाकर, धुलवाकर, दो चौकियाँ बिछवाकर, मिट्टी के नए घड़े में पीने का जल भरवाकर भतीजों ने इलाका देनेवाले चाचा के प्रति अपना कर्तव्य पालन किया था।

गाँव में आ जाने पर उस दिन ब्रजबाबू और रेणुका के भोजन वगैरह की एक वक्त की व्यवस्था भी उन्हीं लोगों के यहाँ हुई थी, लेकिन यह घर के अंदर नहीं हुई। खाद्य सामग्री बाहर घर में ही भेजी गई थी।

ब्रजबाबू के विशेष लक्ष्य न करने पर भी इस व्यवस्था का मतलब समझने में बुद्धिमती रेणुका को देर नहीं लगी, लेकिन वह जन्म के समय से ही अल्पभाषिणी और सहनशील थी। किसी बात से मन में आघात लगने अथवा अपमानित होने पर भी उसको लेकर चंचलता प्रकट करना उसकी प्रकृति के विरुद्ध बात थी।

चाचाजी के मकान पहुँचते ही भतीजों ने प्रणाम और कुशल प्रश्नादि के बाद पहले ही जान लेना चाहा कि किस कारण वे इतने दिनों के बाद घर वापस आए हैं। बातचीत के बाद जब यह मालूम हो गया कि विशिष्ट धनवान चाचा ब्रजबाबू आज सर्वस्व खोकर और गृहहीन होकर अविवाहिता सयानी बेटी के साथ गाँव को लौट आए हैं, शेष जीवनकाल यहीं बिताने के लिए, तब वे लोग विधिवत् शंकित हो गए। ब्रजबाबू के शरीर की जैसी हालत है, अंत तक यह सयानी अविवाहिता बेटी उनके ही कंधे पर पड़ जा सकती है। इलाका दान करके अंत में क्या चाचाजी अपनी सयानी बेटी का भार भतीजों को ही दान कर जाएँगे? ऐसा हो जाने से भी हो सकता है, लेकिन कुल त्यागिनी जननी की इस अनूढ़ा को गृहस्थी में आश्रय देकर कौन दुःख भोगेगा।

ब्रजबाबू अपने गृह-देवता गोविंदजी को साथ ही ले आए थे। पारिवारिक पूजाघर में गोविंदजी को ले जाने को तैयार होने पर चचेरे भाई नवीन, भतीजों के मुखपात्र रूप में सामने आकर हाथ जोड़कर ब्रजबाबू से बोले, ''मझले भैया, एक बात आपको न बताने से काम न चलेगा। मुँह से निकालने में यद्यपि छाती फटी जा रही है, तो भी बिना बताए उपाय ही नहीं है। आप ढाड़स दें तो हम लोग खोलकर कह सकते हैं!''

ब्रजबाबू अपने गृह-देवता गोविंदजी को साथ ही ले आए थे। पारिवारिक पूजाघर में गोविंदजी को ले जाने को तैयार होने पर चचेरे भाई नवीन, भतीजों के मुखपात्र रूप में सामने आकर हाथ जोड़कर ब्रजबाबू से बोले, ''मझले भैया, एक बात आपको न बताने से काम न चलेगा। मुँह से निकालने में यद्यपि छाती फटी जा रही है, तो भी बिना बताए उपाय ही नहीं है। आप ढाड़स दें तो हम लोग खोलकर कह सकते हैं!''

निर्विरोधी ब्रजबाबू ने भाई की इस सविनय भूमिका से चंचल होकर कहा—''यह क्या नवीन! ढाड़स और क्या दूँगा? बोलो, बोलो, तुरंत कह डालो, तुम लोगों को क्या असुविधा है? यही तो, क्या ही मुश्किल है, तुम लोग शायद बुढ़ापे में...''

ब्रजबाबू की सभी बातें खत्म न कर सकने पर भी क्षीण बुद्धि नवीनचंद्र और भतीजों के दल ने उनका मनोभाव समझ लिया। उत्साहित होकर नवीन बाबू ने और भी आडंबर के साथ अत्यंत नियमपूर्वक लंबी भूमिका बाँध दी। बहुत सी इधर-उधर की बातों और अपनी निर्बुद्धिता के अनेकानेक प्रमाण के साथ उन्होंने जो कुछ बताया, उसका सारांश यही है कि अगर ब्रजबाबू और रेणुका को नवीन बाबू बगैरह अपने यहाँ आश्रय दें तो उस हालत में गाँव में उन्हें पतित हो जाना पड़ेगा। गाँव भर के सभी लोग जानते हैं, इसी रेणुका को तीन साल की शैशवावस्था में छोड़कर उसकी माँ दूर संपर्क के ननदोई रमण बाबू के साथ कुल त्याग करके निकल गई थी। यह घटना आज से बारह-तेरह वर्ष पहले की है, गाँव का कोई भी आदमी आज तक उसे भूल नहीं पाया है।

ब्रजबाबू उदास चेहरे से सिर झुकाए बैठे रहे। उनके उस असहाय मुख को देखने से अत्यंत कठोर हृदय भी व्यथित हुए बिना नहीं रह सकता। नवीनचंद्र के हृदय में आघात लगा, लेकिन वह भी क्या कर सकते हैं। एकमात्र आशा थी, ब्रजबाबू विशिष्ट धनवान आदमी हैं, गाँव में रुपया खर्च कर सकने से बहुतों के मुँह दबाए जा सकते हैं, लेकिन ब्रजबाबू आज स्वयं अर्थहीन हैं। इसीलिए सयानी बेटी को अब तक कुँआरी रखने का अपराध गाँव का कोई भी आदमी क्षमा न करेगा, विशेषत: जिस बेटी के शरीर पर हल्दी लग जाने पर भी शादी नहीं हुई, माता जिसकी कलंकिनी है।

ब्रजबाबू के चिंता-जाल में बाधा देकर नवीन बाबू और कृतज्ञ भतीजे बार-बार दुःख प्रकट करके कहने लगे, "हम लोग पूर्णत: निरपराधी हैं। पुत्री सहित ब्रजबाबू को अपने यहाँ ग्रहण करने को अत्यंत आग्रह रहने पर भी कोई उपाय नहीं है, यह हम लोगों के ही दुर्भाग्य के अलावा और कुछ भी नहीं है।"

नई बहू के घर छोड़ने पर गाँव के निंदापूर्ण आंदोलन ने ही ब्रजबाबू को गाँव का घर छोड़कर कलकत्तावासी बनने को बाध्य किया था, घर लौटने के पहले यह बात उनको क्यों याद नहीं पड़ी, यह सोचकर ब्रजबाबू सचमुच ही आश्चर्य में पड़ गए।

गाँव के इस अप्रिय आंदोलन का समाचार रेणुका जानती नहीं थी, जानने से वह ब्रजबाबू को गाँव जाने का परामर्श नहीं देती, लेकिन इस हालत में यहाँ रहना भी तो नहीं चल सकता है। अब जाएँगे भी तो कहाँ?

ब्रजबाबू के चिंता-जाल में बाधा देकर नवीन बाबू और कृतज्ञ भतीजे बार-बार दु:ख प्रकट करके कहने लगे, "हम लोग पूर्णत: निरपराधी हैं। पुत्री सहित ब्रजबाबू को अपने यहाँ ग्रहण करने को अत्यंत आग्रह रहने पर भी कोई उपाय नहीं है, यह हम लोगों के ही दुर्भाग्य के अलावा और कुछ भी नहीं है।"

व्यथित होकर ब्रजबाबू ने कहा, ''नवीन, तुम लोग लज्जित मत होना। मैं सबकुछ समझ रहा हूँ। इसे पहले सोच लेना मेरे लिए ठीक था। अब जो हो, यह शायद गोविंदजी की परीक्षा है, देखता हूँ उनकी इच्छा क्या है, फिर मुझे कहाँ ले जाते हैं।''

ब्रजबाबू के बड़े भतीजे ने कहा, ''लेकिन मझले चाचा, सबसे बड़ी फिक्र हम लोगों को रेणुका की शादी के लिए है।''

ब्रजबाबू ने उत्तर दिया, ''कुछ भी फिक्र मत करो बेटा। मैं उसको और अपने गोविंदजी को लेकर वृंदावन की यात्रा करूँगा। गोविंदजी के राज्य में माता के अपराध के लिए लड़की को कोई दोष नहीं देता। जब तक जाने की कोई व्यवस्था नहीं कर सकूँ, यहाँ इस बैठकखाने में ही अलग रहूँगा। किसी असुविधा में न डालूँगा।''

घर के भीतर दो कमरों में से एक गोविंदजी के लिए और दूसरे को पिता के लिए उसने निर्दिष्ट कर रखा है। पिता के सोने के कमरे में ही एक किनारे एक पतली चौकी पर अपने सोने की व्यवस्था उसने की है। छोटी-छोटी कोठरियों में से एक भंडारघर बना है और दूसरी कोठरी रसोईघर का काम दे रही है। आँगन के एक कोने में थोड़ी सी जगह घेरकर रेणुका ने स्नान करने की जगह बना दी है।

लोगों की बातचीत से मालूम हो गया कि रहने के घर में गोविंदजी के अपनी पहले की वेदी पर अधिष्ठित होने में कोई बाधा नहीं है, बाधा है रेणुका के घर में प्रवेश करने में और ठाकुरजी का भोग तैयार करने में।

मुख से जो भी क्यों न कहें, इस घटना से ब्रजबाबू सचमुच ही मर्माहत हो गए। उनके समस्त जीवन के प्रधान लक्ष्य गोविंदजी अपने पूजा-मंदिर में प्रवेश न कर सके, बैठकखाने में पड़े रहे, इस क्षोभ और दुःख से ब्रजबाबू मुरझा गए। दुनिया के तरह-तरह के उलट-फेर, यहाँ तक कि सर्वस्व खोकर गृहहीन होने की हालत भी उनके हृदय को इतना व्यथित न कर सकी थी।

गाँव में आने के बाद से ही रेणुका को बिल्कुल ही अवकाश नहीं रहा। गोविंदजी की सेवा-शुश्रूषा और पिता की देखभाल को लेकर बराबर व्यस्त रहना पड़ता था। किसी दूसरे बात में निगाह रखने का वक्त उसे नहीं था।

घर के भीतर दो कमरों में से एक गोविंदजी के लिए और दूसरे को पिता के लिए उसने निर्दिष्ट कर रखा है। पिता के सोने के कमरे में ही एक किनारे एक पतली चौकी पर अपने सोने की व्यवस्था उसने की है। छोटी-छोटी कोठरियों में से एक भंडारघर बना है और दूसरी कोठरी रसोईघर का काम दे रही है। आँगन के एक कोने में थोड़ी सी जगह घेरकर रेणुका ने स्नान करने की जगह बना दी है।

ब्रजबाबू व्याकुल चित्त से सोचते रहते हैं—हे गोविंद, इस अंतिम जीवन में तुमको तुम्हारे अपने मंदिर से बाहर लाकर असम्मान के बीच मैंने फेंक रखा है, यह क्या मेरा काम ठीक हुआ है प्रभो! लेकिन मेरी रेणुका को तुम्हारे अलावा और कोई देखनेवाला नहीं। उसकी अपनी सेवा से वंचित करने से वह क्या लेकर बची रहेगी? पतितपावन, तुम भी क्या अंत में हम लोगों के साथ पतित हो गए।

संध्या की आरती के वक्त आरती करते-करते ब्रजबाबू इसी प्रकार चिंताओं से अपने आपको भूल जाते हैं। दाएँ हाथ का पंच-प्रदीप और बाएँ हाथ की घंटी निश्चल हो जाती है, नेत्रों से जल बहने लगता है, चेत नहीं रहता।

रेणुका पुकारती है, "बाबूजी···।"

ब्रजबाबू की चेतना जाग उठती है। त्रस्त हाथों से आरंभ की हुई आरती में फिर ध्यान लगाते हैं।

कभी वह संदेह चंचल चित्त से सोचते हैं—'हे गोविंद, संतान-स्नेह से अंधा होकर तुम्हारे प्रति त्रुटि करके मैं पापों का भागी तो नहीं बन गया प्रभो!'

संध्या की आरती के वक्त आरती करते-करते ब्रजबाबू इसी प्रकार चिंताओं से अपने आपको भूल जाते हैं। दाएँ हाथ का पंच-प्रदीप और बाएँ हाथ की घंटी निश्चल हो जाती है, नेत्रों से जल बहने लगता है, चेत नहीं रहता।

इस प्रकार अत्यधिक मानसिक संघात से ब्रजबाबू जब विच्छिन्न-चित्त हो रहे थे, उसी वक्त एक घटना हुई। दोपहर को एक दिन पूजा-गृह से बाहर निकलने पर ब्रजबाबू के सिर में चक्कर आने से वह गिरकर मूर्च्छित हो गए। रेणुका ने डर और घबराहट से कातर हो जाने पर भी स्वाभाविक सावधानी के साथ ही अर्ध-अचेतन पिता से पूछा, "बाबूजी, नवीन चाचा को या भैया को बुलाऊँ क्या?"

ब्रजबाबू ने बड़े कष्ट से कहा, "राजू···!"

रेणुका ने उसी दिन राखाल के पास आने के लिए तार भेज दिया।

गाँव के चिकित्सक मेडिकल कॉलेज के छठे साल के एम.बी.बी.एस. फेल हैं। गाँव में रोजगार कम नहीं जमा है। ब्रजबाबू की परीक्षा करके उन्होंने कहा, "सिर में रक्त का चाप अत्यधिक बढ़ जाने से ऐसा हुआ है। सतर्कता के साथ चिकित्सा और शुश्रूषा होने से इस बार बच जाएँगे, लेकिन भविष्य में पुनः ऐसी बात होने से जीवन की आशा कम ही है। अभी से विशेष सावधान रहना चाहिए।"

× × ×

राखाल अपने मित्र योगेश के मेस से उस दिन रात को प्रायः साढ़े ग्यारह बजे डेरे पर पहुँचा। योगेश ने किसी प्रकार भी राखाल को नहीं छोड़ा। खिला ही दिया।

दिल्ली में कुछ अविवाहिता कन्याएँ राखाल की आपत्ति रहने से भी उसे दिखाई गई थीं। उन्हीं पात्रियों में से एक पात्री के चाचा कलकत्ते के ऑफिस में नौकरी करते हैं। दिल्ली से पात्री के पिता के तकाजे के अनुसार पात्री के चाचा ने आकर योगेश को पकड़ा है। राखाल बाबू के साथ उनकी भतीजी की शादी करा ही देनी पड़ेगी। वे भले आदमी, सुना जाता है कि योगेश से इस प्रकार अनुनय-विनय कर रहे हैं कि खुद विवाहित और अन्य जातीय न होने पर योगेश शायद उस आरक्षणीया का रक्षण भार ग्रहण करके उनके चाचा के अनुनय-विनय के उपद्रव से आत्मरक्षा कर लेता।

पात्री का एक फोटो भी योगेश ने राखाल को दिखाया है, मगर चेहरा याद न रहे, इसलिए चाचा इस फोटो को योगेश के पास रख गए हैं।

राखाल ने पहले तो हँसकर ही उड़ा दिया था, लेकिन योगेशचंद्र छोड़नेवाला जीव नहीं था। वह जी-जान से तर्क और युक्ति से समझाने लगा, ''अगर पात्री की उम्र, चेहरा, शिक्षा और उसके पितृकुल के संबंध में कोई बात राखाल को नापसंद न हो तो वह शादी क्यों नहीं करेगा!

पात्री का एक फोटो भी योगेश ने राखाल को दिखाया है, मगर चेहरा याद न रहे, इसलिए चाचा इस फोटो को योगेश के पास रख गए हैं। राखाल ने पहले तो हँसकर ही उड़ा दिया था, लेकिन योगेशचंद्र छोड़नेवाला जीव नहीं था। वह जी-जान से तर्क और युक्ति से समझाने लगा, ''अगर पात्री की उम्र, चेहरा, शिक्षा और उसके पितृकुल के संबंध में कोई बात राखाल को नापसंद न हो तो वह शादी क्यों नहीं करेगा!

योगेश जानता है, राखाल शादी में दहेज-तिलक लेने की प्रथा को सच्चे हृदय से घृणा करता है। दुनिया में राखाल की अपेक्षा कम आमदनीवाले लोग भी शादी करके स्त्री, पुत्र, कन्या का पालन कर रहे हैं और योगेशचंद्र भी तो उनमें से अन्यतम उदाहरण हैं, लेकिन मध्यम वर्ग के विवाहित व्यक्तियों की जीवन-यात्रा-प्रणाली बड़े लोगों के अनुकरण पर शायद नहीं चलती। मित्र की शादी या महिला मित्र के जन्मदिवस को न्यू मार्केट के फूल की बास्केट उपहार शैली ब्राउजिंग का ग्रंथ उपहार देने में विघ्न पड़ सकता है। विलायती सैलून में आठ आने में बाल छाँटने के बदले देशी नाई से बाल छँटाने को तब वह बाध्य हो सकता है, लेकिन विवाह-योग्य पुरुष अगर विवाहोपयोगी हालत में केवल दायित्वभार ढोने के डर से अथवा अपने विलास और निर्विघ्न मुक्ति में बाधा पड़ने के भय से शादी से विमुख हो जाता है तो उससे बढ़कर पुरुष दुनिया में विरला ही होगा। हिसाब करके देखा जाता है, शादी के अयोग्य व्यक्ति शादी करके जितना अपराध करता है, उनसे बढ़कर अधिक दोषी और अश्रद्धेय

वे लोग हैं, जो लोग योग्यता रहने पर भी, मुक्ति में विघ्न पड़ने के भय से और दायित्व के ही लिए चिर-कुमार रहना चाहते हैं, इत्यादि।

राखाल निर्विकार हँसीभरे चेहरे से मित्र की युक्तियों और भर्त्सनाओं को हजम कर गया। अंत में भोजन आदि के बाद घर को लौटते वक्त योगेश के बार-बार के अनुरोधपूर्ण दबावों के जवाब में कहा, "मुझे सोचकर देखने का कुछ थोड़ा वक्त दो भाई!"

योगेश ने उत्साहित होकर कहा, "बहुत अच्छा, बहुत अच्छा, यह तो अच्छी ही बात है, तो अनुमान से किस समय तक तुम्हारा जवाब मिल जाएगा, बता दो। आगामी परसों?"

राखाल ने हँसकर कहा, "इतना ज्यादा वक्त क्यों दे रहे हो? कह दो न, अगले दिन सवेरे... ।"

योगेश ने तनिक लज्जित होकर कहा, "नहीं, नहीं, वह बात नहीं है, लेकिन जानते तो हो, उन लोगों पर बेटी का बोझ तो है कि नहीं? कुछ अधिक व्याकुल हो गए हैं। तुम्हारा यह 'सोचकर देखने' का वक्त उन लोगों के लिए खूनी अपराधी का जज-फैसला सुनने के लिए प्रतीक्षा करने की ही तरह साँस रोक देनेवाली प्रतीक्षा है, इसलिए कह रहा था।"

योगेश ने तनिक लज्जित होकर कहा, "नहीं, नहीं, वह बात नहीं है, लेकिन जानते तो हो, उन लोगों पर बेटी का बोझ तो है कि नहीं? कुछ अधिक व्याकुल हो गए हैं। तुम्हारा यह 'सोचकर देखने' का वक्त उन लोगों के लिए खूनी अपराधी का जज-फैसला सुनने के लिए प्रतीक्षा करने की ही तरह साँस रोक देनेवाली प्रतीक्षा है, इसलिए कह रहा था।"

राखाल ने कहा, "तुम घबराओ मत। मैं इधर कुछ ही दिनों में तुमको बता दूँगा।"

योगेश को प्रसन्न करके राखाल जब उसके मेस से बाहर निकला तो रात के दस बज चुके थे। मित्र के आग्रहपूर्ण अनुरोध की बात सोचते-सोचते ही वह रास्ता चल रहा था।

शादी की पात्री को दिल्ली में वह अपनी ही आँखों से देख आया है। अवस्था अठारह-उन्नीस वर्ष की होगी। खूब मोटी-ताजी है। रंग गोरा न होने पर भी काला नहीं कहा जा सकता। चेहरे पर लावण्य है। लिखना-पढ़ना मामूली तौर पर सीख चुकी है। शिल्पकारी और रसोई आदि गृह-कार्यों में सुनिपुणा कहकर पात्री के पिता ने उच्छ्वसित सर्टिफिकेट को अपने मुँह से ही बिना माँगे दाखिल कर दिया है।

कन्या राखाल को और योगेश को नमस्कार करके अत्यंत गंभीर चेहरे पर सिर झुकाए जड़वत् होकर बैठी हुई थी। वही लड़की अगर प्रजापति के दुर्विपाक से उसकी गृहिणी बनकर घर में आ जाए तो कैसी जँचेगी? लड़की का वह अति गंभीर मुँह और

ऊँचा करके बँधा हुआ चिलम की तरह उठा जूड़ा और झुका सिर याद पड़ जाने से राखाल को एकाएक हँसी आ गई।

जीवन की सभी अवस्थाओं में सब तरह के सुख-दुःख में पास खड़ी रहकर हँसते हुए चेहरे से आश्वासन दे सकती है, आनंद और तृप्ति सामने रख सकती है, ऐसा भरोसा क्या उस लड़की पर किया जा सकता है?

दिल्ली में और जो कई पात्रियाँ राखाल को दिखाई गई थीं, वे भी इसी की उम्र की थीं। राखाल के मानस-पटल पर बहुतेरी बालिकाओं, युवतियों के तरह-तरह के सौंदर्य-चित्र फूट उठने लगे, लेकिन उनमें से ऐसी एक को भी वह मन में समझ न सका, जिसके ऊपर अपने जीवन के सुख-दुःख का सब भार रखकर निश्चिंत हो सके।

सोचते-सोचते भावना के मूल सूत्र को खोकर राखाल सरला के विषय में सोचने लगा। सरला ने उस दिन रात के वक्त उससे कहा था, ''आप बहुतों के लिए बहुत करते हैं, मेरे लिए भी आपने किया था, उससे आपकी हानि नहीं हुई। अगर मैं जीवित रही तो इतनी ही बात केवल जान लेना चाहती हूँ।''

सभी चेहरों को आड़ में रखकर एक कोमल शांत और बुद्धि से चमकता हुआ चेहरा उसके मानस-पटल पर तैरने लगा, लेकिन शादी की पात्री चुनने के मामले में वह चेहरा स्मृति में रखने का कोई अर्थ ही नहीं होता, यह बात और किसी की अपेक्षा राखाल खूब ही अच्छी तरह जानता है, लेकिन वह जो भी हो, राखाल के प्रति प्रगाढ़ विश्वास और श्रद्धा से उस चेहरे की कांति ही भिन्न प्रकार की है, जिसकी तुलना और किसी के साथ नहीं की जा सकती। सिर्फ विश्वास और श्रद्धा ही नहीं, अत्यंत स्वजन सुलभ निविड़ हार्दिकता की मधुरता उन दोनों नेत्रों की स्निग्ध दृष्टि में, स्वच्छ हँसी, जो आप ही आप पर पड़ती थी, उसके साथ दुनिया में और दूसरे के साथ क्या उपमा दी जा सकती है। राखाल तो उसी की एकांतिक श्रद्धाजड़ित निर्भरता प्राप्त करके ही आज अपने को शादी के लिए दायित्वयुक्त व्यक्ति कहकर कुछ देर के लिए भी सोचने को समर्थ हुआ है।

सोचते-सोचते भावना के मूल सूत्र को खोकर राखाल सरला के विषय में सोचने लगा।

सरला ने उस दिन रात के वक्त उससे कहा था, ''आप बहुतों के लिए बहुत करते हैं, मेरे लिए भी आपने किया था, उससे आपकी हानि नहीं हुई। अगर मैं जीवित रही तो इतनी ही बात केवल जान लेना चाहती हूँ।''

लेकिन सचमुच ही क्या यही बात है! राखाल बहुतों के लिए बहुत करता है, यह बात शायद सच है। सरला का भी उसने सामान्य उपकार या कुछ मदद की है, लेकिन

उससे राखाल की क्या कुछ क्षति ही नहीं हुई है? ऐसी बात अगर न भी हुई हो तो क्यों वह उस दिन रात के समय इस तरह अपने आपको संयत रखने में असमर्थ हुआ। सिर्फ सरला का ही, जो उसने रूढ़ तिरस्कार किया, इतना ही नहीं है, अपनी नई माँ को भी एक तीसरे व्यक्ति के सामने ही कटु वचन सुना दिया।

तारक का अगर सरला आदर करती है तो इसमें राखाल को क्षुब्ध होने का क्या कारण है? सरला के लिए राखाल जो है, तारक भी वही है, बल्कि राखाल की अपेक्षा तारक विद्वान्, बुद्धिमान और विलक्षण है। उसके इन्हीं सब गुणों का उल्लेख किया था उस दिन सरला ने, इससे उसने ऐसा कौन सा अपराध किया, जिसके लिए राखाल इस तरह जल उठा? क्यों उसने अपने को अकस्मात् वंचित और क्षतिग्रस्त अनुभव किया? सोचते-सोचते मुँह, आँख और कान गरम होकर जलने लगे। निकटस्थ एक पार्क में प्रवेश करके एकांत कोने की एक खाली बेंच पर राखाल लंबा होकर सो गया। आँखें बंद करके सोचने लगा कि दो-तीन दिन पहले पार्क के नुक्कड़ पर वह ट्राम के लिए प्रतीक्षा कर रहा था। एक चलती हुई मोटर से झुककर विमल बाबू की तरफ देखने पर वह मोटर रोककर हाथ के इशारे से उसको बुलाकर गाड़ी से रास्ते पर उतर पड़े थे। राखाल उनके पास गया तो विमल बाबू ने सबसे पहले प्रश्न किया, "अपने चाचाजी और रेणुका की कोई चिट्ठी-पत्री मिलती हैं क्या राजू?"

उसने जवाब दिया, "शायद चार दिन हो गए। उसके बाद मौखिक सौजन्य से उसने विमल बाबू से पूछा, "आप किस ओर जा रहे हैं।" विमल बाबू ने जवाब दिया, "एक बार सरला बेटी की खोज-खबर लेने के लिए जा रहा हूँ।" इससे आश्चर्य में पड़कर उसने अकस्मात् प्रश्न किया, "कौन सरला?"

विस्मित होकर राखाल ने कहा था, "क्या, बताइए तो?"

विमल बाबू ने कहा, "उनके साथ मेरा परिचय है। गाँव जाने पर वे लोग कैसे हैं, यह खबर मुझे नहीं मिली, इसीलिए तुमसे पूछता हूँ।"

राखाल ने उत्तर दिया, "वे लोग ठीक तरह से हैं।"

विमल बाबू ने कहा, "तुमको पत्र कब मिला है?"

उसने जवाब दिया, "शायद चार दिन हो गए। उसके बाद मौखिक सौजन्य से उसने विमल बाबू से पूछा, "आप किस ओर जा रहे हैं।"

विमल बाबू ने जवाब दिया, "एक बार सरला बेटी की खोज-खबर लेने के लिए जा रहा हूँ।"

इससे आश्चर्य में पड़कर उसने अकस्मात् प्रश्न किया, "कौन सरला?"

विमल बाबू ने आश्चर्य में पड़कर जवाब दिया था, "सरला को तो तुम पहचानते हो।"

राखाल ने सूखे स्वर में कहा, "वह तो यहाँ नहीं है! नई माँ के साथ हरिनपुर तारक के साथ गई है।"

विमल बाबू ने कहा, "यह क्या? तुम क्या नहीं जानते कि सरला तुम्हारी नई माँ के लिए हरिनपुर नहीं गई?"

राखाल ने जवाब दिया, "नहीं। यह खबर मैंने नहीं सुनी। मैं उन लोगों के जाने के एक दिन पहले रात के समय तक सरला का वहाँ जाना निश्चय है, यही देखकर आया था।"

विमल बाबू ने कहा, "निश्चय था जरूर, लेकिन मैंने स्टेशन पर जाकर देखा तो सरला वहाँ गई नहीं थी। तुम्हारी नई माँ ने कहा था, उसके चलने का उपाय नहीं है। मुझसे कहती गईं कि सरला अकेली रह गई है, बीच-बीच में उसकी खोज-खबर लेने के लिए मैं जाता हूँ।"

राखाल फिर पूछ बैठा, "सरला क्यों हरिनपुर नहीं गईं, क्या आपको मालूम है?"

विमल बाबू ने कहा, "सरला के बताने पर मैंने सुना, मालिक की आज्ञा के बिना उस घर से हिलने का उपाय उसके लिए नहीं है।"

राखाल विमूढ़ की तरह बोल उठा, "कौन मालिक?"

विमल बाबू ने जवाब दिया, "ठीक नहीं जानता। शायद उसके लापता पति ही जान पड़ते हैं।"

राखाल फिर पूछ बैठा, "सरला क्यों हरिनपुर नहीं गईं, क्या आपको मालूम है?" विमल बाबू ने कहा, "सरला के बताने पर मैंने सुना, मालिक की आज्ञा के बिना उस घर से हिलने का उपाय उसके लिए नहीं है।" राखाल विमूढ़ की तरह बोल उठा, "कौन मालिक?" विमल बाबू ने जवाब दिया, "ठीक नहीं जानता। शायद उसके लापता पति ही जान पड़ते हैं।"

राखाल बंद आँखों से पार्क की बेंच पर लेटा हुआ विमल बाबू से भेंट होने और उनसे हुई बातचीत के बारे में खूब बारीकी के साथ सोचने लगा। सरला हरिनपुर नई माँ के साथ क्यों नहीं गई? उसने कहा है, मालिक की आज्ञा के बिना उसके लिए अन्यत्र जाने का उपाय नहीं है। वह मालिक कौन हैं? विमल बाबू अथवा जो कोई सरला के लापता पति जीवन बाबू को अनुमान से वही व्यक्ति भले ही समझ ले, एकमात्र राखाल खुद निश्चित रूप से जानता है और जिसको ही सरला अपना मालिक कहकर निर्देश क्यों न करे, फरार विश्वासघाती जीवन चक्रवर्ती को तो कभी नहीं किया।

समझने के लिए कुछ भी शेष नहीं रहा। फिर भी राखाल के मन में कहीं पर

कोई एक संशय खटकने लगा।

ग्यारह बज जाने पर पार्क के चौकीदार ने आकर राखाल से उठ जाने का अनुरोध किया। उठकर भारग्रस्त चित्त से वह जिस समय अपने घर पर पहुँचा, तब साढ़े ग्यारह बज चुके थे। बिस्तर पर लेटकर सोने के पहले मन-ही-मन उसने निश्चय कर लिया—कल सवेरे ही उठकर सरला को ही चाय बनाने को कहूँगा।

इस सिद्धांत पर पहुँचने के बाद राखाल मन-ही-मन अत्यंत स्वच्छंदता का अनुभव करने लगा। इसके बाद अनेक प्रकार की संभव-असंभव कल्पना करते-करते उसे नींद आ गई।

अठारह

अगले दिन जब राखाल की नींद टूटी, दिन बहुत चढ़ गया था। फेरीवाले की जोरदार चिल्लाहट से गली मुखरित हो रही थी। दीवाल की तरफ देखकर राखाल कुछ लज्जित भाव से उठ पड़ा। हाथ-मुँह धोकर दाढ़ी बनाने का सामान निकालकर, पहले का कपड़ा-धोती बदल डाली। ध्यान के साथ बालों को सँवारते-सँवारते चाय की प्यास से उसे बार-बार जँभाई आने लगी। हँसकर स्टोव की तरफ देखकर राखाल ने मृदु कंठ से कहा, "आज तुम्हारी इस वक्त की छुट्टी रहेगी।"

छोटे-मोटे काम-काज यथासंभव तेज हाथ से खत्म करके पालिश किए हुए चमचम चमकनेवाले जूतों को रूमाल से झाड़कर पैरों में पहनने की तैयारी कर ही रहा था कि बाहर से डाकिया ने पुकारा, "तार… !"

राखाल जूतों को फेंककर उत्सुक आग्रह से दौड़ता हुआ गया। दस्तखत करके तार खोलकर पढ़ते-पढ़ते दुश्चिंता से उसका चेहरा उदास हो उठा। ब्रजबाबू विशेष पीड़ित हैं। रेणुका उनको शीघ्र ही आ जाने का अनुरोध कर रही है। तार को हाथ में लेकर थोड़ी देर तक दुविधाग्रस्त रूप से वह कमरे में खड़ा रहा। सोचने लगा कि सरला के साथ आज भेंट करने जाऊँ या नहीं। टाइम टेबल निकालकर गाड़ी का वक्त उसने देख लिया। नौ बजे एक गाड़ी जाती है जरूर, लेकिन वह पकड़ी न जा सकेगी। साढ़े आठ बजे हैं। बीदाना, अंगूर, नारंगी आदि फलमूल और रोगी के लिए जरूरी खाद्य सामग्री भी खरीद लेनी पड़ेगी। इसलिए नौ बजे की गाड़ी मिलना असंभव है। दूसरी गाड़ी साढ़े बारह बजे जाती है, काफी वक्त है, द्वार पर ताला लगाकर राखाल चिंतित मुख से सरला से भेंट करने के लिए चल पड़ा। कलकत्ता छोड़ बाहर जाने के पहले एक बार उसको बतला जाना उचित है। इच्छा थी कि वहाँ ही झटपट चाय पीकर सब जरूरी सामग्री खरीदकर साढ़े बारह बजे की गाड़ी से रवाना हो जाएगा।

सरला के घर पर पहुँचकर राखाल ने देखा कि चबूतरे पर चटाई बिछाकर सरला चार-पाँच छोटे-छोटे लड़के-लड़कियों को पढ़ा रही है। कोई स्लेट पर लिख रहा है, कोई हिज्जे सीख रहा है, कोई पहाड़ा कंठस्थ कर रहा है। धीरे-धीरे खड़ी होकर उसने बच्चों से कहा, ''जाओ, तुम लोगों की अब छुट्टी रही। आज दोपहर में पढ़ना होगा।''

लड़कों के चले जाने पर सरला चबूतरे से आँगन में उतरकर राखाल को प्रणाम करके बोली, ''खड़े क्यों हैं, चलिए, कमरे में बैठिए।''

राखाल ने सूखे गले से कहा, ''नहीं, बैठने का अब वक्त नहीं है, दो-एक बात पूछकर ही चला जाऊँगा।''

सरला के घर पर पहुँचकर राखाल ने देखा कि चबूतरे पर चटाई बिछाकर सरला चार-पाँच छोटे-छोटे लड़के-लड़कियों को पढ़ा रही है। कोई स्लेट पर लिख रहा है, कोई हिज्जे सीख रहा है, कोई पहाड़ा कंठस्थ कर रहा है। धीरे-धीरे खड़ी होकर उसने बच्चों से कहा, ''जाओ, तुम लोगों की अब छुट्टी रही। आज दोपहर में पढ़ना होगा।''

राखाल ने शायद मन-ही-मन आशा की थी कि सरला मुझे देखकर आश्चर्य और आनंद से अभिभूत हो जाएगी, लेकिन सरला के व्यवहार से मालूम हुआ कि राखाल आज इस वक्त आएगा, यह बात वह मानो पहले से ही जानती थी।

पहले तो रेणुका का तार पाकर उसका मन था उद्विग्न, चंचल, उस पर से सरला की सहज-शांत अभ्यर्थना ने राखाल के चित्त को फीका बना दिया। दिल के अंदर एक ऐसा अकारण अभियान घूमने लगा जिसका कारण स्पष्ट रूप से बताना कठिन है।

राखाल ने कहा, ''सुना है, तुम नई माँ के साथ हरिनपुर नहीं गईं।''

सरला चुप हो रही।

जवाब न पाकर राखाल ने फिर कहा, ''क्यों नहीं गईं, क्या मैं जान सकता हूँ?''

सरला को कोई भी जवाब न देते देखकर राखाल के मन में उत्तरोत्तर उत्ताप बढ़ता जा रहा था। उसका मौन तोड़ देने के लिए शायद वह इस बार बोल उठा, ''मेरा कर्ज तो उस दिन कौड़ी-पाई तक तुमने चुका दिया। इसलिए बात का जवाब न देने से भी काम चलेगा, लेकिन नई माँ का कर्ज भी इसी समय के बीच क्या तुमने चुका दिया है सरला?''

सरला के चेहरे पर वेदना का चिह्न स्पष्ट हो उठा, तो भी उसने इस कठिन उपहास का जवाब नहीं दिया। मृदु कंठ से उसने कहा, ''आपको जो कुछ कहना हो, कमरे में चलकर कहिए। यहाँ खड़े रहकर बीच बाजार में मत कहिए। कमरे में चलकर बैठिए। फौरन ही आ रही हूँ। चले मत जाइएगा।''

इतना कहते-कहते सरला एक ही क्षण में चबूतरे के दूसरी तरफ घेरा डाले हुए दूसरे किराएदारों के हिस्से में अंतर्हित हो गई। विरक्त राखाल उसको लक्ष्य करके घबराहटभरी आवाज से कहने लगा, ''नहीं, नहीं, मुझे बैठने का वक्त बिल्कुल नहीं है। अभी फौरन मुझे जाना पड़ेगा, जो कहने आया हूँ, सुनकर जाओ।''

लेकिन सरला तब तक चली गई थी। राखाल थोड़ी देर तक आँगन में खड़ा रहकर चला जाए या और थोड़ी देर तक प्रतीक्षा करे, इसी दुविधा में पड़ गया। अंत में खिन्न मन से सरला के कमरे में जाकर बैठ ही गया। पाँच आदमियों के घर में चिल्लाकर सरला को बार-बार पुकारा भी नहीं जा सकता, खड़ा रहना और भी भद्दा लगता है। राखाल के कमरे में बैठ जाने के एक मिनट के अंदर ही सरला एक छोटी एल्युमिनियम की केटली की डंडी पर धोती का आँचल लपेटकर उसे मुट्ठी में पकड़कर कमरे में आ गई। ढक्कन से दबाई हुई केटली से थोड़ी गरम भाप निकल रही थी। कमरे के कोने में केटली रख देने के बाद खिड़की के ऊपर के आले से एक सफेद चमकाहटभरा काँच का प्याला, प्लेट और एक नई चम्मच उतार ली। चाय का टीन बिल्कुल ही नया है, पैक खोला नहीं गया है। सरला ने लेविल फाड़कर तेज हाथ से टीन खोलकर केटली के जल में चाय की पत्ती डालकर ढक्कन से दबा दिया। उसके बाद प्याला, प्लेट और चम्मच को बाहर से धोकर ले आई। उसके साथ ही ले आई कागज की पुड़िया में चीनी और छोटे से काँच के गिलास में दूध।

इतना कहते-कहते सरला एक ही क्षण में चबूतरे के दूसरी तरफ घेरा डाले हुए दूसरे किराएदारों के हिस्से में अंतर्हित हो गई। विरक्त राखाल उसको लक्ष्य करके घबराहटभरी आवाज से कहने लगा, ''नहीं, नहीं, मुझे बैठने का वक्त बिल्कुल नहीं है। अभी फौरन मुझे जाना पड़ेगा, जो कहने आया हूँ, सुनकर जाओ।''

कुरसी पर बैठकर राखाल चुपचाप सरला को काम करते देख रहा था। दिन काफी चढ़ आया है, लेकिन चाय पीना नहीं हुआ है। सिर में दर्द है, उठने की नौबत आ रही है। इसलिए सरला का चाय का आयोजन देखकर उसकी विरक्ति और अभिमान बहुत कुछ ही घट गया था। तथापि भ्रम मिटाने के लिए उसने कहा—''इतना ठाट करके चाय किसके लिए बन रही है?''

सरला ने चाय छानते-छानते मुसकराकर गरदन घुमाकर एक बार राखाल की तरफ देखा। उसके बाद वह फिर अपने काम में जुट गई।

मन-ही-मन लज्जित होने पर भी राखाल तब यह न कह सका—न पिऊँगा। तब तक सरला दूध-चीनी मिली सुनहरे रंग की गरम चाय में चम्मच हिलाते-हिलाते प्लेट-प्याले को राखाल के सामने रख चुकी थी।

चाय लेने में हिचक दिखाकर राखाल ने कहा, ''इसके लिए इतनी देर तक मुझे रोक रखना तुम्हारे लिए ठीक नहीं हुआ करता, कुछ भी इसकी आवश्यकता नहीं थी।''

सरला ने अज्ञानी की तरह मुँह बनाकर कहा, ''मैं यह जानती नहीं थी। इच्छा न हो तो रहने दें, वापस ले जाऊँ।''

होंठों के छोर पर दबी हुई दुष्ट हँसी छिपी थी। राखाल उस हँसी को पहचानता था। उसका हृदय काँप उठा। हाथ बढ़ाकर बोला,''जब बना ही चुकी हो मेरे लिए तो वापस ले जाना ठीक न होगा!''

सरला ने इस बार होंठ दबाकर हँसते-हँसते चाय का प्याला हाथ में उठा लिया और राखाल को देकर चुपचाप बाहर चली गई। थोड़ी ही देर में सफेद काँच की एक प्लेट में कई गरम सिंघाड़े और दो ताजे राजभोग रसगुल्ले लेकर लौट आई। राखाल ने प्लेट की तरफ देखकर कहा, ''यह सब फिर क्यों ले आईं?''

सरला ने इस बार होंठ दबाकर हँसते-हँसते चाय का प्याला हाथ में उठा लिया और राखाल को देकर चुपचाप बाहर चली गई। थोड़ी ही देर में सफेद काँच की एक प्लेट में कई गरम सिंघाड़े और दो ताजे राजभोग रसगुल्ले लेकर लौट आई। राखाल ने प्लेट की तरफ देखकर कहा, ''यह सब फिर क्यों ले आईं?''

सरला ने गंभीर मुँह से कहा, ''चाय के साथ जलपान के लिए, लेकिन चाय के प्याले को तो खाली कर देना पड़ेगा, इस बार और एक प्याला चाय आपको छानकर दूँगी। मेरे यहाँ दूसरा प्याला नहीं है।''

सरला चाय का दूसरा प्याला ले आकर सामने आ खड़ी हो गई तो राखाल ने खाते-खाते मुँह ऊपर न उठाकर ही प्रश्न किया, ''अच्छा सरला, तुम स्वयं तो चाय पीती नहीं हो, लेकिन मकान में चाय का सामान किसके लिए रखा है?''

सरला ने कहा, ''यही मान लीजिए, तारक बाबू...।''

राखाल ने कहा, ''अच्छा, समझ गया।'' हाथ के अर्ध समाप्त सिंघाड़े को खत्म करके जलखावा समेत प्लेट को राखाल ने नीचे उतारकर रख दिया।

सरला घबराकर झुक पड़ी और अकृत्रिम व्यग्रता से बोल उठी, ''यह क्या? रसगुल्ला तो आपने बिल्कुल छुआ ही नहीं। नहीं, नहीं, यह नहीं होगा देवता। प्लेट उठा लीजिए। सब ही न खाने से मैं सिर पटककर मर जाऊँगी, कहे देती हूँ।''

अकस्मात् सरला की इस आंतरिक चंचलता से राखाल आवाक् विमूढ़ की तरह बोला, ''लेकिन मुझे तो सचमुच ही खाने की रुचि नहीं है सरला! सब जलखावा न खाने से सचमुच ही क्या तुमको कष्ट होगा?''

सरला ने नाराजगी के साथ कहा, ''हाँ, हाँ, होगा। कहती हूँ, आप खाइए। रसगुल्ले आप कितना पसंद करते हैं, क्या मैं नहीं जानती? सवेरे रोज ही तो आप चाय के साथ गरम सिंघाड़े मँगाकर खाते हैं। बताइए, खाते नहीं हैं?''

राखाल ने विस्मित होकर कहा, ''लेकिन तुम इन सब गुप्त बातों को जान कैसे गईं?''

सरला ने शांत भाव से कहा, ''मैं जानती हूँ।'' उसके बाद वह हँसते-हँसते बोली, ''अच्छा, शपथ करके बताइए तो, एक प्याला चाय पीने से आपकी प्यास किसी दिन बुझती है! दो प्याला चाय मिलने से मन खट-खट करता है या नहीं?''

राखाल ने रसगुल्ले से भरे हुए गाल से भारी स्वर में कहा, ''हूँ, समझ गया। लेकिन मैं जो अपने घर पर चाय पीता हूँ, ठीक इसी प्रकार के बड़े प्याले में, तारक यह खबर भी तुमको दे गया है?''

सरला ने उत्तर नहीं दिया। राखाल का चाय पीना और जलखावा हो जाने पर मुँह धोने का जल और सुपारी-इलायची लाकर दे दी।

हाथ-मुँह धोने के लिए एक साफ अँगोछा हाथ में देकर सरला बोली, ''आँगन के बीच में खड़े होकर ऊँची आवाज से जो बात कहना चाहते थे, अब वह कहिए।''

राखाल ने लज्जित होकर कहा, ''सरला मैं देखता हूँ कि तुम आजकल प्रत्येक बात में मेरा मजाक करती हो।''

हाथ-मुँह धोने के लिए एक साफ अँगोछा हाथ में देकर सरला बोली, ''आँगन के बीच में खड़े होकर ऊँची आवाज से जो बात कहना चाहते थे, अब वह कहिए।'' राखाल ने लज्जित होकर कहा, ''सरला मैं देखता हूँ कि तुम आजकल प्रत्येक बात में मेरा मजाक करती हो।''

जीभ दबाकर सरला ने कहा, ''बाप रे! क्या कहते हैं, देवता! इतना बड़ा दुस्साहस मुझमें नहीं है। ब्रह्मतेज से क्या मैं भस्म न हो जाऊँगी।''

राखाल ने गंभीर मुँह से कहा, ''मैं जानने आया था, तुम नई माँ को अकेली हरिनपुर भेजकर किस बहुत जरूरी काम से कलकत्ता में रह गईं? तुमको इसका ही सही उत्तर देना होगा।

सरला थोड़ी देर तक चुप ही रही। बाद में बोली, ''पहले आप एक बात का सही उत्तर देंगे, बताइए?''

''दूँगा।''

''जो प्रश्न आपने मुझसे पूछा है, स्वयं ही क्या सचमुच उसका उत्तर आप नहीं जानते?''

राखाल कठिनाई में पड़ गया। हुटक-हुटककर बोला, "मैंने जो अनुमान किया है, वह ठीक है या नहीं, जान लेने के ही लिए तो तुमसे पूछ रहा हूँ, सरला!"

सरला ने कहा, "तो आप जान रखिए, अपने मन से जो उत्तर आपको मिला है, वही सही है। अपना हृदय कभी मनुष्य को धोखा नहीं देता।"

राखाल चुप होकर बैठा रहा। सरला जूठा प्याला और प्लेट वगैरह उठाने की तैयारी कर रही थी। उसकी तरफ देखकर राखाल ने कहा, "तो भी मुँह से तुम साफ बतला नहीं सकतीं, गईं क्यों नहीं?"

सरला ने हँसकर हाथ का झूठा प्याला और प्लेटों को इशारे से दिखाकर कहा, "इसी के लिए नहीं गई। अब स्पष्ट उत्तर मिला तो···।" यह कहकर वह बाहर चली गई।

राखाल मौन होकर बैठा रहा। उसे याद पड़ गया वह आज घर से बाहर निकला था चाय और जलखावा माँगकर खाने के ही विचार से।
बहुत वक्त मौन में बीत गया। राखाल को एकाएक याद पड़ गया, "बाजार करके जल्दी घर लौट जाना आवश्यक है। शीघ्रता के साथ उठकर खड़ा होकर बोला, "आज मैं जा रहा हूँ सरला! साढ़े बारह बजे मुझे गाड़ी पकड़नी है।"

राखाल चुपचाप बैठा रहा। सोचने लगा कि कुछ दिन पहले मैंने कहा था, "संसार में सरलाओं को बहुत देख चुका हूँ! लेकिन सचमुच ही क्या बात है? इस सरला की बराबरी की क्या एक भी स्त्री से जीवन में भेंट हुई है। जीवन दान के मूल्य में इस तरह निःशब्द जीवन उत्सर्ग और कौन कर सकती है?"

साफ बरतनों को लाकर ताखे पर सजाकर रखते-रखते सरला ने कहा, "पहले जिस दिन मेरे घर में आपके पैरों की धूलि पड़ी थी देवता, आपको चाय बनाकर मैंने पिलाना चाहा था। आपने कहा था "असमय में चाय पीना मुझसे सहा नहीं जाता। जलखावा लाकर देना चाहा था, मेरा आग्रह देखकर आपको दया आ गई थी। आपने कहा था—फिर जिस दिन वक्त पाऊँगा, मैं खुद ही माँगकर तुम्हारी चाय, तुम्हारा जलखावा खा जाऊँगा। तभी से मैंने चाय का समान जुटाकर घर में रख छोड़ा है। जानती थी एक न एक दिन आप मकान में बैठकर मेरे हाथ की चाय और जलखावा ग्रहण करेंगे ही, लेकिन आपने कहा था कि खुद ही माँगकर खाऊँगा। मेरे भाग्य में वह अब नहीं हुआ।"

राखाल मौन होकर बैठा रहा। उसे याद पड़ गया वह आज घर से बाहर निकला था चाय और जलखावा माँगकर खाने के ही विचार से।

बहुत वक्त मौन में बीत गया। राखाल को एकाएक याद पड़ गया, "बाजार करके जल्दी घर लौट जाना आवश्यक है। शीघ्रता के साथ उठकर खड़ा होकर बोला, "आज मैं जा रहा हूँ सरला! साढ़े बारह बजे मुझे गाड़ी पकड़नी है।"

सरला ने आश्चर्य में पड़कर कहा, ''कहाँ जाइएगा?''

''चाचाजी बहुत बीमार हैं। रेणुका ने वहाँ आने के लिए तार भेजा है।''

सरला ने चिंतित चेहरे से कहा, ''तब माँ के पास आपने खबर भेज दी है?''

''नहीं, नई माँ तो हरिनपुर में हैं? तुम उनकी चिट्ठी-पत्री पाती हो कभी?''

''हाँ। वह हर एक चिट्ठी में चाचाजी और रेणुका का समाचार जानना चाहती हैं। आपका कुशल-समाचार प्रत्येक पत्र में पूछती है।''

राखाल ने कहा, ''तो हर हालत में तुम उनके पास यह खबर लिख देना। मुझे उन्होंने चिट्ठी-पत्री नहीं लिखी।''

सरला ने कहा, ''लिख दूँगी। जरा ठहरिए देवता, मुझे लौटने में देर न लगेगी।''

सरला टीन का बक्स खोलकर कुछ कपड़े लेकर कमरे से बाहर चली गई।

राखाल को अधिक देर प्रतीक्षा नहीं करनी पड़ी और मिनटों में ही सरला मिल की साफ धोती और एक छोटी सी पोटली हाथ में लेकर कमरे में आई।

अचरज में पड़ा हुआ राखाल सरला के मुँह की तरफ देखने लगा तो सरला ने कहा, ''मुझे भी तो आपके साथ चलना पड़ेगा देवता!''

राखाल ने अचरज में पड़कर कहा, ''तुम कहाँ जाओगी मेरे साथ?''

''चाचाजी बीमार हैं। रेणुका अकेली है। मैं वहाँ जाने पर बहुत से कामों में लग सकूँगी।''

राखाल ने भौंहें टेढ़ी करके कहा, ''लेकिन…''

राखाल खड़ा होकर सोचने लगा। सोचकर उसने देख लिया, सरला को साथ ले जाने से लाभ के अलावा कोई हानि न होगी। उसने कहा, ''अच्छा तो चलो, लेकिन तुम्हारा खाना-पीना तो हुआ नहीं। मैं बाजार से लौट आता हूँ। तुम ग्यारह बजने से पहले स्नान-भोजन करके तैयार हो जाओ।''

सरला ने पूछा, ''आपके भोजन का क्या होगा?''

बीच ही में रोककर सरला ने कहा, ''ऐसा मत कीजिए देवता। आपके दोनों पैरों पर गिरती हूँ। चाचाजी मुझे पहचानते हैं, रेणुका भी मुझे जानती हैं, मेरे जाने से वे लोग नाराज नहीं होंगे।''

राखाल खड़ा होकर सोचने लगा। सोचकर उसने देख लिया, सरला को साथ ले जाने से लाभ के अलावा कोई हानि न होगी। उसने कहा, ''अच्छा तो चलो, लेकिन तुम्हारा खाना-पीना तो हुआ नहीं। मैं बाजार से लौट आता हूँ। तुम ग्यारह बजने से पहले स्नान-भोजन करके तैयार हो जाओ।''

सरला ने पूछा, ''आपके भोजन का क्या होगा?''

''मैं स्टेशन पर होटल में खा लूँगा।''

''मेरी रसोई चढ़ी हुई है। आप साढ़े दस बजने के पहले खाना तैयार पाइएगा। यहीं आज थोड़ा सा खा लीजिए न देवता।''

''नहीं-नहीं! मेरे खाने के लिए तुमको झंझट करना न पड़ेगा। मैं दुकान से खाने की चीज खरीद सकूँगा।''

''आपको भात खाना न पड़ेगा। गरम पूड़ी बना दूँगी। पूड़ी खाने में आपको आपत्ति क्या है?''

''आपत्ति कुछ भी नहीं है। अभी उस दिन तो रात को खाया था तुम्हारे पास। अभी पेट के अंदर चाय-जलखावा हजम नहीं हुआ है।

''अगर खाऊँगा तो भात खाऊँगा, पूड़ी नहीं। जात का डर मुझे नहीं है। अभी तक मैं तारक बाबू नहीं बन सका हूँ।''
सरला ने हँसकर कहा, ''तारक बाबू पर इतने नाराज क्यों हैं देवता?''
राखाल ने हँसकर कहा, ''तुम जानती हो कि तारक जिसके-तिसके हाथ का अन्न ग्रहण नहीं करता।''

''तो इस दशा में दो-चार पूड़ियाँ ही बना दूँ?''

''अगर खाऊँगा तो भात खाऊँगा, पूड़ी नहीं। जात का डर मुझे नहीं है। अभी तक मैं तारक बाबू नहीं बन सका हूँ।''

सरला ने हँसकर कहा, ''तारक बाबू पर इतने नाराज क्यों हैं देवता?''

राखाल ने हँसकर कहा, ''तुम जानती हो कि तारक जिसके-तिसके हाथ का अन्न ग्रहण नहीं करता।''

सरला हँसने लगी। उसने उत्तर नहीं दिया।

राखाल ने कहा, ''तो मैं जा रहा हूँ। सब चीज-सामान खरीदकर एक बार घर पर स्नान करके बक्स-बिस्तर लेकर लौटूँगा। तुम तैयार रहना।''

राखाल बाहर चला गया। लगभग पौने बारह बजे लौट आया। एक फल की टोकरी में नारंगी, बीहाना, अंगूर आदि तालमिश्री, बार्ली, साबूदाना, एक टीन उत्कृष्ट मक्खन, एक टीन रोगी के लिए पथ्य, हलका बिस्कुट वगैरह खरीद लाया है। इसके अलावा वाटर बैग, आयल क्लाथ आदि रोगी के लिए आवश्यक कुछ सामान भी उसने खरीद लिया है। साथ में है उसका अपना बिस्तर और बक्स।

राखाल ने लौट आने के साथ ही भात माँगा। सरला ने अपने कमरे के फर्श पर आसन बिछाकर चौका लगा दिया।

राखाल ने पूछा, ''तुम तैयार हो न सरला!''

सरला ने उत्तर दिया, ''मैं तो बहुत देर से ही तैयार हूँ।''

राखाल ने आसन पर बैठकर चुपचाप भोजन करने में मन लगाया। भोजन का आयोजन अत्यंत साधारण ही था, लेकिन उसके पीछे जो आत्मीयता और सयत्न आग्रह विद्यमान था, उसका परिचय राखाल के हृदय से छिपा अज्ञात नहीं रहा। तृप्तिपूर्वक भोजन कर उठने पर सरला ने, लोटे का पानी हाथ पर डाल दिया। राखाल जिंदगी में किसी दिन ऐसी सेवा लेने का आदी नहीं है। इसलिए उसे हिचक सी मालूम हो रही थी, लेकिन सरला के इस एकांतिक आग्रहपूर्ण सेवा-यत्न में बाधा देने की प्रवृत्ति उसे नहीं हुई। आचमन का जल हाथ पर डालकर दाँत साफ करने की सींक उसने दी। उसके बाद अंगोछे को राखाल के हाथ पर रखकर सरला ने कई पान के सजे बीड़े लाकर सामने धर दिए।

राखाल ने कहा, ''इसे ही विधाता की मार कहते हैं। कहाँ स्टेशन पर खरीदा हुआ खाना और कहाँ सरला के हाथ का बना अन्न-व्यंजन! साथ ही आचमन का जल, दाँत साफ करने की सींक, हाथ पोंछने का अँगोछा, कमरे में सजा हुआ पान, आज मैंने उठकर किसका मुँह देखा था?''

राखाल ने कहा, ''इसे ही विधाता की मार कहते हैं। कहाँ स्टेशन पर खरीदा हुआ खाना और कहाँ सरला के हाथ का बना अन्न-व्यंजन! साथ ही आचमन का जल, दाँत साफ करने की सींक, हाथ पोंछने का अँगोछा, कमरे में सजा हुआ पान, आज मैंने उठकर किसका मुँह देखा था?''

सरला मुसकराने लगी, कुछ भी नहीं बोली। राखाल की जूठी थाली-कटोरी बाहर ले जाते हुए कह गई, ''आप तनिक बैठिए। मैं दस मिनट में आती हूँ।''

राखाल एक सिगरेट जलाकर खाली चौकी के एक कोने पर बैठकर तृप्ति के साथ पीने लगा। उसने देखा, सरला एक मैली छोटी दरी से लपेटे हुए बिस्तर का बंडल चौकी पर रख गई। चारों तरफ निगाह करके देखा तो कपड़े-लत्ते की गठरी या बक्स नहीं मिला।

सरला सचमुच ही दस मिनट के अंदर लौट आई। राखाल ने पूछा, ''तुम्हारा भोजन हो चुका सरला?''

सरला ने कहा, ''भोजन करने ही तो गई थी।''

''क्या? इतने ही समय में भोजन हो गया। जान पड़ता है तुमने अच्छी तरह भोजन नहीं किया।''

सरला ने हँसकर कहा, ''आज मैंने सबसे ज्यादा अच्छी तरह भोजन किया है। देवता का प्रसाद क्या हीन बनाया जाता है? अब लीजिए, उठिए। सब तैयार है, आपका

तो देखती हूँ सामान अधिक है। एक है सूटकेस, एक बिस्तर, एक फल की टोकरी।''

राखाल ने सरला के परिहास का उत्तर न देकर कहा, ''तुम्हारा बिस्तर तैयार है, देखता हूँ। कपड़े-लत्ते का बक्स कहाँ है ?''

सरला ने कहा, ''तीन साड़ियों को भी उस बिस्तर के साथ ही मैंने बाँध दिया है।''

राखाल ने आश्चर्य में पड़कर कहा, ''उससे काम कैसे चलेगा ?''

सरला ने मुसकराकर कहा, ''काफी है। गंदा हो जाने पर साबुन से साफ कर दूँगी। ऐसा तो रोज ही यहाँ करती हूँ।''

राखाल चुप हो रहा, बार-बार उसे यह खयाल आने लगा—कपड़ों का तुमको इतना अभाव है, यह क्या मुझसे बता देने से तुम्हारा अपमान होता सरला ? लेकिन मुँह खोलकर वह कुछ भी न कह सका। क्रोध की झोंक में रुपए वापस लेने की बात याद पड़ जाने से वह अपने को अपराधी समझने लगा। राखाल ने उदास कंठ से कहा, ''कहो तो अब टैक्सी ले आऊँ!''

राखाल चुप हो रहा, बार-बार उसे यह खयाल आने लगा—कपड़ों का तुमको इतना अभाव है, यह क्या मुझसे बता देने से तुम्हारा अपमान होता सरला ? लेकिन मुँह खोलकर वह कुछ भी न कह सका। क्रोध की झोंक में रुपए वापस लेने की बात याद पड़ जाने से वह अपने को अपराधी समझने लगा। राखाल ने उदास कंठ से कहा, ''कहो तो अब टैक्सी ले आऊँ!''

सरला चौंक पड़ी, ''अरे दैया, बतलाना ही भूल गई देवता, आपके बाजार करने के लिए बाहर चले जाने के बाद ही विमल बाबू आए थे। वह कह गए हैं कि जरूरी काम से जा रहे हैं, अभी तुरंत ही लौट आएँगे। आपसे उन्हें कुछ जरूरी काम है। वह अपनी मोटर से हम लोगों को स्टेशन तक पहुँचाने को कह गए हैं।''

राखाल के मुँह के भाव की कोमलता उड़ गई। उसने रूखे स्वर में कहा, ''आज अब उनसे मुलाकात करने का वक्त नहीं है सरला। लौट आने पर भेंट होगी, देर करने से काम नहीं चलेगा। मैं टैक्सी लाने जा रहा हूँ।'' राखाल की बात समाप्त होने से पहले ही सदर दरवाजे के सामने मोटर का हार्न सुनाई दिया और बाहरी आँगन से विमल बाबू का स्वर भी सुनाई पड़ा, ''सरला बेटी!''

सरला ने बाहर निकलकर कहा, ''आइए!''

विमल बाबू ने कमरे में प्रवेश करके कहा, ''लो राजू आ गया! भाग्य अच्छा था कि आज इस तरफ जरूरी काम से मैं आया था। सोचा कि निकट ही जब आ गया हूँ, सरला बेटी को एक बार देख आऊँ। यहाँ आकर मैंने सुना कि ब्रजबाबू की बीमारी का तार पाकर तुम लोग आज ही रवाना हो रहे हो। चलो, तुम लोगों को स्टेशन पहुँचा आऊँ। आज बड़ी मोटर लेकर बाहर निकल पड़ा हूँ। सामान ले जाने में दिक्कत न होगी।''

इच्छा न रहने पर भी राखाल आपत्ति न कर सका। सामान सब गाड़ी पर रखे जाने पर विमल बाबू ने राखाल का हाथ पकड़कर कहा, "राजू, मेरा एक अनुरोध मान लो। ब्रजबाबू की बीमारी में अगर किसी तरह की सहायता की जरूरत तुम समझो, मुझे तार भेजना भूल मत जाना। बीमारी में अर्थ-बल और जन-बल दोनों ही आवश्यक हैं। तुम सूचना दोगे तो उसी क्षण बड़े डॉक्टर को लेकर रवाना हो सकूँगा। मैं ब्रजबाबू और रेणुका का अकृत्रिम हितैषी हूँ, विश्वास करने में शंका मत करना।"

विमल बाबू के स्वर की दृढता से राखाल शायद कुछ अभिभूत हो गया था, इसीलिए कुछ आश्चर्य भाव से ही उनके मुँह की तरफ ताका।

मलिन हँसी हँसकर विमल बाबू ने कहा, "मैं जानता हूँ राज, तुमसे बढ़कर दूसरा मित्र आज उन लोगों का कोई नहीं है, तो भी मेरे द्वारा अगर उन लोगों का किसी तरह से कोई भी उपकार तिल मात्र भी संभव समझो, मुझे सूचना देना मत भूल जाना, इतनी ही बात तुमको बताए देता हूँ।"

मलिन हँसी हँसकर विमल बाबू ने कहा, "मैं जानता हूँ राज, तुमसे बढ़कर दूसरा मित्र आज उन लोगों का कोई नहीं है, तो भी मेरे द्वारा अगर उन लोगों का किसी तरह से कोई भी उपकार तिल मात्र भी संभव समझो, मुझे सूचना देना मत भूल जाना, इतनी ही बात तुमको बताए देता हूँ।"

मानो राखाल कुछ कहने जा रहा था। विमल बाबू ने कहा, "रेणुका और ब्रजबाबू आज कितने अधिक असहाय हैं, मैं यह जानता हूँ राजू!"

राखाल के दोनों नेत्र सजल हो उठे। उसने कहा, "अगर आपके प्रति मैंने अविचार किया हो, मुझे क्षमा करें। चाचाजी की बीमारी में अगर किसी मदद की जरूरत होगी, आपको मैं सूचना भेज दूँगा।

उन्नीस

तारक की सेवा, देखभाल और अच्छे व्यवहार से सविता का थका सा मन बहुत कुछ स्निग्ध हो गया था। उच्छ्वसित वात्सल्य रस से अभिषिक्त हृदय लेकर सविता तारक के प्रत्येक व्यवहार, प्रत्येक कर्म; प्रत्येक बातचीत में आश्चर्यजनक विशेषता लक्ष्य करके मुग्ध हो रही थीं। तारक भी सविता की केवल अपनी माँ की ही तरह नहीं, बल्कि भक्त जैसे देवता की त्रुटिहीन सेवा करता है, उसी तरह सेवा-टहल करता है।

बातचीत में सविता ने एक दिन तारक से पूछा, "तारक, तुम तो मुझे हरिनपुर में ले आए बेटा, राजू को क्या तुमने वह बात नहीं बताई ?"

कुछ दु:खित भाव से तारक ने उत्तर दिया, ''नहीं माँ।''

आश्चर्य में पड़कर सविता ने कहा, ''लेकिन उसको ही तो अपनी सेवा के पहले सूचना हमें देना उचित था तारक।''

तारक ने कहा, ''उसे मैंने खबर क्यों नहीं दी, इस बात को मैं किसी दूसरे दिन आपको बता दूँगा माँ!''

सविता ने विस्मित होकर कहा, ''दोनों मित्रों के बीच तुम लोगों में इसी बीच कौन सी ऐसी बात हो गई, जिसमें माँ को भी बताने में शरम लग रही है बेटा!''

तारक और भी दु:खित होकर बोला, ''मुझे क्षमा कीजिए माँ! मेरे कहने की गलती से गलत मत समझिएगा! मैंने कहना चाहा था कि राखाल से आप मेरे संबंध में जिस घटना की बात सुन चुकी हैं या सुनेंगी, वह देखने में सच होने पर भी एकदम सच नहीं है।'' सविता हँसकर बोलीं, ''मैंने राजू से कुछ भी नहीं सुना बेटा, किसी दिन सुनूँगी भी नहीं, इस संबंध में तुम निश्चिंत रहो।''

मुँह नीचा करके तारक ने कहा, ''राखाल शायद वह अभियोग आपसे बता चुका है, अगर उसने न बताया होगा तो जल्दी ही एक दिन बताएगा ही। इसीलिए मैं भी आपको सब बताऊँगा।''

तारक के व्यथित चेहरे की ओर क्षणभर तीक्ष्ण दृष्टि से देखने रहने के बाद सविता ने कहा, ''राजू के तुम घनिष्ठ मित्र हो, यह मैं सुन चुकी हूँ। मैं जानती थी, उसको तुम पहचानते होगे। अब मैं समझ गई, मेरे राजू को तुमने पहचाना नहीं बेटा!''

चंचल होकर तारक ने कहा, ''क्यों माँ ?''

सविता बोलीं, ''कितना ही घोर अन्याय कोई उस पर क्यों न करे, राजू ने संसार में किसी के नाम पर कभी अभियोग न किया है और न करेगा। अभियोग करने की शिक्षा जीवन में उसे नहीं मिली तारक, सहन करने की शिक्षा ही मिली है।''

तारक और भी दु:खित होकर बोला, ''मुझे क्षमा कीजिए माँ! मेरे कहने की गलती से गलत मत समझिएगा! मैंने कहना चाहा था कि राखाल से आप मेरे संबंध में जिस घटना की बात सुन चुकी हैं या सुनेंगी, वह देखने में सच होने पर भी एकदम सच नहीं है।''

सविता हँसकर बोलीं, ''मैंने राजू से कुछ भी नहीं सुना बेटा, किसी दिन सुनूँगी भी नहीं, इस संबंध में तुम निश्चिंत रहो।''

तारक अकस्मात् कुछ नाराज होकर हाथ-मुँह हिलाकर कहने लगा, ''लेकिन इसको मैं किसी तरह न मान सकूँगा माँ, आपके सामने भी हम लोगों के विच्छेद का

कारण छिपा रखना यह क्या उसका उचित काम हुआ? आपने उसे सिर्फ स्नेह से और अन्न से ही पुष्ट नहीं किया है, आपसे ही उसने अपनी शिक्षा प्राप्त की है। आज जो वह दुनिया में अब तक भी जिंदा है और भले आदमी की तरह जिंदा है, इसके लिए वह किसका सबसे अधिक ऋणी है? किसके असाधारण मन और आश्चर्यजनक जीवन ने राखाल की दृष्टि और मन को इतना विस्तृत किया है। उसी माँ से सच बात छिपाना मैं न्याय न मान सकूँगा माँ।''

एक ही साँस में इतनी बड़ी बात कहकर तारक हाँफने लगा। सविता अपलक दृष्टि से तारक की ओर देखती हुई सुन रही थीं। धीमे स्वर में उन्होंने कहा, ''तारक, तुम लोगों में क्या झगड़ा हो गया है बेटा?''

''बताता हूँ, सुनिए माँ! राखाल ने मुझसे आपका जो परिचय दिया था, यदि आपको सचमुच ही वह अपनी माँ समझता तो उस दशा में वह परिचय कभी न देता।''

सुनकर सविता ने कोई बात नहीं कही और उनके हँसीयुक्त मुख के भावों में कोई परिवर्तन नहीं दिखाई दिया।

तारक फिर कहने लगा, ''आपने कहा था कि किसी के संबंध में कोई भी बात कहना उसका स्वभाव नहीं है, लेकिन मुझे तो उसका विपरीत प्रमाण मिला है कि उसने उपयाचक होकर मुझको अपनी नई माँ का परिचय दिया था, जिसको जानने की मुझे कोई आवश्यकता नहीं थी, लेकिन वह नासमझ यह समझ न सका कि आपके विषय में पहले कोई भूल भले ही करे, लेकिन वह भूल स्थायी नहीं रहती, अग्नि अपना परिचय समय पर आप ही देगी।''

तारक कहने लगा, ''यह मैं अवश्य स्वीकार करता हूँ कि उसने जब बहुत कुछ गढ़कर आपकी कहानी सुनाकर मुझसे प्रश्न किया था, ''यह सब सुनकर मुझको घृणा हो रही है या नहीं? मैंने उत्तर दिया था घृणा होना तो स्वाभाविक है राखाल। तब तो मैं जानता नहीं था कि उसका उद्देश्य ही था आपके ऊपर अश्रद्धा पैदा करना। ऐसा न होने से इन सब बातों को कहने की उसे आवश्यकता ही नहीं थी।''

सविता ने इस बार भी उत्तर नहीं दिया।

तारक कहने लगा, ''यह मैं अवश्य स्वीकार करता हूँ कि उसने जब बहुत कुछ गढ़कर आपकी कहानी सुनाकर मुझसे प्रश्न किया था, ''यह सब सुनकर मुझको घृणा हो रही है या नहीं? मैंने उत्तर दिया था घृणा होना तो स्वाभाविक है राखाल। तब तो मैं जानता नहीं था कि उसका उद्देश्य ही था आपके ऊपर अश्रद्धा पैदा करना। ऐसा न होने से इन सब बातों को कहने की उसे आवश्यकता ही नहीं थी।''

सविता इस बार बोलीं। उन्होंने शांत स्वर में कहा, ''राजू झूठी बात नहीं कहता तारक। उसने जो कुछ तुमसे कहा है, वह सब सच है।''

तारक के चेहरे का रंग उड़ गया। सूखे गले से उसने कहा, ''आप जानतीं नहीं, वह कितनी बुरी बात है··· !''

सविता ने कहा, ''जानती हूँ। तुम जो कुछ भी क्यों न सुन चुके होंगे तारक, राजू के मुँह की कोई भी बात असत्य नहीं है।''

तारक के कंठ-स्वर को मानो किसी ने जकड़ दिया। चेष्टा करने पर भी और एक शब्द उसके मुख से नहीं निकला।

सविता धीरे-धीरे कहने लगी, ''तुमने राजू के प्रति केवल भूल ही नहीं की है तारक, अविचार भी किया है। उसने तुमको भूल समझाना नहीं चाहा, बल्कि पीछे तुम ही कहीं भूल न समझ लो, इसी डर से शुरू में ही सभी घटनाओं को खुले तौर से उसने तुमको बता दिया। अगर तुमने यह सोच लिया हो कि उसकी बातें झूठी हैं तो तुमने बड़ी भूल की है।''

सविता धीरे-धीरे कहने लगी, ''तुमने राजू के प्रति केवल भूल ही नहीं की है तारक, अविचार भी किया है। उसने तुमको भूल समझाना नहीं चाहा, बल्कि पीछे तुम ही कहीं भूल न समझ लो, इसी डर से शुरू में ही सभी घटनाओं को खुले तौर से उसने तुमको बता दिया। अगर तुमने यह सोच लिया हो कि उसकी बातें झूठी हैं तो तुमने बड़ी भूल की है।''

तारक ने रूखे स्वर में कहा, ''लेकिन माँ, मैंने तो कुछ भी जानना नहीं चाहा था; उसने खुद ही सुना दिया।''

सविता ने हँसकर कहा, ''तुम शिक्षित और बुद्धिमान हो। सब तरफ मन दौड़ाकर भला-बुरा विचार करने की शक्ति तुममें है। पृथ्वी पर बाह्य दृष्टि से बहुत सी चीजों को ही शायद हम लोग एक तरह देखते हैं, लेकिन सादृश्य रहने पर भी वे सभी वास्तव में एक नहीं हैं। इसके अलावा यह तो तुम जानते हो कि बाहर से भीतर का विचार किसी समय भी नहीं चलता। इन सब विषयों को साधारण लोग नहीं समझते और समझना भी नहीं चाहते। तुम उनके दल में नहीं हो, राजू यह बात जानता था, इसी कारण उसने अपनी नई माँ के दुर्भाग्य की कहानी तुमको खोलकर बता दी थी।''

तारक बहुत देर तक सिर झुकाए चुपचाप बैठा रहा। बाद को उसने मुँह खोलकर कहा, ''राखाल ने मुझसे एक दिन कहा था माँ, दुनिया में हजारों में नौ सौ निन्यानबे स्त्रियाँ ही साधारण श्रेणी की होती हैं, कदाचित् कभी एक साधारण स्त्री दिखाई पड़ती है, नई माँ उन्हीं नौ सौ निन्यानवे के बाद कदाचित् मिली हुई एक महिला हैं। इसकी कोई इच्छा करने पर भी अवज्ञा या अवहेलना नहीं कर सकता। उसने बात सत्य ही कही थी।

सविता ने कुछ नहीं कहा। अन्यमनस्क भाव से दूसरी तरफ देखती रहीं। तारक कुछ हिल-डुलकर बैठकर कंठ-स्वर में बहुत कुछ आवेग लाकर कहने लगा, ''समझ-बूझ होने के पहले ही बचपन में मैंने माँ को खो दिया, पहचानता था केवल मात्र अपने बाबूजी को। बाबूजी ने ही मुझको अपने हाथ से पाल-पोसकर आदमी बनाया, बड़ा किया। उन्हीं बाबूजी ने जब अपने सुख के लोभ से लाकर दे दी मातृहीन संतान को एक विमाता, उसी दिन दुःख, अभिमान और घृणा से मैं चला आया था देश-त्यागी बनकर। पिता का मुख फिर मैंने नहीं देखा, देश-गाँव का भी नहीं। आपको पाकर माँ, जीवन में नए रूप में पा गया मातृ-पितृ-स्नेह का स्वाद। मेरे लिए आप माँ के अलावा और कुछ भी नहीं हैं। आपके जीवन में जो अंधड़, जो आघात, जो बड़ी से बड़ी विपदा क्यों न आ चुकी हो, आपके हृदय के अपरिमित मातृस्नेह को वे सब बिंदु मात्र भी सोख नहीं सके हैं। संतान के लिए यही सबसे बड़ी बात है।''

सविता ने कहा, ''तुम्हारे बाबूजी अभी जिंदा हैं? लेकिन तुमने तो एक दिन मुझसे कहा था कि पिता-मातृहीन हूँ।''

तारक ने हँसकर कहा, ''मैंने ठीक ही कहा था माँ! मेरे जन्मदाता शायद आज भी जीवित रह सकते हैं, लेकिन मेरे बाबूजी जीवित नहीं हैं। पिता की मृत्यु न होने से मातृहीन अभागी संतान के जीवन में विमाता का आविर्भाव नहीं होता। ऐसा मेरा विश्वास है।''

सविता आश्चर्यभरे दृगों से तारक की तरफ देखती रहीं।

सविता ने कहा, ''तुम्हारे बाबूजी अभी जिंदा हैं? लेकिन तुमने तो एक दिन मुझसे कहा था कि पिता-मातृहीन हूँ।'' तारक ने हँसकर कहा, ''मैंने ठीक ही कहा था माँ! मेरे जन्मदाता शायद आज भी जीवित रह सकते हैं, लेकिन मेरे बाबूजी जीवित नहीं हैं। पिता की मृत्यु न होने से मातृहीन अभागी संतान के जीवन में विमाता का आविर्भाव नहीं होता। ऐसा मेरा विश्वास है।''

तारक कहने लगा, ''जीवन में मुझे बड़ी आशाएँ और ऊँची आकांक्षाएँ हैं। सिर्फ खा-पहनकर किसी तरह जीवन धारण करता हुआ जीवित रहना मैं नहीं चाहता। मैं चाहता हूँ प्रचुरता के बीच, ऐश्वर्य के बीच सार्थकसुंदर जीवन लेकर जीवित रहना। हजारों आदमियों के बीच मेरे ही ऊपर सबकी नजर पड़ेगी, हजारों नामों में मेरे ही नाम को सभी पहचान सकेंगे। कर्म जीवन की सार्थकता से, यश-गौरव और सम्मान और प्रतिष्ठा के साथ उन्नत बृहत् जीवन लेकर मैं बचा रहूँ, यही मैं चाहता हूँ। केवल धन पैदा करना ही जीवन की एकमात्र कामना नहीं है। केवल स्वच्छंदतापूर्वक जीवन निर्वाह करना ही मेरा चरम ध्येय नहीं है।''

सविता ने स्निग्ध कंठ से कहा, ''यह तो बहुत अच्छी बात है बेटा। पुरुषों के जीवन में ऐसी ही ऊँची आकांक्षा की आवश्यकता है। ध्येय रहेगा जितना ऊँचा, जितना विस्तृत, जीवन भी होगा उतना ही उन्नत, उतना ही महान्।''

तारक ने उत्साहित होकर कहा, ''आपको तो मैंने बता दिया है माँ, कितने दुःख-कष्टों में, कितनी बाधाओं में, स्वयं स्वावलंबी बनकर ही विश्वविद्यालय की परीक्षाओं को मैंने पास किया है। मैं बहुत ही जिद्दी हूँ माँ, जो काम करने का निश्चय करता हूँ, विश्राम नहीं करता, जब तक कि वह पूरा नहीं हो जाता।''

सविता हँसीभरे मुँह से तारक के यौवनोचित आशा-आकांक्षा-उत्साह प्रदीप्त चेहरे की ओर देखती हुई न जाने क्या सोचने लगी।

तारक कहने लगा, ''अपने जीवन की सब कहानी केवल आपको ही खोलकर मैंने बता दी है माँ। नहीं मालूम क्यों, कभी-कभी ऐसा मालूम होता है कि जीवन में शायद मुझे कुछ भी नहीं मिला, कुछ भी मैंने नहीं पाया। सोचता हूँ, अगर किसी दिन लाखों रुपए कमा लूँगा तो उससे और कौन सा लाभ होगा? यश से भी यदि देशदेशांतर भर जाए, तो उससे भी क्या। सम्मान-प्रतिष्ठा की सर्वापेक्षा ऊँची चोटी पर भी क्या मेरी शैशव काल में मौजूद अतृप्त तृष्णा मिट जाएगी? सदैव जिस अभिमान, दुःख को अपने गुप्त हृदय के अंदर ही अकेला ढोता रहा, विधाता के सम्मुख भी अभियोग प्रकट नहीं किया, मेरी वह वेदना क्या किसी दिन दूर होगी मेरे इस अर्थमान यश या कर्ममय जीवन की चरितार्थता से? समूचा प्राण मानो हाहाकार करने लगता है, मुरझा जाता है। जो कुछ भी है, कर्म के उत्साह और आकांक्षा में उद्दीपन। मन में यह बात आई है कि देवता ने जिस मनुष्य को पृथ्वी पर भेजकर शैशव से ही मातृस्नेह से वंचित कर दिया है, वह कितना बड़ा दुर्भाग्य लेकर मनुष्यों के बाजार में आया है, उस बात को किसी को समझाने की आवश्यकता नहीं।''

तारक कहने लगा, ''अपने जीवन की सब कहानी केवल आपको ही खोलकर मैंने बता दी है माँ। नहीं मालूम क्यों, कभी-कभी ऐसा मालूम होता है कि जीवन में शायद मुझे कुछ भी नहीं मिला, कुछ भी मैंने नहीं पाया। सोचता हूँ, अगर किसी दिन लाखों रुपए कमा लूँगा तो उससे और कौन सा लाभ होगा? यश से भी यदि देशदेशांतर भर जाए, तो उससे भी क्या। सम्मान-प्रतिष्ठा की सर्वापेक्षा ऊँची चोटी पर भी क्या मेरी शैशव काल में मौजूद अतृप्त तृष्णा मिट जाएगी?

सविता के नेत्रों में जल भर आया। उन्होंने कुछ भी नहीं कहा। सांत्वना भी नहीं दी। मुँह पर अंकित हो उठी गंभीर सहानुभूति की छाया। जिस वेदना को चुपचाप गुप्त

रीति से हृदय के भीतर अकेली ढोती आ रही हैं सुदीर्घ काल से, उनकी उसी वेदना के स्थान को तारक ने आज अनजाने में ही स्पर्श किया है। तारक की अंतिम कुछ बातों ने सविता के समूचे हृदय को आलोड़ित कर दिया था। झुके नेत्रों से वह अपने अशांत हृदय के वेग को संयत करने लगीं।

सदर दरवाजे पर डाकिया ने पुकारा, ''चिट्ठी''' !''

तारक बाहर जाकर चिट्ठी ले आया।

चिट्ठी सविता के नाम की है। सरला की लिखी हुई है। समाचार दिया है कि विमल बाबू के साथ राजू की भेंट रास्ते में हुई थी। उनके मुँह से विमल बाबू को खबर मिली है—गाँव में कन्या समेत ब्रजबाबू अच्छी तरह हैं।

सविता ने पत्र पढ़कर हँसकर कहा, ''राजू शायद सरला के यहाँ मुलाकात करने नहीं जाता। जाएगा भी वह कैसे, वह शायद नहीं जानता कि सरला हरिनपुर आई नहीं।''

सविता उस पर लक्ष्य न करके ही विगलित कंठ से कहने लगीं, ''राजू की बात सोचती हूँ तारक, तब मुझे ध्यान आता है कि मेरा राजू अधिक स्नेह का धन है या रेणुका? राजू और रेणुका इन दोनों में से कौन अधिक है और कौन कम है, यह मैं निश्चय ही नहीं कर सकती।''

तारक ने कुछ नहीं कहा।

सविता ने फिर कहा, ''देखूँ, मैं ही उसको एक चिट्ठी लिख दूँ। एक काम करो न तारक, तुम उसको यहाँ आने का निमंत्रण देकर चिट्ठी लिख दो, मैं भी उसके साथ यहाँ आने को लिख दूँगी। यहाँ उसके आ जाने से तुम दोनों मित्रों में मान-अभिमान की मीमांसा हो जाएगी।''

तारक ने कहा, ''ठीक बात तो है। मैं आज ही लिख देता हूँ।''

सविता ने स्नेह-स्निग्ध कंठ से कहा, ''राजू बहुत ही अभिमानी लड़का है, लेकिन उसके हृदय की तुलना मैंने किसी में नहीं देखी।''

यह बात सविता ने यों ही सहज भाव से ही कही, लेकिन तारक के मन में इसने दूसरे अर्थ में आघात किया। उसके मन में यह खयाल आने लगा कि नई माँ ने शायद मेरे ही हृदय के साथ तुलना करके राजू के विषय में यह बात कही है। उसका चेहरा मलिन और मुँह बंद हो गया।

सविता उस पर लक्ष्य न करके ही विगलित कंठ से कहने लगीं, ''राजू की बात सोचती हूँ तारक, तब मुझे ध्यान आता है कि मेरा राजू अधिक स्नेह का धन है या रेणुका? राजू और रेणुका इन दोनों में से कौन अधिक है और कौन कम है, यह मैं निश्चय ही नहीं कर सकती।''

तारक बोल उठा, ''तब तो आप अपने हृदय को अब तक भी नहीं पहचानतीं माँ। रेणुका के साथ राजू की कोई तुलना ही नहीं हो सकती।''

सविता ने कहा, ''क्यों नहीं, बताओ तो?''

''राजू को आप जितना ही अपने संतान की भाँति क्यों न मानें, तो भी वह अपनी संतान तुल्य ही रह जाएगा। तुल्य को छोड़कर पूर्णत: अपनी संतान वह नहीं होगा। हो भी नहीं सकता।''

सविता ने कहा, ''सभी क्षेत्रों में सभी विषयों में एक ही तरह नहीं होता तारक!''

''यह ठीक है माँ। तो भी कहता हूँ, सुनिए। आप स्वयं ही विचार करके देखिए, आपके हृदय से स्नेहाधिकार में रेणुका और राजू का समान दावा जितना ही क्यों न हो, पार्थक्य कितना है, यह मैं दिखा देता हूँ। मान लीजिए, यह आपके हरिनपुर के लिए रवाना होने के पहले की रात को मैंने सुना, राखाल ने आपको मना किया था हरिनपुर आने को। आपने शायद कहा था, ''लड़का सयाना होने पर उसकी सम्मति लेना आवश्यक है। इसीलिए सुनकर उसने असम्मति ही प्रकट की थी। आप उसको छोड़कर चली आईं मेरे यहाँ, लेकिन माँ, रेणुका अगर आपके यहाँ आने में जरा भी अनिच्छा का आभास मात्र भी दिखाती, तो आप अवश्य ही हरिनपुर आना स्थगित कर देतीं।''

सविता चुप हो रहीं। बहुत देर बाद उन्होंने धीरे-धीरे कहा, ''तुमने ठीक ही कहा है तारक, मुनष्य अपने हृदय को शायद सबसे कम पहचानता है, लेकिन एक बात है, राजू मेरे लिए रेणुका से बड़ा न भी हो सकता, मैं राजू के लिए माँ से बड़ी हूँ, मेरी ओर से भले ही न हो, राजू की अपनी ओर से वह मेरी रेणुका से भी बड़ा है। यहाँ मुझसे गलती नहीं हुई है।''

सविता ने जरा चुप रहकर कहा, ''मैं जानती थी तारक, राजू ने केवल अभिमान और क्रोध के ही वश में आकर मुझे आने को मना किया था। वह था उसका तर्क या जिद। सचमुच ही अगर मुझे यहाँ भेजने में उसकी अनिच्छा रहती, तो मैं कभी आ नहीं सकती थी बेटा।''

''लेकिन मान लीजिए, अगर रेणुका केवल जिद या तर्क करके ही आपको कहीं जाने का निषेध करती, तो आप उसके तर्क या जिद की बात को टाल सकतीं माँ?''

सविता चुप हो रहीं। बहुत देर बाद उन्होंने धीरे-धीरे कहा, ''तुमने ठीक ही कहा है तारक, मुनष्य अपने हृदय को शायद सबसे कम पहचानता है, लेकिन एक बात है, राजू मेरे लिए रेणुका से बड़ा न भी हो सकता, मैं राजू के लिए माँ से बड़ी हूँ, मेरी ओर से भले ही न हो, राजू की अपनी ओर से वह मेरी रेणुका से भी बड़ा है। यहाँ मुझसे गलती नहीं हुई है।''

तारक मौन रहा। थोड़ी देर के बाद प्रसंग को उठाकर उसने कहा, ''विमल बाबू की चिट्ठी तो आज भी नहीं आई माँ।''

सविता ने कहा, ''तुमने क्या इधर हाल ही में उनको पत्र लिखा है?''

''लिखा तो है जरूर ही। आपको उन्होंने पत्र नहीं दिया। शायद आठ-दस दिन बीते होंगे? ठीक है न?''

''हाँ, लेकिन मैंने उससे पहले के पत्र का उत्तर अभी तक नहीं दिया है। इसीलिए शायद उन्होंने मेरे पास पत्र नहीं लिखा है, क्योंकि वह सकुशल हैं, यह तो मैंने सरला के पत्र से जान ही लिया है।''

तारक आप ही आप कहने लगा, ''क्या ही ऊँचे मन, उदार चरित्र का सुंदर मनुष्य है, यथार्थ कर्मवीर। जीवन में सफल कर्मी पुरुष कम ही दिखाई देते हैं।''

सविता ने हँसकर कहा— ''यह बात तुम किस हिसाब से कह रहे हो तारक? एकमात्र आर्थिक उन्नति के अतिरिक्त दुनिया में उन्होंने और कौन सी चरितार्थता प्राप्त की है? कौन सा बड़ा आनंद संचय कर सकते हैं इस जीवन में?''

तारक ने उच्छ्वसित कंठ से कहा, ''वही एक मनुष्य को मैंने देखा है माँ, जिनके पैरों में सिर आप ही झुक जाता है।''

सविता ने उत्तर नहीं दिया।

तारक आप ही आप कहने लगा, ''क्या ही ऊँचे मन, उदार चरित्र का सुंदर मनुष्य है, यथार्थ कर्मवीर। जीवन में सफल कर्मी पुरुष कम ही दिखाई देते हैं।''

सविता ने हँसकर कहा—''यह बात तुम किस हिसाब से कह रहे हो तारक? एकमात्र आर्थिक उन्नति के अतिरिक्त दुनिया में उन्होंने और कौन सी चरितार्थता प्राप्त की है? कौन सा बड़ा आनंद संचय कर सकते हैं इस जीवन में?''

तारक उच्छ्वास की झोंक से बोल उठा, ''जो पुरुष अपने ही सामर्थ्य से इतना धन अनायास उपार्जन कर सकते हैं, ऐसे बड़े व्यवसाय खड़े कर सकते हैं, उनके जीवन में अन्य छोटी-मोटी सार्थकता कुछ उपलब्ध हो या न हो, उसके लिए आक्षेप नहीं माँ। पुरुष के कर्ममय जीवन की इस प्रकार विराट् सार्थकता की अपेक्षा और दूसरी कौन वस्तु रह सकती है, बताइए?''

सविता हँस पड़ीं। उन्होंने कुछ उत्तर नहीं दिया। तारक के मुँह से पुरुष के जीवन में उच्चाकांक्षा और ऊँचे आदर्श के संबंध में अब तक वह बड़ी-बड़ी बातें और कल्पनाएँ ही सुनती आ रही थीं, लेकिन उसके अपने जीवन की आशा-आकांक्षा सार्थकता का लक्ष्य किस मार्ग में है, उसे वह किसी दिन स्पष्ट रूप से निर्देश न कर सका है या उसने किया ही नहीं है। सविता ने तारक के जीवन का प्रधान लक्ष्य और आशा-आकांक्षा के

स्वरूप के जरा से आभास से इस बार मानो देख लिया। उनकी चिंताधारा किस तरह की अनिर्दिष्ट शून्यता में मिल गई।

शिबू की माँ ने आकर पुकारा, ''माँ, दिन चढ़ता जा रहा है, रसोईघर चलिए।''

तारक ने कहा, ''अनेक दिन ही तो माँ के हाथ का अमृत-प्रसाद पाता रहा, रसोईदारिन को हाँड़ी चढ़ाने की अनुमति दीजिए। इस गरमी में आग के ताप से आपका स्वास्थ्य खराब हो जाएगा···।''

सविता ने हँसकर कहा, ''आग के ताप से रसोई पकाने से बंगाली स्त्रियों का स्वास्थ्य खराब नहीं होता है तारक, उनकी उन्नति होती है।''

तारक ने कहा, ''अनेक दिन ही तो माँ के हाथ का अमृत-प्रसाद पाता रहा, रसोईदारिन को हाँड़ी चढ़ाने की अनुमति दीजिए। इस गरमी में आग के ताप से आपका स्वास्थ्य खराब हो जाएगा...।'' सविता ने हँसकर कहा, ''आग के ताप से रसोई पकाने से बंगाली स्त्रियों का स्वास्थ्य खराब नहीं होता है तारक, उनकी उन्नति होती है।''

''यह बात साधारण बंगाली महिलाओं की हो सकती है माँ, आप उनके दल में नहीं हैं, यह मुझे मालूम है।''

''तुम्हें कुछ भी नहीं मालूम।''

''नहीं माँ, मैं नहीं मानूँगा। कलकत्ता के मकान पर आपकी ब्राह्मणी रसोईदारिन थी। मैंने देखा है। यहाँ क्यों आप रसोईदारिन के हाथ की रसोई न खाइएगा, बताइए? रसोईदारिन के हाथ के बने खाने की इच्छा नहीं होती, यह आपका बेकार बहाना है। वास्तव में यह बात है कि आप खुद मेहनत करना चाहती हैं।''

''अगर यही बात हो, तो इसमें आपत्ति क्यों है बेटा?''

सिर हिलाकर तारक ने कहा, ''नहीं, यह नहीं हो सकता। अपनी राजराजेश्वरी माँ को मैं रोज ही रसोई बनाने, मसाला पीसने, कपड़ा धोने न दूँगा। यह सचमुच आपका काम नहीं है।''

सविता के दोनों नेत्रों में आँसू भर आए। अनमने चित्त से वह मानो कुछ सोचने लगीं, लेकिन चुप रहीं।

तारक ने कहा, ''आज से मजदूरिन और रसोईदारिन आपका सब काम करेंगी, मैं उन दोनों को कह देता हूँ। आपकी यह सब जबरदस्ती अब न चलने दूँगा।''

सविता ने हँसकर कहा, ''तब तो मेरे ही ऊपर जबरदस्ती होगी, अगर मुझे इतना भी कामकाज न करने दोगे। मैं साफ बताए देती हूँ, रसोईदारिन की रसोई मेरे गले से नीचे अब न उतरेगी। नौकर-नौकरानी की सेवा मेरे शरीर में बिच्छू के समान डंक लगाएगी। यह जानकर भी अगर तुम मेरे काम के लिए नौकर-नौकरानी का प्रबंध करो तो मैं लाचार हूँ।''

तारक ने कहा, ''क्या सदा अपना काम खुद ही करती रहेंगी माँ?''

''सदा करूँगी या नहीं, यह मैं नहीं जानती बेटा, लेकिन आज मैं सह नहीं सकती, दास-दासियों की सेवा, केवल इतना ही कह सकती हूँ। यदि ईश्वर की कृपा हुई तो तुम्हारे ही पास रहकर किसी समय पलंग पर बैठकर नौकर-नौकरानियों की सेवा ग्रहण करूँगी बेटा।''

तारक सविता की बातों का रहस्य न समझ सका। खिन्न चित्त से चुप हो रहा। बहुत देर के बाद धीरे-धीरे उसने कहा, ''माँ, मनुष्य, मनुष्य को छोटा समझता है किस तरह? मैं यही सोचता हूँ, लेकिन मेरी दृष्टि में तो मनुष्य का परिचय तो केवल 'मनुष्य' है। इसीलिए मेरे सामने मुसलमान, ईसाई, ब्राह्मण, बौद्ध, वैष्णव, शाक्त सभी बराबर हैं।''

सविता के विषादभरे चेहरे पर आनंद की आभा फूट उठी। उन्होंने कहा, ''मैं यह जानती हूँ तारक। तुम्हारा अंत:करण कितना ऊँचा और उदार है, तुम्हारे साथ परिचित होने के पहले ही यह जान चुकी थी। तुमको मैं स्नेह करती हूँ, विश्वास करती हूँ बेटा।''

तारक ने आश्चर्य से कहा, ''मुझसे भेंट होने के पहले ही आप मेरा परिचय जान गई थीं माँ? इतने दिन तो आपने नहीं बताया!''

सविता स्नेह के साथ हँस पड़ीं।

तारक ने कहा, ''लेकिन जिससे ही मेरी बात आपने क्यों न सुनी हो, मैं विश्वास के लायक हूँ, यह बात किस तरह जान गईं?''

तारक सविता की बातों का रहस्य न समझ सका। खिन्न चित्त से चुप हो रहा। बहुत देर के बाद धीरे-धीरे उसने कहा, ''माँ, मनुष्य, मनुष्य को छोटा समझता है किस तरह? मैं यही सोचता हूँ, लेकिन मेरी दृष्टि में तो मनुष्य का परिचय तो केवल 'मनुष्य' है। इसीलिए मेरे सामने मुसलमान, ईसाई, ब्राह्मण, बौद्ध, वैष्णव, शाक्त सभी बराबर हैं।''

स्नेह-कोमल कंठ से सविता ने कहा, ''किस तरह मैं जान गई, इसको न भी सुनोगे तो क्या होगा बेटा? लेकिन जान गई हूँ, इसीलिए तुम्हारे स्नेह का आह्वान रखने के लिए राजू के मन को भी व्यथा देकर यहाँ आई हूँ, इसमें कुछ भी भूल नहीं है।''

तारक ने विह्वल होकर कहा, ''मुझ पर आप इतना विश्वास करती हैं?''

सविता ने गंभीर कंठ से कहा, ''केवल विश्वास नहीं बेटा, उससे भी बड़ी बात यह है कि तुम्हारे ऊपर निर्भर करने का साहस पा गई हूँ बेटा तारक, तुम तो जानते हो मेरे कोई नहीं है। राजू मेरे बेटे के अभाव की पूर्ति करने पर भी अपूर्ण है। तुम्हें उस शून्यता की पूर्ति करनी होगी बेटा।''

तारक किंकर्तव्य-विमूढ़ चित्त से उनकी तरफ देखता रहा।

बीस

सरला को साथ लेकर राखाल जिस समय ब्रजबाबू के पलंग के पास पहुँचा, उस समय रोग का प्रबल प्रकोप कुछ घट जाने पर भी पूरा रोग कम नहीं हुआ था। इस रोग से ब्रजबाबू शरीर के साथ मन से भी अत्यंत दुर्बल हो गए थे। राखाल को देखकर उनके बंद नेत्रों से आँसू लुढ़ककर गिरने लगे। स्वभावत: कोमलचित्त राखाल अपने पितृतुल्य चाचा की असहाय अवस्था देखकर नेत्रों का जल न रोक सका।

ब्रजबाबू ने कोमल स्वर में धीरे-धीरे कहा, ''राजू, तुमको मैंने बुलाया था।'' फिर कंठ को साफ करके उन्होंने कहा, ''तुम्हारी बहन की देखभाल करनेवाला कोई नहीं है बेटा, उसके लिए ही तुमको बुलाना हुआ।''

राखाल चुप रहा। ब्रजबाबू अत्यंत क्षीण स्वर में कहने लगे, ''राजू, यहाँ इन लोगों ने मुझे समाजच्युत कर रखा है। मेरे गोविंदजी अपनी कोठरी में प्रवेश नहीं कर सके, यथास्थान आसीन नहीं हो सके। रेणुका मेरे गोविंदजी का भोग तैयार करती है, इस पर सबको आपत्ति है। मेरे न रहने पर यहाँ कोई भी मेरी रेणुका का भार नहीं लेगा। इसको तुम ले जाकर इसकी विमाता के पास ही पहुँचा देना। हेमंत नाराज होगा, जानता हूँ, लेकिन आश्रय अवश्य देगा। इसके अलावा और तो कोई उपाय खोजने पर नहीं मिलता बेटा।''

राखाल चुप हो रहा। बेचारी निर्धन, अविवाहिता रेणुका को उसकी विमाता और विमाता के विषय-बुद्धि संपन्न भ्राता अपनी गृहस्थी में ग्रहण करेंगे या नहीं, इस संबंध में वह संदेह करता था, तो भी, मुँह से उसने कुछ नहीं कहा।

राखाल चुप हो रहा। बेचारी निर्धन, अविवाहिता रेणुका को उसकी विमाता और विमाता के विषय-बुद्धि संपन्न भ्राता अपनी गृहस्थी में ग्रहण करेंगे या नहीं, इस संबंध में वह संदेह करता था, तो भी, मुँह से उसने कुछ नहीं कहा। ब्रजबाबू कहने लगे, ''इसका विवाह करके निश्चिंत मन से गोविंदजी के चरणों में मैं जगह ले सकता था! अंतिम समय में एकाग्रचित्त से गोविंदजी को स्मरण करने में भी रुकावट पा रहा हूँ राजू। रेणुका के लिए दुश्चिंता मुझे शांति से मरने नहीं देगी।''

ब्रजबाबू कहने लगे, ''इसका विवाह करके निश्चिंत मन से गोविंदजी के चरणों में मैं जगह ले सकता था! अंतिम समय में एकाग्रचित्त से गोविंदजी को स्मरण करने में भी रुकावट पा रहा हूँ राजू। रेणुका के लिए दुश्चिंता मुझे शांति से मरने नहीं देगी।''

राखाल ने कहा, ''अब उन सब बातों को क्यों सोच रहे हैं चाचाजी, आपको ऐसा कुछ भी नहीं हुआ है, जिसके कारण अभी तुरंत ही रेणुका को हेमंत मामा के

यहाँ भेजने का प्रबंध करना पड़ेगा। आप अच्छे हो जाइए, मैं खुद इस बार रेणुका के ब्याह के लिए उठ पड़ता हूँ।''

ब्रजबाबू ने करुण हँसी के साथ कहा, ''लेकिन रेणुका तो कहती हैं कि वह ब्याह ही न करेगी।''

राखाल ने कहा, ''एक बच्ची एक बात कह रही है, इसीलिए क्या उसी को चिर सत्य मानकर चलना पड़ेगा? तब आपको बहुत बड़े सर्वनाश के बीच दु:ख-कष्ट का धक्का लगने से उसने यह बात कही थी, लेकिन आज आपकी यह दशा देखकर समझने में क्या देर लगेगी कि उसके अपने जीवन में अन्य आश्रय ग्रहण करना आवश्यक हो गया है।''

ब्रजबाबू ने फीकी हँसी हँसकर कहा, ''रेणुका तुम्हारी नई माँ की लड़की है। दुनिया में एकमात्र मेरे और भगवान् के अतिरिक्त और कोई नहीं जानता कि उसकी माँ की जिद कैसी थी। उसको अपना सर्वस्व ही नष्ट कर देना पड़ा है, केवल जिद के ही कारण। यदि उसकी जिद चढ़ जाती थी, तो उसे तोड़ने की शक्ति किसी दूसरे आदमी में तो थी ही नहीं, स्वयं उसमें भी नहीं थी। रेणुका उसी माँ की बेटी है।''

राखाल ने कहा, ''लेकिन मुझे जान पड़ता है चाचाजी, रेणुका शायद नई माँ की तरह इतनी ज्यादा जिद्दी नहीं है।''

''तुम उसको पहचानते नहीं हो राजू। लड़की को अपनी माँ का स्वभाव सोलह आने मिला है। जिस माँ को होश होने के पहले ही खो चुकी है, उसकी प्रकृति उसके अंत:करण में किस तरह हो गई, मैं सोचकर भी समझ नहीं पाता। नई बहू की तरह तेजस्विनी, सत् स्वभाव की और सच्चरित्रा स्त्री दुनिया में बहुत कम होती हैं। इसको मैं जितनी अच्छी तरह से जानता हूँ, उतना और कोई नहीं जानता। वह नई बहू…'' ब्रजबाबू का गला रुँध गया। कंठ को साफ करके उन्होंने कहा, ''मेरे दुर्भाग्य के अलावा यह और कुछ भी नहीं है राजू। उसको मैंने कुछ भी दोष नहीं दिया।''

राखाल ने कहा, ''अब उन सब बातों को क्यों सोच रहे हैं चाचाजी, आपको ऐसा कुछ भी नहीं हुआ है, जिसके कारण अभी तुरंत ही रेणुका को हेमंत मामा के यहाँ भेजने का प्रबंध करना पड़ेगा। आप अच्छे हो जाइए, मैं खुद इस बार रेणुका के ब्याह के लिए उठ पड़ता हूँ।''

ब्रजबाबू ने करुण हँसी के साथ कहा, ''लेकिन रेणुका तो कहती हैं कि वह ब्याह ही न करेगी।''

ब्रजबाबू इन सब आलोचनाओं से उत्तेजित होते जा रहे हैं, यह देखकर राखाल पंखा लेकर हवा झलते-झलते बोला, ''उन सब बातों को अभी रहने दें चाचाजी। आप पहले अच्छे हो जाइए, उसके बाद होगा।''

ब्रजबाबू ने जीवन में कभी सविता के संबंध में किसी से भी आलोचना नहीं की थी। आज उसकी संतान समान राजू के साथ उस विषय को लेकर उनकी आलोचना करते देखकर राखाल अत्यंत आश्चर्य में पड़ गया। रोग मनुष्य को इतना दुर्बल बना देता है कि तब वह अपनी भावनाओं, विचारों पर संयम नहीं कर पाता। शायद ब्रजबाबू में अब अपने मन की छिपी हुई गंभीर चिंताओं को ढोने की शक्ति नहीं रह गई थी।

सरला ने कमरे में आकर ब्रजबाबू को प्रणाम किया। चौंककर राखाल की तरफ देखकर ब्रजबाबू ने कहा, तुम्हारी नई माँ भी आ गई है क्या राजू?''

राखाल ने कहा, ''नहीं, वह तो कलकत्ता में नहीं हैं। बर्दवान में तारक के यहाँ गई हैं। सरला आपकी बीमारी की खबर सुनकर आने के लिए घबरा उठी। बोली, ''चाचाजी मुझे जानते हैं, मेरी सेवा ग्रहण करने में वह आपत्ति न करेंगे।''

ब्रजबाबू ने थकावट के साथ तकिए पर माथा रखकर कहा, ''किसी की भी सेवा लेने की आवश्यकता न पड़ेगी राजू, मेरी रेणुका बेटी जब तक है। यह बेटी आ गई है तो अच्छा ही किया है, मेरी रेणुका की वह कुछ देखभाल कर सकेगी। उसकी देखभाल करने को कोई नहीं है। गृहस्थी का काम, ठाकुरजी की सेवा, उसके ऊपर रोगी की सेवा करने से दिन-रात एक पल भी उसे छुट्टी नहीं है।''

ब्रजबाबू ने जीवन में कभी सविता के संबंध में किसी से भी आलोचना नहीं की थी। आज उसकी संतान समान राजू के साथ उस विषय को लेकर उनकी आलोचना करते देखकर राखाल अत्यंत आश्चर्य में पड़ गया। रोग मनुष्य को इतना दुर्बल बना देता है कि तब वह अपनी भावनाओं, विचारों पर संयम नहीं कर पाता। शायद ब्रजबाबू में अब अपने मन की छिपी हुई गंभीर चिंताओं को ढोने की शक्ति नहीं रह गई थी।

राखाल ने कहा, ''क्या नई माँ को आपकी बीमारी की खबर दे दूँ चाचाजी?''

ब्रजबाबू व्यथित स्वर में बोल उठे, ''नहीं, नहीं, तुम लोग क्या पागल हो गए हो? ऐसा काम मत करना! मेरी बीमारी की सूचना अगर वह सुन लेगी, तो उसके बाद उनको किसी भी हालत में किसी भी बात से कहीं भी रोका न जा सकेगा। उसी दम वह यहाँ चली आएगी।''

राखाल बोला नहीं।

सिर में रक्त का चाप अत्यधिक बढ़ जाने के कारण ब्रजबाबू के बाएँ अंग में पक्षाघात के लक्षण सुस्पष्ट हो उठे हैं। प्राणहानि की आशंका हो गई है। गाँव के डॉक्टर

कह रहे हैं, ऐसे संकटापन्न रोगी को अपने हाथ में रखने का साहस उनको नहीं है। जरूरी दवाएँ और इंजेक्शन आदि देहात में मिलते नहीं हैं, यहाँ तक कि रक्त का चाप नापने के यंत्र के भी यहाँ अभाव है। कलकत्ता ले जाकर चिकित्सा कराने में उपचार हो सकता है, लेकिन अभी इस अवस्था में रोगी को हिलाना-डुलाना संभव नहीं है। दिल अत्यंत दुर्बल है, नाड़ी की गति बहुत तेज है। इसीलिए कलकत्ता से कोई चिकित्सक बुला लाना संभव होने से उसका जल्द प्रबंध करना उचित है।''

राखाल झंझट में पड़ गया। कलकत्ता के बड़े-बड़े डॉक्टरों में से बहुतों के नाम वह जानता है, लेकिन किसी के साथ भी मुलाकात, बातचीत या परिचय उसका नहीं है। इसके अलावा ऐसे रोगी के लिए किसको लाना ठीक होगा, यह भी एक समस्या है। इसके ऊपर से पैसे का भी अत्यंत अभाव है। उसकी अपनी जो कुछ साधारण पूँजी थी, वह रेणुका की बीमारी के समय खर्च हो गई थी। ब्रजबाबू की चिकित्सा के लिए अब काफी खर्च की आवश्यकता है, लेकिन उन लोगों के पास कुछ भी सहारा नहीं है। इस अवस्था में नई माँ को खबर देने के अलावा दूसरा उपाय क्या है? यह खबर पाकर नई माँ बिना आए नहीं रह सकतीं, यह निश्चित है, लेकिन गाँव के इस पुराने घर में उनका पदार्पण करना किसी तरह से भी वांछनीय नहीं है। इसका परिणाम रोगी के लिए भी भयंकर हो सकता है। राखाल की दुर्भावना को कोई कूल-किनारा नहीं मिला। फिर भी शीघ्र ही कुछ प्रबंध कर देना उसने जरूर समझा। इसी समय राखाल के पास विमल बाबू का पत्र पहुँचा।

ब्रजबाबू के स्वास्थ्य के संबंध में पूछताछ करके अंत में उन्होंने लिखा है, ''मेरा बड़ा अनुरोध है, ब्रजबाबू के लिए उपयुक्त चिकित्सक, नर्स, औषधोपथ्य और रुपया-पैसा जो कुछ जरूरी हो, फौरन तार द्वारा मुझे खबर दें, मैं तुरंत इंतजाम कर दूँगा।''

राखाल पत्र को हाथ में लेकर उदास चित्त से बैठा था। सरला ने आकर पूछा, ''यह किसका पत्र है देवता?''

''विमल बाबू का।''

सरला ने कहा, ''कलकत्ता से डॉक्टर बुलाने के लिए आप इतना सोच रहे हैं

ब्रजबाबू के स्वास्थ्य के संबंध में पूछताछ करके अंत में उन्होंने लिखा है, ''मेरा बड़ा अनुरोध है, ब्रजबाबू के लिए उपयुक्त चिकित्सक, नर्स, औषधोपथ्य और रुपया-पैसा जो कुछ जरूरी हो, फौरन तार द्वारा मुझे खबर दें, मैं तुरंत इंतजाम कर दूँगा।'' राखाल पत्र को हाथ में लेकर उदास चित्त से बैठा था। सरला ने आकर पूछा, ''यह किसका पत्र है देवता?''

''विमल बाबू का।''

देवता, फिर भी विमल बाबू को तनिक लिख देने से ही वह इसी दम अच्छा डॉक्टर भेज सकते थे।''

राखाल ने कहा, ''हूँ।''

सरला ने कहा, ''मैं समझ गई, आप शंका में पड़ गए हैं। उनकी सहायता लेने में आपको हिचक हो रही है।''

राखाल ने कहा, ''नहीं।''

सरला ने भी कुछ देर चुप रहकर फिर धीरे-धीरे कहा, ''चाचाजी की अवस्था जैसी हो गई है, कब क्या हो जाए, बताना कठिन है। जो करना हो, शीघ्र ही ठीक कर डालिए। नहीं तो दूसरी कोई जरूरत बताकर नई माँ को रुपए के लिए लिख दीजिए।''

''तुम ठीक ही कह रही हो सरला। चाचाजी की इस संकट-अवस्था में उचित-अनुचित का प्रश्न कम-से-कम मेरी तरफ से लाना कभी उचित नहीं। तो इस दशा में नई माँ और विमल बाबू दोनों को यहाँ की अवस्था बताकर दो खत लिख दूँ।''
''लेकिन माँ को बताने को चाचाजी ने उस दिन विशेष रूप से मनाही कर दी थी।''

राखाल तो भी चुप रहा।

सरला ने कहा, ''अगर आप कुछ खयाल न करें तो मैं एक बात की याद दिला दूँ।''

राखाल संतृष्ण दृष्टि से देखता रहा।

''तुच्छ मान-अपमान, उचित-अनुचित का वजन-हिसाब करके चलने की अपेक्षा अब चाचाजी की प्राण-रक्षा की चेष्टा करना क्या सबसे अधिक आवश्यक नहीं? आप अपने कर्तव्य की तरफ से जरा सोचकर देखने की चेष्टा तो कीजिए।''

''क्या करने को कहती हो तुम?''

''इस अवस्था में विमल बाबू की अथवा नई माँ की सहायता लेने में रेणुका लज्जा अनुभव करे तो उसके लिए अस्वाभाविक नहीं है, लेकिन आपको तो वह बाधा नहीं है।''

''तुम ठीक ही कह रही हो सरला। चाचाजी की इस संकट-अवस्था में उचित-अनुचित का प्रश्न कम-से-कम मेरी तरफ से लाना कभी उचित नहीं। तो इस दशा में नई माँ और विमल बाबू दोनों को यहाँ की अवस्था बताकर दो खत लिख दूँ।''

''लेकिन माँ को बताने को चाचाजी ने उस दिन विशेष रूप से मनाही कर दी थी।''

''यह तो ठीक ही है। तो उस दशा में सिर्फ विमल बाबू को ही, अच्छा, विमल बाबू तो चाचाजी के परिचित हैं। चाचाजी को बताकर ही व्यवस्था क्यों न की जाए¨।''

''यह बुरी युक्ति नहीं है! लेकिन रोगी की इस अवस्था में उनको विचलित तो न किया जाएगा?''

राखाल ने अत्यंत दुखी भाव से कहा, ''तो मैं क्या करूँ सरला? उन लोगों को कुछ भी न बताकर ही विमल बाबू को खबर दे दूँ?''

कुछ सोचकर सरला ने कहा, ''यही कीजिए देवता!''

× × ×

रेणुका गोविंदजी का भोग तैयार कर रही थी।

सरला दूर बैठकर तरकारी काटते-काटते गप्प हाँक रही थी। रेणुका काम करते-करते 'हाँ' 'ना' 'उसके बाद' इस तरह संक्षिप्त दो-चार बातें कह रही थी।

ऐसे ही बातें चलती रहीं। रेणुका रहती है प्राय: निर्वाक् श्रोता, सरला ग्रहण करती है वक्ता का आसन। कितने गप्प करती, उनका ठिकाना नहीं है। शायद अपनी अनजान अवस्था में ही सरला सबसे अधिक गप्प करती है अपने देवता के विषय में। नई माँ के विषय में भी वह बहुत कुछ कहती है। किराएदारों की बातें तो हैं ही। वह कहती कुछ भी नहीं है। रमण बाबू के संबंध में रेणुका कभी कोई प्रश्न नहीं करती, बिंदु मात्र कौतूहल प्रकट नहीं करती किसी विषय में। बड़े-बड़े शांत दोनों नेत्र खोलकर चुपचाप बातें सुनती जाती है। निपुण दोनों हाथ लगे रहते हैं एक न एक आवश्यक काम में। बहुत बातें किसी दिन भी उसके मुख से सुनाई देतीं।

सरला तरकारी काटते-काटते कह रही थी, ''विमल बाबू के पास आज देवता तार भेजने गए हैं, कलकत्ता से अच्छा डॉक्टर लेकर यहाँ आने के लिए। शायद कल के बीच ही वह डॉक्टर को साथ लेकर आ जाएँगे।''

रेणुका की दृष्टि में आश्चर्य प्रकट होने पर भी उसके मुँह से कोई प्रश्न नहीं निकला। सरला कहने लगी, ''विमल बाबू के आ जाने पर बहुत कुछ ढाँड़स मिलेगा। उपयुक्त चिकित्सा, दवा, पथ्य सबका ही प्रबंध होगा। चाचाजी, इस बार शीघ्र स्वस्थ हो जाएँगे।'' रेणुका ने इस बार जिज्ञासु नेत्रों से सरला की तरफ देखा।

रेणुका की दृष्टि में आश्चर्य प्रकट होने पर भी उसके मुँह से कोई प्रश्न नहीं निकला।

सरला कहने लगी, ''विमल बाबू के आ जाने पर बहुत कुछ ढाड़स मिलेगा। उपयुक्त चिकित्सा, दवा, पथ्य सबका ही प्रबंध होगा। चाचाजी, इस बार शीघ्र स्वस्थ हो जाएँगे।''

रेणुका ने इस बार जिज्ञासु नेत्रों से सरला की तरफ देखा।

सरला तब मन-ही-मन बकती चली जा रही थी, ''ऐसा मनुष्य दुनिया में मैंने तो नहीं देखा रेणुका। जैसे हैं सदाशय, वैसे ही हैं सज्जन। सुन चुकी हूँ, वह हैं लखपति, लाखों रुपए लगे हैं देश-देशांतरों के व्यवसाय में, लेकिन ऐसा निर निरहंकार सहज

विनयी मनुष्य कहीं भी नहीं देखा इसके पहले। यथार्थ ही जिनको शिव तुल्य कहते हैं, ऐसे न होने से विधाता इतना ऐश्वर्य देंगे ही क्यों? कहावतें हैं—मन के गुण से धन होता है! विमल बाबू का धन भी जैसा है, हृदय भी वैसा ही है।''

निर्वाक् रेणुका तब गोविंदजी का भोग बनाना पूरा करके पिता का पथ्य बना रही थी। मौन रहने पर भी ध्यान के साथ ही सरला के मंतव्यों को सुन रही थी।

सरला के वाक्यस्रोत में मानो उच्छ्वास आ पड़ा था। कहने लगी, ''विमल बाबू ने उस दिन हम सब लोगों को बचा लिया था, रास्ते में खड़े रहने की लज्जा से। उस दुर्दिन की बात याद आने से आज भी मेरी आँखों में अँधेरा छा जाता है। जिनको घरभर के लोगों का आश्रय कहो, बल-भरोसा ही कहो, जो सब कुछ है, वहीं माँ हमारी जब निराश्रय होने लगीं, तब हम लोगों को भय, चिंता और उत्कंठा घनीभूत हो आई थी, उसे केवल स्वयं भगवान् जानते हैं। विशेष रूप से तो पैरों के नीचे से पृथ्वी खिसक जाने की घड़ी आ गई थी। माँ के अलावा तब मेरे लिए इस पृथ्वी पर अन्य आश्रय या अवलंब कुछ भी नहीं था।''

रेणुका ने वैसे ही आश्चर्यपूर्ण नेत्रों से सरला की तरफ देखकर प्रश्न किया, ''क्यों?''

सरला ने कहा, ''सब ही बताती हूँ बहन। तुम क्या उन सब बातों को भूल गई हो? मेरे बुरे दिनों में माँ ने मुझे अपने स्नेह का आश्रय दिया था। इसीलिए तो आज खड़ी हूँ।''

''उसके बाद की कहानी भी तो तुम मेरे मुँह से सुन चुकी हो बहन। मुझे पुनर्जन्म प्रदान किया माँ ने और इस देवता ने। बीच-बीच में अब सोचती हूँ रेणुका, भाग्य से उस दिन मैं मर नहीं गई!''

रेणुका ने हँसकर कहा, ''क्यों सरला दीदी, उस दिन मर जाने से ही आज तुम्हारी कौन सी हानि होती बहन?''

रेणुका ने आत्मविस्मृत भाव से कहा, ''उसके बाद?''

''उसके बाद की कहानी भी तो तुम मेरे मुँह से सुन चुकी हो बहन। मुझे पुनर्जन्म प्रदान किया माँ ने और इस देवता ने। बीच-बीच में अब सोचती हूँ रेणुका, भाग्य से उस दिन मैं मर नहीं गई!''

रेणुका ने हँसकर कहा, ''क्यों सरला दीदी, उस दिन मर जाने से ही आज तुम्हारी कौन सी हानि होती बहन?''

''बहुत हानि होती। वह बहुत बड़ी हानि है। तुम नासमझ लड़की समझ न सकोगी बहन!''

रेणुका चुप रहकर अपना काम करने लगी। सरला का तरकारी काटना समाप्त होने पर बाकी तरकारियों को डलियों में रखते हुए वह बोली, ''जगत् में असली चीज पाने के लिए उसकी कीमत बड़ी ही देनी पड़ती है। दुर्लभ का मूल्य है बहुत। हमारे जीवन

में भी यह नीति मानकर चलना पड़ता है। कृत्रिम और मिलावट की समस्या मनुष्यों में इतनी अधिक बढ़ गई है कि अब कौन है असली, कौन है नकली, पहचानना कठिन है। जीवन में जिसको जितना बड़ा संचय मिला है बहन, उसको उतना अधिक मूल्य भी गंभीर दु:ख के बीच से देना पड़ता है। कम-से-कम यह मैंने ठीक समझ लिया है कि दु:ख की कसौटी पर पड़े बिना जीवन की परीक्षा नहीं होती।''

रेणुका किसी दिन भी कुछ विशेष रूप से जानने के लिए सरला से प्रश्न नहीं करती थी। आज वह एकाएक पूछ बैठी, ''दीदी, अपने जीवन में तो तुम बहुत दु:ख पा चुकी हो बहन, उसमें क्या कुछ असली सामग्री संचय कर पाई हो?''

सरला चौंक पड़ी। रेणुका ऐसा प्रश्न कर सकती है, यह संभावना उसको एक बार भी नहीं थी। कुछ घबराकर वह बोली, ''कैसे बताऊँ दीदी?''

''क्यों? जैसे इन सब बातों को तुमने बता दिया।''

सरला सहसा अनावश्यक गंभीर होकर बोली, ''संचय कुछ भी कर सकी हूँ या नहीं, नहीं जानती; लेकिन सहारा काफी पा चुकी हूँ और वह जो सोलहों आने असली हैं, इसमें मुझे अब संदेह नहीं है।''

सरल स्वभाव की रेणुका ने ममता से विचलित होकर कहा, ''सरला दीदी, जो पति तुमको अकेली असहाय छोड़कर भाग गए, उनकी अब भी तुम इतनी भक्ति करती हो?''

सरला सहसा अनावश्यक गंभीर होकर बोली, ''संचय कुछ भी कर सकी हूँ या नहीं, नहीं जानती; लेकिन सहारा काफी पा चुकी हूँ और वह जो सोलहों आने असली हैं, इसमें मुझे अब संदेह नहीं है।'' सरल स्वभाव की रेणुका ने ममता से विचलित होकर कहा, ''सरला दीदी, जो पति तुमको अकेली असहाय छोड़कर भाग गए, उनकी अब भी तुम इतनी भक्ति करती हो?''

सरला ने उत्तर नहीं दिया। उसके मुख पर व्यथा का चिह्न सुस्पष्ट हो उठा। अनाज की डलिया लेकर दूसरे कमरे में रखने के लिए वह चली।

राखाल ने आकर पुकारा, ''रेणुका…!''

''राजू दादा!''

''चाचाजी की रसोई क्या बन गई बहन?''

''बन गई। अब जाकर बाबूजी को स्नान करा दूँगी।''

''चाचाजी सो रहे हैं। अगर तेरी रसोई का काम हो चुका हो तो तनिक उस कमरे में आ जाना, दो-चार बातें करनी हैं।''

''अभी आती हूँ। चावल चढ़ाकर आ रही हूँ, तुम चलो।''

थोड़ी देर बाद रेणुका जब हाथ-पैर धोकर राखाल के पास आ खड़ी हुई, राखाल कमरे के फर्श पर बैठा हुआ समाचार-पत्र पढ़ रहा था। मुँह ऊपर उठाकर उसने रेणुका से कहा, ''बैठो!''

रेणुका बैठ गई। बोली, ''डॉक्टर साहब ने आज तुमसे क्या कहा है, राजू भैया?''

''अच्छा ही कह गए हैं।''

''फिर क्यों तुम कलकत्ता तार दे आए बड़ा डॉक्टर लाने के लिए?''

''तू पगली है। शुरू से ही तो सुन रही है यहाँ के डॉक्टर साहब कह रहे हैं, एक अच्छा डॉक्टर लाकर दिखाने की आवश्यकता है, उस रोग की चिकित्सा देहात के डॉक्टर का काम नहीं है। मलेरिया रहता, तिल्ली रहती या अँतरिया ज्वर रहता, तो ये लोग चतुर्भुज बनकर कितनी चिकित्सा करते। किसी को बुलाने नहीं देते, लेकिन उस बात को छोड़ो, तुझे एक जरूर परामर्श के लिए बुलाया है।''

''तू पगली है। शुरू से ही तो सुन रही है यहाँ के डॉक्टर साहब कह रहे हैं, एक अच्छा डॉक्टर लाकर दिखाने की आवश्यकता है, उस रोग की चिकित्सा देहात के डॉक्टर का काम नहीं है। मलेरिया रहता, तिल्ली रहती या अँतरिया ज्वर रहता, तो ये लोग चतुर्भुज बनकर कितनी चिकित्सा करते। किसी को बुलाने नहीं देते, लेकिन उस बात को छोड़ो, तुझे एक जरूर परामर्श के लिए बुलाया है।''

रेणुका चुपचाप राखाल की तरफ मुँह उठाकर ताकती रही।

कई बार अपने गले को साफ करके अखबार को पढ़ते-पढ़ते राखाल ने कहा, ''कह रहा था कि चाचाजी के कुछ अच्छा हो जाते ही यहाँ से डेरा-डंडा उठाना होगा। कलकत्ता जाकर चाचाजी के पूर्णतः अच्छा न हो जाने तक पहले की तरह एक छोटा सा घर किराए पर लेकर रहेंगे, लेकिन उसके बाद...''

इतना कहते-कहते राखाल चुप हो गया। उसका कंठ-स्वर द्विधा से जकड़ गया। रेणुका पहले की तरह जिज्ञासु दृष्टि से देखती रही।

व्यथित मुख से राखाल ने कहा, ''उसके बाद क्या प्रबंध हो सकता है, वही बात मैं सोच रहा हूँ। यहाँ फिर वापस आने से काम तो चलेगा नहीं!''

रेणुका ने शांत स्वर में कहा, ''क्यों?''

राखाल ने विस्मित होकर कहा—''इतने दिन यहाँ रहकर यह भी तू समझ नहीं सकी रेणुका, देखती रही है जाति-बिरादरी का आचार-व्यवहार! चाचाजी इतने बीमार हैं, एक बार झाँककर भी कोई खोज-खबर नहीं लेता।''

रेणुका ने कुछ देर तक चुप रहकर कहा, ''लेकिन तुम तो जानते हो राजू भैया,

कलकत्ता में बारहों महीने रहना हम लोगों की इस अवस्था में चल न सकेगा। यहाँ घर का किराया नहीं लगता, मजदूरिन की तनख्वाह केवल एक रुपया महीना है। साग-तरकारी खरीदकर खाने की आवश्यकता नहीं पड़ती। कितना थोड़ा खर्च है।''

राखाल ने कहा, ''लेकिन चाचाजी के शरीर की जो अवस्था है, उसके ऊपर तो निर्भर करके नहीं चला जा सकता बहन! थोड़ा सोचकर देख लो, उनके न रहने की दशा में मुझे आश्रय कहाँ है? यहाँ के बिरादरीवालों ने तुम लोगों से संपर्क ही छोड़ दिया है। सौतेली माँ पहले ही अलग होकर अपने मायके चली गई हैं। कलकत्ता जाकर जो कुछ दिन ही रहना पड़े, उसके बीच ही तेरी शादी की व्यवस्था हो जाने से तब चाचाजी निश्चिंत होकर मेरे पास रह सकेंगे। उनकी जो सामान्य आमदनी है, मेरे साथ इकट्ठे रहने से अच्छी तरह काम चल जाएगा। मेरे रहते किसी की सहायता लेनी न पड़ेगी।''

रेणुका मौन होकर सुन रही थी। उसकी चुप्पी से उत्साहित होकर राखाल कहने लगा, ''मैंने सोच-विचार करके देख लिया है बहन, इसके अलावा कोई दूसरी अच्छी व्यवस्था कुछ हो ही नहीं सकती। लड़की के भविष्य की दुश्चिंता ने ही चाचाजी को सबसे अधिक घबराहट में डाल दिया था। तुमको किसी सत्पात्र के साथ ब्याह देने से उनके मन की दुश्चिंता मिट जाएगी। आशा है, तब वह सहज ही स्वस्थ हो जाएँगे।''

रेणुका मौन होकर सुन रही थी। उसकी चुप्पी से उत्साहित होकर राखाल कहने लगा, ''मैंने सोच-विचार करके देख लिया है बहन, इसके अलावा कोई दूसरी अच्छी व्यवस्था कुछ हो ही नहीं सकती। लड़की के भविष्य की दुश्चिंता ने ही चाचाजी को सबसे अधिक घबराहट में डाल दिया था। तुमको किसी सत्पात्र के साथ ब्याह देने से उनके मन की दुश्चिंता मिट जाएगी। आशा है, तब वह सहज ही स्वस्थ हो जाएँगे।''

रेणुका मृदु कंठ से बोली, ''बाबूजी को छोड़कर मैं कहीं भी नहीं जा सकती राजू भैया।''

''लेकिन गए बिना भी तो कोई उपाय नहीं है बहन! अगर तुम लड़का होतीं, तो छोड़कर जाने की बात ही नहीं उठती, लेकिन लड़कियों के ब्याह के अलावा और कोई उपाय नहीं है!''

''कम उम्र में विधवा हो जानेवाली लड़कियाँ तो सारा जीवन अपने पिता के ही घर रहती हैं, मैंने देखा है।''

सूखी हँसी के साथ राखाल ने उत्तर दिया, ''रहती हैं अवश्य, लेकिन उनको अगर पिता के कुल में रहने का आश्रय न रहे, तब वे पति के न रहने पर ससुराल में जाकर आश्रय लेती हैं, वह भी तुमने देखा होगा।''

रेणुका ने मुँह झुकाए कुछ देर मौन रहकर धीरे-धीरे कहा, ''राजू भैया, मैंने

बाबूजी को अपने मुँह से बता दिया है कि ब्याह में मेरी तनिक भी रुचि नहीं है, मैं ब्याह न करूँगी।''

राखाल हँसने लगा। बोला, ''तुझे बुद्धिमती समझा था, अब देखता हूँ तू बिल्कुल ही पागल है रेणुका! अरे उस दिन तू वह बात न कहती तो क्या चाचाजी बने रह सकते थे? अचानक कारोबार फेल होने से सब चौपट हो गया। रहने का घर तक नीलामी पर चढ़ जाने से बिल्कुल ही रास्ते में खड़े हो गए। उसी समय तेरा ब्याह रुक जाने के बहाने से झगड़ा करके हेमंत मामा अपनी बहन और भानजी का पावना कौड़ी छदाम सोलह आने वसूल करके खिसक गए। पीछे कहीं चाचाजी के कर्ज के भार से उसको भी भीख माँगने की घड़ी न आ जाए! दुनिया ऐसी ही स्वार्थी है बहन।''

राखाल ने रुककर एक लंबी साँस छोड़ दी, उसके बाद फिर वह कहने लगा, ''पति के इतने बड़े दुस्समय में स्त्री ने अपने भाई के साथ मिलकर अपनी आर्थिक भली-बुरी दशा पर ही केवल विचार किया, पति की तरफ उसने देखा तक नहीं। अगर तू यह ढाढ़स देकर न कह देती रेणुका कि तुमको अकेले छोड़कर मैं कभी कहीं भी न जाऊँगी...तो उस दशा में चाचाजी दुनिया में खड़े होते किसके सहारे?''

राखाल ने रुककर एक लंबी साँस छोड़ दी, उसके बाद फिर वह कहने लगा, ''पति के इतने बड़े दुस्समय में स्त्री ने अपने भाई के साथ मिलकर अपनी आर्थिक भली-बुरी दशा पर ही केवल विचार किया, पति की तरफ उसने देखा तक नहीं। अगर तू यह ढाढ़स देकर न कह देती रेणुका कि तुमको अकेले छोड़कर मैं कभी कहीं भी न जाऊँगी···तो उस दशा में चाचाजी दुनिया में खड़े होते किसके सहारे?''

रेणुका ने मृदु स्वर में कहा, ''लेकिन राजू भैया, मैंने बाबूजी को सांत्वना या साहस देने के लिए वह बात कही नहीं। मैंने तो सत्य बात ही कही है।''

रेणुका की बातें कहने के ढंग से राखाल मन-ही-मन विचलित होकर मुँह पर हँसी लाकर बोला, ''सच्ची बात नहीं तो तू क्या झूठी बात कह रही है? लेकिन क्या जानती है बहन, दुनिया में अधिकांश सत्य ही सामयिक सत्य होते हैं। चिरकाल की सत्य कहलानेवाली अगर कोई चीज हो, तो वह है बाहर की वस्तु। अगर तुम उस दिन की मुँह से निकली बात रखने के लिए कटिबद्ध हो उठो, तो उसके फलस्वरूप शायद तुम लोगों के जीवन में अकल्याण ही दिखाई देगा। जो कल्याण को ढो लाता है, उसे ही कहते हैं सत्य। जो अशुभकर है, वह सत्य नहीं है। उस दिन तुम्हारे मुँह की जिस बात ने चाचाजी को सबसे अधिक सांत्वना और शांति प्रदान की थी, आज उसी बात को

रखने के लिए तुम अगर जिद पकड़कर बैठी रहो, तो तुम जान रखो, वही अवांछनीय काम ही चाचाजी की सबसे बड़ी दुर्भावना- दुःख का कारण हो जाएगा, यहाँ तक कि वह उनकी मृत्यु का कारण तक हो सकता है। एक बात को मत भूलना रेणुका, जो उग्र असाध्य बीमार को मृत्यु के मुँह से लौटाकर जीवनदान करता है, वही विष-पान करके ही फिर स्वस्थ मनुष्य आत्महत्या करता है। स्थान काल और अवस्था के अनुसार एक ही व्यवस्था किसी समय जैसी मंगलकर होती है, फिर किसी दूसरे समय वैसी ही अमंगलकर भी है। तुम सयानी हो गई हो, सब तरफ सोचकर देखो। विशेष प्रयोजन से एक बात कह चुकी हो, इसीलिए जीवन के सब मंगल-अमंगल अप्रयोजन की चिंता छोड़कर मुँह की उसी बात को थामे रहकर अकल्याण बुलाकर मत लाना।''

रेणुका झुके नेत्रों से चुपचाप बैठी रही।

इक्कीस

कलकत्ता के दो नामी डॉक्टर, ब्रजबाबू की विशेष रूप से स्वास्थ्य परीक्षा करने के बाद, चिकित्सा की अच्छी व्यवस्था करके कलकत्ता लौट गए। विमल बाबू और भी कई दिन उनके पास ठहरेंगे। रक्तचाप और कुछ कम होते ही डॉक्टर के निर्देशानुसार ब्रजबाबू को कलकत्ता ले जाया जाएगा।

मेडिकल के आसपास किसी स्थान में प्रकाशयुक्त हवादार एक छोटा सा मकान किराए पर लेने के लिए विमल बाबू ने कलकत्ता पत्र लिख दिया है। उनके कर्मचारी लोग सब प्रबंध कर रखेंगे।

कलकत्ता के डॉक्टरों के आने और रोगी की व्यवस्था कर जाने के बाद से ब्रजबाबू अपने को बहुत कुछ स्वस्थ अनुभव कर रहे हैं। सबका मन बहुत खुश है।

तीसरे पहर उत्तर की तरफ के बरामदे में एक आरामकुरसी पर ब्रजबाबू और विमल बाबू लेटे हुए थे। जगत्-व्यापी ट्रेड डिप्रेशन या व्यवसाय की दुरावस्था के विषय में दोनों में बातचीत चल रही थी।

इस आलोचना के प्रसंग में ब्रजबाबू ने कहा, ''आपने जब पहले पहल मेरे पास आकर मेरा कारोबार खरीद लेने का प्रस्ताव किया था तो मेरे मन में विचार हुआ था, साधारण बड़े आदमियों की ही तरह व्यवसाय के संबंध में आपको केवल शौक से इतना उत्साह है, सूक्ष्म तेज नजर या अच्छे-बुरे का ज्ञान अर्थात् जिसको व्यवसायिक बुद्धि कहते हैं, वह आपमें बिल्कुल नहीं है। उसके बाद जब आपके अन्यान्य प्रचुर लाभजनक व्यवसायों का विवरण मैंने सुना, तब अचरज में पड़े बिना रह न सका। अचरज में पड़ गया था इसलिए कि इतने बड़े व्यवसायी मनुष्य होकर भी आपने क्या देखकर मेरे डूबते कारोबार को इतने बढ़े हुए दाम पर खरीदना मंजूर किया था।''

विमल बाबू हँस पड़े।

ब्रजबाबू ने फिर कहा, ''अच्छा, विमल बाबू, सच-सच बताइए तो, आप क्या समझ नहीं सकते थे कि उस कारोबार को उस अवस्था में खरीद लेना तो दूर रहे, कह-सुनकर अनुनय-विनय से हाथ पर उठा रखने से भी कोई लेना नहीं चाहता। उस पर कर्ज का भार देखकर! उस अवस्था में उसका भार लेने का मतलब है इच्छा करके रुपयों को दरिया में फेंक देना।''

विमल बाबू ने पहले की तरह इस बार भी कोई उत्तर नहीं दिया।

ब्रजबाबू ने कहा, ''अजीब आदमी हैं आप!''

विमल बाबू तीक्ष्ण दृष्टि से ब्रजबाबू के मुँह की ओर देखते रहे।

ब्रजबाबू कहने लगे, ''अपनी पूरी कहानी एक दिन आपको सुनाऊँगा। आप दूसरों से कितनी दूर तक क्या सुन चुके हैं, मैं नहीं जानता, लेकिन मेरे मुँह से उस दिन आपने जितना सुन लिया था, वही सबकुछ नहीं है। अपनी बात कहने के पहले आपसे मुझे कुछ पूछना है।''

इस बार विमल बाबू ने बात कही। बोले, ''मुझसे भी बहुत ज्यादा अजीब आदमी हैं आप!''

''बताइए तो कैसे?''

''आप जान-बूझकर भी अविश्वास और विश्वासघाती आत्मीय लोगों के हाथ में अपना जमा-जमाया कारोबार सौंपकर निश्चिंत होकर बैठ गए।''

फीकी हँसी हँसकर ब्रजबाबू ने कहा, ''जगत् में मनुष्य पर विश्वास करना क्या कोई भारी अपराध है विमल बाबू! विश्वास को मैं किसी तरह भी नहीं खो देना चाहता।''

''बार-बार हानि और दुःख उठा चुकने पर भी क्या विश्वास को बचा रखना ठीक है?''

''यह मैं नहीं जानता, लेकिन रखना अच्छा है। अविश्वासी को कहीं भी स्थान नहीं है, कोई भी सांत्वना नहीं है।''

''अपने विशेष जीवन की अभिज्ञता से यही सत्य आप जान गए?''

''हाँ मैंने विश्वास करके धोखा नहीं खाया। बाहर से लोगों ने मुझे बार-बार कमअक्ल कहा है, लेकिन मैं जानता हूँ, मैंने भूल नहीं की है, भूल उन लोगों ने ही की है।''

विमल बाबू तीक्ष्ण दृष्टि से ब्रजबाबू के मुँह की ओर देखते रहे।

ब्रजबाबू कहने लगे, ''अपनी पूरी कहानी एक दिन आपको सुनाऊँगा। आप दूसरों से कितनी दूर तक क्या सुन चुके हैं, मैं नहीं जानता, लेकिन मेरे मुँह से उस दिन आपने जितना सुन लिया था, वही सबकुछ नहीं है। अपनी बात कहने के पहले आपसे मुझे कुछ पूछना है।''

"कहिए, क्या जानना चाहते हैं?"

"आपकी जो अधिक अवस्था है, उससे आपको लक्ष्मी का वरपुत्र कहा जा सकता है। आप हैं बलवान, सुंदर, स्वास्थ्यवान पुरुष, भाग्यदेवी सब तरह से ही आपके प्रति प्रसन्न हैं, फिर भी, इतनी बड़ी आयु तक गृहस्थ आश्रम में आपने प्रवेश नहीं किया, इसका यथार्थ कारण क्या मैं जान सकता हूँ? अगर बताने में आपको कोई बाधा न हो तो बताइए।"

"बतलाने में कुछ भी आपत्ति नहीं है। कारण बहुत ही साधारण है। अव्वल तो समय और सुअवसर का अभाव, दूसरे विवाह की अनिच्छा।"

"पहली बात शायद किसी दिन सच थी, लेकिन आज तो वह बात नहीं है! तब व्यवसाय की उन्नति की चेष्टा में आप देश-देशांतरों में घूमते रहते थे, गृहस्थी बनान की चिंता मन में आने का अवकाश नहीं था, लेकिन उसके बाद··· ?"

"अभी-अभी तो मैंने बता दिया कि इच्छा ही नहीं हुई।"

"इच्छा-अनिच्छा की बात उठ जाने पर कोई प्रश्न भी नहीं चलता विमल बाबू। तो भी मेरे एक और प्रश्न का उत्तर आप दीजिए। इस समय क्या गृहस्थ बनने में आपको आपत्ति है?"

ब्रजबाबू के प्रश्न से विमल बाबू जितना आश्चर्य अनुभव कर रहे थे, उससे भी अधिक कौतुक पा रहे थे। दबी हँसी से उनके नेत्र और मुख उज्ज्वल हो उठा था। बोले, "आपत्ति किसी दिन भी नहीं थी ब्रजबाबू। आज भी नहीं है। हो सकता है कि मेरे विवाह का मार्ग निर्विघ्न है, इसीलिए स्वयं प्रजापति रास्ता रोककर बैठे हैं। नववधू का शुभागमन नहीं हुआ।"

ब्रजबाबू ने कहा, "आपकी बात मैं ठीक तरह समझ न सका।"

"देखिए, विवाह के पात्र की दृष्टि से शायद मैं सभी तरह से ही उपयुक्त हूँ, यह बात बहुतों ने ही कही है; कम-से-कम घटक संप्रदाय तो कहते ही हैं, तो भी जिसके समूचे यौवन में ब्याह का फूल नहीं खिला, उस स्थल में प्रजापति की बाधा के अतिरिक्त और क्या कहा जा सकता है, बोलिए?"

"देखिए, विवाह के पात्र की दृष्टि से शायद मैं सभी तरह से ही उपयुक्त हूँ, यह बात बहुतों ने ही कही है; कम-से-कम घटक संप्रदाय तो कहते ही हैं, तो भी जिसके समूचे यौवन में ब्याह का फूल नहीं खिला, उस स्थल में प्रजापति की बाधा के अतिरिक्त और क्या कहा जा सकता है, बोलिए?"

"लेकिन इतने दिनों तक खिला नहीं है, इसीलिए किसी दिन भी न खिलेगा, यह भी तो नहीं है।"

''लेकिन इतने दिनों तक खिला नहीं है, इसीलिए किसी दिन भी न खिलेगा, यह भी तो नहीं है।''

''समय निकल चुका है भैया! असमय में क्या फूल खिलता है? जबरदस्ती करने से उसकी विकृति मात्र पैदा होती है। विवाह-व्यापार बहुत कुछ मौसमी फूल की भाँति है। ठीक अपनी ऋतु में आप ही खिल जाता है। ऋतु के बीत जाने पर फिर नहीं खिलता, तब वह दुर्लभ हो जाता है।''?

ब्रजबाबू ने तनिक सोचकर हास्य की मुद्रा में कहा, ''अच्छा, माली चेष्टा करने से असमय में ही फूल जुटा सकता है, लेकिन उस बात को छोड़िए, विवाह जो ठीक मौसमी फूल है, इसको मैं मान नहीं सकता। ब्याह का फूल खिलना नामक एक कहावत इस देश में है, लेकिन किसी भी देश में वह खेती के नियम को मानकर चलता है, ऐसा प्रमाण शायद नहीं है।''

''समय निकल चुका है भैया! असमय में क्या फूल खिलता है? जबरदस्ती करने से उसकी विकृति मात्र पैदा होती है। विवाह-व्यापार बहुत कुछ मौसमी फूल की भाँति है। ठीक अपनी ऋतु में आप ही खिल जाता है। ऋतु के बीत जाने पर फिर नहीं खिलता, तब वह दुर्लभ हो जाता है।''?

विमल बाबू ने कहा, ''नहीं, नहीं, यह बात नहीं है। मैं कहना चाहता हूँ, जीवन में विवाह का एक निर्दिष्ट शुभ लग्न है। उस लग्न के टल जाने पर फिर विवाह नहीं होता। जो लोग उसके बाद भी विवाह करते हैं, वह ठीक विवाह नहीं है।''

''तो वह है क्या?''

''वह केवल स्त्री-पुरुष का एक साथ रहना मात्र है। किसी मामले में वंशरक्षा के प्रयोजन से, किसी मामले में संसार-यात्रा निर्वाह अथवा सुख-सुविधा और विश्राम के प्रयोजन से, किसी मामले में केवल मात्र हृदय-मन की विलासिता चरितार्थ करने के लिए।''

कौतूहल से ब्रजबाबू ने पूछा, ''उन सभी को छोड़कर विवाह को और कौन सी वस्तु आप कहना चाहते हैं?''

''उसे ठीक समझाकर बताना कठिन है। दुनिया में देखा जाता है, समाज अनुमोदित पुरुष और नारी के मिलन को विवाह कहते हैं, लेकिन मैं ऐसा नहीं समझता। मनुष्य के जीवन में ऐसी एक वसंत ऋतु आती है, ऐसा एक आनंद-काल आता है कि परम क्षण में नर-नारी का इच्छित मिलन, शरीर-मन में अपूर्व रस और रंग में रंगीन हो उठता है। दो प्राणों के, दो शरीर-मन के वह जो रस-मधुर वर्णराग हैं, उन्हें ही मैं कहता हूँ विवाह। सूर्यास्त के बाद वाले क्षण में ही, जब संध्या नहीं रहता, लेकिन दिन ढल जाता है, वही सुंदर संधि लग्न है, कुछ ही देर तक स्थिर रहती है। उसको हम वेला

कहते हैं। उसी रमणीय समय के बीच पश्चिम के आकाश में उठती है अपूर्व ज्योति की लाली और असीम रंगों का वैचित्र्य जो समस्त दिन-रात के दीर्घ समय के बीच फिर किसी तरह भी किसी क्षण में भी पकड़ा नहीं जाता। वह है उसी विशेष क्षण की सामग्री। मनुष्य के जीवन में विवाह भी ठीक वही है।''

ब्रजबाबू ने मुसकराकर कहा, ''समझ गया, लेकिन आपने जो कुछ कहा विमल बाबू, वह शायद आप लोगों के कल्पना-काव्य के पन्ने पर लिखा है, जीवन के हिसाब के खाते में नहीं लिखा है।''

''इसीलिए तो हमारे विवाहित जीवन के पन्ने पर इतनी गड़बड़ी जम जाती है, हिसाब मिलता ही नहीं किसी तरह···।''

''अर्थात् आप कहते हैं, विवाह का व्यापार काव्य की पुस्तकों के छंदों के अंतर्गत है, हिसाब के खाते के अंकों के अंतर्गत नहीं है?''

इस बात का उत्तर बचाकर विमल बाबू ने कहा, ''आप ही बताइए न भैया! विवाह की अभिज्ञता मेरे अपने जीवन में एक बार भी नहीं हुई, लेकिन आपको हुई है एक-आध बार। आप इस विषय में मुझसे अभिज्ञ हैं।''

''मेरी बात अगर आप मान लें तो बताऊँ?''

''बताइए।''

''ब्याह का फूल खिलने का दिन आज भी आपका अटूट है।''

''इसके माने? आप क्या कहना चाहते हैं इस उम्र में···''

''अर्थात् आप कहते हैं, विवाह का व्यापार काव्य की पुस्तकों के छंदों के अंतर्गत है, हिसाब के खाते के अंकों के अंतर्गत नहीं है?'' इस बात का उत्तर बचाकर विमल बाबू ने कहा, ''आप ही बताइए न भैया! विवाह की अभिज्ञता मेरे अपने जीवन में एक बार भी नहीं हुई, लेकिन आपको हुई है एक-आध बार। आप इस विषय में मुझसे अभिज्ञ हैं।''

विमल बाबू का वाक्य पूरा होने के पहले ही ब्रजबाबू हँस पड़े, ''आपने सचमुच ही हँसा दिया विमल बाबू!''

''क्यों, बताइए तो?''

''आपके विवाह की अवस्था अब नहीं है, इस तरह की असंभव धारणा किस तरह हो गई? तो इस दशा में हम लोग तो···।''

''लेकिन आप अधिक उम्र में विवाह करके एक बार भी सुखी नहीं हुए, यह भी तो सच है?''

''क्या आप भाग्य को मानते हैं?''

''कुछ-कुछ मानता अवश्य हूँ, लेकिन भाग्यवादी नहीं हूँ।''

''जन्म-मृत्यु-विवाह, ये तीन बातें पूर्णतः भाग्य के ऊपर निर्भर करती हैं, इसे क्या आप स्वीकार करते हैं ?''

''नहीं, इस युग में विज्ञान की सहायता से जन्म और मृत्यु पर पूर्णतः अधिकार भले ही न हुआ हो, कुछ-कुछ बातों पर मनुष्य नियंत्रण कर सका है। यद्यपि जन्म-मृत्यु प्रकृति के अधीन हैं, जीव-मात्र ही प्रकृति के नियमों के अधीन है। इसीलिए इन दोनों को छोड़कर विवाह को ही लीजिए। वह है सामाजिक सुविधा के लिए मनुष्य का बनाया नियम! इस कारण उस मामले में भाग्य का हाथ विशेष नहीं है। मनुष्य की इच्छा ही इस मामले में सबकुछ है।''

ये सब युक्ति-तर्क संभवतः ब्रजबाबू को अच्छे नहीं लग रहे थे। इसलिए इस आलोचना में फिर सम्मिलित न होकर वह चुपचाप आँखें मूँदकर आरामकुरसी पर लेटे रहे। विमल बाबू ने भी अखबार पढ़ने में मन लगाया।

संध्या गाढ़ी होती जा रही थी। अखबार के अक्षर क्रमशः अस्पष्ट होते जा रहे थे। विमल बाबू ने दो-एक बार मुँह ऊपर उठाकर देखा कि बत्ती जलाई गई है या नहीं।

अर्द्ध-निद्रित ब्रजबाबू मुँदी हुई आँखों से क्या सोच रहे थे, कौन जाने। वह अचानक सीधे होकर उठ बैठे और दायाँ हाथ बढ़ाकर उन्होंने विमल बाबू का एक हाथ दबाकर पकड़ लिया। व्यथित कंठ से बोले, ''विमल बाबू, तो इस दशा में आप सचमुच विश्वास करते हैं कि विवाह भाग्य के अधीन नहीं है, मनुष्य की इच्छा पर निर्भर है ?''

विमल बाबू ने अचरज में पड़कर कहा, ''हाँ, मेरा विश्वास तो यही है। लेकिन आप इतना चंचल क्यों हो गए ब्रजबाबू ?''

अर्द्ध-निद्रित ब्रजबाबू मुँदी हुई आँखों से क्या सोच रहे थे, कौन जाने। वह अचानक सीधे होकर उठ बैठे और दायाँ हाथ बढ़ाकर उन्होंने विमल बाबू का एक हाथ दबाकर पकड़ लिया। व्यथित कंठ से बोले, ''विमल बाबू, तो इस दशा में आप सचमुच विश्वास करते हैं कि विवाह भाग्य के अधीन नहीं है, मनुष्य की इच्छा पर निर्भर है ?''
विमल बाबू ने अचरज में पड़कर कहा, ''हाँ, मेरा विश्वास तो यही है। लेकिन आप इतना चंचल क्यों हो गए ब्रजबाबू ?''

''बतला रहा हूँ, लेकिन इसके पहले आप वचन दीजिए कि मेरा अनुरोध मान लेंगे। नहीं-नहीं, अनुरोध है, प्रार्थना है, यह मेरी भिक्षा है।'' ब्रजबाबू ने व्यथित होकर विमल बाबू के दोनों हाथ थाम लिए।

व्याकुल होकर विमल बाबू ने कहा, ''आप यह क्या कह रहे हैं ? मैं आपके छोटे

भाई की तरह हूँ। जो आज्ञा जिस समय देंगे, उसका मैं पालन करूँगा। ऐसी अनुचित बात का उच्चारण करके मुझे दोषी मत बनाइए।''

''नहीं, नहीं, बात सुन लेने पर आप समझ जाएँगे कि यह मेरा अनुरोध नहीं है, एकांत प्रार्थना ही है। बोलिए, मेरी विनती स्वीकार कीजिएगा?''

''सामर्थ्य में होने से अवश्य ही मानूँगा।'' विमल बाबू ने यह बात विशेष उत्कंठित होकर ही कही।

सजल नेत्रों से ब्रजबाबू ने कहा, ''गोविंदजी आपका भला करेंगे। मेरी जन्म-दुःखिनी बेटी का भार आप ले लें विमल बाबू। उसको आपके हाथ में देकर मैं निश्चिंत होना चाहता हूँ।''

विमल बाबू आश्चर्यचकित रह गए। उन्होंने सपने में भी कल्पना नहीं की थी, ब्रजबाबू उनको विवाह के पात्र रूप में अपनी कन्या के लिए निर्वाचित कर सकते हैं। कुछ देर चुप रहकर वह बोले, ''आप पहले कुछ स्वस्थ हो जाइए ब्रजबाबू, ये सब बातें बाद में होंगी।''

ब्रजबाबू दुःखित भाव से कहने लगे, ''आप हैं उदार प्रकृति, हृदय आपका विशाल है। किसी दूसरे के सामने साहस करके मैं यह प्रस्ताव रख नहीं सकता था। मेरे जीवन की दुःख-दुर्दशा की कहानी आपको मालूम है। देवता के निर्माण की भाँति ही मेरी बेटी निष्कलंक है। उसके गुणों का अंत नहीं है, सौंदर्य भी विशेष अवहेलना का नहीं है। फिर भी ऐसी लड़की के भाग्य में भी विधाता ने इतना दुःख लिखा है। आप शायद जानते नहीं, रेणुका की अब शादी होनी कठिन है। आज मेरे पास नहीं है अर्थबल, न है कोई जनबल, न है कुल का गौरव। उसकी शादी की आशा नहीं है।''

बड़ी आशा से आग्रहान्वित होकर ब्रजबाबू इतनी देर तक बातें करते रहे, लेकिन विमल बाबू मौन होकर ही बैठे हैं, देखकर अचानक वह भग्नोत्साह होकर नेत्र बंद करके आरामकुरसी पर लेट गए। थोड़ी देर बाद जुड़े हुए हाथ माथे पर लगाकर निरुपाय की भाँति बोले, ''गोविंद, तुम्हारी इच्छा पूर्ण हो!''

सरला बरामदे में लालटेन ले आई।

बड़ी आशा से आग्रहान्वित होकर ब्रजबाबू इतनी देर तक बातें करते रहे, लेकिन विमल बाबू मौन होकर ही बैठे हैं, देखकर अचानक वह भग्नोत्साह होकर नेत्र बंद करके आरामकुरसी पर लेट गए। थोड़ी देर बाद जुड़े हुए हाथ माथे पर लगाकर निरुपाय की भाँति बोले, ''गोविंद, तुम्हारी इच्छा पूर्ण हो!''

सरला बरामदे में लालटेन ले आई।

विमल बाबू ने पूछा, ''बेटी, राजू घर पर है न?''

विमल बाबू ने पूछा, "बेटी, राजू घर पर है न?"

सरला ने कहा, "नहीं। थोड़ी देर पहले वह डॉक्टर के यहाँ गए हैं। अभी तुरंत ही लौटेंगे।" ब्रजबाबू की तरफ ताककर उसने कहा, "चाचाजी, आपके लिए संतरे का रस ले आऊँ?"

ब्रजबाबू ने संकेत से हाथ हिलाकर मना कर दिया।

विमल बाबू ने कहा, "नहीं, क्यों भैया, आपका संतरे का रस पीने का समय तो हो गया। ले आओ सरला बेटी।" ब्रजबाबू ने फिर मना नहीं किया। बंद नेत्रों से निर्जीव की भाँति पड़े रहे। लालटेन के धीमे प्रकाश में विमल बाबू ने तीक्ष्ण दृष्टि से लक्ष्य किया—अस्वस्थ ब्रजबाबू का रक्तहीन मुख-मंडल पीले रंग का बदरंग हो गया। बंद नेत्रों के दोनों कोनों में दो बहुत छोटे अश्रुबिंदु फूट उठे हैं।

विमल बाबू ने कहा, "नहीं, क्यों भैया, आपका संतरे का रस पीने का समय तो हो गया। ले आओ सरला बेटी।" ब्रजबाबू ने फिर मना नहीं किया। बंद नेत्रों से निर्जीव की भाँति पड़े रहे। लालटेन के धीमे प्रकाश में विमल बाबू ने तीक्ष्ण दृष्टि से लक्ष्य किया—अस्वस्थ ब्रजबाबू का रक्तहीन मुख-मंडल पीले रंग का बदरंग हो गया। बंद नेत्रों के दोनों कोनों में दो बहुत छोटे अश्रुबिंदु फूट उठे हैं।

प्राणाधिक प्रिय कन्या के भविष्य के संबंध में कितनी गंभीर हताशा की छिपी हुई वेदना से उस परम सहिष्णु मनुष्य के नेत्रों के कोने में आज अश्रुकण निकल पड़े हैं, विमल बाबू को समझना शेष नहीं रहा। निरुपाय वेदना से उनका पूरा हृदय दुःखी हो उठा। चुपचाप बैठकर सोचने लगे। गोविंदजी की आरती का घंटा बज उठा। रेणुका स्वयं उपस्थित रहकर पुजारी की सहायता से आरती करा रही थी। ब्रजबाबू आरामकुरसी पर सीधे होकर उठ बैठे। जब तक घंटा बंद नहीं हुआ, वह माथे पर जुड़े हुए हाथ लगाकर सिर झुकाए मौन बने रहे। धूप-धूना, चंदन काष्ठ-चूर्ण और गुग्गुल के धूम्र-सौरभ से संध्या की मृदु वायु सुरभित हो उठी। घंटा बंद हो जाने पर उसके बाद भी ब्रजबाबू बहुत देर तक एक ही भाव से इष्ट देवता की मन-ही-मन वंदना करके बाद को कुरसी पर लंबे होकर लेट गए।

रेणुका ने आकर उनको गोविंद का चरणामृत और संतरे का रस पिलाया। थोड़ी देर बाद राखाल आकर विमल बाबू की सहायता से ब्रजबाबू को कमरे में ले गया। दो आदमियों के कंधे पर दोनों हाथों से अशक्त शरीर का भार रखकर अति कष्ट से ब्रजबाबू थोड़ा चल सकते थे।

भोजनादि के बाद विमल बाबू अगले दिन ब्रजबाबू के पलंग के पास आकर बैठ गए।

ब्रजबाबू के रोगशीर्ण हाथ को अपनी मुट्ठी में उठाकर चुपके-चुपके कहा, ''आपने कल संध्या को जो प्रस्ताव मेरे सामने उपस्थित किया था, उस संबंध में कुछ सोच-विचार करके देखना चाहता हूँ। आपको मैं कल बता दूँगा।''

ब्रजबाबू ने सिर हिलाकर इशारे में समर्थन किया।

विमल बाबू के उठ जाने पर छायाच्छान्न एकांत कमरे में शय्याशायी ब्रजबाबू अस्पष्ट स्वर से बार-बार अपने इष्ट देवता गोविंद का नाम उच्चारण करने लगे।

अगले दिन सवेरे जब विमल बाबू ब्रजबाबू के पास आकर बैठ गए, तब ब्रजबाबू ने लक्ष्य किया एक परितृप्त आनंद की स्निग्ध दीप्ति विमल बाबू के मुखमंडल पर फैली हुई है। उस उज्ज्वल मुख की तरफ देखकर ब्रजबाबू मन-ही-मन शायद कुछ आशान्वित हो उठे, लेकिन साहस करके भी प्रश्न न कर सके।

वह बोले, ''अखबार आ गया है। राजू ने पढ़कर सुनाना चाहा था, मैंने मना कर दिया है। क्या होगा संसारभर के लोगों का दैनिक विवरण सुनकर, उससे तो अच्छा है कोई सद्ग्रंथ को सुना जाए। उसे सुनने से मन को तो शांति मिलेगी और परलोक में भी कल्याण होगा।''

विमल बाबू हँसकर बोले, ''कौन ग्रंथ सुनने की इच्छा है, बताइए, पढ़कर सुनाऊँ?''

''चैतन्य चरितामृत सुनाइएगा?''

विमल बाबू ने कहा, ''वैष्णव धर्मशास्त्रों में वही एक आश्चर्यजनक ग्रंथ है।''

''उसे पढ़ चुके हैं आप?'' ब्रजबाबू के कंठ में आश्चर्य और आनंद उच्छ्वसित हो उठा।

ब्रजबाबू के रोगशीर्ण हाथ को अपनी मुट्ठी में उठाकर चुपके-चुपके कहा, ''आपने कल संध्या को जो प्रस्ताव मेरे सामने उपस्थित किया था, उस संबंध में कुछ सोच-विचार करके देखना चाहता हूँ। आपको मैं कल बता दूँगा।'' ब्रजबाबू ने सिर हिलाकर इशारे में समर्थन किया। विमल बाबू के उठ जाने पर छायाच्छान्न एकांत कमरे में शय्याशायी ब्रजबाबू अस्पष्ट स्वर से बार-बार अपने इष्ट देवता गोविंद का नाम उच्चारण करने लगे।

''कुछ थोड़ा सा देखा-भाला है। पढ़ना हुआ है, ठीक नहीं कहा जा सकता।''

''यह तो नहीं है, चैतन्य चरितामृत का जो मनुष्य पाठ कर सका है अर्थात् उसका अर्थ हृदयंगम कर सका है, वह गोविंद के पाद-पद्म तक पहुँच गया है।''

विमल बाबू ने कहा, ''यहाँ क्या चैतन्य चरितामृत है?''

''हाँ है। रेणुका को मैंने भागवत और चरितामृत साथ लाने को कहा था। रेणुका स्वयं भी उस ग्रंथ को पढ़ना खूब पसंद करती है। उसने कई बार पढ़ा भी है।''

"ऐसी बात है? तब तो आपने लड़कों को भी भागवत प्रेमामृत का आस्वादन कराया है, यों कहिए।"

जीभ दबाकर जुड़े हुए हाथ माथे पर रखकर प्रणाम करके ब्रजबाबू ने कहा, "छिह! छिह! ऐसी बात मुँह में नहीं लानी चाहिए। उससे मुझे दोष लगेगा। गोविंद के प्रेम का आस्वाद क्या मनुष्य-मनुष्य को दे सकता है, विमल बाबू! ज्ञान, बुद्धि, विद्या, सब ही वहाँ तुच्छा अर्थहीन हैं। केवल वहाँ स्वयं जिस पर कृपा करते हैं, वही भाग्यवान् दुनिया में उनके प्रेम का दुर्लभ आस्वाद पाकर धन्य हो जाता है।"

जीभ दबाकर जुड़े हुए हाथ माथे पर रखकर प्रणाम करके ब्रजबाबू ने कहा, "छिह! छिह! ऐसी बात मुँह में नहीं लानी चाहिए। उससे मुझे दोष लगेगा। गोविंद के प्रेम का आस्वाद क्या मनुष्य-मनुष्य को दे सकता है, विमल बाबू! ज्ञान, बुद्धि, विद्या, सब ही वहाँ तुच्छा अर्थहीन हैं। केवल वहाँ स्वयं जिस पर कृपा करते हैं, वही भाग्यवान् दुनिया में उनके प्रेम का दुर्लभ आस्वाद पाकर धन्य हो जाता है।"

विमल बाबू मौन हो रहे।

ब्रजबाबू कहने लगे, "वही जो कल संध्या को एकांतिक आकांक्षा से आपसे मैंने एक प्रार्थना की थी, आज सवेरे फिर तो उसके लिए कुछ भी आग्रह अनुभव मैं नहीं करता। यह क्या गोविंद की ही दया नहीं है।" सरल हँसी से ब्रजबाबू का मुँह कोमल हो उठा।

विमल बाबू ने कहा, "मैंने कल रात को सोच-विचार करके उस विषय में अपना कर्तव्य स्थिर कर लिया है।"

ब्रजबाबू के रोग-पांडुर मुखमंडल पर परितृप्ति की आनंद रेखा खिल उठी। उन्होंने कहा, "मैं जानता हूँ, तुमको उपलक्ष्य करके गोविंद मुझको भारमुक्त करेंगे।"

विमल बाबू ने कहा, "आप कैसे जान गए बताइए तो?" ये थोड़ी सी बातें स्निग्ध कौतुक से समुज्ज्वल थीं।

ब्रजबाबू के मुख पर असीम विश्वास और भक्ति की पवित्र आभा छा गई।

विमल बाबू मौन हो रहे।

जगत् के बहुत तरह के दुःखों से निपीड़ित इस रोगातुर वृद्ध के सरल चित्त की परितृप्ति की प्रफुल्लता को नष्ट करने को उनका मन हो नहीं रहा था, फिर भी बात यहाँ कहे बिना काम भी नहीं चलता। वृद्ध की भ्रांत धारणा दूर न कर सकने से जटिलता बढ़ जाने की संभावना है।

विमल बाबू ने कहा, "मैंने कल विशेष रूप से आपके प्रस्ताव के संबंध में विचार किया है। सब ओर से विचार करके मैंने रेणुका को ग्रहण करना निश्चय किया है,

लेकिन इस संबंध में एक बात है। आप वचन दीजिए, मैं जो चाहूँगा, वह आप देंगे?''

ब्रजबाबू ने अचरज के साथ विमल बाबू के मुँह की तरफ देखकर कहा, ''कहिए!''

विमल बाबू ने कहा, ''आपने मुझे कन्यादान देना चाहा है। मैं उसको स्वेच्छा से और प्रसन्नता के साथ ग्रहण करना चाहता हूँ। याग-यज्ञ मंत्रोच्चारण करके, धार्मिक, सामाजिक और कानूनी रीति से पत्नी रूप में ग्रहण करने से वह हम लोगों का गोत्र और उपाधि लेकर हमारे वंश के अंदर आ जाती। मेरी संपत्ति पर उसका अधिकार हो जाता, मेरी मृत्यु से उसको अशौच पालन करना पड़ता। याग-यज्ञ मंत्रोच्चारण करके ही धार्मिक, सामाजिक और कानूनी रीति से उसे अपनी दत्तक कन्या के रूप में मैं ग्रहण करना चाहता हूँ। इससे भी वह मेरे वंश और गोत्र को पा लेगी। मेरी संपत्ति की उत्तराधिकारिणी होकर मेरे मरने के बाद अशौच पालन करेगी।''

कुछ देर चुप रहकर विमल बाबू ने कहा, ''विवाह योग्य कोई सत्पात्र मेरे वंश में रहता तो उसको अपनी सारी संपत्ति का उत्तराधिकारी बनाकर रेणुका को मैं अपनी पुत्रवधू के रूप में ले जाता, लेकिन उस तरह का कोई अपना मेरा नहीं है। दूर संपर्क के जो लोग हैं, मेरी रेणुका बेटी के लिए उपयुक्त पात्र नहीं हैं। इसलिए मैंने निश्चय किया है कि सीधे तौर से मैं उसे दत्तक कन्या के रूप में ग्रहण करूँगा।''

ब्रजबाबू आश्चर्य से विमल बाबू की तरफ देखते रहे, बात कह न पाए।

विमल बाबू कहने लगे, ''रेणुका आपकी कितनी स्नेह की सामग्री है, मैं जानता हूँ। मेरी भी वह कम स्नेह पात्री नहीं है। उसको संतान रूप में ही ग्रहण करने को मैं तैयार हूँ।''

कुछ देर चुप रहकर विमल बाबू ने कहा, ''विवाह योग्य कोई सत्पात्र मेरे वंश में रहता तो उसको अपनी सारी संपत्ति का उत्तराधिकारी बनाकर रेणुका को मैं अपनी पुत्रवधू के रूप में ले जाता, लेकिन उस तरह का कोई अपना मेरा नहीं है। दूर संपर्क के जो लोग हैं, मेरी रेणुका बेटी के लिए उपयुक्त पात्र नहीं हैं। इसलिए मैंने निश्चय किया है कि सीधे तौर से मैं उसे दत्तक कन्या के रूप में ग्रहण करूँगा। रेणुका बेटी का उपयुक्त सत्पात्र के हाथ सौंपने का भार और उसके भविष्य के संबंध में चिंता करने का दायित्व सब मैं लेता हूँ, आपका और नहीं रहा।''

ब्रजबाबू ने लंबी साँस छोड़कर आँखें बंद कर लीं। उत्तर नहीं दिया। उनके मुखमंडल पर इच्छा या अनिच्छा की कोई भी रेखा खिली नहीं। जैसे मौन थे, वैसे ही बने रहे।

दोपहर को राखाल ने विमल बाबू को एकांत में ले जाकर अत्यंत गंभीर मुँह से कहा, ''आपके साथ कुछ परामर्श करना है।''

विमल बाबू जिज्ञासु दृष्टि से देखने लगे तो राखाल ने जेब से डाकघर का मोहर लगा एक पत्र निकालकर कहा, ''पढ़कर देखिए।''

विमल बाबू ने पत्र हाथ में लेकर एक बार भेजनेवाले के नाम को लक्ष्य किया, ''मंगलाकांक्षी श्री हेमंत कुमार मित्र।'' बोले, ''ये कौन हैं राजू? पहचान तो नहीं पाया।''

''चाचाजी के नए साले हैं। हम लोगों के शकुनी मामा, इसका नाम क्या आपने सुना नहीं है?''

''ओह! ये ही ब्रजबाबू के कारोबार के प्रधान संचालक थे न?''

विमल बाबू ने कहा, ''यह तो होगा ही।''
फिर क्षणभर सोचकर उन्होंने कहा, ''उस पत्र को उनके हाथ में देने की आवश्यकता नहीं है, पढ़कर सुना देने से ही काम चल जाएगा, क्योंकि पत्र के कुछ अंश कड़ी बातें हैं। उनको न सुनाने से ही अच्छा होगा।''
''ठीक है। किस अंश को छोड़कर कितना उनको सुनाया जा सकता है, बताइए न?''

''हाँ। केवल कारोबार के क्यों, धन-संपत्ति, घर-गृहस्थी, स्त्री-कन्या का सब भार ही स्वेच्छा से कंधे पर उठाकर चाचाजी को बिना झमेले के गोविंदजी के चरणों में कर दिया था।''

चुपचाप झुके नेत्रों से पत्र पढ़कर विमल बाबू ने नेत्र ऊपर उठाकर राखाल के मुँह की तरफ ताका।

राखाल ने कहा, ''बताइए तो भला, यह पत्र चाचाजी के हाथ में देना ठीक है या नहीं?''

विमल बाबू मौन रहकर सोचने लगे।

राखाल ने फिर कहा, ''चाचाजी से इस खबर को छिपा रखना भी तो हम लोगों के लिए बुरा होगा।''

विमल बाबू ने कहा, ''यह तो होगा ही।''

फिर क्षणभर सोचकर उन्होंने कहा, ''उस पत्र को उनके हाथ में देने की आवश्यकता नहीं है, पढ़कर सुना देने से ही काम चल जाएगा, क्योंकि पत्र के कुछ अंश कड़ी बातें हैं। उनको न सुनाने से ही अच्छा होगा।''

''ठीक है। किस अंश को छोड़कर कितना उनको सुनाया जा सकता है, बताइए न?''

''यही जो लिखा है, ''जिस कलंकित वंश में रानी ने जन्म ग्रहण किया है उसके कलंक की लज्जा तो उसे चिरदिन ढोनी पड़ेगी ही, जानता हूँ। मुझे आशंका होती है, कहीं आपके अपराध और महापाप दंड का अंत तक मेरी निरपराध भानजी को स्पर्श न करे? इसीलिए उसको यथासंभव शीघ्र सत्पात्र को सौंपने का प्रबंध मैंने किया है। आपको खबर देने की इच्छा नहीं थी, लेकिन लौकिक और धार्मिक दृष्टि से…'' इत्यादि। अब इन अंशों को उनको सुनाने की आवश्यकता नहीं है।''

राखाल ने कहा, ''रानी का विवाह ठीक हो गया। उसके पिता की इच्छा-अनिच्छा, संपत्ति और असम्मति की प्रतीक्षा किए बिना ही अचरज है! दुनिया में आपने ऐसा देखा है विमल बाबू?''

विमल बाबू केवल हँस दिए।

राखाल फिर पढ़ने लगा, ''आज निर्विघ्न रूप से हल्दी लगाने का शुभ कार्य संपन्न हो गया, कल गोधूलि लग्न में विवाह होगा। इतनी ही बातें केवल लिखी हैं। कहाँ विवाह हो रहा है, पात्र कैसा है, कुछ भी नहीं लिखा है। बुद्धि देख ली न?''

विमल बाबू मौन रहे।

राखाल ने कहा, ''बड़ी कन्या अविवाहिता रही, फिर भी छोटी कन्या का ठाठ-बाट से विवाह?''

विमल बाबू ने शांत स्वर में कहा, ''जगत् का यही नियम है राजू। कोई कुछ भी किसी के लिए प्रतीक्षा करके नहीं रहता।''

''चाचाजी उन लोगों को सर्वस्व देकर आज कौड़ी-कौड़ी के लिए मुहताज हैं, इसीलिए इतनी ज्यादती संभव हुई, वरना हो नहीं सकती थी।''

उदास मुख से विमल बाबू ने कहा, ''यह भी शायद जगत् का ही सहज नियम है।''

पत्र मिलने के समय से ही राखाल के हृदय के अंदर जलन हो रही थी। उसने कहा, ''संसार का नियम होने से ही सबकुछ नहीं ही सहा जाता विमल बाबू।''

विमल बाबू ने हँसकर कहा, ''लेकिन सहे बिना भी तो कोई रास्ता नहीं दिखाई पड़ता।''

बाईस

जाड़े की संध्या का समय था। कलकत्ता की एक पतली गली में एक एकतल्ले मकान के किवाड़ ओठँगाए हुए कमरे में रेणुका लालटेन के सामने बैठकर पशमीने की छोटी टोपी बुन रही थी। द्वार के बाहर से सरला ने पुकारा, ''दीदी… !''

रेणुका ने उत्तर दिया, ''आओ!''

सरला ने किवाड़ ठेलकर प्रवेश किया। उसके पीछे एक बड़ा टोकरा दासी लिए थी।''

रेणुका ने उसे देखकर ज्योंही सरला की ओर ताका, त्योंही सरला ने कहा, ''गोविंदजी के लिए माँ ने कुछ फल-फूल, साग-सब्जी और मक्खन भेजा है।''

थोड़ी देर मौन रहकर रेणुका ने कहा, ''सरला दीदी, उसे तो हम लोग ले न सकेंगे।''

सरला ने कुंठित से कैफियत के स्वर में कहा, ''यह क्या दीदी, यह तो तुम लोगों के लिए नहीं है। यह तो गोविंदजी के···''

रेणुका ने सरला की बातों को समाप्त न होने देकर शांत स्वर में कहा, ''गोविंदजी को उपलक्ष्य बनाकर माँ ने यह सब हम लोगों के ही लिए भेजा है। यह बात तुम भी जानती हो, मैं भी जानती हूँ, सरला दीदी···लेकिन इसके लेने का उपाय नहीं है। माँ से कह देना, वह हम लोगों को क्षमा कर दें।''

शांत कंठ की इन थोड़ी सी सहज बातों के पीछे कितनी सुनिश्चित अटलता है, यह जान लेने में सरला को भूल नहीं हुई। दासी को इशारे से बाहर इंतजार करने को कहकर सरला रेणुका के पास आकर बैठ गई और उसने पूछा, ''चाचाजी अच्छे तो हैं?''

कुछ देर बीत जाने पर सरला ने तनिक इधर-उधर करके कहा, ''तो इस दशा में जा रही हूँ बहन।''

सिर हिलाकर इशारे से रेणुका ने सम्मति प्रकट की।

रेणुका एक ही भाव से अखंड मनोयोग के साथ ऊन की छोटी टोपी तेज हाथ से बुनने लगी। रात ही भर में इसे पूरा करके एक जोड़ा छोटा मोजा और बनाना होगा।

हाथ के पशमीने का काम पूरा करते-करते रेणुका ने उत्तर दिया, ''हाँ!''

बहुत समय मौन ही में बीत गया। कहने योग्य कोई बात खोजकर न पाने पर सरला मन-ही-मन संकोच अनुभव कर रही थी। इसीलिए उठने की सोच रही थी कि सहसा रेणुका ने ही बात कही। ऊन की टोपी बुनते-बुनते बोली, ''सरला दीदी, माँ को समझाकर कह दो, वह मन में दुःख न पाएँ। मेरे लिए अपने मन में दुःख-दुर्भावना रखने की उन्हें मनाही कर दो। जो होनेवाली बात नहीं है, वह होती नहीं है, इसे वह मुझसे ज्यादा ही जानती हैं। दुःख दूर करने की चेष्टा से दोनों पक्षों के ही दुःख का बोझ केवल भारी हो जाएगा।''

सरला मौन ही रही। मन में विचार आने लगा, ''इस मर्मनिर्विष्टा, नतनेत्रा कन्या ने उसके अति निकट बैठी रहकर भी अत्यंत सुदूर से इन थोड़ी सी शांत बातों को कहकर···।

कुछ देर बीत जाने पर सरला ने तनिक इधर-उधर करके कहा, ''तो इस दशा में जा रही हूँ बहन।''

सिर हिलाकर इशारे से रेणुका ने सम्मति प्रकट की।

रेणुका एक ही भाव से अखंड मनोयोग के साथ ऊन की छोटी टोपी तेज हाथ से बुनने लगी। रात ही भर में इसे पूरा करके एक जोड़ा छोटा मोजा और बनाना होगा।

सात-आठ महीने हुए, ब्रजबाबू गाँव का घर छोड़कर कलकत्ता में आकर रह

रहे हैं। विमल बाबू के किराए पर ठीक किए मकान में रेणुका ने किसी तरह भी जाना नहीं चाहा। ब्रजबाबू के बहुत कुछ स्वस्थ हो जाने से रेणुका जिद करके कम किराए के एक छोटे से एकतल्ले मकान में आ गई है। पिता की बीमारी में असहाय अवस्था में बाध्य होकर दूसरे से सहायता लेनी पड़ी है। इसलिए बराबर ही दूसरों की मुखापेक्षी होकर रहने में वह असम्मत है। इस नीरव प्रकृति की सुशीला कन्या की सम्मति कितनी सुदृढ़ है, इस घटना के बाद इसे सभी समझ गए हैं।

रेणुका ने थोड़े वेतन की एक मजदूरिन रख ली है। गृहस्थी के काम और पूजा-पाठ से छुट्टी मिलती है तो वह स्वयं छोटे बच्चों के लिए जाँघिए, पेनी फ्राक आदि की सिलाई करती है। ऊन का मोजा, टोपी, स्वेटर बुनती है। अचार, मुरब्बा और बरी तैयार करके मजदूरिन के हाथ दुकान पर बेचने के लिए भेज देती है।

छत के ऊपर टीन का छाजन का कमरा है। उसी कमरे को साफ-सुथरा बनाकर ठाकुरघर बना दिया गया है। ब्रजबाबू स्नान-भोजन और सोने के समय के अलावा सब समय इस पूजा की कोठरी में रहते हैं। गृहस्थी किस प्रकार चल रही है, कहाँ से खर्च आ रहा है, इसका रहस्य वे जानना नहीं चाहते। जानने से भय खाते हैं। रेणुका के अलावा और किसी के साथ अधिक बातचीत या भेंट-मुलाकात भी नहीं करते।

रेणुका ने थोड़े वेतन की एक मजदूरिन रख ली है। गृहस्थी के काम और पूजा-पाठ से छुट्टी मिलती है तो वह स्वयं छोटे बच्चों के लिए जाँघिए, पेनी फ्राक आदि की सिलाई करती है। ऊन का मोजा, टोपी, स्वेटर बुनती है। अचार, मुरब्बा और बरी तैयार करके मजदूरिन के हाथ दुकान पर बेचने के लिए भेज देती है।

सरला ने आशंका की थी कि सब सामान लौट जाने से सविता को बड़ा आघात लगेगा। इसलिए घर पहुँचकर वह सामान से भरे टोकरे को चुपचाप एकतल्ले के भंडारघर में रखकर ऊपर चली गई। सविता अपने कमरे में बैठकर पंचांग के पन्ने उलट रही थीं। सरला को देखकर प्रश्नभरी दृष्टि से देखने लगीं।

कमरे के फर्श पर सविता के पास बैठकर सरला ने कहा, ''चाचाजी अच्छे हैं माँ।''

''और रेणुका?''

''वह भी अच्छी है।''

सविता ने और कोई प्रश्न न करके पंचांग के पन्ने पर फिर अपना मन लगाया।

सरला आश्चर्य में पड़ गई। दूसरे दिन रेणुका से मुलाकात करके घर लौटने पर उसने देखा कि सविता उत्कंठित प्रतीक्षा में उसकी बाट जोह रही हैं। उसके बाद कितने ही तृष्णायुक्त आग्रह से एक के बाद एक प्रश्न करके सब खोद-खादकर जान लेना चाहती हैं। रेणुका क्या कह रही थी, क्या-क्या बातें उसने कहीं, उसके बाल बँधे हुए

थे या नहीं, कपड़े साफ किए गए थे या नहीं, रेणुका पहले से अधिक दुबली हो गई है या वैसी ही है, इत्यादि। ब्रजबाबू की अपेक्षा रेणुका के संबंध में ही सविता बहुत कुछ जान लेना चाहती है, इसे भी सरला ने लक्ष्य किया है।

कुछ समय मौन में बीत गया। सरला आप ही आप कहने लगी, ''उन लोगों का अभाव ऐसा कुछ आवश्यक नहीं है माँ, जिसके लिए आप इतना अधिक सोचती हैं। सिर्फ दो प्राणी हैं। उनका खर्च ही क्या है? काम भी कम है। इसीलिए रेणुका ने रसोईदारिन नहीं रखी। गृहस्थी में किसी चीज का अभाव तो मैंने देखा नहीं।''

सविता ने पंचांग के एक कोने को मोड़कर चिह्न रखकर उसे बंद कर दिया। सरला के मुँह की तरफ पूरी दृष्टि से देखकर मुसकराकर उन्होंने कहा, ''वह भले ही उन लोगों को न हो, लेकिन तुम चीजों की डलिया को कहाँ छिपाकर रख आई हो सरला?''

कुछ समय मौन में बीत गया। सरला आप ही आप कहने लगी, ''उन लोगों का अभाव ऐसा कुछ आवश्यक नहीं है माँ, जिसके लिए आप इतना अधिक सोचती हैं। सिर्फ दो प्राणी हैं। उनका खर्च ही क्या है? काम भी कम है। इसीलिए रेणुका ने रसोईदारिन नहीं रखी। गृहस्थी में किसी चीज का अभाव तो मैंने देखा नहीं।''

सरला ठिठक गई। विस्फारित नेत्रों से लक्ष्य करके उसने देखा कि सविता के चेहरे पर वेदना का चिह्न मात्र नहीं है, वरन् होंठों के किनारे दबी हुई हँसी की रेखा है।

सविता ने कहा, ''तुम शायद यह सोचकर डर गई हो सरला कि चीजें वापस आ गई हैं, सुनकर तुम लोगों की माँ दुःख और क्षोभ से व्याकुल होकर गिर पड़ेगी, यही है न?''

सरला ने लज्जित होकर कहा, ''नहीं, मैंने ठीक यह नहीं सोचा था। शायद मन में बड़ा आघात पा जाएँगी, यही भय उत्पन्न हुआ था।''

सविता स्नेह के कारण सरला की पीठ और माथे पर हाथ सहलाते-सहलाते बोली, ''बेवकूफ लड़की, तुम्हारी माँ के हृदय की ही तरफ केवल देखकर क्या सभी ने माँ को प्यार करना सीखा है। इसके लिए तो मैं रेणुका पर गुस्सा कर नहीं सकती बेटी, उसका कुछ भी दोष नहीं है।''

''वह बात आपसे कहनी न पड़ेगी। रेणुका, जो आपकी ही लड़की है, आज मानो मैं इसे सबसे अधिक स्पष्ट रूप से देख आई हूँ माँ।''

सविता ने उस बात को बचाकर सहज स्वर में कहा, ''क्या कहकर तुमको उसने आज वापस किया?''

सरला ने पूरा विवरण सुनाकर आखिर में कहा, "अच्छा माँ, एक बात मैं पूछती हूँ, वापस आएँगी, समझकर ही क्या आपने चीजें भेज दी थीं ?"

सविता ने सिर हिलाकर इशारे से बताया, "नहीं।" उसके बाद उन्होंने पूछा, "सरला बेटी, बताओ तो सचमुच ही क्या उन्हें कोई अभाव नहीं है, तुम देख आई हो ?"

"अंदर की बात किस तरह जानूँगी माँ ?"

"देखने से क्या मालूम हुआ ?"

सरला सिर झुकाए चुप रही।

सविता ने फिर प्रश्न नहीं किया। उसके प्रशांत मुख पर चिंता की काली छाया छा गई।

कुछ देर बाद सविता ने प्रश्न किया, "आज जब तुम गईं, वह तब क्या कर रही थी ?"

"ऊन की टोपी बुन रही थी।"

सविता के मुख पर वेदना का चिह्न सुस्पष्ट हो उठा। भरे कंठ से उन्होंने कहा, "राजू की मार्फत उसकी वह ऊन की सब चीजें खरीद लेने की चेष्टा की थी। उसने राजू के हाथ बेचना नहीं चाहा।"

"क्यों माँ ?"

"राजू ने जिस कीमत से उसको लेना चाहा था, वह कीमत लेने को वह राजी नहीं हुई। उसने कहा, "यह तुम लोगों की मदद करने की तरकीब है।"

सविता ने सिर हिलाकर इशारे से बताया, "नहीं।" उसके बाद उन्होंने पूछा, "सरला बेटी, बताओ तो सचमुच ही क्या उन्हें कोई अभाव नहीं है, तुम देख आई हो ?"
"अंदर की बात किस तरह जानूँगी माँ ?"
"देखने से क्या मालूम हुआ ?"
सरला सिर झुकाए चुप रही।

सरला मौन हो रही। सविता की शांत गंभीर मूर्ति की ओर देखकर वह मन-ही-मन सोचने लगी कि उस स्थिर प्रशांति की आड़ में कैसी विक्षुब्ध आँधी बहती जा रही है, दुनिया में उसे कौन जानता है।

सरला ने कहा, "माँ, मैंने सुना था कि रेणुका के लिए एक अच्छे डॉक्टर का पता-ठिकाना ले आए थे देवता। उस संबंध का क्या…"

उमड़ती हुई गहरी साँस को दबाकर सविता ने कहा, "वह हुआ नहीं। लड़की ब्याह नहीं करेगी, यह प्रतिज्ञा उसने की है।"

सरला ने धीरे-धीरे कहा, "ऐसी भली लड़की होकर भी वह… ?"

उसकी बात समाप्त होने के पहले ही सविता ने कहा, "उसने शायद कहा है, हिंदू की लड़की को दुबारा हल्दी नहीं चढ़ती। वाग्दत्ता लड़की भी विवाहिता के ही समान

है। मेरे विवाह का मामला वाग्दान के बाद बहुत दूर तक आगे बढ़ गया था। अब फिर दोबारा करके वे सब मामले होने लगें, यह मैं नहीं चाहती! तुम लोग ब्याह की चेष्टा मत करना राजू भैया, उससे मेरा कल्याण न होगा ''यह मैं जानती हूँ।''

सविता के मौन हो जाने पर सरला व्याकुल कंठ से बोल उठी, ''यह अगर रेणुका का मत है तो इस हालत में उस पात्र के साथ रेणुका के विवाह की चेष्टा कीजिए न, जिसके साथ ब्याह ठीक होकर उसके शरीर में हल्दी तक लग गई थी। भाग्य में होने से पति शायद पागल नहीं भी हो सकता।''

सविता ने फीकी हँसी हँसकर कहा, ''उसी पात्र से ही सात-आठ महीने पहले रेणुका की सौतेली बहन रानी का विवाह हो गया।''

सुनकर सरला आश्चर्यचकित हो गई।

एक मर्मभेदी लंबी साँस के साथ सविता ने कहा, ''मेरी गलती से ही ऐसा हो गया!''

सरला पलकहीन दृगों से सविता की ओर देखती रही।

सविता मृदु स्वर में स्वगत रूप से कहने लगीं, ''इतनी जल्दी गृहस्थी न होकर शायद उन लोगों को राह में खड़े होने की घड़ी नहीं आती अगर मैं इस तरह निंदा करके रेणुका का ब्याह बंद न करवा देती।

एक मर्मभेदी लंबी साँस के साथ सविता ने कहा, ''मेरी गलती से ही ऐसा हो गया!'' सरला पलकहीन दृगों से सविता की ओर देखती रही। सविता मृदु स्वर में स्वगत रूप से कहने लगीं, ''इतनी जल्दी गृहस्थी न होकर शायद उन लोगों को राह में खड़े होने की घड़ी नहीं आती अगर मैं इस तरह निंदा करके रेणुका का ब्याह बंद न करवा देती।

''जरूर एक न एक दिन उन लोगों को रास्ते में उतरना ही पड़ता, मैंने उसे आगे बढ़ा दिया, बस इतनी ही बात है। कम-से-कम रेणुका की विमाता इतनी सहूलियत से संपत्ति का बँटवारा करके जाने का बहाना न खोज पाती।''

शिबू की माँ ने आकर पुकारा, ''माँ, भैयाजी अंदर घर में आ गए हैं, उनको भोजन परोसिए। रात होती जा रही है।''

सरला झटपट उठ खड़ी हुई और बोली, ''आपको जाना न पड़ेगा माँ। मैं ही तारकबाबू को जाकर भोजन दे देती हूँ, आप कुछ आराम कीजिए।''

''नहीं सरला, चलो, मैं भी चलती हूँ। वह खाते समय मुझे न देखने से घबरा जाएगा।''

सरला के साथ सविता भी चली गईं।

हरिनपुर से लौट आने पर सविता ने अपना घर बदल दिया है। रमण बाबू के

उस पुराने घर में प्रवेश करने की अब इच्छा नहीं है। भाग्यचक्र के अधीन जिस घर में तेरह साल से अधिक काल तक प्रतिपल आत्महत्या की दुस्सह यंत्रणा भोग करके भी, आच्छान्नता के बीच अर्ध चेतनवत् बिताना पड़ा है, आज उस घर की तरफ देखने से भी आतंक से शरीर सिहर उठा। फिर भी उस घर से ही आश्रयच्युत की संभावना से अभी उस दिन भी तो उनको चिंता से विचलित चित्त हो जाना पड़ा था।

विमल बाबू ने जिस घर को ब्रजबाबू और रेणुका के लिए ठीक कर रखा था, सविता उस घर में चली गई है। विमल बाबू कलकत्ता में नहीं हैं। व्यवसाय संबंधी आवश्यक तार आने से सिंगापुर वापस चले गए हैं। सविता की देखभाल का भार लेकर राखाल को इस नए घर में रहने के लिए विमल बाबू ने अनुरोध किया था। नई माँ की देखभाल का भार लेने को राजी होने पर भी उनके घर पर रहने में राखाल ने असमर्थता प्रकट की थी। विमल बाबू से यह खबर सुनकर तारक ने स्वेच्छा से नई माँ के घर पर रहकर उनकी देखभाल का भार लिया है।

सविता की इच्छानुसार तारक ने बर्दवान की अध्यापकी छोड़कर हाईकोर्ट में प्रैक्टिस करना शुरू किया है। एकतल्ले के बाहरी हिस्से का बैठकखाना कानूनी पेशावाले के उपयुक्त सामान-असबाबों से खूब अच्छी तरह सजा दिया है। विमल बाबू ने स्वयं व्यवस्था करके उसको हाईकोर्ट के एक प्रतिष्ठित वकील का जूनियर बना दिया है। विमल बाबू की छोटी मोटर कार में ही वह कचहरी जाता-आता है। तारक के आवश्यक पोशाक पहनावे-गाऊन आदि सामान सब ही सविता ने खरीद दिए हैं।

सविता की इच्छानुसार तारक ने बर्दवान की अध्यापकी छोड़कर हाईकोर्ट में प्रैक्टिस करना शुरू किया है। एकतल्ले के बाहरी हिस्से का बैठकखाना कानूनी पेशावाले के उपयुक्त सामान-असबाबों से खूब अच्छी तरह सजा दिया है। विमल बाबू ने स्वयं व्यवस्था करके उसको हाईकोर्ट के एक प्रतिष्ठित वकील का जूनियर बना दिया है। विमल बाबू की छोटी मोटर कार में ही वह कचहरी जाता-आता है। तारक के आवश्यक पोशाक पहनावे-गाऊन आदि सामान सब ही सविता ने खरीद दिए हैं।

तारक का भोजन हो जाने पर सविता ऊपर चली आई थीं। बहुत देर बाद सरला ने ऊपर आकर कहा, "माँ, आज भी आप कुछ न खाएँगी?"

"नहीं सरला! मेरे गले में कुछ नहीं उतरेगा, लेकिन तुम अगर मेरे लिए न खाकर उपवास करना चाहोगी तो मुझे खाना ही पड़ेगा, लेकिन मैं जानती हूँ, तुम अपनी माँ के ऊपर ऐसा अत्याचार न करोगी।"

सरला मलिन भाव से खड़ी रही।

सविता ने कहा, ''जाओ बेटी, भोजन करो।''

सरला मुँह नीचे झुकाए धोती के आँचल का कोना दोनों हाथों से व्यर्थ ही लपेटने लगी।

सविता ने कहा, ''कोई मनुष्य एक समय न खाने से मरता नहीं सरला, लेकिन भोजन अधिकांश समय में उसके लिए मृत्यु से भी अधिक दुःखदायी हो उठता है। फिर भी, अगर तुम मुझे खिलाने के लिए परेशान करना चाहो तो चलो, चलती हूँ।''

सरला ने इस बार मुँह ऊपर उठाकर मृदु कंठ से कहा, ''नहीं, रहने दो माँ। मैं अकेली जाती हूँ।''

सविता ने कहा, ''कोई मनुष्य एक समय न खाने से मरता नहीं सरला, लेकिन भोजन अधिकांश समय में उसके लिए मृत्यु से भी अधिक दुःखदायी हो उठता है। फिर भी, अगर तुम मुझे खिलाने के लिए परेशान करना चाहो तो चलो, चलती हूँ।'' सरला ने इस बार मुँह ऊपर उठाकर मृदु कंठ से कहा, ''नहीं, रहने दो माँ। मैं अकेली जाती हूँ।''

निस्तब्ध कमरे में बत्ती बुझाकर दरवाजे को सिटकिनी बंद करके सविता फर्श पर लेट गईं।

आज दोपहर को राखाल आया था। सविता विपत्तिग्रस्त पति और कन्या का सब समाचार जान गई हैं। सारा दिन मानो उदासीनता के बीच से छाया की तरह बीत गया है, रात के स्तब्ध निर्जन अवकाश में वेदनो-भावातुर अंतस्तल में कुछ-कुछ मानो चेतना लौट आई है। दोनों नेत्रों की अविरल विगलित अश्रुधारा से कठोर फर्श और लापरवाही से बँधी हुई केशराशि भीगने लगी। कोई भी शब्द नहीं है। चंचलता नहीं है। निस्पंद शरीर में फैलाई हुई बाँहों पर माथा रखकर धरती पर एक करवट पर पड़ी हुई हैं। उपायहीन हानि के क्षोभ से उनका समस्त हृदय आज कातर और विकल है। कोई सांत्वना भी आज ढूँढ़ने पर उन्हें नहीं मिल रही है। अपनी संतान का यह दुःख और कृच्छसाधन उनको दिन-रात मानो आग की चिनगारी के आघात से जर्जरित कर रहा है। समस्त हृदय क्षत-विक्षत हो जाने पर भी वेदना से आर्त्तनाद करने का उपाय कहाँ है। बलि-पशु की तरह रक्त सने शरीर से धूलि में पड़ी रहकर छटपटाते रहने के अतिरिक्त कोई उपाय नहीं है।

आज उनका तृषित मातृ हृदयदोनों बाँहों को बढ़ाकर जिसको छाती के अंदर खींच लेने को व्याकुल है, संसार में वही आज उससे सबसे अधिक पराई, सबसे अधिक दूर की हो गई है।

परिपूर्ण यौवन की उच्छ्वसित वसंत ऋतु में जब जीवन स्वतः ही प्यास से आतुर रहता है, उनको उन दिनों को बिल्कुल ही निःसंग अवस्था में ढोना पड़ा है,

नहीं मिला है हृदय का अंतरंग साथी, न तो मिला है यौवन का प्राणवान सहचर। उस एकांत अकेलेपन के बीच अचानक एक दिन न मालूम कहाँ से आकस्मिक विप्लव हो गया, उसे वह स्वयं भी स्पष्ट रूप से समझ नहीं सकीं। जब होश हुआ, आस-पास उन्होंने देख लिया कि सारी दुनिया में उनका कोई नहीं है, कुछ नहीं है, पति, संतान, गृह, परिजन, संसार-प्रतिष्ठा, मान-मर्यादा सब ही जादूगर की तरह गायब हो गए हैं। भयचकित चित्त से सहसा उन्होंने अनुभव किया, दुनिया और समाज के बाहर वह बंधुहीन, अवलंबहीन हैं, अकेले शून्य के बीच लटक रही हैं। पैर रखकर खड़ा होने तक की पृथ्वी भी पैरों के नीचे अब नहीं रही।

जीवन के इस आकस्मिक सर्वनाश के क्षण में सविता ने जिस अत्यंत कीचड़ भरी आश्रयभूमि की परिधि के बीच अपने को खड़ा कर दिया, वह सामाजिक ज्ञान-बुद्धि और विचार से पूर्ण नहीं कहा जा सकता, लेकिन दिन बीतते रहने के साथ उस कलुषित आश्रय के क्लेश और भद्देपन से प्रतिदिन उनका शरीर-मन घृणा से संकुचित हो गया। जाग्रत आत्म-चेतना प्रतिक्षण पश्चात्ताप के मर्मांतक आघात से आहत और जर्जरित होती रही। फिर भी उस असहनीय और अवांछनीय, संकीर्ण आश्रय को छोड़कर और भी अनिश्चित मार्ग के बीच कूद जाने का साहस उनको नहीं हुआ। अपनी अतिशय निरुपाय अवस्था समझ लेने पर वह अंदर ही अंदर सिहरती रहीं। इसी तरह उनके दिन के बाद दिन, महीने के बाद महीने, सालों के बाद साल एक-एक करके कटते गए।

जीवन के इस आकस्मिक सर्वनाश के क्षण में सविता ने जिस अत्यंत कीचड़ भरी आश्रयभूमि की परिधि के बीच अपने को खड़ा कर दिया, वह सामाजिक ज्ञान-बुद्धि और विचार से पूर्ण नहीं कहा जा सकता, लेकिन दिन बीतते रहने के साथ उस कलुषित आश्रय के क्लेश और भद्देपन से प्रतिदिन उनका शरीर-मन घृणा से संकुचित हो गया।

अगर जीवन के प्रारंभिक क्षणों में कोई बलिष्ठ सजीव पुरुष उनके जीवन के मार्ग में खड़ा होता तो आज उनके उज्ज्वल नारी जीवन की दीप्ति से क्या संसार और समाज प्रकाशित न हो उठता? प्रसन्न शरीर-मन के आनंदित हृदय के अनुकूल आवेष्टन के प्रभाव से वह क्या आज लक्ष्मी स्वरूपिणी पत्नी, आदर्श माता, ममता माधुर्यमयी नारी न बन गई होतीं? किसलिए उनके जीवन की उदय उषा ऐसे अकाल समय में विलीन हो गई? क्षणमात्र के अवकाश में इतना बड़ा प्रलय कैसे आ गया, जो उनको अपने ही सपने में अगोचर था।

सविता की इस अबाध अश्रुसिक्त चिंताधारा में एकाएक रुकावट पड़ गई। किवाड़

पर खटखट आवाज होने के साथ तारक का कंठ-स्वर सुनाई पड़ा, ''नई माँ, नई माँ, जरा द्वार खोल दीजिए।''

सविता उठ बैठीं और अपने को कुछ होश में ला रही थीं कि उसी समय द्वार पर फिर खटखट और एक के बाद एक आवाज लगातार सुनाई पड़ने लगी।

जल्दी मुँह और आँखें पोंछकर तेज हाथों से शरीर और माथे के कपड़े को अच्छी तरह सँभालकर सविता ने द्वार खोल दिया। तारक की इस अधीर घबराहट से वह घर में कोई दुर्घटना हो गई है, यह अनुमान करके शंकित हो उठी थीं। द्वार खुलने पर भीतर आते ही तारक ने कहा, ''सुनता हूँ, आप रोज ही रात को बिना खाए रह जाती हैं। आज भी आपने कुछ मुँह में नहीं डाला है। तबीयत क्या ज्यादा खराब हो गई है?''

जल्दी मुँह और आँखें पोंछकर तेज हाथों से शरीर और माथे के कपड़े को अच्छी तरह सँभालकर सविता ने द्वार खोल दिया। तारक की इस अधीर घबराहट से वह घर में कोई दुर्घटना हो गई है, यह अनुमान करके शंकित हो उठी थीं। द्वार खुलने पर भीतर आते ही तारक ने कहा, ''सुनता हूँ, आप रोज ही रात को बिना खाए रह जाती हैं। आज भी आपने कुछ मुँह में नहीं डाला है। तबीयत क्या ज्यादा खराब हो गई है?''

तारक का प्रश्न सुनकर सविता आश्चर्य और विरक्ति से मौन हो गई। उन्होंने कोई जवाब नहीं दिया।

तारक ने फिर पूछा।

''तो क्यों इस तरह उपवास कर रही हैं। नहीं, नहीं, इसे मैं न मानूँगा, कुछ न कुछ खाना जरूरी है। कल ही मैं डॉक्टर बुला लाऊँगा।'' तारक के कंठ में यथेष्ट उद्विग्नता प्रकट हुई।

''यह सब हंगामा मत करो तारक! मैं मना करती हूँ।''

''तो बताइए, क्यों अकारण ही उपवास करके आप अपने पर अत्याचार कर रही हैं?''

''रात हो गई है, तुम जाकर सो रहो तारक।'' सविता के स्वर में अत्यंत थकावट फूट उठी।

तारक इससे दुःखी हो पड़ा। बोला, ''बहुत अच्छा! आपकी जैसी मरजी हो, कीजिए। मैं सिंगापुर सब हाल लिख देता हूँ। आने पर अगर वह कहेंगे तारक, तुमको मैं देखभाल करने का दायित्व देकर रख गया था, मुझको तुमने खबर क्यों नहीं दी, तब क्या उत्तर दूँगा उनको?''

सविता का हृदय जल उठा, लेकिन धीर भाव से ही उन्होंने कहा, ''मैंने क्यों दो दिन खाया नहीं अथवा तीन दिन मैं सोई नहीं, इसके लिए वे किसी से भी कैफियत तलब न करेंगे।''

''तो इस हालत में मेरे यहाँ रहने की क्या आवश्यकता है नई माँ?''

तारक के स्वर में अभिमान प्रकट हुआ।

सविता ने अप्रसन्न कंठ से कहा, ''आज मैं बहुत थक गई हूँ तारक, तर्क करने की शक्ति मुझमें नहीं है। मैं सोने जा रही हूँ।'' सविता ने धीरे-धीरे फिर द्वार बंद कर दिया।

सरला सीढ़ियों के सामने खड़ी थी। लौटते समय उसको देखकर तारक तीव्र स्वर में बोल उठा, ''नई माँ जो प्रतिदिन रात को उपवास करती हैं, यह बात आपने मुझे क्यों नहीं बताई? आज शिबू की माँ के मुँह से सुनकर यह बात मुझे मालूम हुई!''

''आपने तो उनके संबंध में कुछ जानना नहीं चाहा!''

सरला के कंठ की निर्लिप्तता से तारक गरज उठा, ''इतनी बड़ी झूठी बदनामी! मैं क्या नई माँ की खबर नहीं रखता? देखभाल में त्रुटि करता हूँ?''

''बेकार ही मत चिल्लाइए। मैंने यह सबकुछ भी नहीं कहा।''

''अवश्य ही कहा है। मैं समझ गया हूँ, मेरे विरुद्ध एक षड्यंत्र चल रहा है। आज रात को ही मैं सब लिख देता हूँ विमल बाबू को।''

''आप लिख सकते हैं, लेकिन इसमें नई माँ अप्रसन्न होंगी।''

''अपना कर्तव्य मैं अवश्य करूँगा। सब दायित्व वह मेरे ही ऊपर रख गए हैं, इस बात को भूल जाने से तो हम लोगों का काम नहीं चल सकता।''

''अवश्य ही कहा है। मैं समझ गया हूँ, मेरे विरुद्ध एक षड्यंत्र चल रहा है। आज रात को ही मैं सब लिख देता हूँ विमल बाबू को।''

''आप लिख सकते हैं, लेकिन इसमें नई माँ अप्रसन्न होंगी।''

''अपना कर्तव्य मैं अवश्य करूँगा। सब दायित्व वह मेरे ही ऊपर रख गए हैं, इस बात को भूल जाने से तो हम लोगों का काम नहीं चल सकता।''

''नई माँ की रुचि-अरुचि पर अत्याचार करने के लिए वह किसी को भी नहीं कह गए हैं। कहेंगे भी कैसे? यह अधिकार किसी को भी नहीं है।''

व्यंग्य-भरे स्वर में तारक बोला, ''सुनूँ तो वह अधिकार किसको है? आशा करता हूँ राखाल बाबू को तो नहीं है।''

सरला की दृष्टि कठोर हो उठी। उसने अपने को सँभालकर मीठे स्वर में कहा, ''नई माँ के ऊपर जोर चलाने का अधिकार अगर आज किसी को है तो राखाल बाबू को ही है और किसी को नहीं है।''

मृदु स्वर में कही गई इन सब बातों ने तीखी नोकवाली सुई की भाँति तारक को बींध दिया।

क्रोध को संयत न कर सकने पर तारक बोल उठा, ''यह तो ठीक ही है। इसीलिए

तो वे नई माँ की असहाय अवस्था में देखभाल करने का भार तक भी ले न सके। नई माँ के घर आकर रहने से पीछे कहीं उनके नाम से कलंक न लग जाए।''

शांत कंठ से सरला ने कहा, ''जो लोग स्वार्थ के प्रयोजन से सबकुछ करने को तैयार हैं, राखाल बाबू उन लोगों के दल में नहीं हैं। नई माँ की देखभाल का भार लेने की अपेक्षा नई माँ की तरह उन्होंने बहुत बड़ा कर्तव्य का भार ले रखा है। आप उसे नहीं जानते, इसलिए समझ न पाएँगे।''

किसी उत्तर की प्रतीक्षा न करके सरला सीढ़ियों से उतरती हुई नीचे चली गई।

× × ×

सविता नहाकर तुरंत भीगे बालों के घने समूह को पीठ पर फैलाकर धूप की ओर पीठ करके एकाग्रचित्त से पत्र लिख रही थीं। पहनी हुई धोती की काली पाड़, शंख सदृश्य, सुंदर गरदन की एक ओर से लता की तरह लिपटकर पीठ पर टेढ़ी होकर पड़ी हुई है। उदास विषाद भरी छाया ने शीर्ण शुभ्र मुख पर सकरुण श्री को विकसित कर दिया है।

सविता नहाकर तुरंत भीगे बालों के घने समूह को पीठ पर फैलाकर धूप की ओर पीठ करके एकाग्रचित्त से पत्र लिख रही थीं। पहनी हुई धोती की काली पाड़, शंख सदृश्य, सुंदर गरदन की एक ओर से लता की तरह लिपटकर पीठ पर टेढ़ी होकर पड़ी हुई है। उदास विषाद भरी छाया ने शीर्ण शुभ्र मुख पर सकरुण श्री को विकसित कर दिया है।

सरला उसी जगह बरामदे के एक कोने पर बैठकर अपने लिए कुरती-सी रही थी। रास्ते की तरफ उसने देखा तो उसे राखाल आता हुआ दिखलाई पड़ा। सिलाई का काम हाथ में लिए ही वह सदर द्वार खोलने के लिए नीचे उतर गई

जंजीर खट-खटकर पुकारने की आवश्यकता नहीं पड़ी। खुले द्वार पर सरला उसके लिए प्रतीक्षा कर रही है, यह देखकर राखाल अपने मन में कुछ प्रसन्न हो उठा। उसे प्रकट न करके ही वह बोल उठा, ''ठीक दोपहर के समय द्वार पर क्यों खड़ी हो सरला?''

''एक आदमी की प्रतीक्षा कर रही हूँ।''

''कौन है वह? शायद फेरीवाला होगा।''

''नहीं, आप पहचान न सकेंगे।''

''तो तुम ही पहचान करा दो न…!''

''खुद पहचान लेना न चाहने से दूसरा कोई उसे पहचान लेने की शक्ति नहीं दे सकता देवता।''

''यह बात तो पहेली मालूम हो रही है—!''

''कल्पनाशील मनुष्य के लिए सभी बातें पहेली सी लगती हैं, ऐसा मैंने सुना है। अंदर चलिए, द्वार बंद कर दूँ।''

सरला द्वार बंद करके राखाल के साथ अंदर चली गई।

राखाल ने मृदु हँसी से कहा, ''और कभी क्या इसी तरह निस्तब्ध दोपहर को किसी के लिए द्वार पर खड़ी रहकर प्रतीक्षा करती रहती हो सरला?''

उसके स्वर में स्वच्छ परिहास का मृदु स्वर था।

सरला ने सिर्फ कुछ देर राखाल के मुँह की ओर देखकर समझना चाहा कि यह व्यंग्योक्ति है या नहीं। उसके बाद उसने भी हँसकर उत्तर दिया, ''हाँ, सब दिन ही रहना पड़ता है। जिस दिन पहले-पहल आपने मुझे देखा था, उस दिन भी तो एक आदमी की बाट जोहती हुई द्वार खोलकर मैं प्रतीक्षा कर रही थी।''

''ऐसी ही बात है क्या? वह कौन है बताओ तो?''

सरला ने हँसकर कहा, ''मेरे परम मित्र हैं मरण देवता। उनके आने का द्वार तो उस दिन इसी तरह अपने ही हाथों से मैंने खोल दिया था, लेकिन उस खुले द्वार की राह से मरण देवता के बदले आ गए मर्त्यलोक के देवता।''

इस बात को हलका बना देने के लिए उसने कहा, ''कोई कुदेवता तो आ नहीं गए, इतना ही यथेष्ट है। चलो, ऊपर चलें। नई माँ क्या इस समय विश्राम कर रही हैं?''

''नहीं, वह पत्र लिख रही हैं और अभी ही आई हैं।''

''रोज तो ऐसा ही होता है। गृहस्थी के सभी काम-काज अपने हाथों से संपन्न करके स्नान-पूजा करके खाने बैठती हैं, तब तीन बज जाते हैं, बल्कि आज तो कुछ पहले ही हो गया है।''

''इसका क्या मतलब? अपने हाथ से तो ये सब काम करना नई माँ का अभ्यास नहीं है। ऐसा करने से सख्त बीमार पड़ जाएँगी। दास-दासी, रसोईदारिन थे, सब क्या अब नहीं हैं? अकेली वह हैं। ऐसा ही क्या उनको अभाव…''

''यह कैसी बात! इतनी देर में?''

''रोज तो ऐसा ही होता है। गृहस्थी के सभी काम-काज अपने हाथों से संपन्न करके स्नान-पूजा करके खाने बैठती हैं, तब तीन बज जाते हैं, बल्कि आज तो कुछ पहले ही हो गया है।''

''इसका क्या मतलब? अपने हाथ से तो ये सब काम करना नई माँ का अभ्यास नहीं है। ऐसा करने से सख्त बीमार पड़ जाएँगी। दास-दासी, रसोईदारिन थे, सब क्या अब नहीं हैं? अकेली वह हैं। ऐसा ही क्या उनको अभाव…''

"अभाव के कारण नहीं देवता।"

"तो?"

"यह है उनका कठिन आत्मनिग्रह।"

राखाल चुप रहा।

सरला ने लंबी साँस भरकर कहा, "चलकर बैठिए।"

सरला के मुँह की तरफ देखकर राखाल ने कहा, "मैं दोपहर को आता हूँ, इससे नई माँ के विश्राम में मैं कुछ विघ्न तो नहीं डालता सरला?"

"यदि आपको ऐसा खयाल हो तो इस समय न आएँ, तभी ठीक है।"

राखाल ने संदेह भरे स्वर में कहा, "इसका क्या मतलब? तुम इसके बारे में क्या जानती हो?"

"जानती ही तो हूँ। इस समय घर के नए वकील साहब कचहरी में रहते हैं। अतएव आपको मित्रसंकट; अरे, मित्र-मिलन होने की संभावना नहीं।"

"हूं, लकीर खींचकर भविष्य-गणना करना मैंने सीखा है। अब चलो, ऊपर चलोगी या नीचे ही मुझे खड़ा रखोगी?"

सरला ने कहा, "उस तरफ की एक बेंच पर जरा चलकर बैठिए न देवता। माँ का चिट्ठी लिखना खत्म होने में अभी कुछ देर है। इसी बीच में मैं आपसे दो-चार बातें पूछना चाहती हूँ।"

सरला राखाल को एकतल्ले के दालान के उत्तर की तरफ ले गई। एक तरफ बेंच रखी हुई थी। अपने आँचल से बेंच की धूलि झाड़कर सरला ने कहा, "बैठिए!"
राखाल बैठकर बोला, "तुम्हारा आसन कहाँ रहेगा?"
"मैं अच्छी तरह हूँ, मुझे थोड़ी ही बातें करनी हैं। अधिक समय तक आपको रुकना न पड़ेगा।"

"चलो, ऊपर जाकर ही सुनूँगा।"

"माँ के सामने मैं कह न सकूँगी। मुझे शरम लगेगी।"

सरला राखाल को एकतल्ले के दालान के उत्तर की तरफ ले गई। एक तरफ बेंच रखी हुई थी। अपने आँचल से बेंच की धूलि झाड़कर सरला ने कहा, "बैठिए!"

राखाल बैठकर बोला, "तुम्हारा आसन कहाँ रहेगा?"

"मैं अच्छी तरह हूँ, मुझे थोड़ी ही बातें करनी हैं। अधिक समय तक आपको रुकना न पड़ेगा।"

"अच्छा, अब बात आरंभ हो जाए।"

"आप इस तरह हँसी-मजाक करेंगे तो मैं कैसे कह सकूँगी?"

"अच्छा, हँसी-मजाक मैं नहीं करूँगा। कहो!"

सरला राखाल से कुछ दूरी पर दीवाल से टेक लगाकर खड़ी थी। हाथ में सिलाई का जो काम अधूरा पड़ा हुआ था, उसे हिलाते-डुलाते तनिक इधर-उधर करके उसने कहा, "मैं ठीक नहीं जानती, यह सब पूछना मेरे लिए उचित है या नहीं।" उसके बाद थोड़ी देर तक चुप रहकर उसने कहा, "अच्छा, रेणुका की सौतेली बहन रानी विवाह के बाद किस हालत में है, आप जानते हैं?"

राखाल ने सरला से ऐसा प्रश्न सुनने की आशा नहीं की थी। इसीलिए बहुत कुछ आश्चर्य में पड़कर उसने कहा, "क्यों, बताओ तो? मैं तो विशेष कुछ भी नहीं जानता, लेकिन वह अच्छे घर में ही पड़ी है और शादी के बाद सुख-स्वच्छंदता में ही है, लेकिन एकाएक तुम पूछ क्यों रही हो सरला?"

"यह बाद को बताऊँगी। अच्छा, रानी को सुनती हूँ, बच्चा होने वाला है। उन लोगों ने चिट्ठी लिखकर चाचाजी के पास यह सुसमाचार भेजा है।"

"शायद भेजा हो, लेकिन हम लोगों को इस सब सुसमाचार की क्या आवश्यकता है सरला? यह समाचार सुनाने के लिए ही क्या तुम मुझको यहाँ ले आई हो?"

"नहीं। आप क्या जानते हैं कि रानी का ब्याह उसी पात्र के साथ हुआ है, जिस पात्र के साथ रेणुका का ब्याह ठीक हो चुका था?"

राखाल ने अत्यंत आश्चर्य में पड़कर कहा, "यह बात तो मैं नहीं जानता!"

राखाल ने सरला से ऐसा प्रश्न सुनने की आशा नहीं की थी। इसीलिए बहुत कुछ आश्चर्य में पड़कर उसने कहा, "क्यों, बताओ तो? मैं तो विशेष कुछ भी नहीं जानता, लेकिन वह अच्छे घर में ही पड़ी है और शादी के बाद सुख-स्वच्छंदता में ही है, लेकिन एकाएक तुम पूछ क्यों रही हो सरला?"

कुछ देर बाद सरला ने फिर प्रश्न किया, "चाचाजी शायद वृंदावन जाकर रहेंगे, यह उन्होंने निश्चय किया है?"

"हाँ।"

"रेणुका भी साथ जाएगी?"

"नहीं तो फिर रहेगी कहाँ?"

कुछ देर सरला चुप हो रही। बाद को धीरे-धीरे कुछ अपने मन-ही-मन बोली, "लेकिन वहाँ इस उम्र में कुँआरी लड़की···"

राखाल ने कहा, "मैं सब समझ गया, लेकिन इसके अलावा रास्ता ही कहाँ है, दिखा सकती हो सरला?" थोड़ी देर रुककर वह फिर कहने लगा, "जिसके भाग्य में जो लिखा है, उसको वह होता ही है। संसार का यह नियम है। इसे मान न लेने से केवल व्यथा और दुःख बढ़ जाता है!"

''इसका मतलब यह है कि आप कहना चाहते हैं, रेणुका के भाग्य में जो है वही होगा। हम लोगों की दुश्चिंता बेकार है?''

''यही बात है! उसकी भाग्य विडंबना तो शैशवकाल में ही शुरू हो गई थी। सिर्फ तुम और मैं क्यों, देशभर के लोग अब उसको सुख में नहीं रख सकेंगे।''

''हाँ, बहुत ठोकरें खाकर मैंने अंत में समझ लिया है।''

सरला चुप हो रही। बहुत देर के बाद लंबी साँस लेकर उसने कहा, ''माँ इसे सहन न कर सकेंगी, ऐसा जान पड़ता है।''

''इसका मतलब?''

''आप चाहे जो कुछ भी कहें, सरला को आप भुलावे में नहीं डाल सकते। जोर लगाकर निष्ठुर बनना आपकी तरह मनुष्य के लिए साध्य नहीं है। आप सबकुछ जानते हैं, समझते हैं। आपके ज्ञान के सामने मेरा ज्ञान और मेरी बुद्धि तुच्छ है। मैं जानती हूँ, रेणुका की आज जो अवस्था है, उसके लिए उसकी माँ ही उत्तरदायी हैं, लेकिन जो बात इस दुनिया में बहुत से मनुष्यों के जीवन में, इच्छा से या अनिच्छा से हो जाती है, उसकी क्या कोई जवाबदेही रहती है? खुद ही क्या वह इसका अर्थ खोज पाता है?''

''आप चाहे जो कुछ भी कहें, सरला को आप भुलावे में नहीं डाल सकते। जोर लगाकर निष्ठुर बनना आपकी तरह मनुष्य के लिए साध्य नहीं है। आप सबकुछ जानते हैं, समझते हैं। आपके ज्ञान के सामने मेरा ज्ञान और मेरी बुद्धि तुच्छ है। मैं जानती हूँ, रेणुका की आज जो अवस्था है, उसके लिए उसकी माँ ही उत्तरदायी हैं, लेकिन जो बात इस दुनिया में बहुत से मनुष्यों के जीवन में, इच्छा से या अनिच्छा से हो जाती है, उसकी क्या कोई जवाबदेही रहती है? खुद ही क्या वह इसका अर्थ खोज पाता है?''

राखाल भावहीन शून्य दृष्टि से सरला की ओर देखता रहा।

सरला धीरे-धीरे कहने लगी, ''तो आप सोचकर देखिए, उस दिन की माँ और आज की माँ एक नहीं हैं। दोनों में बहुत अंतर है, और जो कोई कुछ भी क्यों न समझे देवता, माँ का नई माँ के रूप में परिचय आपसे अधिक और कौन जानता है?''

निरुत्तर राखाल के नेत्रों में और चेहरे पर निगूढ़ वेदना उतर आई थी। सरला ने मीठे स्वर में कहा, ''माँ की तरफ अब मुझसे नहीं देखा जाता। कैसी थीं और अब कैसी होती जा रही हैं। हृदय की आग से जलते-जलते उसका शरीर और मन राख हो गया। खाना-पहनना छोड़कर गृहस्थी में मजदूरिन रसोईदारिन से भी अधिक परिश्रम करते-करते चिंता में पड़ी-पड़ी अपने शरीर को नष्ट करती जा रही हैं, तो भी क्षण के लिए भी वह शांति नहीं पा रही हैं।''

निरुत्तर राखाल उदास नेत्रों से आँगन की तरफ देखता रहा।

सरला ने कहा, "माँ के ऊपर आप अविचार न करें। मेरा विश्वास है कि आपके अलावा माँ के हृदय की ज्वाला बुझाने की शक्ति किसी में नहीं है।"

"अब से तुम्हारी बातों पर चलने की चेष्टा करूँगा सरला।"

गंभीरता से सरला ने कहा, "आप केवल मेरे जीवनदाता नहीं हैं, मेरे गुरु भी हैं। आपने ही मुझे दृष्टि दी है। आपने ही समझ दी है। आपके ही दृष्टिकोण की स्वच्छंदता से आज मेरा दृष्टिकोण भी बदल गया है। यह बात मैंने जरा भी बढ़ा-चढ़ाकर नहीं कही, भगवान् साक्षी हैं।"

तेईस

विमल बाबू सिंगापुर से कलकत्ता लौट आए हैं। तारक के पत्र में सविता के शारीरिक विषय में उसको उन्होंने लिखा था, "नई माँ जो काम करने से तृप्ति पाएँ, उसमें बाधा पहुँचाना हम लोगों के लिए उचित नहीं है।" यह पत्र पाकर एक तरह से तारक को छुट्टी मिल गई।

नई माँ के स्नानागार में रोज का अनियम, उपवास और परिश्रम का कठोर अत्याचार, किसी बात के लिए वह अब एक शब्द भी मुँह से नहीं निकालता। गंभीर मुँह से और यथासंभव चुप रहकर अपना स्नान-भोजन करके वह बाहर बैठकखाने में चला जाता है।

सविता हँस पड़ती हैं। एक दिन उसे अपने पास बुलाकर उन्होंने कहा, "तारक, तुम माँ से गुस्सा हो गए हो बेटा?"

सविता ने स्नेहपूर्वक कहा, "छिह! ऐसी बात भी कही जाती है?" तारक और भी कई टेढ़ी-सीधी बातें ठेस लगाकर सुनाने को तैयार हो गया था, लेकिन सरला को आते देखकर हट गया। वह अच्छी तरह जानता है, नई माँ कुछ भले ही न कहें, ऐसे अनेक अप्रिय सत्य हो सकते हैं कि अभी तुरंत सुस्पष्ट हो जाएँ, जिनको सह लेना तारक के लिए अत्यंत कठिन होगा।

उदास मुँह बनाकर तारक ने जवाब दिया, "यह अधिकार तो मुझे नहीं है नई माँ। मैं केवल एक राह का भिखारी ही हूँ।"

सविता ने स्नेहपूर्वक कहा, "छिह! ऐसी बात भी कही जाती है?"

तारक और भी कई टेढ़ी-सीधी बातें ठेस लगाकर सुनाने को तैयार हो गया था, लेकिन सरला को आते देखकर हट गया। वह अच्छी तरह जानता है, नई माँ कुछ

भले ही न कहें, ऐसे अनेक अप्रिय सत्य हो सकते हैं कि अभी तुरंत सुस्पष्ट हो जाएँ, जिनको सह लेना तारक के लिए अत्यंत कठिन होगा।

विमल बाबू ने अपने कलकत्ता लौटने की खबर सविता के पास पहले पत्र, फिर तार द्वारा भेजी थी। सविता से समाचार सुनकर उनका स्वागत करने के लिए तारक सवेरे जहाजघाट पर उपस्थित हो गया था। वहाँ जाकर उसने देखा, विमल बाबू की छोटी और बड़ी दोनों मोटरकार लेकर उनके मैनेजर, मुनीम और दरबान वगैरह वहाँ हाजिर हैं। विमल बाबू ने तारक को देखकर उसको अपनी कार में बुला लिया। मोटर में विमल बाबू ने तारक से सबसे पहले पूछा, "राजू अच्छी तरह तो है तारक?"

आश्चर्य में पड़कर तारक ने कहा, "क्यों, उसको क्या हो गया था?"

"नहीं, यों ही पूछ लिया है। मैंने तो उसे लिखा था कि यदि कोई असुविधा न हो तो जहाजघाट पर ही आकर मुझसे मिले।"

तारक के मुख की दीप्ति एक ही पल में लुप्त हो गई। सूखे कंठ से उसने पूछा, "राखाल से कोई जरूरी काम था शायद?"

"हाँ। वह आया नहीं, यह देखकर जान पड़ता है कि शायद बीमार हो गया है अथवा कलकत्ता के बाहर चला गया है या मेरा पत्र उसे न मिला हो।"

तारक ने कहा, "परसों शाम को मैंने उसको अपने घर पर देखा है।"

"अब तो तुम्हारी वकालत खूब जम गई है।"
"हाँ, आपके आशीर्वाद से कोई बुरी नहीं है। प्रायः नित्य ही मुकदमा रहता है।"
"अच्छी बात है। तुम जीवन में अवश्य उन्नति कर सकोगे।"
तारक विनतभ्रायुक्त हँसी के साथ विमल बाबू के पैर छूकर गाड़ी से उतर पड़ा।
पटलडाँगा पहुँचने पर देखा गया कि राखाल के घर पर डबल ताले से द्वार बंद है। कहाँ गया, पता नहीं।

विमल बाबू ने कहा, "मालूम होता है कि किसी काम में फँस जाने से वह आ नहीं सका।" ड्राइवर से उन्होंने कहा, "पटलडाँगा चलो।"

तारक ने कहा, "कुछ आगे चलकर ही मुझे उतार दीजिएगा विमल बाबू। मेरा एक जरूरी काम इस मुहल्ले में है।"

"अब तो तुम्हारी वकालत खूब जम गई है।"

"हाँ, आपके आशीर्वाद से कोई बुरी नहीं है। प्रायः नित्य ही मुकदमा रहता है।"

"अच्छी बात है। तुम जीवन में अवश्य उन्नति कर सकोगे।"

तारक विनतभ्रायुक्त हँसी के साथ विमल बाबू के पैर छूकर गाड़ी से उतर पड़ा।

पटलडाँगा पहुँचने पर देखा गया कि राखाल के घर पर डबल ताले से द्वार बंद है। कहाँ गया, पता नहीं।

विमल बाबू वहाँ से लौटकर सविता के घर पर उतर पड़े। उनके स्वर की आहट पाकर सरला ने झटपट बाहर आकर हँसते हुए चेहरे से प्रणाम किया। फिर उसने कहा, ''आप बहुत दुबले हो गए हैं। उस जगह की जलवायु शायद अच्छी नहीं है।''

विमल बाबू ने हँसकर उत्तर दिया, ''संसार की लड़कियों की जबान पर यही बात रहती आई है। लड़का कुछ दिन से बाहर घूमकर लौटता है तो माँ उसके पैर से सिर तक निरीक्षण करके शरीर और माथे पर हाथ फेरकर कहेगी ही—''अहा! बच्चा मेरा सूखकर आधा हो गया है!'' मैं इससे कम दुबला था या ज्यादा मोटा था, उसका उपयुक्त प्रमाण क्या है सरला बेटी?''

सरला लज्जित हो गई। बातों को टालकर बोली, ''बैठिए, माँ को बुला लाती हूँ।''

माँ को बुलाना नहीं पड़ा। रसोईघर से निकलकर सविता खुद ही बाहर चली आईं। अधमैली मोटी मिल की धोती पहने हुए थीं। माथे पर और कानों के पास केशगुच्छ रूखे रेशम की तरह झूल रहे थे। चेहरा पहले से बहुत दुबला हो गया था। बड़ी-बड़ी आँखों में विषाद की छाया पड़ी हुई थी। शायद विमल बाबू को सविता के शरीर की ऐसी बुरी दशा देखने की आशा नहीं थी। चकित होकर उन्होंने पूछा, ''तुम्हारा शरीर खराब कैसे हो गया? बीमार तो नहीं थीं?''

सविता ने कहा, ''बीमार मैं नहीं हूँ, लेकिन तुमने तो मुझे लिखा था जहाज से उतरकर सीधे घर ही जाओगे। वहाँ स्नान-भोजन, विश्राम करके संध्या के समय यहाँ जाओगे, लेकिन देख रही हूँ कि धूल-मिट्टी से सने सीधे यहीं चले आए हो।''

होंठों के कोने में सविता की दबी हँसी फूट पड़ी। उन्होंने कहा, ''दुनिया के जितने दयामय लोग हैं, उनकी दृष्टि असहाय दीन-दुःखियों के संबंध में चिरकाल से वही एक ही बात कहती आई है।'' सविता के मुँह से अपनी बात की नकल सुनकर विमल बाबू खिलखिलाकर हँस पड़े। सविता भी हँसने लगीं।

''धूल भरे पैरों से ही देवी के दर्शन करना शास्त्र में लिखा है।''

''ऐसी बात है?''

''विश्वास न हो तो ग्रंथ खोलकर देख लो, लेकिन इस बात को छोड़ो, मेरे प्रश्न का उत्तर दो।''

''कौन प्रश्न?''

''शरीर इतना खराब कैसे हो गया?''

होंठों के कोने में सविता की दबी हँसी फूट पड़ी। उन्होंने कहा, ''दुनिया के जितने दयामय लोग हैं, उनकी दृष्टि असहाय दीन-दुःखियों के संबंध में चिरकाल से वही एक ही बात कहती आई है।''

सविता के मुँह से अपनी बात की नकल सुनकर विमल बाबू खिलखिलाकर हँस पड़े। सविता भी हँसने लगीं।

विमल बाबू ने कहा, ''मैं तुमसे हार मान गया सविता···रेणुका की माँ।'' सविता कहकर विमल बाबू ने जो झटपट उसे सँभालकर रेणुका की माँ कह दिया, इसे सविता लक्ष्य करके ही जरा हँस पड़ी। बोलीं, ''स्नान-भोजन कहाँ करोगे? यहाँ या अपने घर पर?''

''तुम जहाँ कहो।''

विमल बाबू के मुँह की बात काटकर सविता नरे कहा, ''घर से खदेड़ रही हो यही बात है? हाँ, यही है। अब इसी का अभ्यास कर रही हूँ दयामय।''—इतना कहते-कहते कंठ-स्वर भारी हो गया। विमल बाबू विचलित हो गए। आश्चर्य से उनके मुँह से निकल पड़ा, ''सविता!'' करण हास्य से सविता ने कहा, ''बाद को सब बताऊँगी। अभी मुझसे तुम कुछ मत पूछो।''

''अपने घर पर जाओ।''

''वहाँ मेरे लिए प्रतीक्षा करके बैठनेवाली तो कोई नहीं है, यह तुम जानती ही हो। केवल नौकर-चाकर हैं। दूर के नाते की एक मौसी हैं जरूर, लेकिन उनके पास मेरा जाना प्रीति का है या भीति का, यह मैं नहीं जानता।''

''घर ही चले जाओ। जो लोग भी वहाँ हैं, सभी तुम्हारे आने की प्रतीक्षा कर रहे हैं। भले ही वह प्रीति से हो या भीति से। सीधे यहाँ आ जाना अच्छा नहीं मालूम पड़ता।''

''शायद निंदा होगी, किसकी, तुम्हारी या मेरी?''

''तुम्हारी समझ से किसकी होगी?''

''शायद दोनों की निंदा होगी।''

''तो जाओ, देर क्यों कर रहे हो?''

''सोच रहा हूँ, मन की अवस्था विशेष में निंदा भी अधिकांश समयों में प्रशंसा से अधिक प्रिय लगती है।''

''दार्शनिक तत्त्व रहने दो। अब घर चले जाओ।''

''जा रहा हूँ। लेकिन देखता हूँ तुम मुझको···''

विमल बाबू के मुँह की बात काटकर सविता नरे कहा, ''घर से खदेड़ रही हो यही बात है? हाँ, यही है। अब इसी का अभ्यास कर रही हूँ दयामय।''—इतना कहते-कहते कंठ-स्वर भारी हो गया।

विमल बाबू विचलित हो गए। आश्चर्य से उनके मुँह से निकल पड़ा, ''सविता!''

करण हास्य से सविता ने कहा, ''बाद को सब बताऊँगी। अभी मुझसे तुम कुछ मत पूछो।''

''नहीं, मैं यह सब जाने बिना घर न जाऊँगा। तुमको बनाता ही पड़ेगा।''

''शाम को आना तब बताऊँगी। बल्कि रात को यहीं पर भोजन करना।''

विमल बाबू ने कहा, ''अच्छा, लेकिन देखो, उस समय फिर मुझे धोखा देकर दूसरी बात में मत लग जाना।''

''डरो नहीं, मैंने जीवन में केवल अपने को धोखा देने के अतिरिक्त किसी को भी धोखा नहीं दिया।''—सविता का स्वर काँप रहा था। विमल बाबू ने सविता की मामूली बातचीत में भी एक भारी वेदना की झलक पाई। सविता की बातों में एक भारी क्षोभ छिपा हुआ है, यह उन्होंने सरलता से समझ लिया। इसलिए और कोई भी बात न कहकर शाम को आऊँगा कहकर चलते हुए।

शाम के समय जब विमल बाबू आए तो सविता रसोई बनाकर नहा-धोकर, छत पर आरामकुरसी डालकर बैठी हुई थीं और सामने की तरफ एक खाली कुरसी पड़ी थी। एक छोटी-सी मेज पर साफ काँच के गिलास में ताजा पानी और एक टीन विलायती सिगरेट, जिसे विमल बाबू खास तौर से पसंद करते थे और दियासलाई की डिबिया तथा सिगरेट की राख गिराने के लिए एक छोटी-सी ऐश-ट्रे में सब चीजें सजाकर रखी थीं। विमल बाबू सामने आकर खड़े हुए। सविता ने विमल बाबू के दोनों पैर छूकर प्रणाम किया। विमल बाबू घबराकर पीछे हट गए और बोले, ''यह क्या कर रही हो! यह कैसा पागलपन?''

बड़ी-बड़ी दोनों आँखों से अपलक निहारकर सविता बोलीं, ''पागलपन नहीं है, तुम्हारे प्रश्न का उत्तर है। सवेरे तुम्हें आमंत्रित किया था और अब यह प्रणाम कर रही हूँ। अब तो मुझसे और प्रश्न नहीं करोगे दयामय?''

''डरो नहीं, मैंने जीवन में केवल अपने को धोखा देने के अतिरिक्त किसी को भी धोखा नहीं दिया।''—सविता का स्वर काँप रहा था। विमल बाबू ने सविता की मामूली बातचीत में भी एक भारी वेदना की झलक पाई। सविता की बातों में एक भारी क्षोभ छिपा हुआ है, यह उन्होंने सरलता से समझ लिया। इसलिए और कोई भी बात न कहकर शाम को आऊँगा कहकर चलते हुए।

सविता के स्वर में ऐसा माधुर्य था कि विमल बाबू कुछ देर के लिए किंकर्तव्यविमूढ़ से खड़े रह गए। जैसे यह वह सविता नहीं जिस असहाय प्राणी को उन्होंने रमण बाबू की अट्टालिका में असीम दु:ख की घनी छाया के बीच और आज सवेरे रसोईघर के सामने देखा था। यह वह सविता बिल्कुल नहीं थी। सुंदर, गोरे, दुबले चेहरे पर कोमल मृदुता थी। हृदय के आवेग में उच्छ्वास नहीं है। प्रेमिका के प्रणय की साधारण रक्तिम आभा भी वहाँ नहीं थी। कोमल अधरों पर स्निग्ध हास्य की मधुरता फैली हुई थी।

नेत्रों में कहीं दूर तक जानेवाली दृष्टि थी। अंग-अंग विकसित सा हो उठा था जिसमें स्नेह, श्रद्धा और विश्वास की अभिव्यंजना आकर समा गई थी। नारी की ऐसी मूर्ति पृथ्वी पर कम देखने को मिलती है। विमल बाबू ने अपनी जिंदगी में ऐसी छवि पहली बार देखी थी। उन्होंने सविता की इस छवि को देखकर मन में यह निश्चय किया कि वह जिस स्तर के मनुष्य हैं, सविता उससे बहुत ऊपर की वस्तु है। जीवन की अंतरतम अनुभूति, चरम दुःसमय के बीच प्रत्यक्ष रूप से उपलब्ध ज्ञान, दुःख के दुर्गम पथ की यात्रा, यह सब आज उनके बाहर-भीतर चारों तरफ घिरकर एक ऐसी आभा को दरशा रहा था, कि जिसे सिर्फ दूर से सिर झुकाकर नमस्कार ही किया जा सकता था, बह उसे न स्पर्श ही कर सकते थे और न उसके पास ही पहुँचा जा सकता था। विमल बाबू को इस तरह चुप खड़ा देखकर सविता बोलीं, ''इस तरह कब तक खड़े रहोगे?''

विमल बाबू फिर भी कुछ बोले नहीं, सिर्फ सविता के सामने रखी कुरसी पर बैठ गए। उनकी दृष्टि अभी तक उसी तरह सविता की छवि को निहार रही थी, लेकिन इस दृष्टि में एक अनुराग था, विमुग्धता नहीं और था विस्मय श्रद्धा से भरा हुआ, जैसे देवता के सामने यह भक्त की दृष्टि थी।

''इस तरह एकटक देख क्या रहे हो?'' सविता ने पूछा।

''तुम्हीं को देख रहा हूँ।'' विमल बाबू ने कहा।

विमल बाबू फिर भी कुछ बोले नहीं, सिर्फ सविता के सामने रखी कुरसी पर बैठ गए। उनकी दृष्टि अभी तक उसी तरह सविता की छवि को निहार रही थी, लेकिन इस दृष्टि में एक अनुराग था, विमुग्धता नहीं और था विस्मय श्रद्धा से भरा हुआ, जैसे देवता के सामने यह भक्त की दृष्टि थी।
''इस तरह एकटक देख क्या रहे हो?'' सविता ने पूछा।
''तुम्हीं को देख रहा हूँ।'' विमल बाबू ने कहा।

''मुझे क्या आज पहली बार तुमने देखा है?'' सविता ने पूछा।

''आज जो तुम हो, उस छवि को सचमुच पहली बार देखा है। जिसे पहले देखा था, वह आज से विपरीत थी।'' विमल बाबू ने कहा।

''वह मैं कौन थी?'' सविता ने पूछा।

''वह तुम कोई दूसरी ही थीं। कष्ट से विचलित, अतीत, वर्तमान और भविष्य की चिंता से दुःखी, कुछ खोई हुई सी एकदम असहाय!''

''और मैं आज किस तरह की हूँ?''

''आज तो एकदम दूसरी हो। यह रूप मैंने पहली बार देखा है। इस रूप का यह

पहला परिचय है। सिंगापुर में तुम्हारा जो पत्र पहुँचा था, उसमें इसकी चर्चा थी, लेकिन आज मैंने यहाँ आकर उसका साक्षात् दर्शन किया है।''

यह सुनकर सविता के चेहरे पर मुसकान की रेखा खिंच गई, लेकिन उसमें उदासी का बिल्कुल लोप हो, ऐसी बात नहीं थी, पुरवैया हवा में बहकर आनेवाला वंशी का स्वर जिस तरह हृदय में विचलन उत्पन्न कर देता है, सविता की इस वक्त वही हालत थी, हँसी और उदासी के समन्वय को लिए हुए। वह बोल उठीं, ''हो भी सकता है। पुरुष के एक ही जन्म में बहुत से जन्मांतर हो जाते हैं, इसका क्या कोई ठिकाना है?''

विमल बाबू ने कुछ नहीं कहा, सिर्फ एकटक देखते रहे सविता के मुख की ओर…।

एक बार काशी से विमल बाबू सविता के लिए यह धोती पूजा-पाठ के लिए लाए थे और तब से पहनने के लिए भी उन्होंने बहुत आग्रह किया था, तब सविता ने हँसकर यही जवाब दिया था, ''इस वक्त नहीं, वक्त आने पर खुद ही पहन लूँगी।'' उसी धोती को पहनकर वह विमल बाबू की राह देख रही थीं। विमल बाबू बोले, ''मैं जन्मांतर नहीं मानता, लेकिन तुमने मनवा दिया। जन्मांतर जरूर होता है और इसी जिंदगी में हो जाता है। तभी तो इतने दिनों के पश्चात् मेरी लाई हुई धोती पहनने का तुम्हारा समय मेरे ही जीवन में आ गया।'' सविता को मौन देखकर फिर बोले, ''शायद मैंने कुछ गलत कह दिया। समय आ गया, न कहकर समय पूरा हो गया कहना ठीक था। ऐसी बात है! सविता—रेणुका की माँ!''

सविता बोलीं, ''मैं आपसे पूछना चाहती हूँ कि आखिर यह 'विडंबना' कब तक चलेगी? भीतर जो पुकार अपने आप उठती है, उसे बार-बार कंठ दबाकर रोक देते हो और दूसरे की मुँह की पुकार पकड़ने की कोशिश करते हो! कितनी ही बार ठोकर खा चुके हो, फिर भी राह नहीं बदलते।'' इतना सुनकर विमल बाबू सकपका उठे।

सविता बोलीं, ''मैं आपसे पूछना चाहती हूँ कि आखिर यह 'विडंबना' कब तक चलेगी? भीतर जो पुकार अपने आप उठती है, उसे बार-बार कंठ दबाकर रोक देते हो और दूसरे की मुँह की पुकार पकड़ने की कोशिश करते हो! कितनी ही बार ठोकर खा चुके हो, फिर भी राह नहीं बदलते।''

इतना सुनकर विमल बाबू सकपका उठे।

सविता फिर बोली, ''पहले पुकारते थे नई बहू, लेकिन वह तुम्हारा अपना स्वर नहीं था। उस नाम से पहली बार जिन्होंने पुकारा था, उन्हीं के मुख से वह नाम अच्छा लग सकता था। तुम्हारे मुँह से वह नाम सदा बेसुरा ही लगा। फिर तुमने कोशिश की

रेणुका की माँ कहने की, लेकिन वह भी तुम्हारे मुँह में बार-बार अटकता रहा, स्पष्ट रूप से कभी न निकल सका और शायद किसी दिन उसे स्पष्ट रूप से नहीं कह पाओगे।''

''फिर क्या कहकर तुम्हें पुकारा करूँ, तुम्हीं बताओ न?''

''मुझे सविता ही कहकर पुकारो। यह नाम आसानी से तुम्हारे मुँह से निकलता है।''

''अच्छा, इसी नाम से पुकारूँगा। तुमने ही एक दिन रेणुका की माँ कहकर पुकारने के लिए कहा था। क्या उस नाम से कभी तुम्हारा अपमान हुआ है?''

''ऐसी बात नहीं है दयामय! उस नाम से पुकारने को कहने में गलती मेरी ही थी। तुम्हारे पास रेणुका की माँ कहने का मेरा परिचय नहीं है। यही वजह है कि वह नाम कभी साकार नहीं हो पाया। तुम्हारे मुँह से सविता नाम पुकारना अच्छा लगता है। उतना और कोई भी नाम अच्छा नहीं लगता।''

कुछ सोचकर सविता बोलीं, ''मेरे अनुमान से शायद समाज के विधान वन-प्रदेश में ही इसका बीज बोया हुआ है वरना जहाँ देखो, वहीं हर स्थान पर, हरएक क्षेत्र में एक ही प्रकार का विषमय फल क्यों फलता? समाज के बाहर ही आज हमारी दृष्टि में समाज का कल्याण-अकल्याण दोनों ही स्पष्ट हो उठे हैं। समाज के अंदर रहकर समाज के गुण और दोष नहीं देखे जा सकते।''

''मेरे हृदय से जिस नाम की रंगीनी इंद्रधनुष से रंग लेकर फूटती है और फिर अपने आप ही विलीन हो जाती है, उसी नाम को लेकर पुकारने को आज तुम कह रही हो!'' विमल बाबू ने हँसकर कहा।

मानो सविता के मुँह पर छाया घिर आई, बोलीं, ''यही तो तुममें बुराई है। शायद तुम कभी भी स्त्रियों से साधारण तौर से नहीं मिल-जुल सकोगे या तो तुम नारी को भक्ति और श्रद्धा की देवी मानकर आदर और गौरव से ऊँचे से ऊँचे सिंहासन पर बैठा दोगे या नर-नारी के साधारण संबंध में रखकर उससे घनिष्ठता बढ़ाओगे। क्या पुरुष और नारी के बीच में अच्छे संबंध की कल्पना नहीं कर सकते?''

''तुम्हारे और मेरे विषय में आज भी इस तरह का प्रश्न नहीं उठ सकता, लेकिन फिर भी पूछना चाहता हूँ कि ऐसा होता क्यों है?'' विमल बाबू ने पूछा।

कुछ सोचकर सविता बोलीं, ''मेरे अनुमान से शायद समाज के विधान वन-प्रदेश में ही इसका बीज बोया हुआ है वरना जहाँ देखो, वहीं हर स्थान पर, हरएक क्षेत्र में एक ही प्रकार का विषमय फल क्यों फलता? समाज के बाहर ही आज हमारी दृष्टि में समाज का कल्याण-अकल्याण दोनों ही स्पष्ट हो उठे हैं। समाज के अंदर रहकर समाज के गुण और दोष नहीं देखे जा सकते।''

विमल बाबू चुप बैठे हुए सविता की बातों को सुन रहे थे, खुद कुछ नहीं बोले।

सविता फिर कहने लगीं, ''मानव अपने विचार से अपनी कितनी ही बड़ाई क्यों न करे, लेकिन वास्तव में वह अपना परिचय कितना जानता है। जीवन हरदम बदलता ही जाता है। अभी उस दिन तक मेरे खयाल में संसार में शायद और कोई स्त्री अपने स्वामी पर इतनी भक्ति नहीं रखती। संसार चाहे कुछ भी कहे, लेकिन अपने दिल की बात मैं अच्छी तरह जानती हूँ, यही मेरा विचार है। आज इतने दिनों बाद मेरा वही विचार एकदम दूसरा हो गया। अपने हृदय का सत्य इतने दिनों के बाद मैं खुद समझ पाई हूँ।''

आश्चर्य के साथ विमल बाबू बोले, ''क्या समझ पाई हो?''

निमग्न भाव से सविता ने कहा—''कहना तो कठिन है, लेकिन आज मैं सिर्फ यही जानती हूँ कि दिल की श्रद्धा-भक्ति, संस्कार-उत्पन्न धारणा और प्रेम, यह सब एक नहीं, भिन्न हैं।''

''लेकिन मैंने तो सुना है कि श्रद्धा-भक्ति ही प्रेम रूप में परिणत हो जाती है।'' विस्मय से विमल बाबू ने कहा।

''ऐसा भी होता है। करुणा, ममता और सहानुभूति से भी कभी-कभी प्रेम उत्पन्न होता है, लेकिन नारी और पुरुष में सब ओर से स्वाभाविक मेल न होने पर प्रेम सार्थक नहीं होता। मानव श्रद्धा-भक्ति को अपना स्नेह ममता को ही कहकर सबसे बड़ी गलती करता है।''

फिर क्या स्नेह और ममताजन्य प्रेम तुम्हारे विचार से सच और सार्थक नहीं होता?''

''ऐसा भी होता है। करुणा, ममता और सहानुभूति से भी कभी-कभी प्रेम उत्पन्न होता है, लेकिन नारी और पुरुष में सब ओर से स्वाभाविक मेल न होने पर प्रेम सार्थक नहीं होता। मानव श्रद्धा-भक्ति को अपना स्नेह ममता को ही कहकर सबसे बड़ी गलती करता है।''
फिर क्या स्नेह और ममताजन्य प्रेम तुम्हारे विचार से सच और सार्थक नहीं होता?''

''ऐसी बात नहीं है। प्रेम सत्य होने पर अवश्य सार्थक होगा। यही कहना चाहती हूँ कि स्नेह और ममता यदि वास्तव में प्रेम हो जाए, तभी सत्य है। समुद्र में पहुँचकर तो भी सभी जल एक हो जाते हैं, झरना, सरिता, वृष्टि, बाढ़, किसी में भेदभाव नहीं रहता।''

विमल बाबू पाषाण-मूर्ति की तरह एकटक सविता के चेहरे की ओर देखते रहे। फिर बोले, ''अच्छा, यह सत्य तुमने किस तरह जान लिया है?''

''अपने विडंबना भरे जीवन से दयामय!'' कुछ देर चुप रहने के बाद सविता ने कहा।

विमल बाबू जैसे अब भी कुछ और जानना चाहते थे। सविता ने कहा, ''अपने हृदय की सब बातें आपको मैं एक दिन सुनाऊँगी दयामय!''

“अपने हृदय की सब बातें एक दिन सुनाऊँगी, कहकर बात टालना चाहती हो। वह एक दिन भला कब आएगा सविता? एक दिन तुमने यह भी कहा था कि मैं तुम्हें अपने स्वामी की सब बातें सुनाऊँगी, वे बातें दुनिया में मेरे सिवा और किसी को मालूम नहीं।” विमल बाबू ने कहा।

“कहने की इच्छा तो होती है, लेकिन कह नहीं पाती, लेकिन उन्हें सुनाने से क्या फायदा होगा? एक नारी अपनी इच्छा से जिस पति को छोड़कर चली आई, फिर भी उसके प्रति कोई आकर्षण होने का क्या अर्थ है, शायद यही जानने को आप उत्सुक हैं?”

“छिह! छिह! व्यंग्य में भी तुम्हें मुझसे इस तरह नहीं कहना चाहिए, सविता!”

“क्षमा कीजिएगा! मैंने बेकार ही आपको कष्ट दिया। इतना कहकर सविता का मन जाने कैसा हो गया। विमल बाबू भी शांत स्वभाव से दूसरी तरफ ताक रहे थे। बहुत समय मौन में ही बीत गया। एकाएक विमल बाबू ने कहा, “सविता···!”

“क्या है?”

“क्या तुम्हें मुझसे डर लगता है? सच बताना।”

“किस बात का डर!” सविता ने आश्चर्य के साथ पूछा। विमल बाबू को देखकर सविता ने कहना आरंभ किया, “तुमसे भय करने के लिए मेरे पास और क्या रह गया है! और अब बरबाद होने को बाकी भी क्या रह गया है, जिसके लिए भय करूँगी!”

“अपने हृदय की सब बातें एक दिन सुनाऊँगी, कहकर बात टालना चाहती हो। वह एक दिन भला कब आएगा सविता? एक दिन तुमने यह भी कहा था कि मैं तुम्हें अपने स्वामी की सब बातें सुनाऊँगी, वे बातें दुनिया में मेरे सिवा और किसी को मालूम नहीं।” विमल बाबू ने कहा।

“तुम्हें अपने जीवन पर इस प्रकार क्रोध मैं नहीं करने दूँगा सविता! मनुष्य की सब मर्यादा और महत्त्व, जीवन की एक आकस्मिक दुर्घटना से नष्ट नहीं हो जाता!” विमल बाबू ने कहा।

“मुझे तुम पर विश्वास है, डर नहीं! शायद ही दुनिया में कोई स्त्री किसी भी संबंध-हीन पुरुष पर इतना विश्वास करती हो।” फिर कुछ देर चुप रहकर शांत भाव से सविता ने कहा, “मुझे मालूम है कि पुरुष के निकट स्त्री का जो असम्मान होता है, वह तुम्हारे हाथों होने की आशा नहीं।”

“सविता, मनुष्य देवता नहीं बन सकता! उसकी भलाई-बुराई, दोष-गुण, सभी उसी के रूप हैं। फिर उस पर क्या उतना विश्वास किया जा सकता है?” विमल बाबू ने पूछा।

''यह मुझे नहीं मालूम और मालूम करना भी नहीं चाहती। मैंने अपने हृदय से जो कुछ अनुभव किया है, सिर्फ वही बता रही हूँ दयामय!''

''तुम्हें मालूम है कि तुमसे मैंने क्या पाया है सविता? मैंने यह पहली बार सीखा है कि अकल्याण भी कभी मनुष्य को जीवन में कल्याण प्रदान करता है।''

''यह मैं स्वीकार करती हूँ। अकल्याण की निराशापूर्ण संध्या में सहसा ही मेरी तुमसे मुलाकात हो गई। एक भयंकर दशा में तुम्हारा परिचय मिला। भाग्य की बात कि उस दिन तुम मेरी इच्छा न होते हुए भी, मुझसे मिलने आ गए।''

''तुम्हारा यह विचार ठीक नहीं है सविता। यह बात तो मैंने अपने लिए कही थी। जब मैं अपने अतीत की ओर देखता हूँ तो मुझे नफरत होती है, दुःख होता है और शरम आती है। अनेक बार विचार किया कि जीवन के इस कलंकित भाग को अगर धो पाता तो कितना अच्छा होता, लेकिन आज पहली बार लग रहा है कि मेरे जीवन में वह कलंक के धब्बे लगाकर ईश्वर ने ठीक ही किया।'' गंभीरता से विमल बाबू ने कहा।

''तुम्हारा यह विचार ठीक नहीं है सविता। यह बात तो मैंने अपने लिए कही थी। जब मैं अपने अतीत की ओर देखता हूँ तो मुझे नफरत होती है, दुःख होता है और शरम आती है। अनेक बार विचार किया कि जीवन के इस कलंकित भाग को अगर धो पाता तो कितना अच्छा होता, लेकिन आज पहली बार लग रहा है कि मेरे जीवन में वह कलंक के धब्बे लगाकर ईश्वर ने ठीक ही किया।'' गंभीरता से विमल बाबू ने कहा।

''ऐसा क्यों? सविता ने पूछा।

''तुम समझ नहीं सकीं सविता! जीवन के उस कलंकित स्थान में तुम्हें स्थान देने का साहस अब मुझमें नहीं है। यही तो मैंने पाया है।''

''सोने में कालिख नहीं लगती दयामय? कालिख से सदा के लिए मलिन हो जानेवाली धातुएँ तो हम हैं।'' सविता ने कहा।

''मैं यह नहीं मानता। किसी के लिए तुम्हारा चाहे कुछ भी स्थान क्यों न हो; लेकिन मेरे जीवन में तुम कल्याण की देवी के ही रूप में विराजमान हो। मैंने विचित्र-विचित्र स्त्रियों से भेंट की है, लेकिन तुम्हारा तो मुझे दर्शन प्राप्त हुआ है। मेरे अंदर के सोते हुए पुरुष को तुमने जगाया है। रमण बाबू की दावत में मैं जिसे देखने गया था, वह कुछ और ही निकलीं। तुम्हारी मुलाकात ने मेरे जीवन की विलासिता का अंत कर दिया। मुझे जीवन की सहानुभूति देनेवाली तुम हो सविता! अनुभूति के विषय में मैं और तुम एक ही स्थान पर मिलते हैं। इसीलिए मेरे हृदय की भावनाओं का तुम्हारी भावनाओं से अपने आप मेल हो गया।''

सविता बैठी चुपचाप सुनती रहीं। विमल बाबू फिर धीमे स्वर में बोले—''आज मेरे जीवन का अर्थ ही बदल गया। पुराने जीवन की जमी हुई धूल एकदम साफ हो गई। पुराने उपेक्षित शीशे को आज जैसे किसी नई गृहलक्ष्मी ने यत्न से साफ कर दिया। आज सारी दुनिया को मैं एक नई निगाह से देख रहा हूँ। मेरी इस भावना में यौवन उन्माद न होकर चिरकाल की मूर्च्छित पड़ी आत्मा की जागृति निहित है! मैं आज अपने जीवन में एक नई विभूति के दर्शन कर रहा हूँ।''

सविता को सपने में भी यह खयाल न था कि विमल बाबू इस तरह अपने हृदय की गंभीर अनुभूति को यों शब्दों द्वारा प्रकट कर सकेंगे। बहुत धीमे स्वर में कहा, ''तुम्हें और मुझे दोनों को नहीं मालूम। ईश्वर करे तुमने जिस रूप में मुझे देखा है, वह रूप तुम्हारे ईश्वर में सदा सत्य बना रहे।''

चौबीस

जब विमल बाबू राखाल को खोज रहे थे, उस समय वह वहाँ नहीं था। रेणुका और ब्रजबाबू को वृंदावन पहुँचाने गया था। वहाँ से लौटकर मुलाकात हुई तो उन्होंने उससे शिकायत की, ''अगर तुम एक दिन भी और रुके होते तो मेरी उनसे मुलाकात हो जाती। तुमने यह क्यों नहीं किया राजू? जबकि मैंने तुम्हें चिट्ठी लिख दी थी।''

''वे लोग आपसे मुलाकात नहीं करना चाहते थे।''

''लेकिन क्यों?''

''यह मुझे नहीं मालूम, लेकिन बाबूजी की अपेक्षा रेणुका जाने को अधिक उत्सुक थी।''

''समझ गया अच्छा, तुमने उन लोगों को वृंदावन में कहाँ छोड़ दिया है?''

''गोविंदजी के मंदिर के पास में, एक गली के अंदर बहुत बड़ा घर है, उसी में दो कमरे लिए हैं, एक सोने-रहने के लिए और एक रसोई के लिए। किराया ज्यादा नहीं है।''

''तुम्हारे अलावा उनकी देखभाल करनेवाला वहाँ और कोई नहीं है। इसीलिए कुछ दिन तक तुम्हें वृंदावन में ही रहने की जरूरत है राजू।''

''लेकिन इससे तो मेरी यहाँ की रोजी बिल्कुल ही बंद हो जाएगी।''

विमल बाबू सिर झुकाकर कुछ सोच रहे थे कि राखाल फिर बोला, ''आपका भाग्य के विषय में क्या विचार है, मैं नहीं जानता; लेकिन मैं उसे मानता हूँ।''

राखाल की बात का जवाब न देकर विमल बाबू बोले, ''तुमने सुना होगा कि तारक हाईकोर्ट में वकालत करने लगा है। भविष्य में उन्नति करेगा, ऐसा भी विश्वास

है। वह बड़ा बनना चाहता है। अगर उसी के साथ रेणुका की शादी कर दी जाए तो भला कैसा रहे ?''

राखाल विस्मित होकर केवल देखता ही रह गया।

विमल बाबू फिर कहने लगे, ''तुम्हारी नई माँ ने शायद उसे संकेत दिया हो।''

''आपका क्या खयाल है ?''

''तारक के सहमत न होने की कोई वजह नहीं देखता। भली लड़की है। यही कमी कह सकते हो कि बाप गरीब है, लेकिन माँ के पास जो कुछ भी संपत्ति है, रेणुका की ही है और फिर तारक तुम्हारी नई माँ पर श्रद्धा भी रखता है। उन्हीं के पास रहा है, ऐसी दशा में सहमत न होने का तो कोई कारण नहीं है।''

राखाल चुप रहा।

इसी समय विमल बाबू फिर बोले, ''तुम्हें एक काम करना होगा राजू!''

''कौन काम ?'' राखाल ने पूछा।

''विवाह का प्रस्ताव तारक के सामने तुम्हें रखना होगा।''

''यह आप क्या कह रहे हैं ? और फिर रेणुका तो विवाह ही नहीं करना चाहती।''

''इसका दायित्व मुझ पर रहा। तुम तारक से पूछकर मुझे बतलाओ तो मैं वृंदावन जाकर रेणुका को लिवा लाऊँगा।''

''लेकिन मुझे तो दोनों में से कोई भी शादी करने के लिए राजी होता दिखाई नहीं पड़ता।''

''तारक के सहमत न होने की कोई वजह नहीं देखता। भली लड़की है। यही कमी कह सकते हो कि बाप गरीब है, लेकिन माँ के पास जो कुछ भी संपत्ति है, रेणुका की ही है और फिर तारक तुम्हारी नई माँ पर श्रद्धा भी रखता है। उन्हीं के पास रहा है, ऐसी दशा में सहमत न होने का तो कोई कारण नहीं है।''

''तारक क्यों राजी नहीं होगा राजू!'' आश्चर्य से विमल बाबू ने पूछा।

''इस बात को मैं समझ नहीं सकता, लेकिन मेरा विचार सच है।''

''तुम एक बार कोशिश तो करो राजू।''

''आपकी बात नहीं टालूँगा।'' कहकर राखाल ने व्यथा से सिर झुका लिया।

× × ×

बुढ़िया नानी आज कई रोज से अस्वस्थ हैं। काम नहीं कर पाती, इसीलिए अपने नाती को भेज रखा है। सब काम करनेवाला चुस्त लड़का है। काम करते-करते मन-ही-मन गुनगुनाता रहता है। आज चार बजे जब इस लड़के ने आकर राखाल को जगाया तो वह अपनी आँखें मलता हुआ उठकर बैठ गया। स्मरण हो आया कि भोजन तो उसने आज किया ही नहीं। न जाने किस विचारधारा में बहते-बहते निद्रा आ गई। घड़ी देखकर

राखाल को अपने पर गुस्सा आ गया। उसे जाने क्या हो गया है। घर-द्वार, काम-काज, स्वास्थ्य, किसी चीज का भी ध्यान नहीं, यहाँ तक कि खाने-पीने की भी चिंता नहीं। आखिर ऐसा क्यों? उस जैसे गरीब आदमी को इस तरह विचारों में न खोकर परिश्रम करना जरूरी है, वह जीवन के प्रति इतना उदासीन क्यों बना रहे? बार-बार इधर-उधर जाने से ट्यूशनें भी छूट गईं। सिर्फ एक बची है। वह भी इसीलिए कि राखाल उन लोगों के लिए समय-असमय दूसरे काम भी कर देता है। उसका सब लिखना-पढ़ना छूट गया। नाटक मंडलियों के नाटक लिखना भी जाता रहा। बैंक या डाकखाने में एक पैसा भी न रहा। बनिया, हलवाई और दूधवाले का हिसाब दे दिया है, लेकिन धोबी और दरजी के बिल अभी चुकता नहीं हुए। राखाल मुँह धोकर बोला, ''नीलू, तनिक स्टोव जलाकर चाय का पानी तो चढ़ा दो और तनिक नुक्कड़वाली दुकान से जाकर कुछ गरम समोसे ले आओ, चाय के साथ खाने के लिए।''

नीलू समोसे लेने चला गया और राखाल स्टोव के पास बैठकर चाय बनाने लगा। मन में खयाल आया कि अगर यह सब झंझट न करके सरला के पास जाता और कहता कि बेमौके नींद आ गई थी, भोजन नहीं बना सका, तो सब काम हो जाता, कुछ कहने की जरूरत न पड़ती। सहसा कल्पना की सरला राखाल के नेत्रों के आगे व्याकुल स्नेह की प्रतिमा बनकर साकार हो उठी। राखाल के हृदय से एक दीर्घ निश्श्वास निकली। नहीं, वहाँ जाना ठीक नहीं है! वह बेचारी इससे दुःखी होगी। राखाल यह अच्छी तरह जानता है कि अपने हाथों से देवता की सेवा करने के लिए सरला कितनी उत्सुक रहती है।

नीलू समोसे लेने चला गया और राखाल स्टोव के पास बैठकर चाय बनाने लगा। मन में खयाल आया कि अगर यह सब झंझट न करके सरला के पास जाता और कहता कि बेमौके नींद आ गई थी, भोजन नहीं बना सका, तो सब काम हो जाता, कुछ कहने की जरूरत न पड़ती। सहसा कल्पना की सरला राखाल के नेत्रों के आगे व्याकुल स्नेह की प्रतिमा बनकर साकार हो उठी। राखाल के हृदय से एक दीर्घ निश्श्वास निकली।

× × ×

सरला और सविता में बातचीत हो रही थी। सविता ने कहा, ''अपनी सुनारपुरे की बात सुनाओ सरला।''

सिलाई करते-करते सरला ने कहा, ''माँ, जिसने कभी एक बार आपको देखा है, उसे फिर यह बतलाने की जरूरत नहीं कि रेणुका आपकी बेटी है। सिर्फ शक्ल

से ही वह आपकी बेटी नहीं है, बुद्धि, मर्यादा, शील और हृदय से भी वह बिल्कुल आपकी ही तरह है।''

''ऐसी बातें करना तुमने किससे सीखा है सरला? यह तो तुम्हारी अपनी बातें नहीं मालूम देतीं।'' सविता ने कहा।

सरला ने लज्जा से सिर नीचा कर लिया।

सविता फिर कहने लगीं, ''रेणुका के संबंध में तुमने और किसी के साथ बातें की हैं, ऐसा मालूम पड़ रहा है।''

''हाँ, रामपुर में रेणुका के संबंध में देवता के साथ बातें हुई थीं।'' संकोच के साथ सरला ने कहा।

सविता ने हँसकर सरला के सिर पर स्नेह से हाथ रखते हुए कहा, ''तुम बहुत बुद्धिमानी लड़की हो, मैं जानती हूँ।''

सरला ने उत्साहित होकर कहा, ''सच बात है माँ, इतना भारी सादृश्य मैंने बहुत कम देखा है। रेणुका तो ऐसी लगती है, जैसे आपके ही साँचे में भगवान् ने ढाला है।''

''नहीं, नहीं, ऐसी बात मत कहो सरला! ईश्वर करे, मेरी तरह उसका कुछ भी न हो।'' शंकित होकर सविता बोलीं।

''इस बात को छोड़िए, बाबूजी की बात बताऊँ!'' सरला ने कहा।

''अच्छा, सुनाओ।'' सविता ने कहा।

''बाबूजी बहुत ही भले आदमी हैं माँ, लेकिन संसार में रहते हुए भी वह संसार से उदासीन हैं। गोविंदजी को लेकर ही पागल बने हुए हैं। देखनेवाला हर कोई भी जान सकता है कि इस संसार में गोविंदजी को छोड़कर और कोई भी वस्तु उन्हें प्रिय नहीं।''

''अपनी लड़की भी नहीं?'' सविता ने पूछा।

''बाबूजी बहुत ही भले आदमी हैं माँ, लेकिन संसार में रहते हुए भी वह संसार से उदासीन हैं। गोविंदजी को लेकर ही पागल बने हुए हैं। देखनेवाला हर कोई भी जान सकता है कि इस संसार में गोविंदजी को छोड़कर और कोई भी वस्तु उन्हें प्रिय नहीं।''

''अपनी लड़की भी नहीं?'' सविता ने पूछा।

''उन्होंने तो अपने हृदय का सब भार, सब चिंताएँ इष्टदेव के चरणों में ही अर्पण कर दी हैं, लड़की भी उसके बाहर नहीं है, ऐसा मालूम पड़ता है।'' गंभीरता के साथ सरला ने कहा।

सविता पाषाण-मूर्ति के समान बैठी रहीं।

सरला ने सांत्वना दी, ''दुःखी होकर भी मनुष्य क्या कर सकता है? इससे तो आदमी ईश्वर के ऊपर ही भरोसा करके रहे, इसी में भला है।''

"यह तुम न समझ पाओगी बेटी! तुम संतान की माँ नहीं हो। संतान क्या है, इसे पुरुष नहीं समझ सकता। रेणुका के संबंध में मैं उनकी तरह बेफिक्र होकर नहीं बैठ सकती। चौबीस घंटे के गोविंद-गोविंद ने तो घर-द्वार सब बरबाद कर दिया, व्यापार का खात्मा कर दिया। अब भी उन्हें बुद्धि नहीं आती। बेटी का मुँह देखकर भी धर्मांधता नहीं जाती। आज तक मैं यह जानती थी कि मेरे समान पति संसार में और किसी स्त्री के न हैं और न होंगे, लेकिन आज मानो मुझे भूल दिखाई पड़ी। अब समझ गई हूँ कि मेरे पति की तरह स्वयं सबकुछ समझनेवाले पुरुष संसार में थोड़े ही होंगे। अपनी स्त्री के प्रति, अपनी संतान के प्रति जो आदमी इस तरह अचेत और उदासीन रहता हो, उसे शादी करने की क्या जरूरत थी? क्या शादी भी अपने गोविंदजी के लिए ही की थी? जिसे तुम उनका महत्त्व कहती हो, वह एकदम इससे विपरीत है।"

"राजू, मैं तेरे बाबूजी की बुराई नहीं करती, परंतु आज... " इतना कहते-कहते सविता मौन हो गईं।
"अब अधिक कुछ न कहिए माँ, मैं तो पुराना आदमी हूँ, आज की बातें मुझे मालूम नहीं और न कहना ही चाहता हूँ। जो कुछ पहले की बातें मालूम हैं, वे सब नष्ट-भ्रष्ट न हो जाएँ, मुझे इसी की आशंका है।"

"किसका महत्त्व विपरीत है माँ?" राखाल ने घर में प्रवेश करते हुए पूछा।

सविता ने घूमकर उसकी तरफ देखा और शांत स्वर में बोलीं, "तुम्हारे बाबूजी का।"

पलभर में देखते-देखते राखाल का हँसमुख चेहरा गंभीर हो गया।

यह देखकर सविता मुसकराकर बोलीं, "हमारा राजू अपने बाबूजी की तनिक भी बुराई बरदाश्त नहीं कर सकता।"

"इसमें आश्चर्य की क्या बात है माँ? लेकिन संसार में कहीं उनकी बुराई भी हो सकती है, यह क्या महान् आश्चर्य की बात नहीं?" राजू ने कहा।

"राजू, मैं तेरे बाबूजी की बुराई नहीं करती, परंतु आज···" इतना कहते-कहते सविता मौन हो गईं।

"अब अधिक कुछ न कहिए माँ, मैं तो पुराना आदमी हूँ, आज की बातें मुझे मालूम नहीं और न कहना ही चाहता हूँ। जो कुछ पहले की बातें मालूम हैं, वे सब नष्ट-भ्रष्ट न हो जाएँ, मुझे इसी की आशंका है।"

सविता फिर धीरे-धीरे बोलीं, "पागल लड़के! एक समय की बात कभी भी हर समय के लिए सही नहीं हो सकती और इस धारणा को बलपूर्वक रोके रहने का अर्थ है कि आँखें होते हुए भी आँखें बंद कर अंधे बने रहना। दुनिया का एकमात्र यही नियम

है।'' इतना कहते-कहते सविता के चेहरे पर गंभीर स्नेह की छाया छा गई। सरला की तरफ देखकर राखाल ने पूछा, ''क्या तारक घर में है?''

''आज तो कचहरी नहीं है। शायद नीचे अपने कमरे में होंगे।''

''तारक से मुझे कुछ आवश्यक काम है। मैं जा रहा हूँ नई माँ।''

''चाय पीकर जाओ राजू। सरला, तुमने आज जो कचौड़ियाँ बनाई हैं, उन्हें राजू को चाय के साथ दे दो।'' सविता बोलीं।

''वह तो शायद यह खाना नहीं पसंद करेंगे माँ, खाएँगे भी तो पसंद न आएँगी।'' सरला ने हँसकर कहा।

राखाल की तबीयत ठीक नहीं थी। वरना सरला की इस बात को लेकर उसे हराने के लिए राखाल बहुत सी बातें सुनाता। मन दुःखी था, इसलिए व्यथित कंठ से बोला, ''नहीं, घर की बनी चीजें खाने की मेरी आदत नहीं है सरला! मन नहीं हो रहा है। जिसके लिए तुमने बनाई हैं, उसी को ये कचौड़ियाँ खिला देना।''

राखाल की तबीयत ठीक नहीं थी। वरना सरला की इस बात को लेकर उसे हराने के लिए राखाल बहुत सी बातें सुनाता। मन दुःखी था, इसलिए व्यथित कंठ से बोला, ''नहीं, घर की बनी चीजें खाने की मेरी आदत नहीं है सरला! मन नहीं हो रहा है। जिसके लिए तुमने बनाई हैं, उसी को ये कचौड़ियाँ खिला देना।''

विस्फारित नेत्रों से सरला राखाल की ओर देखती रह गई और उसका वह उतरा-उतरा मुख राखाल की दृष्टि में पड़ गया। मन के अंदर मानो वेदना जाग्रत् हो उठी। फिर भी मुँह से बिना कुछ कहे कमरे से बाहर चला गया। सविता ने सरला की तरफ देखकर स्नेह भरे स्वर में कहा, ''उसकी बात से दुःख मत मानना सरला! मुझसे नाराज होकर ही वह तुम्हें कड़ी बातें सुना गया है। आजकल उसका मन ठिकाने नहीं है बेटी!''

बिना कारण, बिना अपराध की ऐसी भर्त्सना पाकर सरला किंकर्तव्यविमूढ़ हो रही थी। सविता की सांत्वना पाकर अधिक नहीं रुका गया। रुकी हुई वेदना एकदम फूट पड़ी। सहसा छर-छर करके दोनों नेत्रों से जल गिरने लगा। आँसू बिना रोके, आँसुओं से भीगा मुख लिये सरला व्यथित स्वर में बोली, ''मैंने ऐसा क्या अपराध कर डाला है माँ! देवता चाहे किसी पर नाराज हों, मुझी को छेद-छेदकर कटु बातें सुना जाते हैं!''

सरला को अपने पास खींचकर सविता ने कहा, ''वह तुम्हें बिल्कुल अपना समझता है सरला। तुमसे सचमुच प्रेम करता है। उसको अपना कहने के लिए दुनिया में भला कोई है सरला!'' आँसू अभी तक नहीं रुके थे। रुदन भरे कंठ से, अभिमान के स्वर में बोली, ''मेरी ही दुनिया में सब कोई बैठे हैं न माँ! मैं तो इस प्रकार जब-तब चाहे हर किसी की बात का तीर नहीं बनती फिरती।''

"सबका स्वभाव एक सा नहीं होता बेटी!" सविता ने हँसकर कहा।

"यह बात वह भली प्रकार जानते हैं कि मैं सबकुछ सहन कर सकती हूँ, लेकिन उनका व्यंग्य किसी भी तरह सहन नहीं कर सकती। सबकुछ जानते हुए भी उन्होंने मुझसे ऐसी बातें कहीं।" इतना कहकर सरला आँखें पोंछते-पोंछते वहाँ से चल दी।"

उधर तारक की बैठक में घुसकर राखाल ने देखा कि बड़ी सी मेज के आगे कुरसी पर बैठा हुआ तारक किसी मुकदमे के कागजात बड़े गौर से पढ़ रहा है। राखाल के जूतों की आवाज सुनकर सिर उठाकर जब उसने देखा तो चकित होकर विस्मयभरे कंठ से बोला, "ओह! राखाल बाबू, आप हैं!"

कुरसी पर बैठते हुए राखाल ने कहा, "क्यों, क्या मुझे आना नहीं चाहिए था?"

"जरूर आना चाहिए था, तुम आते नहीं हो, इसीलिए तो आश्चर्य कर रहा हूँ।"

"प्राय: आता तो रहता हूँ।"

"यह मैं जानता हूँ, लेकिन यह आना मेरे पास नहीं होता, अंदर ही आते-जाते हो।"

"अंदर से कोई बुलाता है, इसीलिए अंदर जाता हूँ।" राखाल ने हँसकर कहा।

"तब क्या आज इस बैठक के बुलाने से आए हो?"

"नहीं, आज बैठक से मुझे कुछ काम है?"

"किसी मुकदमे का काम है?"

"यह मैं जानता हूँ, लेकिन यह आना मेरे पास नहीं होता, अंदर ही आते-जाते हो।"
"अंदर से कोई बुलाता है, इसीलिए अंदर जाता हूँ।" राखाल ने हँसकर कहा।
"तब क्या आज इस बैठक के बुलाने से आए हो?"
"नहीं, आज बैठक से मुझे कुछ काम है?"
"किसी मुकदमे का काम है?"

"काम तो जरूरी है, लेकिन मुकदमा नहीं।"

तारक हँसने लगा। राखाल बोला, "सुना है, तुम्हारी वकालत अच्छी चल रही है।"

"किसने कहा तुमसे?" तारक ने पूछा।

"सुन लिया है। एक दिन दावत करनी पड़ेगी।"

तारक ने कहा, "क्या पागल हो गए हो! अभी तो केवल मुझे 'सीनियर' की जो कुछ बेगार होती है, उसी को गधे की तरह ढोना पड़ता है।"

"ऐसी बात है! तब तो विमल बाबू ने गलत ही कहा।"

"विमल बाबू ने तुमसे यह बात कही थी?"

"हाँ।"

"उनसे तुम्हारी कब मुलाकात हुई है? वह क्या कहते थे, सुनाओ तो।"

''बहुत सी बातें कहते थे। सुनने के लिए फुरसत है ?'' राखाल ने हँसकर पूछा।

''है क्यों नहीं, तुम बताओ तो।''

''तो चलो, सामने वाले बगीचे में बैठकर बातचीत करेंगे।''

जल्दी-जल्दी कागजात बाँधते हुए तारक बोला, ''तनिक और ठहरो, चाय पीकर चलेंगे।''

''लेकिन मैं तो अभी अंदर चाय न पीने को कहकर आया हूँ।''

''चाय के मामले में 'हाँ' या 'ना' एक ही है।''

बदन पर कुरता और पैरों में चप्पल डाले तारक अंदर से लौट आया। उसके पीछे-पीछे नौकरानी 'ट्रे' में चाय और दो प्लेटों में कचौड़ियाँ लिये चली आई। राखाल ने बिना कुछ बोले चाय का प्याला उठा लिया और कचौड़ियोंवाली प्लेट अपनी तरफ खींचकर खाना शुरू कर दिया और देखते-देखते ही खाली करके बोला, ''तारक, अपनी चाय वाली नौकरानी को एक बार बुला दो।''

चाय का घूँट पीते-पीते तारक ने आवाज दी, ''शिबू की माँ! जरा इधर तो आओ।''

नौकरानी लौटकर आई। राखाल ने उससे कहा, ''अंदर जाकर कहो, राजू बाबू के लिए और थोड़ी सी कचौड़ियाँ चाहिए।''

नौकरानी के चले जाने पर तारक खाते-खाते हँसकर बोला, ''राजू बाबू और कचौड़ियाँ खाना चाहते हैं, यह सुनकर शायद घर के अंदर से एक टोकरी भर कचौड़ियाँ आ जाएँगी।''

''लेकिन कचौड़ियाँ तो आएँगी ही नहीं, केवल यह खबर आएगी कि कचौड़ियाँ खत्म हो गईं और फिर अभी बाजार से गरम कचौड़ियाँ मँगाकर भेजी जाएँगी।''
हँसकर राखाल बोला, ''ऐसी बात है!''
तभी आधा घूँघट काढ़े एक अधेड़ नौकरानी ने आकर बड़े संकोच के साथ एक प्लेट गरम कचौड़ियाँ लाकर राखाल के आगे रख दीं।

दूसरे प्याले में चुस्की लगाकर राखाल ने कहा, ''और जब यह मालूम होगा कि तारक बाबू और कचौड़ियाँ खाना चाहते हैं, यह सुनकर शायद एक गाड़ी कचौड़ियाँ आ जाएँगी।''

''लेकिन कचौड़ियाँ तो आएँगी ही नहीं, केवल यह खबर आएगी कि कचौड़ियाँ खत्म हो गईं और फिर अभी बाजार से गरम कचौड़ियाँ मँगाकर भेजी जाएँगी।''

हँसकर राखाल बोला, ''ऐसी बात है!''

तभी आधा घूँघट काढ़े एक अधेड़ नौकरानी ने आकर बड़े संकोच के साथ एक प्लेट गरम कचौड़ियाँ लाकर राखाल के आगे रख दीं।

''लो, देख लो। ठीक दर्जन के हिसाब से आई हैं।''

राखाल धीरे से हँसकर शिबू की माँ से बोला, ''मैं तो राक्षस नहीं, मनुष्य हूँ। इतनी ढेर की ढेर कचौड़ियाँ क्यों ले आईं? लेकिन अब जब ले आई हो, तो मैं सभी खा लूँगा, लेकिन कचौड़ी तुम्हें बनानी नहीं आतीं। इतनी मिर्च भर दी हैं कि सारे पेट में आग सी लग गई।''

''कचौड़ियाँ मैंने नहीं बनाईं, दीदी ने बनाई हैं!'' लजाकर दासी बोली।

× × ×

''यही सुना कि तुम खूब अच्छे ढंग से काम करनेवाले आदमी हो। तुम्हारा भविष्य उज्ज्वल है। तुम्हारे जैसे परिश्रमी और उद्योगी युवक के जीवन में उन्नति अवश्य होगी।'' राखाल ने व्यंग्य बिल्कुल नहीं किया था, लेकिन उसके बोलने के भाव से तारक ने इस बात से यही समझा कि वह उसका मजाक उड़ा रहा है। अंदर ही अंदर जल उठा, बाहर से शांत कंठ से बोला, ''तुम्हें बुलाकर एकाएक विमल बाबू के इन बातों के कहने का क्या अभिप्राय था?''

तारक के साथ जब राखाल पार्क में आकर बैठा तो दिन ढलने लगा था। तारक बैठते हुए बोला, ''आज बहुत दिनों के बाद इस तरह तुम्हारे साथ पार्क में आकर बैठना हुआ है।'' उत्तर में राखाल ने सूखी हँसी हँस दी। तारक ने इसे लक्ष्य करके थोड़ा अनुभव तो किया, लेकिन बात बदलकर बोला, ''हाँ, अब सुनाओ। विमल बाबू से मेरे विषय में तुमने क्या सुना?''

''यही सुना कि तुम खूब अच्छे ढंग से काम करनेवाले आदमी हो। तुम्हारा भविष्य उज्ज्वल है। तुम्हारे जैसे परिश्रमी और उद्योगी युवक के जीवन में उन्नति अवश्य होगी।'' राखाल ने व्यंग्य बिल्कुल नहीं किया था, लेकिन उसके बोलने के भाव से तारक ने इस बात से यही समझा कि वह उसका मजाक उड़ा रहा है। अंदर ही अंदर जल उठा, बाहर से शांत कंठ से बोला, ''तुम्हें बुलाकर एकाएक विमल बाबू के इन बातों के कहने का क्या अभिप्राय था?''

''यह सब मैं कैसे जान सकता हूँ?''

गंभीर होकर तारक ने पूछा, ''तुम्हें अभी और कुछ कहना है?''

''हाँ, कहना है।'' राखाल ने कहा।

''कहो न। संध्या को मस्त होकर पार्क में बैठकर हवा खाने के योग्य कोई बड़ा व्यक्ति मैं नहीं हूँ। तुम अपनी आँखों से अभी देख आए हो कि काम बीच में बंद करके तुम्हारे साथ चला आया हूँ।''

तारक मौन साधे बैठा रहा।

''तुम्हारी शादी का प्रस्ताव लेकर आया हूँ।''

"व्यंग्य कर रहे हो राखाल?"

"व्यंग्य नहीं, वाकई मैं तुम्हारी शादी का प्रस्ताव लेकर आया हूँ।"

"तो फिर उस प्रस्ताव को आगे न बढ़ाकर यहीं खत्म कर दो तो अच्छा है, क्योंकि शादी करने की मेरी इच्छा नहीं है और परिस्थिति भी ऐसी नहीं है।"

"अगर उस शादी से तुम्हारी परिस्थिति सुधर सके, तब?"

"तब भी नहीं, क्योंकि जब तक मैं स्वयं अपने पैरों पर खड़ा न हो जाऊँ, तब तक शादी की जिम्मेदारी नहीं पसंद करता।"

"अगर इस शादी से तुम्हारे धनोपार्जन में भी शीघ्रता से उन्नति हो, तब तो तुम्हें उज्र न होगा?"

"ऐसी लड़की कौन है? किसी वकील या बैरिस्टर की लड़की?"

"नहीं, बिल्कुल नहीं, दरिद्र-निराश्रय आदमी की लड़की है।"

"लेकिन तुमने तो अभी कहा था कि इस शादी से···!"

"हाँ, मैं ठीक ही कह रहा था। गरीब की लड़की से शादी करने पर भी धन मिल जाना कोई अचरज की बात नहीं है। मान लो, वह लड़की अपने धनवान आत्मीय व्यक्ति की एकमात्र उत्तराधिकारिणी हो।"

"फिर भी लड़की है कौन?"

"पहले यह बताओ कि तुम सहमत हो या नहीं?"

"हाँ, मैं ठीक ही कह रहा था। गरीब की लड़की से शादी करने पर भी धन मिल जाना कोई अचरज की बात नहीं है। मान लो, वह लड़की अपने धनवान आत्मीय व्यक्ति की एकमात्र उत्तराधिकारिणी हो।"

"फिर भी लड़की है कौन?"

"पहले यह बताओ कि तुम सहमत हो या नहीं?"

"लड़की का परिचय बिना मालूम किए नहीं बता सकता।"

"क्या परिचय मालूम करना चाहते हो, सवाल करो। लड़की के वंश कुल का परिचय, रूप, गुण और योग्यता?"

"पुरुष अपनी भावी पत्नी की ये सभी बातें मालूम करना चाहता है।"

"बहुत सुंदर है। गुणवती, बुद्धिमती और सुशिक्षित है। उच्च ब्राह्मण कुल में उत्पन्न हुई है। पिता किसी समय में धनी आदमी थे, लेकिन आज दिन हाथ में पैसा नहीं है। पिता का धन कुछ न होने पर भी लड़की अपनी माता का सब धन पाएगी। वह धन भी कोई छोटा-मोटा नहीं है। कुल, वर्ण, गोत्र के अनुसार तुम लोगों में उसका विवाह हो सकता है। हर प्रकार से वह किसी भी योग्य लड़के से शादी करने के योग्य है।"

"लड़की के माता-पिता का नाम-पता और पेशा, क्या मैं जान सकता हूँ?"

''क्या इसी के ऊपर तुम्हारी 'हाँ' 'ना' निर्भर है?''

'' 'ना' और 'हाँ' पूरे नहीं तो कुछ अंशों में तो अवश्य इसी पर निर्भर है।''

राखाल कुछ देर चुप रहकर धीरे-धीरे बोला, ''लड़की के पिता तुम्हारे लिए अपरिचित नहीं हैं। ब्रजबाबू की कन्या के विषय में ही कह रहा हूँ।''

तारक चौंक पड़ा। कहने लगा, ''यह क्या? तुम कौन सी लड़की के संबंध में कह रहे हो?''

''रेणुका के संबंध में।''

तारक चौंक पड़ा। कहने लगा, ''यह क्या? तुम कौन सी लड़की के संबंध में कह रहे हो?''
''रेणुका के संबंध में।''
''तुम पागल तो नहीं हो राखाल?''
''पागल हो गया होता, तभी ठीक था।''
''तुम्हारे पागल होने में बाकी ही क्या है? पागल न होते तो क्या नई माँ की कन्या के साथ मेरी शादी का प्रस्ताव लेकर आते?''

''तुम पागल तो नहीं हो राखाल?''

''पागल हो गया होता, तभी ठीक था।''

''तुम्हारे पागल होने में बाकी ही क्या है? पागल न होते तो क्या नई माँ की कन्या के साथ मेरी शादी का प्रस्ताव लेकर आते?''

''लेकिन इसमें तुम्हारे इस तरह उत्तेजित होने की क्या बात है?'' राखाल ने कहा।

''बहुत बड़ी बात है। वह सब तुम्हारा रचा हुआ षड्यंत्र है, मालूम पड़ता है तुमने नई माँ को भी यही राय दी है।''

''नहीं, उन्हें मेरी राय की कोई आवश्यकता नहीं है। उन्होंने तो बहुत पहले से ही तुम्हें पसंद कर रखा है। मुझे यह बात मालूम भी न थी।'' राखाल ने कहा।

''ऐसा नहीं हो सकता, झूठ बात है।''

''तारक! तुम जानते हो कि मैं झूठ कभी नहीं कहता।''

''तुम्हीं रेणुका से शादी क्यों नहीं कर लेते?''

''मैं उसके योग्य नहीं हूँ, यह नई माँ को मालूम है।'' राखाल ने जवाब दिया।

''और शायद मैं अभागा ही, हर प्रकार से उनकी कन्या के लिए योग्य वर हूँ!''

''तुम इतना पढ़े-लिखे, परीक्षाएँ पास विद्वान् युवक हो। बुद्धिमान हो, स्वस्थ हो, चरित्रवान हो।''

''तुमने इतने बाण मारने से पहले यह नहीं खयाल किया कि लड़की को मैं अपने परिवार में पत्नी बनाकर नहीं रख सकता? गरीब होने का मतलब इज्जत छोड़ना तो नहीं है।''

राखाल ने खिन्न स्वर से पुकारा, ''तारक! तारक!''

''सत्य बात कहने से क्यों डरते हो? क्या तुम स्वयं इस लड़की को शादी करके घर ला सकते थे?''

एकटक दृष्टि से तारक की तरफ देखकर राखाल बोला, ''उसी लड़की की माँ के आश्रय में रहकर उन्हीं की सब सहायता लेकर अपना भविष्य बनाते हुए तुम्हारे वंश की मर्यादा और कुल का गौरव उज्ज्वल हो उठा है। तारक, अपने मनुष्यत्व की हत्या करके अगर तुम अपनी उन्नति का रास्ता बना रहे हो तो यह जरूर समझ लो कि वह रास्ता तुम्हें अवनति के गड्ढे में ही ले जाएगा।''

झुँझलाकर तारक बोला, ''चुप! मुँह सँभालकर बोलो राखाल! मैं इन लोगों का हिसाब करके एक-एक पैसा लौटा दूँगा। इसी शर्त पर कर्ज के रूप में मैंने सहायता स्वीकार की है।''

''अच्छा, यह बात है! तब फिर क्या बात है? जिस दिन इन लोगों का कर्ज चुका दोगे, उसी दिन शायद कृतज्ञता का सारा भार खत्म हो जाएगा। थोड़ा-बहुत ब्याज और दे देना।''

रूखे स्वर में तारक बोला, ''देखो राखाल, इन बातों को लेकर मेरे साथ मजाक मत करो। जिस काम को स्वयं नहीं कर सकते हो, उसी काम को करने के लिए दूसरे से कहते तुम्हें शरम नहीं लगती?''

एकटक दृष्टि से तारक की तरफ देखकर राखाल बोला, ''उसी लड़की की माँ के आश्रय में रहकर उन्हीं की सब सहायता लेकर अपना भविष्य बनाते हुए तुम्हारे वंश की मर्यादा और कुल का गौरव उज्ज्वल हो उठा है। तारक, अपने मनुष्यत्व की हत्या करके अगर तुम अपनी उन्नति का रास्ता बना रहे हो तो यह जरूर समझ लो कि वह रास्ता तुम्हें अवनति के गड्ढे में ही ले जाएगा।''

इस बात का उत्तर न देकर राखाल ने कहा, ''मैं देखता हूँ, तुम्हारे विषय में मैंने जो कल्पना की थी, वह ठीक ही थी। मैं तो पहले से ही जानता था कि तुम इसी तरह की कोई बात कहोगे। फिर भी जब मैंने यह सुना कि नई माँ ने तुम्हें इस विषय में पहले ही थोड़ा-बहुत बतला दिया है तो मुझे आशा हो गई थी।''

तारक ने खड़े होकर कहा, ''नई माँ ने कभी भी मुझे इस प्रकार की बात नहीं कही। उन्हें अच्छी तरह मालूम है कि तारक राखाल नहीं है। इस प्रकार का प्रस्ताव वह राखाल के आगे रख सकती हैं, तारक के आगे नहीं।''

जवाब का इंतजार किए बिना तारक बड़ी तेजी से बाहर निकल गया।

पच्चीस

विमल बाबू को अंतिम बार सिंगापुर गए करीब डेढ़ साल हो गया, उसके बाद कलकत्ता फिर नहीं लौटे। इन दोनों वर्षों में राखाल को लगभग छह-सात बार दौड़-दौड़कर वृंदावन जाना पड़ा। इससे उसके काम-धाम में बहुत हानि हुई। दिन-दिन वह ऋण के जाल में जकड़ता जा रहा है और छुटकारे का कोई उपाय नहीं। स्वामी-पुत्री की आर्थिक सहायता करने के लिए सविता ने हजारों असफल प्रयास किए। जिसके लिए रमण बाबू की सहायता से जो सवा लाख रुपए की संपत्ति बहुत थोड़े दामों में सविता ने खरीदी थी, उन्होंने जब इस संपत्ति का स्पर्श करने की आशा न दिखाई दी तो सविता का दिल चकनाचूर हो गया। सील-मोहर लगा जेवरोंवाला बक्स बैंक में रेणुका के नाम से जमा कर दिया था। आज वह कल्पना भी स्वप्न हो गई। सविता ने सोचा था कि यह संपत्ति दहेज के रूप में उसे देगी। यह संपत्ति और किसी की नहीं, रेणुका के पिता की ही थी। उनकी यही इच्छा थी कि उनकी कन्या पूर्ण दांपत्य का सौभाग्य लेकर सुखी होगी और भरे-पूरे घर में रहकर सुखी जीवन व्यतीत करेगी, लेकिन जिसका भाग्य फूटा हो, उसकी अभिलाषाएँ सर्वदा नष्ट ही होती देखने में आई हैं। आज इतने दिनों के बाद, सविता यह बात निश्चित रूप से जान सकी हैं कि पति और बेटी के जीवन में उनका कहीं तिलमात्र भी स्थान नहीं है, पर हाय, वह स्नेह का पात्र कहाँ है?

''सविता! सरला बेटी के छोटे से पत्र से मुझे पता चला कि तुम्हारा स्वास्थ्य खराब हो गया है। इस तरह तुम किसी दिन जरूर चारपाई पकड़ लोगी। बिगड़े स्वास्थ्य, अकर्मण्य जीवन बिताने का कष्ट मौत से भी बढ़कर होता है। तुम्हारी यही दशा रही तो आगे चलकर तुम्हें अत्यंत कष्टकर जीवन व्यतीत करना पड़ेगा। इच्छा के ऊपर अपनी इच्छा प्रकट करते हुए मैं कुंठित हो रहा हूँ।

आज शाम की डाक से एक पत्र मिला, यह पत्र विमल बाबू का था। उसमें लिखा था—

''सविता! सरला बेटी के छोटे से पत्र से मुझे पता चला कि तुम्हारा स्वास्थ्य खराब हो गया है। इस तरह तुम किसी दिन जरूर चारपाई पकड़ लोगी। बिगड़े स्वास्थ्य, अकर्मण्य जीवन बिताने का कष्ट मौत से भी बढ़कर होता है। तुम्हारी यही दशा रही तो आगे चलकर तुम्हें अत्यंत कष्टकर जीवन व्यतीत करना पड़ेगा। इच्छा के ऊपर अपनी इच्छा प्रकट करते हुए मैं कुंठित हो रहा हूँ। जिंदा रहनेवाले आदमी के लिए स्वास्थ्य कितना जरूरी है, यह भी भूल गईं। मर्म वेदना से अपनी सुध-बुध खोना अच्छा नहीं।

गलती करके आदमी अपने आप ही यह समझ जाता है, लेकिन तब तक इतनी देरी हो चुकी है कि फिर कोई उपाय ही बाकी नहीं रहता। इसीलिए अनुरोध करता हूँ कि शरीर के प्रति लापरवाही मत करना।''

पत्र के आखिर में लिखा था, ''तारक अपनी शादी की बात शायद तुम्हें बतलाए। इस शादी के विषय में तुम्हारा क्या विचार है? मेरी सम्मति और आशीर्वाद के लिए प्रार्थना करके उसने पत्र लिखा है। लड़की तारक के सीनियर वकील शिवशंकर बाबू की भतीजी है। यह विवाह उसकी वकालत की उन्नति में सहायक होगा···।''

सविता ने एक लंबी साँस खींचकर पत्र एक तरफ रख दिया और फिर अपने काम में लग गईं। मन एकाएक रो उठा। शाम को जब सरला महिला शिक्षा-सदन से लौटकर आई तो सविता ने उससे कहा, ''एक शुभ समाचार सुना है, सरला! तुम्हारे तारक की शादी होगी।''

''कब होगी, माँ? कहाँ से होगी? लड़की देखने में कैसी है?''

''यह सब तो नहीं मालूम बेटी! सुना है, तारक के सीनियर वकील शिवशंकर बाबू की भतीजी है।''

''यह क्या? आपको कुछ भी नहीं मालूम? फिर मालूम कैसे होगा?''

वक्त आने पर सब मालूम हो जाएगा बेटा, मैंने तो अभी सिंगापुर से खबर पाई है।'' सविता हँसकर बोलीं।

पत्र के आखिर में लिखा था, ''तारक अपनी शादी की बात शायद तुम्हें बतलाए। इस शादी के विषय में तुम्हारा क्या विचार है? मेरी सम्मति और आशीर्वाद के लिए प्रार्थना करके उसने पत्र लिखा है। लड़की तारक के सीनियर वकील शिवशंकर बाबू की भतीजी है। यह विवाह उसकी वकालत की उन्नति में सहायक होगा···।''

''कैसे अजीब आदमी हैं तारक बाबू।'' उदास चेहरे से सरला ने कहा।

''वह मेरा बड़ा शरमीला बेटा है। उसे दोष मत दो। विवाह की तैयारी करो।''

सरला निरुत्तर होकर घर से बाहर हो गई। डेढ़ साल से सविता ने सरला को एक नारी-शिक्षालय में भरती करा दिया है। वहाँ सरला लिखना-पढ़ना, शिल्प-कला, बच्चों का पालन, सेवा-शुश्रूषा इत्यादि सीखती है। नौ बजे रोज स्कूल जाती है और पाँच बजे शाम को लौट आती है। सविता उसके लिए भोजन लिए बैठी रहती हैं। तारक के साथ भी यही हाल है। उसके कचहरी से लौटने के पहले ही उसके विश्राम करने का और जलपान करने का प्रबंध अपने हाथों से किए बिना उन्हें संतोष नहीं होता। तारक रोकता, पर वह जैसे सुन ही नहीं पाती। सरला कहती है, ''माँ, आपकी सेवा करने के

लिए मैं आपके पास आई थी, पर आपने उलटी मेरी ही सेवा अपने हाथों में ले ली, यह मुझसे सहन नहीं हो सकता।''

सविता हँसकर कहती हैं, ''बेटी, मुझे इसमें खुशी होती है। अपने पैरों पर खड़े होने का सहारा न होने पर नारी के लिए दुःखों का ठिकाना नहीं रहता, तुम्हें पढ़ा-लिखाकर अपना सहारा बनाना है।'' उस दिन रात को भोजन करते समय अचानक ही सविता तारक से पूछ बैठीं, ''तुम शादी कर रहे हो तारक?''

तारक ने विस्मय के साथ पूछा—''आपसे किसने कहा?''

सविता हँसकर कहती हैं, ''बेटी, मुझे इसमें खुशी होती है। अपने पैरों पर खड़े होने का सहारा न होने पर नारी के लिए दुःखों का ठिकाना नहीं रहता, तुम्हें पढ़ा-लिखाकर अपना सहारा बनाना है।'' उस दिन रात को भोजन करते समय अचानक ही सविता तारक से पूछ बैठीं, ''तुम शादी कर रहे हो तारक?'' तारक ने विस्मय के साथ पूछा—''आपसे किसने कहा?''

''मेरे पास सिंगापुर से पत्र आया है।'' सविता ने हँसकर कहा।

''हमारे घर की शादी की खबर हमें समुद्र पार से मिली है।'' सरला ने कहा।

सरला के इस हास्य से तारक का हृदय जल उठा, लेकिन प्रकट कैसे करे? सविता की तरफ देखकर कहा, ''शिवशंकर बाबू अपनी भतीजी के लिए मेरे पीछे पड़े हैं। उन्हें मैंने निश्चित जवाब नहीं दिया है। अभी तक किसी से बात भी नहीं की। सिर्फ विमल बाबू को परामर्श के लिए लिखा था।''

''यह रिश्ता तो तुम्हारे लिए हर तरह से ठीक ही है। ऐसे भले ससुर भाग्य से ही मिलते हैं। लड़की नापसंद नहीं है, तो शुभ काम में देरी क्यों कर रहे हो?''

तारक संकुचित होकर बोला, ''लेकिन शादी की कुछ अड़चनों के कारण जी चाहता है, इंकार कर दूँ।''

''कैसी अड़चनें?'' सविता ने पूछा।

सरला के चेहरे पर अविश्वासपूर्ण हँसी आ गई। बोली, ''माँ मैं ऊपर जा रही हूँ।''

सरला ऊपर चली गई। तारक ने कहा, ''शिवशंकर बाबू मेरे साथ अपनी भतीजी का विवाह करने के लिए बहुत उत्सुक हैं, पर उन्होंने कई शर्तें लगा रखी हैं। हालाँकि उन्हीं की मदद से मैंने इतने थोड़े दिनों में इतना नाम पा लिया है और आगे उन्हीं की मदद से मेरी तरक्की होने की उम्मीद है, लेकिन…'' तारक आधी बात कहकर चुप रह गया।

सविता उसकी तरफ प्रसन्नतामय नेत्रों से ताकती रहीं।

थोड़ी देर ठहरकर फिर वह धीरे-धीरे बोला, शिवशंकर बाबू की सबसे पहली और सबसे बड़ी शर्त यह है कि शादी के बाद कम-से-कम एक वर्ष तक मुझे उनके पास ही जाकर रहना पड़ेगा।''

''ऐसा क्यों?''

''लड़की के पिता नहीं हैं। शिवशंकर बाबू के कोई अपनी कन्या नहीं है, इसलिए।''

''जान गई, भतीजी को ही बेटी करके पाला-पोसा है। शायद उसे अपने पास से दूर नहीं करना चाहते।''

''हाँ, उसे बेटी से अधिक स्नेह करते हैं। मुझसे कहा कि तुम अगर मेरे घर आकर रहोगे तो तुन्हें अपने काम में बहुत सी सुविधाएँ मिलेंगी। फिर कुछ दिनों के बाद तुम्हारा अलग मकान बनवा दूँगा।''

''इसमें तुम्हें क्या असुविधा है?''

''असुविधा मेरे लिए कुछ नहीं है, यह कहना ठीक नहीं, बल्कि मुझे तो और सहायता ही मिलेगी, लेकिन मैं वहाँ कैसे जा सकता हूँ माँ? आपकी देखभाल···।''

''अच्छा, ऐसी बात है! लेकिन मेरे विषय में कुछ चिंता न करो बेटा, मैं तो आज सवेरे यह सोच रही थी कि कुछ दिन कहीं बाहर ही रह आऊँ। जीवन में आज तक तीर्थ नहीं कर सकी हूँ। सोचा था, अब तीर्थ कर आऊँ।'' सविता हँसकर बोलीं।

थोड़ी देर ठहरकर फिर वह धीरे-धीरे बोला, शिवशंकर बाबू की सबसे पहली और सबसे बड़ी शर्त यह है कि शादी के बाद कम-से-कम एक वर्ष तक मुझे उनके पास ही जाकर रहना पड़ेगा।''
''ऐसा क्यों?''
''लड़की के पिता नहीं हैं। शिवशंकर बाबू के कोई अपनी कन्या नहीं है, इसलिए।''

''अकेली ही आओगी?''

''अगर मैं गई तो सरला को भी साथ लेती जाऊँगी, न होगा तो स्कूल के हॉस्टल में ही उसको भरती कर दूँगी।''

''कब लौटोगी?''

''अब कलकत्ता में लौटकर आने की आशा नहीं है। अगर उस तरफ कोई जगह पसंद आई तो वहीं एक छोटा सा मकान खरीदकर रहूँगी।'' साँस भरकर सविता बोलीं।

तारक चुप बैठा रहा।

सविता ने फिर कहा, ''शादी पक्की कर लो।''

''कुछ सोच-विचार लूँ।'' तारक ने कहा।

उसी रात को जब सविता पलंग पर लेटीं और सरला मसहरी को चारों तरफ से ठीक कर रही थी तो सहसा वह सरला से पूछ बैठीं, ''सरला बेटी, तुम्हारी पाठशाला की परीक्षा कब शुरू होगी?''

''अभी तो ढाई महीना है।''

''कुछ दिनों के लिए मैं तीर्थ-भ्रमण करने जाना चाहती हूँ, तुम मेरे साथ चलोगी?''

सरला ने उत्साह भरे कंठ से कहा, ''हाँ, हाँ, जरूर चलूँगी। काशी को छोड़कर मैंने तो अब तक कोई तीर्थ नहीं देखा। गयाजी एक बार जरूर गई थी, लेकिन तब बहुत छोटी थी। हम लोग कब जाएँगे माँ?''

''तारक की शादी के बाद कलकत्ता सदा के लिए छोड़ जाने की बात सोच रही हूँ।''

''तारक की शादी के बाद कलकत्ता सदा के लिए छोड़ जाने की बात सोच रही हूँ।'' ''मुझे तो अपने साथ ही रखिएगा न?'' ''नहीं बेटी, तुम्हें कलकत्ता लौट आना होगा।'' ''क्यों माँ?'' सरला का स्वर व्यथा में भरा था।''

''मुझे तो अपने साथ ही रखिएगा न?''

''नहीं बेटी, तुम्हें कलकत्ता लौट आना होगा।''

''क्यों माँ?'' सरला का स्वर व्यथा में भरा था।''

''तुम्हारी पढ़ाई अभी पूरी नहीं हुई। पढ़ाई पूरी करके मेरे पास आ जाना।''

यह सुनकर सरला चुप खड़ी हुई न जाने क्या सोचती रही, फिर मलिन स्वर से बोली, ''मेरे लिए तीर्थ भ्रमण आवश्यक नहीं है माँ।''

''क्यों? देश-देशांतर में भ्रमण करने से बहुत कुछ देखने को मिलेगा, बहुत कुछ सीख जाओगी।''

''नहीं माँ, मैं नहीं जाऊँगी। अगर वे लोग मुझे देख लें!''

''कौन लोग?''

''मेरे मायके के, पिता के घर के लोग।''

उसकी बात समझकर सविता ने कहा, ''तो फिर मत जाना, वहीं रहकर लिखाई-पढ़ाई करना।''

''आपको छोड़कर रहने की मेरी हिम्मत नहीं हो रही है माँ! हॉस्टल में मुझे अकेली छोड़ते हुए आपको डर नहीं मालूम होता?''

''डर किसका? वहाँ तो तुम्हारी जैसी कितनी ही लड़कियाँ रहती हैं। राजू कलकत्ता में है। उससे कह जाऊँगी, तुम्हारी खोज-खबर लेता रहेगा। जब किसी वस्तु की आवश्यकता हो, उससे कह देना।''

अँधियारे मकान में सविता की चारपाई के पास खड़ी-खड़ी सरला अस्पष्ट स्वर में पुकार उठी, ''माँ!''

''क्या है सरला, मैं तो जाग रही हूँ।''

''आज मुझे अपनी सारी कहानी आपसे कहने की इच्छा हो रही है।''

''रात बहुत हो गई है बेटी, फिर किसी समय कहना। अब सो जाओ।''

''जा तो रही हूँ, माँ, मैं ग्यारह वर्ष की आयु में विधवा हो गई थी। ससुराल फिर नहीं गई। बहुत छोटी थी, तभी माँ मर गई। पिताजी ने दूसरी शादी कर ली··· ।''

बीच में ही सविता बोलीं, ''तुम्हें कुछ सुनाने की जरूरत नहीं सरला, मुझे सब मालूम है।''

अगले दिन सविता ने विमल बाबू को यह पत्र लिखा, ''कहीं बहुत दूर चले जाने के लिए मेरा मन दिन-रात बेचैन हो रहा है। बहुत सोच-विचार के बाद मैंने तीर्थाटन करने का निश्चय किया है। कलकत्ता फिर लौटने का मन नहीं है। मन हो रहा है, निरुद्‌देश्य होकर घूमते-घूमते जहाँ जिस जगह भी लगे, वहीं रह जाऊँ। तारक के भावी ससुर उसे अपने पास ही रखना चाहते हैं। वकालत में सहायता देने के लिए और आगे चलकर उसका घर बसा देने के लिए जिम्मेदारी लेने के लिए तैयार हैं। मैंने तारक को इस व्यवस्था के लिए राय दे दी है। सरला पढ़ाई समाप्त होने तक पाठशाला के हॉस्टल में रहेगी। पढ़ाई खत्म करके अगर अच्छी हुई तो मेरे पास आ सकती है। अपने राजू का कुछ इंतजाम नहीं कर पाई हूँ। वह कुछ दिन से काफी कर्जे में फँसा हुआ है। मेरे या किसी दूसरे की मदद लेना उसे किसी प्रकार स्वीकार नहीं। उससे अनुरोध करने का भी मेरा साहस नहीं पड़ता। राजू को मैं अपने साथ ले जाऊँ, इसका भी कोई रास्ता नहीं है, क्योंकि उसे बार-बार वृंदावन जाना पड़ता है। कब उसे वृंदावन बुला लिया जाए, पता नहीं। तारक को अदालत का काम छोड़ना असंभव है, यह तुम जानते हो। इसीलिए पुराने दरबान और शिबू की माँ को साथ ले जाना सोचा है। कुछ दिन तो इधर-उधर घूमूँगी, इसके बाद किसी एक जगह पर जमकर रहूँगी।''

अगले दिन सविता ने विमल बाबू को यह पत्र लिखा, ''कहीं बहुत दूर चले जाने के लिए मेरा मन दिन-रात बेचैन हो रहा है। बहुत सोच-विचार के बाद मैंने तीर्थाटन करने का निश्चय किया है। कलकत्ता फिर लौटने का मन नहीं है। मन हो रहा है, निरुद्‌देश्य होकर घूमते-घूमते जहाँ जिस जगह भी लगे, वहीं रह जाऊँ। तारक के भावी ससुर उसे अपने पास ही रखना चाहते हैं।''

उस दिन पाठशाला की किसी वजह से छुट्टी हो गई। सरला दोपहर के एक बजे ही लौट आई। सविता उस समय दर्शन के लिए दक्षिणेश्वर गई हुई थीं। सरला अकेली

घर में बैठकर इतिहास की किताब पढ़ने में लग गई। इतने में ही द्वार से पुकार आई, ''नई माँ!'' सरला ने सुनकर द्वार खोल दिया। आनेवाला व्यक्ति राखाल था।

''यह क्या बात? आज तुम्हारी छुट्टी क्या?''

''नहीं तो, लेकिन छुट्टी हो गई। आप आज यहाँ आएँगे इसी कारण।'' सरला ने व्यंग्य की हँसी हँसकर कहा।

''इस तरह बातें करते तुम्हें शरम नहीं आती?'' गंभीरतापूर्वक राखाल ने कहा।

''जरा भी नहीं।'' मुसकराकर सरला ने कहा।

''नई माँ क्या कर रही हैं? उनसे मुझे कुछ जरूरी काम है।'' सीढ़ियों पर चढ़ते-चढ़ते राखाल ने कहा।

''उनसे मिलने के लिए तो शाम तक रुकना होगा।''

''क्या वह घर पर नहीं हैं?''

''आज उनका व्रत है। वह दक्षिणेश्वर दर्शन करने गई हैं।''

''आज कौन सा व्रत है?''

''यह तो कुछ बतलाया नहीं। यही कहा कि व्रत है।''

''इतने व्रत-उपवास जाने कहाँ से चले आते हैं!''

''लेकिन मैं इसका कारण जानती हूँ देवता।''

सरला ने कहा, ''सिर्फ इतना ही नहीं, आज के दिन माँ गरीब दुखियों को दान भी देती हैं। रुपए-पैसे, नए कपड़े, कंबल-अलबान यह सभी तो देती ही हैं, इसके अलावा अपनी पसंद की सुंदर-सुंदर साड़ियाँ, रंगीन धोतियाँ, ब्लाउज, कुरती यह सब खरीद लाकर भिखारिनों की लड़कियों को दे देती हैं। घर पर नहीं बाँटतीं और कहीं जाकर बाँट आती हैं। जैसे कालीघाट है, दक्षिणेश्वर है, गंगाघाट है। ऐसी ही किसी जगह।''

''बतलाओ न!'' अचरज से राखाल ने पूछा।

''आज रेणुका की सालगिरह है।''

''ठीक बात है। शायद तुमसे माँ ने बतलाया होगा।''

सरला ने कहा, ''सिर्फ इतना ही नहीं, आज के दिन माँ गरीब दुखियों को दान भी देती हैं। रुपए-पैसे, नए कपड़े, कंबल-अलबान यह सभी तो देती ही हैं, इसके अलावा अपनी पसंद की सुंदर-सुंदर साड़ियाँ, रंगीन धोतियाँ, ब्लाउज, कुरती यह सब खरीद लाकर भिखारिनों की लड़कियों को दे देती हैं। घर पर नहीं बाँटतीं और कहीं जाकर बाँट आती हैं। जैसे कालीघाट है, दक्षिणेश्वर है, गंगाघाट है। ऐसी ही किसी जगह।''

राखाल कुछ नहीं बोला। उदास मन से जाने क्या सोचता रहा।

''क्या आपने सुना है कि माँ कलकत्ता का घर सदा के लिए छोड़कर और किसी जगह जा रही हैं?'' सरला ने पूछा।

''कहाँ जा रही हैं?'' राखाल ने पूछा।

''पहले तीर्थ करेंगी और फिर कहीं किसी जगह जाकर रहने लगेंगी।''

''कब जाएँगी?'' राखाल ने पूछा।

''तारक की शादी हो जाने के बाद।''

''तारक की शादी? कहाँ से?'' राखाल ने विस्मित होकर पूछा।

सरला ने खोलकर सब कथा सुना दी।

राखाल ने कहा, ''तारक क्या घर-जमाई बनने को तैयार हो गया?''

''केवल दो वर्ष के लिए! इसके पश्चात् शिव बाबू, उनके श्वसुर, उनके लिए अलग घर देकर उनकी गृहस्थी बसा देंगे।''

राखाल ने हँसकर कहा, ''फिर तो समझो तारक को राजकुमारी ही नहीं, आधा राज्य भी मिलेगा।''

''यह सुनकर आपको दु:ख अवश्य हो रहा होगा देवता!'' सरला हँसी के स्वर में बोली।

राखाल ने इस व्यंग्य का उत्तर नहीं दिया। खोया-खोया सा जाने क्या सोचने लगा।

''आप भी शादी क्यों नहीं कर लेते देवता?'' सरला ने विनती के स्वर में कहा।

यह सुनकर राखाल कहकहा मारकर हँस पड़ा और फिर बोला, ''क्या तारक का मुकाबला करने को शादी कर लूँ सरला?''

सरला ने कहा, ''इसमें मुकाबले की क्या बात है? क्या जिंदगीभर इस तरह होटल में ही खाते रहोगे? गृहस्थी बसाने का मन नहीं है आपका?''

''मन होने से ही क्या हर व्यक्ति गृहस्थी बसा सकता है सरला?'' राखाल तनिक अनमना सा होकर बोला, ''क्या यह सत्य नहीं है कि एक दरिद्र दुखिया होते हुए भी, एक व्यक्ति गृहस्थी बनाने में सफल होता है और दूसरा धनी होने पर भी नहीं बसा पाता। अपनी ही तरफ विचार करके देखो। तुम्हारे प्रयत्न में कोई कमी नहीं रही, लेकिन क्या तुम गृहस्थी बसा सकी हो?''

''मन होने से ही क्या हर व्यक्ति गृहस्थी बसा सकता है सरला?'' राखाल तनिक अनमना सा होकर बोला, ''क्या यह सत्य नहीं है कि एक दरिद्र दुखिया होते हुए भी, एक व्यक्ति गृहस्थी बनाने में सफल होता है और दूसरा धनी होने पर भी नहीं बसा पाता। अपनी ही तरफ विचार करके देखो। तुम्हारे प्रयत्न में कोई कमी नहीं रही, लेकिन क्या तुम गृहस्थी बसा सकी हो?''

"मेरी बात रहने दीजिए! इतनी कम आयु में यदि विधवा नहीं हो गई होती तो आज मेरी भरी-पूरी गृहस्थी होती। फिर नए सिरे से गृहस्थी बसानी चाही, लेकिन भगवान् से सहा नहीं गया, उसके लिए मैं क्या कर सकती हूँ?"

"इसी से तुम्हें जान लेना चाहिए कि यह भाग्य पर ही निर्भर है सरला!" राखाल ने कहा।

"शादी करने पर अगर आप गृहस्थी नहीं बसा पाते या घर बसाते ही बहू मर जाती या और कोई बात होती, तब मैं आपकी यह बात मान लेती, लेकिन आपने तो आज तक इसके लिए कभी प्रयत्न ही नहीं किया।"

"मेरी बात रहने दीजिए! इतनी कम आयु में यदि विधवा नहीं हो गई होती तो आज मेरी भरी-पूरी गृहस्थी होती। फिर नए सिरे से गृहस्थी बसानी चाही, लेकिन भगवान् से सहा नहीं गया, उसके लिए मैं क्या कर सकती हूँ?"
"इसी से तुम्हें जान लेना चाहिए कि यह भाग्य पर ही निर्भर है सरला!" राखाल ने कहा।

"प्रयत्न करने से क्या होता है? यह सब इतिहास-भूगोल पढ़ना और गलीचा-दरी बुनना छोड़कर अब तुम कुछ दिन 'लॉजिक' पढ़ो।" राखाल ने कहा।

"लेकिन मुझे 'लॉजिक' पढ़ने की जरूरत नहीं है। मुझसे तर्क करके देखिए, कितनी जल्दी आपको हरा देती हूँ।"

हाथ जोड़कर मुसकराते हुए राखाल बोला, "मैं तुमसे हार मानता हूँ देवी! एक तो स्त्री और उसके ऊपर से अल्प विद्या, ऐसी दशा में कैसी भयंकर स्थिति होती है, यह बात मैं जानता हूँ। 'तर्क शास्त्र' को बनानेवाले ऋषि-मुनि और विद्वान् अगर स्वयं आकर तर्क करें तो वे भी तुमसे हार जाएँगे। इस चर्चा को छोड़कर काम की बात करो। नई माँ अगर तीर्थ-यात्रा करने जाएँगी तो तुम्हारा क्या होगा? क्या तुम भी नई माँ के साथ ही जाओगी?"

"मान लो; यदि जाऊँ तो आप इससे प्रसन्न होंगे या अप्रसन्न?" सरला ने हँसकर कहा।

"प्रसन्न न भी होऊँ, लेकिन अप्रसन्न होने का मेरा क्या हक है?" राखाल ने कहा।

"अगर आपको हक मिल जाए, तब?"

राखाल ने हँसकर कहा, "यह इतनी छोटी वस्तु नहीं है! हक तो इस ढंग की वस्तु है, जो दान के रूप में मिलने पर बहुत कमजोर होती है, इससे उसकी शान भी नहीं रहती। हक अपनी जगह पर ही अपना असर रखता है।"

सरला ने कहा, "तो फिर मुझे भी अनधिकार चेष्टा की बात नहीं करनी चाहिए, लेकिन नई माँ के साथ जाने से आप अप्रसन्न न होंगे, यह साफ मालूम होता है।"

"लेकिन यह बात तुम्हारे ही फायदे के कारण मेरे दिल में है सरला।" इतना कहते-कहते राखाल का चेहरा गंभीर हो गया, बोला, "इसमें मेरा अपना कुछ मतलब है, यह सपने में भी मत सोचना।"

उदास होकर दूसरी तरफ मुँह करके सरला ने कहा, "दुनिया में किस आदमी का किस बात में मतलब है, यह मेरे लिए समझना मुश्किल है देवता! और न मैं समझना ही चाहती हूँ।"

"मैं असत्य नहीं कहता सरला।" राखाल व्यथित होकर बोला।

हँसकर सरला ने कहा, "मेरी पढ़ाई पूरी न होने तक मुझे स्कूल के हॉस्टल में ही रखने का माँ का विचार है।"

"लेकिन यह बात तुम्हारे ही फायदे के कारण मेरे दिल में है सरला।" इतना कहते-कहते राखाल का चेहरा गंभीर हो गया, बोला, "इसमें मेरा अपना कुछ मतलब है, यह सपने में भी मत सोचना।" उदास होकर दूसरी तरफ मुँह करके सरला ने कहा, "दुनिया में किस आदमी का किस बात में मतलब है, यह मेरे लिए समझना मुश्किल है देवता! और न मैं समझना ही चाहती हूँ।"

"ठीक तो है।" राखाल ने कहा।

"सरला का मुँह उदास हो गया कुछ भारी स्वर में बोली, "लेकिन मुझे तो यह स्कूल बिल्कुल पसंद नहीं देवता!"

"ऐसा क्यों!" आश्चर्य से राखाल ने पूछा।

सरला सिर झुकाकर चुप हो गई।

राखाल ने फिर कहा, "काम सीखने में तो तुम्हें अच्छा लगना चाहिए, तुम्हें खुशी होनी चाहिए।"

"मुझे तो कुछ भी सीखना पसंद नहीं।" सरला ने कहा।

"फिर तुम्हें क्या पसंद है?" राखाल ने विस्मित होकर पूछा।

"वह बतलाने से कोई फायदा नहीं है। आप सुनकर व्यंग्य करेंगे।" उदास होकर सरला ने कहा।

"तुम्हारे जीवन की सुख-दु:ख की बात को लेकर व्यंग्य करूँ, ऐसा मैं नीच नहीं हूँ, सरला।"

ऐसी बात नहीं है देवता! मुझे क्या अच्छा लगता है, यह बात मैं खुद नहीं समझ पाती। सिर्फ इतना ही कह सकती हूँ कि मशीन की तरह स्कूल जाना, पढ़ना-लिखना दस्तकारी करना, इनकी जगह पर मुझे गृहस्थी का काम ही अधिक पसंद है। घर को ठीक-ठाक करके सजाकर रखना और हर तरह से इंतजाम करना, इससे बढ़कर मुझे और कुछ अच्छा नहीं लगता है, इन कामों के करने में मेरे उत्साह का जैसे अंत नहीं। छोटे-छोटे बच्चे मेरी सबसे अधिक प्रसन्नता की चीजें हैं। जब नई माँ के उस घर में

रहती थी, तब किराएदारों के सारे बच्चे मेरे ही पास सो जाते थे। अपने हाथों से अपने आदमी की सेवा करने में कितनी तृप्ति और कितना आनंद मिलता है, इस बात को नारी के अलावा और कोई नहीं समझ सकता।''

''अपना मकान न होने के कारण गृहस्थी की तरफ तुम्हारा इस तरह झुकाव है सरला!'' राखाल ने दु:खी होकर कहा।

''शायद ऐसी ही बात हो। इसीलिए तो आपसे प्रार्थना करती हूँ देवता कि आप शादी कर लीजिए। गृहस्थ हो जाइए। मैं आपकी गृहस्थी लेकर जिंदा रहूँगी। दोनों प्राणियों की अपने तन-मन-प्राण से सेवा करूँगी। अपने हाथों से घर को ऐसी सुंदरता से सजाकर रखूँगी कि कोई आकर देखे तो दंग रह जाए और इसके बाद बाल-बच्चों का सारा भार मैं अपने सिर पर लिए रहूँगी। यह जो सिलाई-बुनाई मैं इतना परिश्रम करके सीख रही हूँ, यह क्या मैं सचमुच ही अस्पताल में जाकर या लोगों के घर-द्वार भटककर नौकरी के मतलब से सीख रही हूँ? ऐसा मत सोचिएगा देवता! मैं आपकी शादी करवा दूँगी। स्वयं लड़की पसंद करूँगी। घर की व्यवस्था करूँगी। बच्चों को पाल-पोसकर आदमी बनाऊँगी। ईश्वर न करे, ऐसा दिन आए, कभी अगर घर में अभाव आ पड़े, गरीबी आ घेरे तो किसी के आगे जाकर हाथ नहीं पसारने दूँगी, मैं स्वयं नौकरी करके जैसे भी होगा, सँभाल लूँगी।''

''शायद ऐसी ही बात हो। इसीलिए तो आपसे प्रार्थना करती हूँ देवता कि आप शादी कर लीजिए। गृहस्थ हो जाइए। मैं आपकी गृहस्थी लेकर जिंदा रहूँगी। दोनों प्राणियों की अपने तन-मन-प्राण से सेवा करूँगी। अपने हाथों से घर को ऐसी सुंदरता से सजाकर रखूँगी कि कोई आकर देखे तो दंग रह जाए और इसके बाद बाल-बच्चों का सारा भार मैं अपने सिर पर लिए रहूँगी।''

''क्या तुम यही सोचकर स्कूल में दाखिल हुई हो सरला?'' राखाल ने बहुत उत्सुकता से पूछा।

राखाल के चेहरे की तरफ देखकर सरला ने कहा, ''आपके होते हुए क्या मैं सचमुच पेट के लिए दूसरे के द्वार पर जाकर हाथ पसारकर नौकरी करके रह सकूँगी। भला मैं क्यों जाऊँगी?'' इतना कहते-कहते उसका स्वर काँप उठा। सरला के मुख पर पूरी दृष्टि डालकर राखाल धीमे स्वर में बोला, ''सरला, यह क्या कर रही हो, अपना सारा जीवन इसी तरह दूसरे की गृहस्थी बनाने में बिता दोगी! अपना पति नहीं, अपनी संतान नहीं, अपना घर नहीं, क्या तुम अपने जीवन में खुश रह पाओगी?''

''आपसे बहस करके यह बात नहीं समझा सकती देवता! मैं तो यही जानती हूँ

कि नारी के लिए उसका पति, संतान, गृहस्थी, ये ही वस्तुएँ उसके जीवन की सबसे बड़ी आकांक्षा की वस्तुएँ हैं। जो नारी वास्तव में इन चीजों को प्यार करती है, वह नारी कभी इनमें जरा भी कालिख न लगने देगी। कोई भी नारी यह नहीं चाहती कि उसकी अपनी संतान के माथे पर माँ-बाप के किसी कलंक की छाप लगे। मेरे जीवन में अपवित्रता का धब्बा लग चुका है। अपने पति, अपने पुत्र को हीन करके मैं स्त्री बनूँ, इतनी स्वार्थी मैं नहीं हूँ। पति को नहीं पा सकी, संतान को नहीं पा सकी, लेकिन जिन्हें हृदय से स्नेह करती हूँ, भक्ति करती हूँ, उनकी संतान क्या अपनी संतान से कम स्नेह की वस्तु है? उनका घर-द्वार क्या अपने घर-द्वार से कम खुशी का होगा?''

राखाल चुपचाप पाषाण-मूर्ति की तरह सुनता रहा।

सरला कुछ देर तक रुककर फिर बोली, ''मैं पागल नहीं हूँ देवता! आप शादी कर लीजिए। आपकी बहू को मैं प्यार कर सकूँगी, वही बहू मुझे सबकुछ देगी। अपना घर, अपनी संतान, अपने संपूर्ण सुख के सब सामान मैं उसी से पा जाऊँगी।''

राखाल चुपचाप पाषाण-मूर्ति की तरह सुनता रहा। सरला कुछ देर तक रुककर फिर बोली, ''मैं पागल नहीं हूँ देवता! आप शादी कर लीजिए। आपकी बहू को मैं प्यार कर सकूँगी, वही बहू मुझे सबकुछ देगी। अपना घर, अपनी संतान, अपने संपूर्ण सुख के सब सामान मैं उसी से पा जाऊँगी।''

राखाल चुप होकर एक ही भाव से विचारों में डूबता-उतराता रहा। अंत में सिर उठाकर गंभीरता से कहा, ''तुम्हारे इतने अनुरोध से आज मैं सचमुच ही अपने भविष्य-जीवन के विषय में विचार करने पर लाचार हो गया हूँ। इस वक्त जा रहा हूँ, फिर इस पर विचार करूँगा। नई माँ को मेरे आने की खबर दे देना।''

छब्बीस

तारक की शादी हो गई। विमल बाबू के साथ तीर्थ भ्रमण करने के लिए सविता तैयार हो गई हैं। कल वे लोग रवाना हो जाएँगे। पुराने दीवान महादेव के अलावा एक दासी और मिसरानी भी साथ जाएगी। सविता ने राखाल को बुलवाया और उसके हाथ में अपने पति का दिया हुआ मोहरबंद गहनों का बक्स देकर कहा, ''लो, ये रेणुका के जेवर हैं। वह यदि इन्हें न लेना चाहे तो तुम जगत् की मातृहीन लड़कियों के बीच इन्हें बाँट देना! जिसके लिए इतने दिनों तक यह सब जोड़कर रखे रही, वही आज परम दरिद्र होकर जीवन काट रही है तो मैं अब और क्यों इस भार को लेकर मरती

रहूँ ? डेढ़ लाख रुपए की जो संपत्ति रेणुका के नाम रजिस्ट्री कर दी है, यह लो उसके कागजात। इस संपत्ति को भी अगर वह ग्रहण न करे तो फिर तुम्हें जो अच्छा लगे, वह प्रबंध इसका कर देना और ये कई हजार के कंपनी के शेयर और ये हैं मेरी चूड़ियाँ, बाली, वह सब शादी के मौके पर पिताजी ने मुझे दिया था। तुम्हारी गृहस्थी जो बसाने आएगी, यानी मेरी बहूरानी, उसके लिए मैं ये सब वस्तुएँ दिए जा रही हूँ, मेरी तरफ से भेंट है। यह उसकी सास की तरफ से आशीर्वाद है। इसे तुम लौटाना मत बेटा!''

दूर पर खड़ी सरला राखाल के चेहरे की तरफ देख-देखकर मुसकराती रही। राखाल ने एक बार उधर देखकर सिर नीचा कर लिया। फिर कुछ दुःखी होकर बोला, ''माँ! अपने लड़के की विद्या-बुद्धि को आप जानती हैं। फिर इतना भारी काम मेरे ऊपर छोड़े जा रही हैं ? मैं क्या इन सबका प्रबंध कर पाऊँगा ? तारक के सुपुर्द कर जातीं। वह वकील है, जमीन-जायदाद के मामले समझ सकता है। उसके हाथों में प्रबंध रहने से अच्छा रहेगा।''

सविता ने कहा, ''क्या तू मुझे निश्चिंत होकर नहीं जाने देगा राजू!'' इतना कहकर प्यार से बोलीं, ''जिस उद्‌देश्य को लेकर मैंने एक दिन यह सब तुम्हारे बाबूजी के हाथों से अपने हाथों में ले लिया था, वह उद्‌देश्य तो पूरा नहीं हुआ बेटा! तुम्हारे बाबूजी का व्यापार उस दिन डूब रहा था, उसके साथ ही यह डूब जाता, तभी ठीक था। शायद उस वक्त मैं आज से अधिक संतोष अनुभव करती।''

सविता ने कहा, ''क्या तू मुझे निश्चिंत होकर नहीं जाने देगा राजू!'' इतना कहकर प्यार से बोलीं, ''जिस उद्‌देश्य को लेकर मैंने एक दिन यह सब तुम्हारे बाबूजी के हाथों से अपने हाथों में ले लिया था, वह उद्‌देश्य तो पूरा नहीं हुआ बेटा! तुम्हारे बाबूजी का व्यापार उस दिन डूब रहा था, उसके साथ ही यह डूब जाता, तभी ठीक था। शायद उस वक्त मैं आज से अधिक संतोष अनुभव करती।''

दुःखी होकर राखाल ने कहा, ''लेकिन इस विषय में आप कुछ भी कहें नई माँ! इन सब रुपए-पैसों के मामलों में मैं एकदम अनजान हूँ।''

धीमे स्वर में सविता ने कहा, ''डरो मत बेटा, इस विषय में जो कुछ व्यवस्था करोगे, वही कल्याणकारी होगी।''

× × ×

सबसे पहले इन लोगों ने द्वारिका की यात्रा की। वहाँ से फिर भ्रमण करते-करते गुजरात, राजपूताना होते हुए आगरा पहुँच गए। विमल बाबू पूछने लगे, ''सविता! अब मथुरा-वृंदावन चलेंगे न ? यहाँ से बिल्कुल नजदीक है…।''

सविता ने कहा, ''श्रीकृष्णजी की लीला-भूमि देखी, द्वारिका देखी, मथुरा-वृंदावन ही अब क्यों बाकी रहे, चलो न!''

मथुरा आकर वे लोग एक परिचित धनी की कोठी में ठहर गए। व्यापार के संबंध में उनका अच्छा परिचय था। सेठ ने अपने अतिथि-भवन में रहने के लिए व्यवस्था कर दी और अपनी एक कार घूमने के लिए दे दी। उसकी कार से यह लोग वृंदावन पहुँचे। यहाँ आकर फिर सविता से पूछा, ''सविता! ब्रजबाबू से भेंट करोगी?''

सविता ने कहा, ''पागल हो गए हो? हम लोग तो भगवान् का दर्शन करने आए हैं। दर्शन करके लौट जाएँगे।'' फिर कुछ देर रुककर सविता ने कहा, ''सुनते हैं, वृंदावन में गोविंदजी की आरती बड़ी सुंदर होती है, क्या आरती देखकर नहीं चलोगे?''

विमल बाबू बोले, ''आरती देखकर ही चलेंगे।''

एक लंबे-चौड़े मैदान के किनारे वृक्ष के नीचे मोटर खड़ी कर दी। दरी बिछाकर वे लोग विश्राम करने लगे। महादेव दरबान ने कार से चाय बनाने का सामान उतारकर स्टोव जलाया और पानी गरम करने लगा। सविता चाय नहीं पीती, लेकिन बनाती वही हैं।

एक लंबे-चौड़े मैदान के किनारे वृक्ष के नीचे मोटर खड़ी कर दी। दरी बिछाकर वे लोग विश्राम करने लगे। महादेव दरबान ने कार से चाय बनाने का सामान उतारकर स्टोव जलाया और पानी गरम करने लगा। सविता चाय नहीं पीती, लेकिन बनाती वही हैं।

''महादेव! आज तुम्हीं बना लो। मैं घूमते-घूमते थक गई हूँ।'' सविता ने थके स्वर में कहा।

''अगर तुम्हारी तबीयत ठीक नहीं है तो फिर मंदिर की भीड़-भाड़ में जाने की क्या जरूरत है?'' विमल बाबू ने कहा।

''नहीं, ऐसी कोई बात नहीं है। आरती देखूँगी। सोच लिया है, तो बिना देखे नहीं जाऊँगी।''

पश्चिम में सूर्य डूब गया। गाढ़े लाल रंग के प्रकाश से सारा नीला आसमान और विस्तृत मैदान लाल रंग का हो गया। विमल बाबू ने कहा, ''चलो, मंदिर में चलें, देर हो जाने पर भीड़ के बीच से जाने में कठिनाई होगी।''

मानो सविता ने सोते से चौंककर कहा, ''तो चलो।'' फिर गाड़ी में बैठकर एकाएक जाने क्या सोचकर बोली, ''देखो तो, हम लोग थोड़ी देर बाद ही मंदिर जाएँगे। पहले आरती के शंख-घड़ियाल बजने दो। भला ऐसी भी क्या भीड़ होगी?''

विमल बाबू ने उसके उत्तर में कुछ न कहा। समय काफी हो चुका था। इस समय मंदिर के घंटे-घड़ियाल बजने लगे। विमल बाबू वगैरह ने मंदिर में प्रवेश किया। गोविंदजी की आरती होनी शुरू हो गई थी।

मूर्ति के आगे खड़ी होकर सविता दर्शन कर रही थीं। तो भी जैसे उनकी दृष्टि मूर्ति पर स्थिर नहीं थी, आस-पास दौड़ती फिरती थी। एकाएक उन्होंने देखा कि उसी बरामदे के एक कोने में उनके स्वामी खड़े हैं, दोनों हाथ जोड़े एकटक भगवान् पर दृष्टि जमाए। होंठ धीरे-धीरे काँप रहे हैं। जप कर रहे हैं, ऐसा मालूम होता है।

आरती खत्म हुई। भीड़ छँट गई। विमल बाबू आगे बढ़कर आए और ब्रजबाबू के चरण छुए। साँप के काटे की तरह पीछे हटकर वह उठे, ''गोविंद! गोविंद! यह क्या किया? भगवान् के मंदिर में मुझे प्रणाम किया। महानरक में डुबो दिया।'' उनका शरीर काँप रहा था।

मूर्ति के आगे खड़ी होकर सविता दर्शन कर रही थीं। तो भी जैसे उनकी दृष्टि मूर्ति पर स्थिर नहीं थी, आस-पास दौड़ती फिरती थी। एकाएक उन्होंने देखा कि उसी बरामदे के एक कोने में उनके स्वामी खड़े हैं, दोनों हाथ जोड़े एकटक भगवान् पर दृष्टि जमाए। होंठ धीरे-धीरे काँप रहे हैं। जप कर रहे हैं, ऐसा मालूम होता है।

विमल बाबू सकपकाकर बोले, ''मैं नहीं जानता था कि मंदिर में किसी को प्रणाम नहीं किया जाता। क्षमा कीजिएगा।''

''गोविंद! गोविंद! आप विमल बाबू हैं? चलिए, चलिए, उधर आँगन में तुलसी कुंज की ओर चलकर बैठेंगे।''

विमल बाबू ने कहा, ''अच्छा चलिए।''

इसी समय ब्रजबाबू भगवान् की मूर्ति के आगे लंबे लेटकर बार-बार अपने नाक-कान पकड़कर शायद प्रणाम के अपराध की क्षमा माँगने लगे। सविता पृथ्वी पर पड़े स्वामी की तरफ देख रही थीं। लंबे प्रणाम के बाद ब्रजबाबू सविता और विमल बाबू के साथ मंदिर के एक कोने पर जाकर खड़े हो गए। ब्रजबाबू की दाढ़ी-मूँछ और चेहरा घुटा हुआ है। पीछे की तरफ सफेद बालों की चोटी झूल रही है। गले में तुलसी-माला है। माथे पर तिलक है, हाथ में सुमरनी और कंधे पर हरिनाम दुपट्टा। गोरा-लंबा शरीर बुढ़ापे के कारण आगे को थोड़ा झुक गया है। विमल बाबू ने कहा, ''गोविंदजी ने इस दीन-हीन पर बहुत कृपा की है। ब्रजभूमि में मैं आ गया हूँ; ब्रज-रेणुका जिसने पाई है, यमुना-स्नान किया है, गिरि-गोवर्द्धन देखा है, उसके लिए फिर क्या कहीं अकल्याण है? वृंदावन में तो सब तरह कुशल है। संसार में मेरे लिए अब कोई कामना शेष नहीं रही।''

सविता ने आगे बढ़कर कहा, ''राजू के मुँह से सुना था कि तुमने शायद यहाँ आकर किसी वैष्णव बाबाजी से दीक्षा ले ली है?'' क्या दिन-रात उसी को लेकर निमग्न रहते हो?''

कुछ रुक-रुककर उन्होंने कहा, ''तुम क्या जानो नई बहू, मेरे जीवन के शेष

दिनों में गोविंदजी ने मुझे चरणों में बुला लिया है, बहुत भारी दया की है। यहाँ आकर सचमुच ही दुनिया का सब दुःख चला गया।''

सविता ने विस्मित होकर ब्रजबाबू की तरफ देखकर कहा, ''तुम्हारी यह बात तो घुड़दौड़ में सबकुछ हारकर मदिरा पीकर नशे में चकनाचूर हो जानेवाले खिलाड़ी की तरह है, इस आनंद की कीमत जानते हो?''

मंदिर में कीर्तन-मंडली गा रही थी—प्रेमानंद अमृत का सागर डूबे हरि भक्त तृप्त हुए···।''

ब्रजबाबू के दोनों नेत्रों से झर-झर आँसू गिरने लगे। विह्वल होकर बोले, ''नई बहू, अब यही प्रार्थना करो कि यह शराब का नशा कभी न उतरे!''

''और तुम्हारी बेटी? मेरी रेणुका!'' गंभीर स्वर से सविता ने कहा, ''वह कहाँ है?''

''कौन? मेरी लड़की? अब अधिक अपना-बेगाना न करो नई बहू, यहाँ तो सभी तुच्छ हैं, अपना कहलानेवाला कोई भी नहीं। यहाँ तो केवल ब्रजनंदन श्रीकृष्ण ही अपने हैं, वही सबकुछ हैं। मैंने रेणुका को उन्हीं के चरणों में अर्पित कर दिया है। जब तक उसे अपना करके मानता रहा, सोच-विचार में भटकता रहा। अब तो उन्हीं के हाथों में तुम्हारी रेणुका को सौंपकर निश्चिंत हो गया हूँ। वह जो कुछ प्रबंध करेंगे, उसे तोड़ने का साहस किसी में नहीं है। हृदय में बैठकर वह हँस-हँसकर जिस तरफ को उँगली हिलाते हैं, उसी तरफ का पासा पलट जाता है। हम उस कठपुतलीवाले की कठपुतलियाँ हैं। मनुष्य अपनी इच्छा से कुछ कर ही नहीं सकता, उसी की इच्छा सबकुछ है।''

कुछ रुक-रुककर उन्होंने कहा, ''तुम क्या जानो नई बहू, मेरे जीवन के शेष दिनों में गोविंदजी ने मुझे चरणों में बुला लिया है, बहुत भारी दया की है। यहाँ आकर सचमुच ही दुनिया का सब दुःख चला गया।''

सविता ने विस्मित होकर ब्रजबाबू की तरफ देखकर कहा, ''तुम्हारी यह बात तो घुड़दौड़ में सबकुछ हारकर मदिरा पीकर नशे में चकनाचूर हो जानेवाले खिलाड़ी की तरह है, इस आनंद की कीमत जानते हो?''

न जाने सविता क्या उत्तर देने जा रही थीं कि सहसा यह आवाज आई, ''बाबूजी···!'' इस आवाज से चौंककर सविता ने पीछे मुड़कर देखा तो रेणुका! उसका मुख उदास हो गया है, बाल रूखे हैं, मुख पर दरिद्रता का चिह्न दिखाई दे रहा है। शरीर पर आधी मटमैली वृंदावनी धोती है, उसके गले में भी तुलसी की माला है, मस्तक पर चंदन का तिलक है। बेटी को देखकर सविता पागल-सी हो गईं, लेकिन रेणुका

ने सविता की तरफ बिना देखे ही पुकारा, ''बाबूजी घर चलिए, बहुत रात हो गई।''

''तूने अपनी माँ को नहीं पहचाना रेणुका?'' उन्होंने पूछा।

''पहचान लिया है, लेकिन मंदिर में प्रणाम नहीं किया जाता।'' माँ के चेहरे की तरफ एक बार शांत दृष्टि से देखकर उसने पिता की तरफ घूमकर कहा, ''चलिए, बाबूजी, दिन भर एकादशी का व्रत रह चुके हो, अब कब प्रसाद लोगे?''

माँ के प्रति बेटी का ऐसा पराए जैसा व्यवहार देखकर वह मन-ही-मन बहुत व्यथित हुए। शायद इसीलिए ब्रजबाबू ने कहा, ''नई बहू तुम एक दिन के लिए गोविंदजी की कुटी में सेवा करने के लिए··· ।''

एक बार रेणुका के चेहरे की तरफ देखकर सविता ने उनसे कहा, ''नहीं, मुझ जैसी अपवित्र स्त्री के लिए यहाँ फिर आना ठीक नहीं है।''

ब्रजबाबू ने दाँतों से जीभ काटकर कहा, ''गोविंद, दीनदयाल दीनबंधु तो पतित पावन हैं। वह तो आश्रयहीन के आश्रयदाता हैं नई बहू।''

दिल के उमड़नेवाले रुदन को किसी तरह रोककर सविता ने कहा, ''तोते की तरह यह सब केवल मुख से बोली जानेवाली बातें हैं, तुम लोगों का धर्म तुम लोगों को कैसा बना देता है, यह बात तुम लोग अपने नेत्रों से नहीं देख सकते। जिस धर्म में क्षमा नहीं है, वह धर्म अधर्म से क्या कम है?'' इतना कहकर सविता तेज चाल से मंदिर से बाहर चली गईं। पागल की तरह ब्रजबाबू से विमल बाबू ने कहा, ''मुझे आपसे कुछ कहना है, आपको कब फुरसत होगी?''

दिल के उमड़नेवाले रुदन को किसी तरह रोककर सविता ने कहा, ''तोते की तरह यह सब केवल मुख से बोली जानेवाली बातें हैं, तुम लोगों का धर्म तुम लोगों को कैसा बना देता है, यह बात तुम लोग अपने नेत्रों से नहीं देख सकते। जिस धर्म में क्षमा नहीं है, वह धर्म अधर्म से क्या कम है?''

''जब आप कहें।''

''अच्छी बात है, मैं कल दोपहर को आऊँगा। आपका घर··· ।''

''मंदिर से बाहर निकलकर बाईं तरफ से रास्ते के थोड़ी दूर जाने पर दाहिने हाथ की तरफ एक गली गई है। मैं वहीं रहता हूँ। बाबा घनश्याम का कुंज पूछने से मालूम हो जाएगा।''

''बाबूजी, कल तो गुरु महाराज के कुंज में अखंड कीर्तन होगा, वैष्णव सेवा होगी। कल तो तमाम दिन हम लोग वहीं रहेंगे।'' रेणुका बीच में ही बोल पड़ी।

ब्रजबाबू ने कहा, ''तुमने अच्छी याद दिला दी बेटी! विमल बाबू, कल के लिए क्षमा कीजिए। कल तमाम दिन मैं अपने गुरुदेव बाबा बैकुंठदास की कुटी में रहूँगा। परसों प्रातःकाल आप आ जाएँ तो··· ।''

''जरूर! परसों प्रात:काल ही मैं आपके पास आऊँगा। प्रणाम, ''गोविंद! गोविंद!''

कार में बैठकर गद्दे पर देह डालकर सविता ने कहा, ''अब और जगह मारे-मारे फिरना मुझे पसंद नहीं। अब आराम करना चाहती हूँ दयामय!''

''क्या वृंदावन में ही रहना निश्चय किया है?'' विमल बाबू ने पूछा।

''नहीं! यहाँ तो मुझे अब एक पल भी रहना मुश्किल हो रहा है! मुझे सिंगापुर ले चलो।'' व्यथित स्वर में सविता बोलीं।''

''यह कह क्या रही हो सविता!''

''हाँ, कल प्रात: ही यात्रा की तैयारी कर लो। एक दिन का भी विलंब न हो।'' सविता ने कहा।

''इस प्रकार अधीर न होओ सविता, कल तो जाना हो नहीं सकेगा। रेल की यात्रा है नहीं, जहाज से जाना होगा। पहले कलकत्ता जाना पड़ेगा। इसके अलावा मैंने ब्रजबाबू को अभी वचन दे दिया है कि परसों प्रात:काल उनसे अवश्य भेंट करूँगा, इसलिए कल रुके बिना तो काम चलेगा नहीं। हाँ, परसों रात की ट्रेन से हम लोग अवश्य मथुरा छोड़ सकेंगे।''

''नहीं, मुझसे यह न हो सकेगा। यहाँ तो अब मेरी साँस घुट रही है। अब तुम किसी तरह मुझे इस देश से सदैव के लिए कहीं दूर विदेश ले चलो। बहुत दूर, जिस जगह रीति, नीति, समाज, मानव, सबकुछ और प्रकार का हो। मैं अपना सब अतीत वहाँ धो डालूँगी।''

''नहीं, मुझसे यह न हो सकेगा। यहाँ तो अब मेरी साँस घुट रही है। अब तुम किसी तरह मुझे इस देश से सदैव के लिए कहीं दूर विदेश ले चलो। बहुत दूर, जिस जगह रीति, नीति, समाज, मानव, सबकुछ और प्रकार का हो। मैं अपना सब अतीत वहाँ धो डालूँगी।''

विमल बाबू ने कोई जवाब न दिया। सविता के मन की दशा समझकर वह मौन हो गए।

दूसरे दिन प्रात: विमल बाबू ने निद्रा से जागकर देखा, सविता के कमरे के द्वार अभी तक बंद हैं। विमल बाबू सदा ही विलंब से उठते हैं, पर सविता के द्वार बंद देखकर वह कुछ चकित हुए, द्वार के सामने जाकर खड़े हुए और सोचने लगे कि धक्का दूँ या नहीं कि ठीक उसी समय द्वार खोलकर सविता बाहर आ गईं। दोनों नेत्र लाल, रातभर जागने की क्लांति और कालिमा चेहरे पर और नेत्रों में छाई हुई थी, मानो सविता रातभर यों ही पड़ी रही थीं। विमल बाबू ने व्यथित दृष्टि से उनकी तरफ देखा, लेकिन कुछ नहीं पूछा।

कुछ लजाकर सविता ने कहा, ''देखती हूँ दिन बहुत चढ़ आया। तुमने अभी तक चाय नहीं पी होगी। मैं अभी तैयार करती हूँ, तनिक स्नान करके कपड़े बदल लूँ।''

''चाय ठाकुर बना देगा, तुम विश्राम करो।''

"नहीं, वह ठीक तरह से नहीं बना सकेगा। मुझे ज्यादा वक्त न लगेगा।" और इसके बाद वे फिर बोलीं, "रात में मुझे ठीक तरह नींद नहीं आई। कल तो मेरा दिमाग ऐसा बिगड़ गया कि रात की नींद हराम हो गई। अभी स्नान करके आती हूँ।" कहकर तौलिया ले फिर सविता स्नानागार की तरफ चल दीं।

× × ×

चाय ढालते-ढालते सविता ने निश्चिंत भाव से कहा, "कल मैंने अच्छी तरह विचारकर उनके विषय में कर्तव्य निश्चय कर लिया है। समझ गए न?"

"किसके विषय में?" विमल बाबू ने पूछा।

"उन्हीं लोगों के विषय में…।"

"नहीं, अब अधिक तीर्थ यात्रा नहीं करूँगी। मनुष्य के हाथों से बनाई मूर्तियों के खेल-तमाशे, इन तीर्थों में भटकने से हृदय की भारी जिज्ञासा का उत्तर कहीं नहीं मिलता। इस तमाशे में और चाहे किसी का मन भूला रहे, पर जिसे सत्य की चाहना है, उसका मन भूला नहीं रह सकता। मैं अब विश्राम चाहती हूँ विमल बाबू!"

यह 'उन्हीं' का प्रयोग किसके लिए किया गया है, विमल बाबू समझ गए। पूछा, "क्या तय किया है सविता?"

"मैंने सिंगापुर जाना ही तय किया है।"

"मेरे खयाल से अभी कुछ दिन और तीर्थ भ्रमण किया जाए, उसके बाद भी अगर मन करे तो सिंगापुर चलेंगे। ठीक रहेगा न?"

"नहीं, अब अधिक तीर्थ यात्रा नहीं करूँगी। मनुष्य के हाथों से बनाई मूर्तियों के खेल-तमाशे, इन तीर्थों में भटकने से हृदय की भारी जिज्ञासा का उत्तर कहीं नहीं मिलता। इस तमाशे में और चाहे किसी का मन भूला रहे, पर जिसे सत्य की चाहना है, उसका मन भूला नहीं रह सकता। मैं अब विश्राम चाहती हूँ विमल बाबू!"

"लेकिन जिस जगह तुम विश्राम की इच्छा कर रही हो, अगर उस जगह भी तुम्हारी इच्छा पूरी न हो सकी, तब क्या होगा?"

"तुम्हारे हाथों से, जीवन के अंत में, ईश्वर ने जो कुछ मेरे पास भेजा है, वह मामूली नहीं है। जो फूल टहनी से टूटकर नीचे आ गिरा, वह फूल फिर कभी लौटकर टहनी में नहीं लग सकेगा। मृगतृष्णा के समान मारे-मारे फिरना अब बेकार है। इस बात को मैंने अच्छी तरह से जान लिया है।" बहुत सावधानी से सविता ने कहा।

"न हो तो सिंगापुर तार दे दूँ, सिंगापुरवाले जहाज में दो कैबिन हमारे लिए रिजर्व हो जाएँगे?"

सविता ने सिर हिलाकर स्वीकृति दे दी।

× × ×

अगले दिन सवेरे विमल बाबू कार में बैठकर मथुरा से वृंदावन को चलने लगे तो सविता से बोले, ''उन्होंने तुम्हें भी बुलाया है। अगर चलो, तो मैं समझता हूँ, कोई हर्ज न होगा।''

इसके लिए सविता तैयार न हुईं। हारकर विमल बाबू अकेले ही वृंदावन पहुँचकर ब्रजबाबू का घर खोजकर उनके डेरे पर पहुँचे। वहाँ देखा कि रेणुका एक दिन पहले की रात से कालरे में पड़ी है। इलाज और सेवा का कुछ भी प्रबंध नहीं है। सिर्फ हरिनाम का कीर्तन सुनाया जा रहा है। रेणुका के पिता भगवान् के आगे लंबे लेटे हुए हैं। बीच-बीच में वहाँ से उठ मृत्यु के मुख में पड़ी बेटी के मुँह में भगवान् का चरणामृत डाल जाते हैं और फिर दुःखी मन लिए भगवान् की मूर्ति के आगे जा लेटते हैं। उनके गुरुदेव बाबा बैकुंठदास की कुटी में सूचना भेज दी गई है। उन्होंने आश्रम से एक वैष्णवी दासी को भेज दिया है, पर वह इस विषय में कुछ भी नहीं जानती। अर्धचेतन कन्या के प्यास लगने पर पानी और बाबा बैकुंठदास की दी हुई दवाई और भगवान् का चरणामृत दिया जा रहा है। रोगिणी की चारपाई और वस्त्रों की दशा भी उनकी दृष्टि से छिपी नहीं रही। यह दशा देखकर वह तुरंत सविता को लाने के लिए मथुरा लौट चले। रेणुका की दशा चिंताजनक हो गई, यह समझने में उन्हें देर न लगी। खबर पाकर सविता जैसे पत्थर सी हो गईं। विमल बाबू अधिक विलंब न करके उन्हें साथ लेकर फिर वृंदावन की तरफ चल दिए। कार में बैठी सविता के चेहरे की तरफ उस वक्त देखा नहीं जा रहा था। भूकंप-सा उनके दिल में आ रहा था। एकाएक पानी में डूबते आदमी तरह छटपटाकर बोलीं, ''ओह! गाड़ी इतने धीरे-धीरे क्यों चल रही है? मेरा दम घुटा जा रहा है।''

''तुम्हारे हाथों से, जीवन के अंत में, ईश्वर ने जो कुछ मेरे पास भेजा है, वह मामूली नहीं है। जो फूल टहनी से टूटकर नीचे आ गिरा, वह फूल फिर कभी लौटकर टहनी में नहीं लग सकेगा। मृगतृष्णा के समान मारे-मारे फिरना अब बेकार है। इस बात को मैंने अच्छी तरह से जान लिया है।'' बहुत सावधानी से सविता ने कहा।

विमल बाबू ने दो-एक सांत्वना की बातें कहीं भी, पर सविता के कानों में आवाज नहीं पहुँची। सविता एकाएक कह उठीं, ''दयामय, तुमने तो अनेक देशों के अनेक इतिहास पढ़े हैं। स्वयं माँ अपनी बेटी की इतनी बड़ी दुर्गति का कारण हुई है, ऐसा कहीं पढ़ा है?''

विमल बाबू ने कोई जवाब न दिया। मार्ग में एक जगह, कुएँ के पास पानी भरने के लिए कार रुकी। किनारे के किसानों की झोंपड़ियों से बालकों के कातर क्रंदन की ध्वनि आ रही थी। सविता चौंककर सिहर उठीं और व्यथित कंठ से कहने लगीं, ''ओह!

इन बालकों को क्या हुआ है? क्यों रो रहे हैं? सुनते हो दयामय!''

विमल बाबू सविता की ऐसी हालत देखकर बहुत व्यथित हुए। बोले, ''कुछ बात नहीं है। छोटे बच्चे तो ऐसे रोते ही रहते हैं, लेकिन सविता, तुम अगर चिंतित होओगी तो वहाँ पहुँचकर रोगी की सेवा-शुश्रूषा कैसे कर सकोगी?''

सविता ने घबराकर कहा, ''नहीं, मैं जरा भी नहीं घबरा रही हूँ। जो कुछ है, सब वहीं पहुँचकर एक बार उसे छाती से लगाकर ठीक हो जाएगा। वह चाहे मुझ पर क्रोध करे, चाहे घृणा करे; घृणा करने की ही बात है। मैंने चाहे कैसी ही भूल क्यों न की हो, फिर भी मैं उसकी माँ हूँ। इस बात को क्या अब वह समझ नहीं सकेगी? अवश्य समझ लेगी, देख लेना। यह उसका क्रोध नहीं, घृणा नहीं; माँ के ऊपर अभिमान है। बेटी बचपन से अभिमानिनी है।''

विमल बाबू एक लंबी साँस लेकर दूसरी तरफ देखने लगे। बहुत जल्द ये लोग मकान पर पहुँच गए। मकान के सामने अर्थी का सामान और गेरुआ वस्त्रधारी वैष्णवों की भीड़ देखकर बाबू ने शंकित नेत्रों से सविता की तरफ देखा। स्थिर, धीर मुखमंडल पर अब और व्यथा नहीं थी। विमल बाबू देखकर चौंक उठे। याद आया, जिस दिन पहली बार उन्होंने सविता को देखा था, उस दिन भी इसी तरह की वेश-भूषा थी, दुःख की छाया लिए हुए थी।

सविता ने अधीरता प्रकट नहीं की। कार से उतरकर सीधी घर में घुसती चली गईं। शोक से ब्रजबाबू अश्रुमगन कंठ से बोले, ''नई बहू, तुम आई हो! देखो तो, ये सब रेणुका को यहाँ से ले जाने के लिए जिद कर रहे हैं। मैंने इनसे कहा है, यह नहीं हो सकता। जिसकी संपत्ति है, उसे आ जाने दो, इसके बाद तुम्हारा जो मन हो, सो करना। तुम्हारी धरोहर मैं सुरक्षित नहीं रख सका, उसे खो दिया है। मुझे क्षमा कर दो सविता! मुझे क्षमा कर दो!''

नई बहू, तुम आई हो! देखो तो, ये सब रेणुका को यहाँ से ले जाने के लिए जिद कर रहे हैं। मैंने इनसे कहा है, यह नहीं हो सकता। जिसकी संपत्ति है, उसे आ जाने दो, इसके बाद तुम्हारा जो मन हो, सो करना। तुम्हारी धरोहर मैं सुरक्षित नहीं रख सका, उसे खो दिया है। मुझे क्षमा कर दो सविता! मुझे क्षमा कर दो!

सविता उत्तर के लिए चुप थीं। कलेजा थामकर धूलभरे आँगन में पड़े बिस्तर की तरफ देखती रहीं। जमीन पर मैले कपड़ों में लिपटाकर ठंडा शरीर पड़ा हुआ है। आसपास पानी का लोटा, चरणामृत-पात्र, दवाइयाँ वगैरह हैं। सविता ने आगे बढ़कर काँपते हाथों से शव के मुँह पर से वह मैला कपड़ा हटा दिया। अत्यंत शीर्ण, विवर्ण, रक्तहीन मुख है, आँखें भीतर को धँस गई हैं। चेहरे और गले की हड्डियाँ ऊपर को उभर आई हैं। स्नेहमयी माता के नेत्रों में उस वक्त मानो सारी दुनिया की वेदना आकर इकट्ठी हो गई

थी। रेणुका के ठंडे पड़े प्राणहीन शरीर के शीतल मस्तक का एक बार चुंबन लिया। फिर शव को ले जानेवाले आ गए। यह देखकर सविता खुद ही अलग हटकर खड़ी हो गईं, लेकिन बूढ़े पिता अपने संपूर्ण जीवन का संयम, साधना और भगवद्ज्ञान भूलकर आज बालक की तरह रो-रोकर मिट्टी में लोटने लगे। पुकारते रहे, "बेटी, अपने इस बूढ़े बाप को किसके भरोसे छोड़े जाती हो रेणुका?"

× × ×

कई दिन व्यतीत हो गए। रेणुका के मरने की खबर पाकर कलकत्ता से राजू आ गया, ब्रजबाबू की छोटी पत्नी आ गईं। इन्हीं इने-गिने दिनों के बीच, सविता के चेहरे पर आकस्मिक बुढ़ापे के चिह्न दिखाई देने लगे। सूखे होंठों पर लावण्य बिल्कुल न रहा। शोक में डूबे पति की सेवा का समस्त भार अपने ऊपर लेकर सविता दिन-रात इसी काम में लगी रहने लगीं।

घर के आँगन में बैठकर सविता खीलें बीन रही थीं। सिर पर की धोती बहुत मैली और जगह-जगह पर तेल, घी के धब्बे लगे हुए थे। माथे की माँग उलटी-सीधी, टेढ़ी-मेढ़ी हो गई थी। इसी समय विमल बाबू आकर उपस्थित हुए।

"आप कब तक यहाँ रहेंगे?"

"जब तक तुम कहो।" विमल बाबू ने जवाब दिया।

"छोटी बहू आ गई है, उसके आने से पहले ही मुझे यहाँ से चला जाना चाहिए था। आपका क्या विचार है?"

"मुझसे अच्छा तो खुद ही विचार सकती हो।"

"लेकिन, यह सब उन्हें निश्चिंतता से नहीं रहने देंगे। यहाँ से उन्हें कलकत्ता ले जाने के लिए यहाँ आए हैं।"

"इसमें क्या हानि है?" विमल बाबू ने पूछा।

"नहीं, ऐसा नहीं हो सकता। ऐसे असहाय रोग-शोक से जीर्ण व्यक्ति को उसके अंतिम सहारे वृंदावन से अलग कर देने के समान और क्या बेदर्दी हो सकती है? हृदय की पुकार को अगर सुन पाती तो छोटी बहू यहीं रहकर स्वामी की सेवा करती।"

विमल बाबू ने कोई जवाब न दिया।

सविता ने फिर कहा, "इस धूल भरे देश में तुम्हें खूब दुःख हो रहा है, मुझे मालूम है। अब लौट आओ। मैं यहीं रह जाऊँगी।"

"ठीक है।" कहकर विमल बाबू ज्योंही चले कि पीछे से सविता ने पुकारा, "सुनो तो, एक बात का जवाब देकर जाना।"

विमल बाबू ठहर गए।

सविता फिर कहने लगीं, "जन्म-जन्मांतर में भी क्या मुझे इसी क्षमाहीन ग्लानि को सहन करना होगा!" गला उनका रूँधा हुआ था, कहने लगीं, "रेणुका ने एक दिन

मुझे 'माँ' कहकर पुकारा था, अपने हाथों से मेरी सेवा की थी, इतने पर भी क्या मेरे मुँह का कलंक नहीं छूटा था?''

''तुम्हारा दिल ही इस बात का सही जवाब दे सकता है सविता!''

''अच्छा एक बात और पूछनी है। मानव के हृदय का एकमात्र सहारा जब टूट जाए, मानव तब किस प्रकार जीवित रहेगा, किसके सहारे रहेगा!''

''मेरे खयाल से तुमने जो खो दिया है, उसे तुम संसार के अभागे लोगों के बीच में ढूँढ़कर कहीं पा सकोगी।''

× × ×

सविता का विचार ठीक निकला। छोटी बहू अपनी एक बहन को साथ लेकर पति को अपने साथ कलकत्ता ले जाने के लिए आई थी। इस विषय में ब्रजबाबू के कुछ कहने के पूर्व ही सविता ने कहा, ''उन्हें ऐसी हालत में कलकत्ता ले जाना ठीक नहीं। जीवन का अंतिम कष्टदायक समय वृंदावन में ही काटने के लिए इन्हें रहने दो।''

''यहाँ रहकर एक मानव ने तो बिना इलाज के अपने प्राण गँवा दिए! अब अगर यह बीमार पड़े तो कौन देखभाल करेगा?''

''सेवा करना चाहो तो तुम खुद यहाँ रह सकती हो। उन्हें यहाँ से ले नहीं जा सकोगी।'' सविता ने जवाब दिया।

''आपको मैं पहचान नहीं पाई।''

''मैं तुम्हारी ससुराल की एक स्त्री हूँ, संबंध की। तुमसे मुझसे कभी मुलाकात नहीं हुई। तुम मुझे पहचान न पाओगी।''

''यहाँ रहकर एक मानव ने तो बिना इलाज के अपने प्राण गँवा दिए! अब अगर यह बीमार पड़े तो कौन देखभाल करेगा?''
''सेवा करना चाहो तो तुम खुद यहाँ रह सकती हो। उन्हें यहाँ से ले नहीं जा सकोगी।'' सविता ने जवाब दिया।
''आपको मैं पहचान नहीं पाई।''
''मैं तुम्हारी ससुराल की एक स्त्री हूँ, संबंध की। तुमसे मुझसे कभी मुलाकात नहीं हुई। तुम मुझे पहचान न पाओगी।''

छोटी बहू में आसानी से कोई बात समझ पाने की अक्ल न थी। कहने लगी—''भैया की राय नहीं थी कि मैं वृंदावन आऊँ। बहुत हाथ-पाँव जोड़ने पर दो-चार दिन के लिए ही उन्होंने मुझे भेजा है। स्वामी को यहाँ से ले जाना ही मेरे लिए उचित है।''

''लेकिन उनके लिए यह बात हर तरह अनुचित है।''

''अगर यह मेरे साथ नहीं जाएँगे तो यहाँ देखभाल कौन करेगा? हम लोगों को कल तक जरूर लौट जाना चाहिए।''

''जिस समय तुम लोगों में से कोई भी उनका अपना नहीं था, उन्हें पहचाना भी

नहीं था, उस वक्त जिस व्यक्ति पर उनकी संपूर्ण देखभाल का भार था, उस व्यक्ति ने फिर उनका भार अपने ऊपर ले लिया है। अपने भैया से बता देना।''

''वह व्यक्ति कौन है?'' छोटी बहू ने उत्कंठा से प्रश्न किया।

''पहचान न पाओगी बहन। अपने भाई से कहोगी तो वह पहचान लेंगे।''

छोटी बहू बहन के साथ कलकत्ता लौट आईं। विमल बाबू ने भी सिंगापुर लौटने की तैयारी की। जाने से पूर्व सविता ने आकर उन्हें नमस्कार करके अपराधिनी की तरह कहा, ''तुम मुझे कुछ गलत न समझ बैठना। जीवन में बार-बार आश्रय से भ्रष्ट होना ही शायद मेरे नसीब में लिखा है।''

जवाब दिए बिना ही विमल बाबू की कार वृंदावन की लाल धूलि उड़ाती हुई सविता की दृष्टि से ओझल हो गई। स्तब्ध-मूर्ति सविता के रक्तहीन मुखमंडल की तरफ दृष्टिपात कर राखाल ने शंकित स्वर में पुकारा, ''माँ! माँ! नई माँ… !''

राखाल की आवाज सुनकर मुख घुमाकर सविता अचानक उच्छ्वसित क्रंदन करके धरती पर लोटने लगीं, ''राजू! जब रेणुका ने ही मुझे क्षमा नहीं किया, उसी दिन मैंने यह अच्छी तरह समझ लिया था कि अब संसार में किसी से भी मैं क्षमा नहीं पा सकूँगी।''

× × ×

कई मास पश्चात् समुद्र पार से एक पत्र सविता को मिला। विमल बाबू ने लिखा था—

''रेणुका की माँ!

''तुम्हारा तीर्थ भ्रमण समाप्त हो गया। मैं अब पृथ्वी भ्रमण करने जाता हूँ। तुम्हारे प्रति मेरे हृदय में तनिक भी दुःख या क्षोभ है, यह संदेह दिल में मत करना। तुम्हारे साथ हुए मेरे परिचय का मेरे जीवन में बहुत बड़ा मूल्य है। मैं जीवन में कभी भी घर न बना पाया। सिर्फ धन-दौलत ही इकट्ठा कर सका हूँ। दौड़-धूप में ही जवानी के दिन बीत गए और प्रौढ़ता भी खत्म हो रही है। जीवन के इस अंतिम समय में घर का आनंद तुमसे पाकर मैं तृप्त हो गया। इसके लिए मैं सदा कृतज्ञ रहूँगा।

''सविता, तुम्हारे प्रति मेरे मन में जो गंभीर सहानुभूति और श्रद्धा है, इससे मुझे विश्वास है कि मेरी यह नौका किनारे से कितनी भी दूर क्यों न रहे, लेकिन इसका लंगर तुम्हारे पास ही रहेगा। जब कभी भी तुम्हें मेरी आवश्यकता हो, तुरंत तार भेज देना। अगर जिंदा रहा तो दुनिया के किसी भी कोने से तुम्हारे पास चला आऊँगा।

''मुझे यह भी मालूम है कि आज मेरे लिए संसार में एक ऐसा व्यक्ति भी है, जो अंत समय आने पर, सारी बाधाओं को तुच्छ करके मेरे पास आ सकता है। जीवन की यही अंतिम सांत्वना है। क्या वह मेरे जीवन के लिए सबसे बड़ा सहारा नहीं है?''

□□□

भारतवर्ष की लोककथाएँ

'लोकप्रिय कहानियाँ' शृंखला के सम्मानित कथाकार

• अवध नारायण मुद्‍गल • अज्ञेय • आचार्य चतुरसेन • आनंद प्रकाश जैन • आर.के. नारायण • उर्मिला शिरीष • उषा किरण खान • ऋता शुक्ल • कमल कुमार • कमलेश्वर • कुसुम अंसल • कुसुम खेमानी • केशव • गंगाप्रसाद विमल • गिरिराज किशोर • गुरुदत्त • गोविंद मिश्र • चंद्रकांता • चित्रा मुद्‍गल • जयशंकर प्रसाद • जैनेंद्र कुमार • ज्योत्स्ना मिलन • दामोदर दत्त दीक्षित • देवेंद्र सत्यार्थी • धर्मवीर भारती • नरेंद्र कोहली • नासिरा शर्मा • निर्मल वर्मा • पद्‍मा सचदेव • पांडेय बेचन शर्मा 'उग्र' • प्रकाश मनु • प्रेमचंद • बलराम • बिमल मित्र • भगवान अटलानी • मनु शर्मा • मन्नू भंडारी • महीप सिंह • मालती जोशी • मीरा सीकरी • मृदुला गर्ग • मृदुला बिहारी • मृदुला सिन्हा • मेहरुन्निसा परवेज • रमेशचंद्र शाह • रमेश पोखरियाल 'निशंक' • रवींद्रनाथ टैगोर • रस्किन बॉण्ड • राजी सेठ • राजेंद्र मोहन भटनागर • राजेंद्र राव • रामदरश मिश्र • रामधारी सिंह दिवाकर • रूपसिंह चंदेल • विजयदान देथा • विद्या विंदु सिंह • विवेकी राय • विश्वंभरनाथ शर्मा कौशिक • विष्णु प्रभाकर • वृंदावनलाल वर्मा • शंकरदयाल सिंह • शरतचंद्र चटर्जी • शिवप्रसाद सिंह • शैलेश मटियानी • श्रीलाल शुक्ल • संतोष गोयल • सच्चिदानंद जोशी • सत्यजित रे • सिम्मी हर्षिता • सीतेश आलोक • सुधा मूर्ति • सुनीता जैन • सुभद्रा कुमारी चौहान • सुशील कुमार फुल्ल • सूर्यबाला • से.रा. यात्री • स्वयं प्रकाश • हिमांशु जोशी

विदेशी कथाकार

• आर्थर कॉनन डायल • ऑस्कर वाइल्ड • एच.जी. वेल्स • ओ. हेनरी • काफका • खलील जिब्रान • चार्ल्स डिकेंस • चेखव • जूल्स वर्न • जैन आस्टीन • डी.एच. लॉरेंस • थॉमस हार्डी • पर्ल बक • मार्क ट्वेन • मोपासाँ • रुडयार्ड किपलिंग • लियो टॉलस्टॉय • वाल्टर स्कॉट • शेक्सपीयर • शेरलॉक होम्स • साकी

भारतीय भाषाओं की कहानियाँ

• डोगरी-कश्मीरी • ओड़िया • कन्नड़ • गुजराती • तमिल • तेलुगु • पंजाबी • मराठी • मलयालम • असमीया • बांग्ला • सिंधी • कोंकणी • उर्दू

विदेशों की कहानियाँ

• अमेरिका • इंग्लैंड • जर्मनी • फ्रांस • यूरोप • रूस • स्पेन